Introduction Earlychildhood Education

유아 교육 개론

김춘경 · 민하영 · 박경희
송규운 · 신인숙 · 유승희
이명환 · 이미란 · 이영미
임영심 · 조성자 공저

양 성 원

머리말

이 책은 오랫동안 유아교육개론을 강의하면서 개론서에 대한 아쉬움을 가지고 있던 교수들끼리 전공 기초 학문으로서 개론서를 집필할 계획을 가지고 만나고, 이야기하고, 그룹 연구를 거쳐서 집필하게 된 것이다. 이 책의 공동 저자들은 긴 세월 동안 유아교육이라는 광의적인 학문 영역에서 각자 전공분야에서 열심히 연구 활동을 하는 전문가들이다.

개론서는 전공과목에 들어가기 전에 전공학문의 학문적인 배경을 전체적으로 제시하는 전공학문의 주춧돌 역할을 하는 것이다. 모든 학문은 개론서를 통해서 그 학문의 전체적인 구성을 파악할 수 있고 학문의 구성요소가 무엇으로 이루어졌는가를 인식할 수 있다. 본『유아교육개론』에서는 여러 유아교육 및 아동학 분야를 학문적으로 깊이 있게 심층적으로 연구하기보다는 대학에서 개론을 강의하는 데 꼭 필요한 부분만을 선정하여 강의하기에 편리하도록 집필하였다. 이 책을 집필하면서 몇 가지 원칙을 정하였다.

우선 집필자들은 자기가 집필한 영역에서는 전문적인 지식을 가지고 자기 전공 영역을 최대한 고려하여 집필 영역을 자유 선택하도록 하였다. 둘째로는 자기 전공 영역을 근거로 개론서임을 최대한으로 감안하여 학생들이 이해하기 쉽도록 집필하였다. 셋째로는 개론서인 동시에 대학에서 교재로 활용된다는 점을 감안하여 한 학기 강의시간에 맞게 집필 양을 제한하였다.

이 책은 총 11장으로 구성하였다. 각 집필진들이 각자 자기가 맡은 영역을 충실하게 집필하여 학생들이 전공 기초를 쌓는 데 도움을 줄 것이고, 나아가 유아교육을 처음으로 접하는 분들에게도 도움을 줄 것이다. 1장은 박경희, 2장은 조성자, 3장은 민하영, 4장은 이영미, 5장은 김춘경, 6장은 임영심, 7장은 유승희, 8장은 신인숙, 9장은 송규운, 10장은 이미란, 11장은 이명환이 맡아 집필하였다.

목차는 강의 순서를 배려하였지만 상황에 따라서 변경이 가능할 것이다.

항상 일을 하다 보면 시간적인 여유를 가지지 못한 아쉬움이 있는데 이번 역시 시간적인 여유가 있으면 좀 더 훌륭한 개론서가 되었을텐데 하는 아쉬움이 있다. 항상 작업을 마치면 부족하고, 미안하고, 부끄러운 생각이 들지만 미완성은 완성을 위한 시작이라 생각하면서 다시 재판의 기회가 오면 보완할 것을 약속드린다.

시간적으로 어려운 상황에서도 집필에 응해 주신 여러 교수님들께 진심으로 감사의 말씀을 드린다. 그리고 출판이 완성되기까지 물심양면으로 협조해 주신 양성원 강철원 대표님과 편집부 여러분께 진심으로 감사드린다.

2016. 1.

저자 일동

차례

제 1장 유아교육의 개념 및 중요성

제 2장 유아교육사상

차례

제 3 장 유아의 발달 특성

제 4 장 유아교육과정

제 5 장 유아생활지도 및 상담

차례

제 6 장 유아교육과 놀이

제 7 장 유아교육 프로그램

제 8 장 부모교육

차례

제 9 장 유아교육기관 운영관리

제10장 유아교사

제11장 유아교육의 최근 동향 및 미래 방향

CHAPTER 01

유아교육의 개념 및 중요성

유아기는 신체 및 인지 발달과 더불어 사회·정서 발달을 위한 대부분의 틀이 완성되는 중요한 시기이다. 우리나라도 최근 급속한 사회 변화에 따라 유아교육의 중요성을 인식하고 국가적 차원에서 생애 초기 단계인 영유아기 교육 및 보육에 대한 다양한 지원 체제를 확대해 나가고 있다.

바람직한 유아교육은 궁극적으로 유아가 행복한 삶을 영위해 나갈 수 있도록 유아의 전인적 성장과 발달을 돕는 교육을 의미한다. 본 장에서는 유아교육의 기본적 이해를 위해 교육 및 유아교육의 개념, 유아교육기관의 유형, 그리고 유아교육의 중요성에 대해 살펴보고자 한다.

1. 유아교육의 개념

1) 교육의 개념

교육의 개념은 시대적 변화와 사회적 관점에 따라 그 강조점이 조금씩 차이가 있다. 대표적으로 듀이(Dewey)(1916/2008)는 그의 저서 『민주주의와 교육(*Democracy and education*)』에서 '교육은 곧 생활이며, 성장이다.'라고 하였다. 그리고 교육은 계속적인 경험의 재구성이며, 사회적 과정이다.'라고 하였다. 곧 '교육은 환경에 개인이 적응하게 하는 습관을 획득하는 일로 정의될 수 있으며, 이러한 습관은 개인의 성향과 태도를 형성하게 한다.'고 하였다. 특히 성향은 생득적인 것이 아니라, 충동이 환경과 상호작용하는 과정에서 발달하는 데 유아가 활동에 직접 참여함으로써 비로소 이루어진다. 따라서 올바른 교육은 반드시 '행함으로써 배우는(learning by doing)' 상황에서 출발하여야 한다고 하였다(김경배, 김억환, 2004).

우리나라의 교육학 사전에서는 보편적 개념으로 교육의 의미에 대해 '인간의 정신적, 신체적 성장·발달을 어떤 이상이나 목적, 가치 기준 등에 의해 통제하거나 조력하는 일련의 인위적 과정'으로 규정하고 있다(서울대학교 교육연구소 편, 1994).

일반적으로 학교교육은 실제 생활에서 자연스럽게 이루어지는 비형식적 교육과는 달리, 체계적이고 의도적이며 형식적인 교육을 통해 학습자의 행동이 변화되고 발전되도록 하는 것을 목적으로 한다. 이와 유사한 맥락에서 김진영 등(2009)은 교육이란 인간이 교사의 도움을 받아 현재보다 더 바람직한 방향으로 변화하고 발전하는 과정을 의미한다고 하였다. 그리고 이러한 교육은 학교는 물론 가정이나 지역사회 어느 곳에서든지 이루어질 수 있는데 학교에서 이루어지는 교육은 실제 생활에서 자연스럽게 이루어지는 비형식적인 교육과는 달리 체계적이고 의도적이며 형식적이라는 특징이 있다고 하였다. 그 밖에 이기숙 등(2014)에 의하면, 교육은 그 대상이 누구이며 어떤 방향으로 나아가야 할 것인지에 대한 관점에 따라 그 개념이 달라질 수 있다고 하였다.

이러한 교육의 개념들을 종합해보면, 일반적으로 교육은 이끌어내는 힘의 발현으로 인간의 잠재적 능력이나 소질의 신장 및 계발을 의미하는 것으로 정의할 수 있다. 그리고 진정한 의미의 교육은 인간의 행동을 변화시키기 위해 매우 계획적이고 지속적인 노력이 필요함을 알 수 있다.

2) 유아교육의 개념

우리나라의 유아교육진흥법 제2조에서는 '유아교육'의 개념에 대해 유아를 대상으로 발달 특성에 적합한 교육과정을 다양한 교수방법으로 실시하는 학교교육으로 정의하고 있다. 한미라 등(2002)은 유아교육에 대해 '유아의 정신적, 신체적 성장·발달을 도와줌으로써 유아의 잠재적 능력과 소질을 신장 및 발휘시키고 유아의 삶을 긍정적으로 변화시키는 교육'으로 정의하였다. 또한 지옥정 등(2014)은 유아교육에 대해 '유아가 행복한 삶을 영위할 수 있도록 교사뿐만 아니라 부모와 사회 구성원들이 가정과 사회에서 유아 발달에 적합한 교육 목적과 교육내용, 교육방법 등을 통해 영유아의 전인적 성장·발달을 이룰 수 있도록 해야 한다.'고 정의하였다. 이를 위해 유아교육은 유아가 신체적, 정신적으로 안정감을 형성하고, 즐겁게 활동할 수 있는 교육내용과 방법을 통해 교육해야 한다고 강조한 바 있다.

한편, 유아교육과 관련하여 유아교육과정에 대한 정의도 다양하다. 유아교육과정은 프로그램과 같은 의미로 받아들여지기도 하며, '학습의 내용과 과정, 교사의 역할, 그리고 교수학습 상황에 대한 조직화된 틀'(NAEYC, 1991)로 정의될 수 있다. 넓은 의미로는 '유아에게 가르치고 유아가 배우는 모든 것'(MaCarthy & Houston, 1980)을 의미하기도 하며, 좁은 의미로는 계획되고 조직된 학습 경험의 목록'(Spodek, 1991)으로 정의될 수 있다. 이와 같이 유아교육은 형식적이고 비형식적인 교육을 모두 포함하는 포괄적인 개념을 의미한다.

유아교육의 연령 범위는 시대나 학자, 국가에 따라 다르게 정의되어 왔다. 현대에 이르러 많은 유아교육 전문가들과 더불어 미국의 전국유아교육협회(National Association for the Education of Young Children[NAEYC])에서는 유아교육의 대상을 형식적 교육과 비형식적 교육을 모두 포함하여 출생부터 만 8세에 이르기까지의 유아로 제시하고 있다. 또한 태교의 중요성이 부각되면서(Morrison, 1998) 출생 이전의 기간도 유아교육의 대상이 되어야 한다는 인식이 더욱 확대되기도 하였다. 우리나라에서도 임재택(1993)은 유아교육의 개념을 유아교육이 갖고 있는 상호 관련성에 근거하여 '유아교육은 0세부터 8세까지의 유아와 함께 부모를 대상으로 하는 교육으로 가정이나 유치원, 보육시설 및 초등학교 저학년에서 이루어지는 유아의 전인적 성장·발달을 위한 교육이다.'라고 규정하였다.

보편적으로 유아교육은 만 6세 이전의 유아에게 주는 교육으로 인식되어 왔으며, 취학전 교육, 학령전 교육, 조기 교육, 보육 등으로 혼란스럽게 사용되어 왔다. 하지만 최근 유아교육은 영유아기 교육의 중요성이 더욱 부각되면서 대상 연령의 범위가 넓어지고 있다. 또한 부모 역할 대행이나 보육 등의 신체적 보호 중심의 전통적 개념보다 전인적 성장·발달 즉, 신체, 언어, 인지, 사회, 정서 발달이 균형을 이루어 조화롭게 발달하도록 돕는 교육으로 이해되고 있다. 이상과 같이 유아교육은 교육 목적, 연령, 교육 장소 및 기관의 유형 등에 따라 다양하게 정의되고 있다. 더불어 전통적 관점과 달라진 현대 유아교육의 주요 변화(이기숙 등, 2014; Peters & Klinzing, 1990; Morrison, 1998)를 종합해 보면 다음과 같다.

첫째, 영아에 대한 연구와 이론들이 급속하게 증가하고 있으며, 맞벌이 부부가 늘어나면서 유아교육의 연령이 점차 하향화되고 있다. 이에 따라 앞으로 가정에서의 부모와 같이 영아를 이해하고 보살필 수 있는 교사교육도 더욱 필요할 것이다.

둘째, 아동중심 교육과정이 강조되고 있다. 아동중심 교육과정은 교과 중심 교육과정에 반대하여 등장하였으며, 아동의 흥미와 경험, 활동 중심으로 구성된다. 따라서 유아교육 현장에서는 유아에게 발달적으로 적합하며 개인적으로 적합한 교육이 요구되고 있다.

셋째, 유아교육은 직접적 혹은 간접적으로 유아와 그 가족에게 보다 광범위한 프로그램을 제공하고 있다. 따라서 앞으로 교사뿐만 아니라 여러 영역의 전문가나 사회사업가, 의사나 특수교육자들이 서로의 지식과 전문성을 나누고 소통하여 협조해야 할 필요가 있을 것이다.

넷째, 현대 사회의 가족 구조의 변화와 가족 이동 현상은 지역사회 내에 여러 문화를 초래하고 있다. 특히 다문화 가정의 증가로 유아를 위한 다문화교육의 필요성이 증가하고 있다. 이에 따라 다양한 인종이나 사회적 계층에 대해 이해하고 포용할 수 있는 교사교육이 필요할 것이다.

다섯째, 유아교육의 대상이 점차 다양한 유아들을 대상으로 하고 있다. 즉, 장애유아 또는 발달적으로 더디거나 문제가 있는 유아가 유아교육에 점점 더 통합되고 있다. 이에 따라 장애유아 통합교육에 대한 이해를 높이고, 이들을 지도할 수 있는 교사교육이나 유아교육 시설 등이 요구되고 있다.

여섯째, 유아교육의 개념에 대해 좀 더 통합적 접근법과 재개념화가 이루어지고 있다(양옥승, 2004; Goldstein, 1997/2001). 또한 다중지능 이론 및 뇌 발달연구에 대한 관심이 증가하면서 다각적인 관점에서 유아교육의 중요성이 더욱 부각되고 있다(Gardner, 1993/2006; Kuhl, 2011; Twardosz, 2012).

일곱째, 최근 취업모의 증가 등으로 종일제 프로그램이 확산(교육과학기술부 유아교육지원과, 2009; 김정원, 김유정, 2006)되고 있다. 이에 보육시설이 보편화됨에 따라 신체의 보호만을 위한 유아교육의 개념에 머물지 않고, 통합적이고 포괄적인 유아교육 프로그램이 지향되고 있다. 따라서 교육(education)과 보육(care)을 이원화하기보다는 통합적 유아교육으로의 인식 전환이 필요할 것이다.

이에 우리나라는 유치원 교육과정과 어린이집 표준교육과정을 공통과정으로 일원화하기 위해 2013년부터 만 3~5세 누리과정을 도입하여 유아교육 현장에 적용하고 있다. 이러한 누리과정(교육과학기술부, 2012)에서는 유아교육기관에서의 주제에 대한 통합뿐만 아니라 신체운동 및 건강, 의사소통, 사회관계, 예술경험, 자연탐구의 5개 영역의 내용이 균형 있게 통합적으로 이루어질 것을 권장하고 있다.

2. 유아교육기관의 유형

유아교육기관의 유형은 각 나라마다 차이가 있으며, 학자들마다 유형을 서로 다르게 구분하고 있다. 일반적으로 유아교육기관은 크게 유치원과 보육시설로 구분되는데, 우리나라의 경우 만 3세부터 초등학교 취학 전까지의 유아를 담당하는 유치원과 6세 미만의 영유아를 담당하는 어린이집으로 나눌 수 있다.

1) 유치원

유치원은 설립 유형에 따라 국·공립유치원과 사립유치원으로 구분된다. 국·공립유치원은 단독 건물에서 단설 유치원으로 운영되거나 초등학교 내의 병설유치원으로 운영되기도 한다. 그리고 사립유치원은 대부분 법인이나 개인에 의해 설립되어 운영된다. 한편 우리나라 유치원은 운영 시간에 따라 기본 교육과정으로 1일 3시간에서 5시간 미만 운영되는 반일제, 1일 5시간 이상 8시간 미만 운영되는 시간연장제, 1일 8시간 이상 방과 후 과정으로 운영되는 종일제 유치원으로 구분될 수 있다.

표 1-1 설립 유형에 따른 유치원 분류

구분	분류
국·공립유치원	국립유치원
	공립유치원(단설유치원, 병설유치원)
사립유치원	법인(학교법인, 재단법인, 사단법인, 사회복지법인)
	종교 단체(기독교, 천주교, 불교, 기타 종교 단체)
	개인
	군부대 및 기타

2) 어린이집

우리나라 어린이집은 영유아보육법에 근거하여 설치·운영되며, 설립 주체에 따라 다음의 표와 같이 국·공립어린이집, 법인어린이집, 민간어린이집, 직장어린이집, 가정어린이집, 부모협동어린이집 등으로 분류될 수 있다. 한편 우리나라 어린이집은 보육 대상이나 운영 시간에 따라 영아보육(영아 전담보육), 장애아보육(장애아 전담보육, 장애아 통합보육), 언어 발달 보육, 시간 연장 보육(야간 보육, 24시간 보육, 휴일 보육) 등으로 구분될 수 있다. 우리나라는 매년 이러한 어린이집을 이용하는 영유아들이 늘어나고 있는 추세이다(통계청 자료, 2014).

표 1-2 설립 주체에 따른 어린이집 분류

구분	규모	설치 · 운영 주체
국 · 공립어린이집	11인 이상	국가, 지방자치단체
법인어린이집	21인 이상	'사회복지사업법'에 의한 사회복지법인
민간어린이집	21인 이상	사회복지법인이 아닌 법인, 단체, 개인
직장어린이집	5인 이상	사업주 단독 혹은 공동 운영
가정어린이집	5인 이상 20인 이하	개인
부모협동어린이집	11인 이상	보호자 15인 이상이 조합을 결성하여 설치 · 운영

* 출처: 여성가족부(2006), 보육사업 안내.

표 1-3 어린이집 보육 현황

구분	2010년	2011년	2012년
국 · 공립어린이집	137,604	143,035	149,677
사회복지법인어린이집	114,054	112,688	113,049
법인 · 단체 어린이집	51,126	50,676	51,914
민간어린이집	671,891	706,647	768,256
직장어린이집	21,901	24,987	29,881
가정어린이집	281,436	308,410	371,671
부모협동 어린이집	1,898	2,286	2,913
총계	1,279,910	1,348,729	1,487,361

* 출처: 통계청 홈페이지(2014), 연도별 어린이집 보육아동 현황.

3. 유아교육의 중요성

1) 아동관의 변화

유아는 어떤 존재이며 어떻게 성장하고 발달하는지에 대한 인식은 각 시대의 정치적, 사회적, 문화적 요인에 따라 함께 변화되어 왔다. 역사적으로 볼 때 고대에는 아동에 대한 이해가 이루어지기 이전으로 사회나 국가의 도구로 인식되었다. 중세에는 유아를 성인의 축소판으로 간주하였으며, 유희는 인간을 나태로 이끄는 악마의 유혹이라고 하여 아동의 놀이를 부정하기도 하였다. 당시에는 모든 아동을 성인 기준에서 평가하였으며, 성서를 무리하게 암기시키는 등의 형식적 훈련이 중요시 되었다.

17세기 전후 코메니우스(Comenius)와 루소(Rousseau)는 유아교육에 대한 철학적 원리를 제시하였는데 이러한 교육 원리는 유아교육의 시초가 되었다. 유아기의 중요성을 강조했던 코메니우스는 유아교육의 대상 연령을 출생에서부터 만 6세까지의 유아로 정의하였으며, 유아를 위한 학교를 '모친학교'라고 하였다. 특히, 6세 이전의 유아교육은 어머니의 무릎에서 이루어져야 한다고 하였으며, 각 가정에서의 어머니 자녀교육을 중요시하였다. 루소는 교육이란 성인 사회의 사고나 도덕을 주입시키는 '적극적 교육'이 아니라, 아동의 마음이 이미 만연된 오류나 악덕에 물들지 않도록 보호하기 위해 '소극적 교육' 즉, '최소한의 교육'을 해야 한다고 하였다. 그리고 자신의 교육 사상을 대표 저서인 『에밀*(Emile)*』에 제시하였다.

19세기에는 페스탈로치(Pestalozzi), 프뢰벨(Fröbel) 등에 의해 유아를 위한 교수방법이 체계화되기 시작하였다. 페스탈로치는 비약이 없고 순서와 질서를 따른다는 합자연의 원리를 교육의 기본 원리로 삼았다. 따라서 교육은 유아의 본성과 교육의 실천이 조화를 이루는 데 있다고 하였다. 이는 권위에 의한 강요가 아닌 유아에게 적합한 교육으로 자연의 법칙을 따라야 한다고 하였다. 프뢰벨은 이러한 페스탈로치의 교육 방법에 가르침을 받고 많은 감명을 받아 아동 중심적 아동관을 갖게 되면서 유아는 부모에게서 태어나지만 부모나 성인의 부속물이 아닌 독립적이고 자주적인 존재라고 생각하였다. 그리고 놀이는 유아에게 가장 고귀하고 순수한 활동이며, 인간에게 잠재된 자연성의 발로라고 하였다. 또한 놀이는 모든 선의 원천이며, 놀이를 통해 내적 기질 등이 개발된다고 하면서 유아의 놀이에 특별한 의미를 부여하였다.

그러나 20세기 이전은 인간 발달에 대한 과학적 연구가 활발해지기 이전으로 주로 철학적이고 관념론적으로 유아교육을 조망하였다. 이 시기 학자들의 공통점은 자연주의와 유아 존중 사상이었다. 이러한 사상은 20세기에 이르러 듀이(Dewey), 몬테소리(Montessori), 피아제(Piaget), 비고츠키(Vygotsky) 등으로 이어졌으며 여러 교육사상가들이 독립적인 유아교육 이론을 수립하였다. 더불어 '아동의 세기'라고 할 만큼 유아에 대한 연구와 활동이 많이 이루어졌다. 지금도 세계 각국에서는 유아교육에 대한 노력과 관심으로 끊임없는 연구가 계속해서 이루어지고 있다(김미량, 김수희, 2013; 김진영 등, 2009).

2) 발달연구의 근거

초기 유아교육의 토대는 코메니우스, 로크, 루소, 페스탈로치, 프뢰벨 등과 같은 사상가들에 의해 이루어졌다. 20세기 초에는 아동에 대한 과학적 접근으로 아동연구 운동이 일어나면서 유아교육은 발달 심리학자들에 의해 연구되어 왔다. 이어 정신분석이론, 성숙이론, 행동주의이론, 인지발달이론, 동물행동학이론 등과 같은 발달심리학 이론들이 나타나면서 인생 초기의 경험이 이후 발달에 어떠한 영향을 미치는지에 대해 관심을 두게 되었다. 그리고 유아의 신체, 인지, 성격 및 사회성 발달 등을 도울 수 있는 방법에 대해 학자들은 자신들만의 독특한 이론을 토대로 연구하였다.

이러한 연구 중 프로이드(Freud)에서 시작되어 에릭슨(Erickson)으로 이어지는 정신분석이론에서는 유아의 발달에서 양육자와 영아 간 형성되는 정서적 관계에 관심을 가졌으며, 유아의 연령에 따른 발달 과업과 이에 따른 부모 및 교사 역할의 중요성을 제안하였다. 이러한 정신분석이론은 인간의 내면을 객관화하는 데 한계를 갖기도 하였다. 하지만 인간의 인성 발달 및 유아기 놀이의 중요성과 역할을 부각시키면서 유아교육과정에서 유아의 사회성 및 정서 발달의 중요성을 강조하게 된 계기가 되었다(이기숙 등, 2014).

최근에는 첨단 과학의 발전으로 뇌 구조와 기능에 대한 연구가 활발히 이루어지면서 유아교육의 중요성이 여러 측면에서 더욱 부각되고 있다. 특히, 최근 많은 연구들은 유전적이라고 생각되어 왔던 과거와는 달리 두뇌 발달이 유전과 환경의 끊임없는 상호작용에 의한 것이라는 것을 보여주고 있다.

인간의 두뇌는 무수히 많은 뉴런(neuron, 신경세포)으로 구성되어 있고 이러한 뉴런들은 뉴런과 뉴런 간의 수많은 연결점인 시냅스(synapse)를 통해 연결되어 있다. 태내의 뇌 발달은 뉴런의 형성과 뉴런의 이동 및 제거로 나눌 수 있는데, 출생 경의 두뇌는 성인 무게의 25%에 이르다가 만 2세경에는 성인 무게의 75%까지 증가하지만 이후부터 점차 안정기에 이르게 된다. 이 과정을 통해 두뇌 성장이 급등하는 시기를 확인할 수 있다(Shaffer, 2002/2005). 이러한 두뇌의 성장기 동안 뉴런 간의 시냅스 연결 형성인 시냅스 생성(synaptogenesis) 과정이 급속하게 이루어진다. 실제로 영유아기에는 시냅스라고 불리는 뉴런 간의 연결이 집중적으로 일어나고 정리된다. 만 2세 무렵 영아의 시냅스 수는 성인 수준에 이르고, 만 3세 무렵 유아의 뇌에는 1,000조 개의 시냅스가 존재하게 된다. 이처럼 유아의 뇌는 최종적으로 필요로 할 시냅스의 2배를 만들어내는데, 아기의 뇌는 1000억 개의 뉴런이 1000조 개가 넘는 시냅스를 형성하게 된다. 이때 반복해서 이용하는 시냅스는 강화되고 그렇지 못한 것은 퇴화된다(Shore, 1997/2001).

여기서 흥미로운 사실은 인생 초기 과잉 생산된 뉴런과 시냅스 중 대략 절반 정도는 이후 전혀 사용되지 않고 사라져버리게 된다는 것이다. 만 2세까지 시냅스의 급격한 증가는 점차 둔화되며 만 3~10세까지는 시냅스 밀도가 안정기(plateau period)에 이르게 된다. 그리고 사춘기 초기부터는 시냅스 제거가 우세한 과정이 된다. 즉, 생의 초기에 생성된 수많은 뉴런들은 적절한 자극을 받지 못하면 죽게 되고, 생존한 뉴런들도 시냅스를 형성하더라도 시냅스 역시 적절한 자극을 받지 않으면 사라지게 되는 것이다(Shaffer, 2002/2005).

이와 같이 과잉 생성된 시냅스가 환경적 경험에 의하여 선택적으로 보존이 된다는 사실은 뇌 발달의 가소성(plasticity)을 시사한다(우남희, 2004). 그러한 예로 다음 그림은 출생부터 사춘기까지의 뇌의 각 영역에 따른 시냅스의 밀도(Carter, 1999/2007) 즉, 영아기의 시냅스 형성과 그 이후 시냅스의 가지치기(pruning)를 보여주고 있다. 특히 유아의 뇌는 시냅스 밀도가 가장 많이 증가되다가 유아기 이후에는 그 밀도가 점차적으로 감소되는 것을 볼 수 있다.

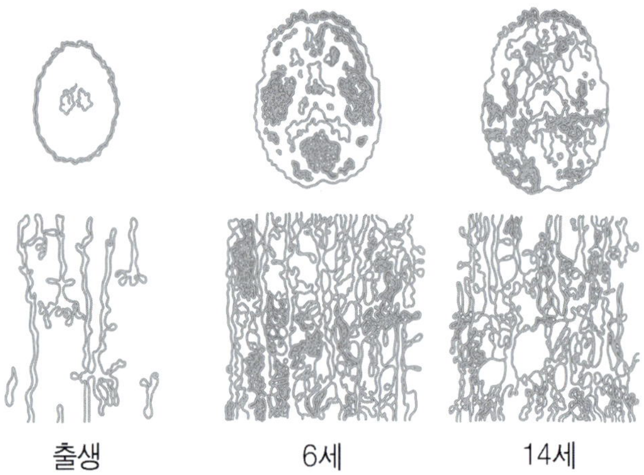

그림 1-1 시냅스의 형성과 가지치기(Carter, 1999/2007)

한편, 인간의 뇌는 세 부위로 나누어 설명할 수 있는데 이를 '삼위일체의 뇌'로 부르기도 한다(MacLean, 1990). 이러한 뇌의 3층 구조는 어디까지나 설명하기 쉽게 편의상 만든 개념이다. 하지만 이에 따라 뇌를 바라보면, 인간의 주요 정신활동인 생각, 감정, 무의식을 더 쉽게 이해할 수 있다. 세 개의 뇌 부위는 개별적으로 작용하거나 상호작용하는데, 생명의 뇌인 '뇌간'과 감정의 뇌인 '대뇌변연계', 생각의 뇌인 '대뇌피질'로 나눌 수 있다. 맨 아래에 위치한 파충류의 뇌인 뇌간은 생명을 유지하는 데 필요한 기본적인 신체 기능과 감각을 조율한다. 그리고 포유동물의 뇌인 대뇌변연계는 뇌간과 대뇌피질 사이에 위치하여 공포와 분노, 애착이나 기쁨 등의 기본적인 감정을 관장한다.

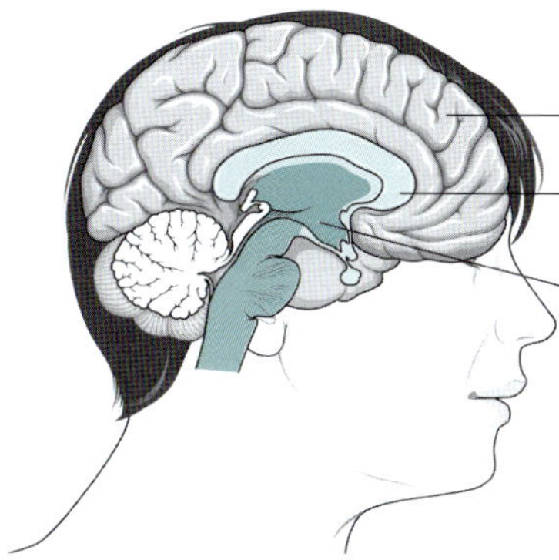

그림 1-2 뇌의 구조와 기능(Hannaford, 1995; MacLean, 1990)

인간의 대뇌피질은 크게 4엽(葉, lobe)으로 전두엽, 두정엽, 후두엽, 측두엽 4개의 주요 영역으로 구성되어 있다. 이러한 대뇌피질은 기억과 언어 및 사고, 추론 등의 고차적 사고나 계획을 담당하는 부위로 다른 부위에 비해 늦게 이루어져서 성인기까지도 발달이 지속되는데(Hannaford, 1995) 출생 후 만 3세까지는 뇌 전반에 걸친 기초 공사가 진행된다. 이 시기는 감정과 정서발달이 중요한 시기인데, 생후 첫 1년 동안 맺게 되는 부모(양육자)와의 애착관계는 아기의 삶에 매우 중대한 영향을 미치게 된다. 이 시기에 형성된 안정 애착은 부모가 자녀에게 물려줄 수 있는 최대의 재산이라고 할 수 있으며, 부모의 사랑은 자녀의 사춘기와 중·고등학교의 힘든 학업 스트레스도 이겨내도록 하는 밑거름이 될 수 있다.

그리고 만 3세부터 6세 무렵에는 원시적인 충동을 조절하고, 정서를 이성적으로 조절해 나가는 전두엽이 발달하는 시기가 된다. 따라서 유아기는 언어나 인지 발달보다 정서를 이성적으로 조절하는 능력을 발달시킬 수 있도록 인성 및 도덕성 발달이 무엇보다 중요한 시기임을 의미한다. 즉, 건물을 짓는 것처럼 두뇌도 1층이 잘 발달해야 2층이 더 발달될 수 있고, 나아가 3층도 잘 발달될 수 있을 것이다.

영유아기 뇌 발달은 유전적 요인도 중요하지만 그 양상은 사람마다 개인차가 있으며, 환경의 영향을 많이 받는다. 뇌 발달의 긍정적인 요인은 영유아가 섭취하는 영양 상태(Richardson & Montgomery, 2005), 수면(Marquet, 2001), 부모와 자녀 간의 애착이나 유대관계(신의진, 2002) 등이 있다. 반면, 부정적인 요인으로는 영유아나 부모가 받는 심각한 스트레스, 위협, 학대, 외상(trauma), 모친의 우울증, 지나친 인지교육 등이 있다. 특히, 위협, 학대, 외상 등과 같은 경험은 뇌의 조절능력을 크게 손상시킬 수 있으며, 이런 상태가 지속되면 기본적인 생명활동에 필요한 뇌간만 지나치게 발달될 수 있다. 그 밖에 지나친 유아 학습(인지교육)은 뇌 위축을 유발할 수 있다. 실제로 인지의 뇌가 아직 발달하지 않은 상태에서 과도한 학습을 영유아기에 경험시킬 경우, 뇌의 정보처리 방식이 부정적으로 변화하거나 오히려 학습에 대한 부정적 태도를 형성할 수 있다. 그리고 정서의 뇌가 충분히 발달하지 않아 낮은 정서지능을 형성하게 하는 등 뇌 발달에 심각한 영향을 줄 수 있다(김유미, 2002, 2006).

이러한 결과에 따라 유아기에는 조기교육보다는 발달 시기에 맞는 적기(適期)교육이 이루어지도록 해야 할 것이다(김유미, 2006; 정미라, 권정윤, 박수경, 2011; Blackmore & Frith, 2005). 즉, 유아의 발달을 고려하지 않고 인지 및 언어 중심으로 교육이 이루어져서는 안 될 것이다. 과도한 조기교육은 뇌가 과부하가 되게 할 수 있다. 또한 뇌 기반 교육에서는 유아의 정서를 보호하는 것을 최우선으로 여긴다. 이를 위해 유아에게 편안하고 따스한 분위기를 제공하고, 교사와 부모가 유아와 정서적 유대관계를 형성하는 것이 중요하다(정미라 등, 2011; Wolf & Brandt, 1998). 더불어 유아에게 다양하게 경험할 수 있는 풍요로운 환경을 제공해야 할 것이다(김유미, 2006; Jenson, 1998). 여기서 풍요로운 환경은 화려한 시설이나 엄청난 양의 교구·교재, 단순히 많은 학습활동을 부여하는 환경을 의미하는 것은 아니다. 심각한 스트레스나 위협, 외상 등과 같은 뇌 발달에 부정적인 요소들이 없는 상태에서 유아에게 도전적 분위기를 제공하여 유아가 자발적 선택의 기회를 통해 성취감을 느끼며 주도성을 기를 수 있는 환경을 의미한다.

3) 사회의 변화에 따른 요구

유아교육은 앞서 살펴본 아동관 및 발달연구의 변화에 따라 강조되고 있지만 사회의 변화와도 밀접하게 관련되어 그 중요성이 부각되고 있다. 이에 최근 OECD 회원국들은 유아교육과 보육의 공공성을 강화하기 위해 무상교육 및 보육을 확대하고 있으며, 만 2세부터 만 5세까지의 유아를 지원하고 있다. OECD 평균 유아교육비 공공 부담 비율은 79.7%로 핀란드 90.6%, 프랑스 94.0%, 영국 86.1%, 미국 77.8% 등 대부분의 EU국가들 및 북미는 OECD 평균 이상의 수준이다. 하지만 우리나라는 공공 부담 비율이 49.7%에 그치고 있다. 이에 유치원이나 어린이집의 교육비를 생활수준에 따라 전액 또는 일부를 지원해 주는 등 유아교육에 대한 국가의 공적인 투자를 확대해 나가기 위해 노력하고 있다(교육과학기술부, 보건복지부, 2012).

과거의 유아들은 공동체감과 소속감, 정서적이고 사회적인 유대감, 공동으로 양육됨으로써 얻을 수 있는 안전함 등에 대한 욕구를 확대가족이나 더 큰 공동체를 통해 충족시킬 수 있었다(Katz & McClellan, 1997/2003). 그러나 지난 50여 년간 우리나라는 급속한 산업화와 도시화, 서구화 등의 진행에 따라 가족 구조에 커다란 변화를 겪고 있다. 특히 여성의 경제활동이 늘어나면서 핵가족화가 가속화되고 점차적으로 가족 세대가 분화되고 있다.

더불어 전 세계적으로 고령인구의 증가와 저출산 등으로 인해 생산 가능 인구가 감소되면서 사회·경제 및 정치적 구조도 변화되고 있다. 특히, 우리나라는 저출산 현상으로 인하여 '한두 자녀 시대'에 접어들면서 가정에서 형제 간 우애나 다른 사람을 배려하는 마음을 배우고, 상부상조의 관계를 경험할 수 있는 기회가 매우 부족해졌다. 더욱이 교육기관에서는 단일연령 학급이 일반화되어 대부분 같은 연령의 또래 간의 상호작용이 보편적인 실정이다. 그리고 다른 연령 간 상호작용은 매우 제한되어 다양한 연령의 상호작용이 보편화된 사회의 유아에 비해 경쟁적이고, 공격적이며, 의존적이고, 공동체적 참여와 책임의식이 부족한 편이다(마송희, 2003). 이에 유아교육기관에서도 다른 연령의 유아들이 서로 상호작용하며 의미 있는 관계를 형성할 수 있는 기회의 필요성이 더욱 커지고 있다. 이러한 사회의 변화에 따라 유아교육기관에서 같은 연령 간 상호작용뿐만 아니라, 단일연령체제를 유지하면서 다른 연령 간 서로 교류할 수 있는 교육 방안에 대한 연구도 이루어지고 있다(박경희, 이진희, 2011, 2014; 이경민, 강정원, 2011).

한편, 의학기술의 발달로 평균수명이 길어지고, 컴퓨터와 정보통신 기술의 발달로 전 세계가 네트워크를 형성해 지구촌이 하나 된 환경으로 변화되고 있다. 이에 최근 미래학자들은 창의적이고 능동적이며 유연한 사고를 할 수 있는 인재, 타인을 존중하고 배려하며 소통 및 협력할 수 있는 인재 등을 길러낼 것을 제안하고 있다(김애자 등, 2012).

반면, 스마트폰을 비롯한 디지털 문화가 우리의 일상이 되면서 뇌 발달 저해, 정서 불안, 집중력 감퇴, 자아통제력 약화 등에 대한 우려의 목소리도 커지고 있다(이정주, 2014). 일생의 최초 6년 동안은 신체 및 인지 발달과 더불어 사회·정서 발달을 위한 대부분의 틀이 완성되는 중요한 시기이다(Furman, 1995; Hyson, 1994; Mayer & Salovey, 1997). 특히, 두뇌와 정서 발달이 제대로 이루어지기 전 디지털 세상에 무한정 노출되는 것은 어린 유아에게 더욱 치명적일 수 있다.

이상과 같이 급속한 사회의 변화는 유아교육에도 영향을 미치고 있다. 앞으로 우리나라도 유아교육의 필요성 및 중요성을 인식하여 국가 수준에서 관심을 두고 여러 지원책을 지속적으로 펴나가야 할 것이다.

CHAPTER 02

유아교육사상

유아교육사에 있어서 고대로 거슬러 올라갈수록 인류문화의 역사 현장인 그리스 문화를 배제할 수 없을 것이다. 즉 인류문화의 근원지, 인류문화를 화려하게 꽃피운 곳, 학문과 인간의 지혜를 발전시킨 현장은 바로 그리스 문화다. 그러나 실제적으로 유아교육을 체계적으로 연구한 것은 중세에 이르러 시작되었으므로 유아교육의 주춧돌 역할을 한 코메니우스의 유아교육사상부터 근대의 유아교육의 철학적 이해와 사상가들의 학문적인 배경을 살펴보기로 한다.

1. 코메니우스의 유아교육사상

코메니우스(Comenius, J. A.)의 교육사상의 근본적인 이해는 학교교육론, 교육내용, 인간의 인식작용과 지능발달, 교수방법론으로 구분된다(이숙종, 1993).

1) 제도적인 측면에서 학교교육의 중요성

코메니우스의 인간교육의 주 저서라 할 수 있는 『대교수학』 1장에 다음과 같은 말이 쓰여져 있다. “Der Mensch ist Das höchste, vollkommenste und vortrefflichste der Geschopfe.” 즉, 인간은 창조된 것 중에서 가장 높으며, 가장 절대적이며, 가장 탁월하다(Comenius, 1985). 창조된 모든 사물과 생명체 중에서 당신 모상대로 창조하셨기 때문에 인간은 그분과 같이 날로 총명해질 책임감이 주어진다. 아직 생물학적 발달능력이 발달되지 않은 무지의 상태에서 태어났다 할지라도 누구나를 막론하고 ‘모든 사람들에게 …, 모든 방법으로 …, 모든 것을 …’이라는 교육을 받을 권리가 주어진다는 범교육론자다.

코메니우스는 학교교육의 중요성에 대해 다음과 같이 설명하였다(이숙종, 1996).

첫째, 전인적 인격 형성을 위해서 제도화된 학교교육이 필요하다.

학교교육은 하나의 공동 집단으로서 교육이라는 동일한 목적을 가진다. 라틴어에서 Schola는 학교를 의미하는 단어로서 여섯 단어의 첫자를 딴 합성어로 되어 있다. Sapienter(현명하게), Cogitare(생각하는 것), Honeste(정직하게), Operari(행동하는 것), Loqui(말하는 것), Argute(영리하게 되어지는 것)의 알파벳 첫자를 합성하여 현대어의 학교, 즉 Schola라는 상징적인 단어가 되었다.

둘째, 학교는 전문지식을 가르치기 위한 제도이다.

전문화된 사회는 전문적 지식을 필요로 한다. 이러한 전문지식을 개별적으로 교육할 수 없기 때문에 제도적인 기관을 통해서 전문가 양성을 위해 교육하는 것을 원칙으로 한다.

셋째, 코메니우스는 『대교수학』에서 인간의 사회화 과정에 필요한 조건을 어린이들에게도 제공해 주기 위해서는 학교교육이 필요하다고 보았다.

어린이들은 가정을 떠나서 유아교육기관과 학교에서 사회생활을 통해서 공동생활을 익히고 또래집단과의 관계를 긍정적으로 형성할 수 있는 사회화 과정을 위해서 학교의 집단교육을 필요로 한다.

넷째, 학교교육은 학문의 능률화와 지식 전문화를 위해서 필수적인 교육제도이다.

인간이 가지고 태어난 모든 잠재능력을 계발하기 위해서 제도화된 교육기관에서 교육을 받아야 한다.

2) 코메니우스의 학교교육의 필요성

인간의 모든 잠재능력을 계발하기 위해 어린이들은 교육되어야 하고 교육을 위해 학교교육이 필요함을 다음과 같이 서술한다(Comenius, 1985: 52).

① 기독교 교의적인 가르침을 중요시하면서 인간은 자연스럽게 잡초와 같이 야생적인 기질을 도야된 모습으로 이끌어 주기 위해 유아교육의 중요성을 강조한다.

② 어린이들이 지식과 덕망이 뛰어난 사람에게 교육을 받기 위해서 교육전문가인 교사의 가르침을 받을 수 있는 초등교육기관과 중·고등학교 그리고 대학교육을 필요로 하는 공교육기관의 중요성을 강조하였다.

③ 소규모의 학교제도는 오래전 구약시대에 근거하여 소위 말해서 회당의 지도자급들에게 읽기, 셈하기 그리고 쓰기를 가르침으로써 전문지식의 폭을 넓혀 갈 수 있는 길을 열어 주었고, 이후 전문지식을 가진 학자들은 많은 학교를 건립하기에 이르렀다.

④ 하느님의 교의와 행동을 따르기 위해서 대도시와 소도시, 그리고 촌락에 학교를 건립하기 시작하였다. 이러한 운동이 구약시대 기독교교육의 기초를 마련하는 계기가 되었다.

⑤ 신앙교육을 위해서 필요한 것이 교회이든 간에 어린이 교육을 위해서 학교가 필요하기 때문에 학교교육을 권장하였다.

⑥ 자녀교육을 위해서 충분한 시간과 여유 있는 시간이 없기 때문에 어린이 교육만을 전문으로 담당하는 사람이 필요하고 이러한 공교육이 지역사회 발전에 기여하기 때문에 학교교육이 필요한 것이다.

⑦ 어린이들의 사회화 과정과 상호 간의 자극을 주고받기 위해서 학교 공동체가 필요하고, 유아기는 특히 모방의 시기이므로 학교교육이 필요한 것이다.

⑧ 모든 사회 구성원들은 각자 자기의 사명감 내지 역할을 가지고 있다. 예를 들면 산업체 공장에서는 생산품을, 교회는 신앙심을 그리고 가정은 인간의 정의와 사랑을 전달하는 것처럼 지혜의 빛을 비추고, 정화하고, 확산하여 인류사회 전체에 보급하는 것이 바로 학교임을 강조한다.

⑨ 모든 생명체가 교육을 받아 올바르게 양육되기 위해 제도적인 장치가 필요하다. 예를 들면, 과일나무를 위해 과수원이 필요하고, 물고기들을 위해서 연못이 필요한 것처럼 어린이들을 위해서 학교가 필요한 것이다.

3) 코메니우스의 교육내용

코메니우스는 인간학을 신학적인 차원에서 이해하려고 노력하였다. 인간학을 구성하고 있는 이러한 세 가지 근본적인 요소를 위해서 코메니우스는 지성과 덕성 그리고 신앙을 유아기의 교육내용으로 삼았다.

(1) 코메니우스가 유아기의 교육내용으로 중요시한 것은 지성(Eruditio)이다.

인간은 태어나면서부터 지성과 덕성 그리고 경건함을 가지고 태어났다(정정실, 1987: 42). 그중에서 지성은 인간이 살아가는 방법을 터득하는 것으로서 학문과 기술, 언어와 문화를 통해서 지성을 계발할 교육적 사명감을 가진다. 그는 지성에 대해서 다음과 같이 설명한다.

① 코메니우스는 인간의 모든 지혜 자체가 인간 내면의 세계에 모든 근원이 되고 기초가 된다고 말하였다. 인간이 지혜를 터득할 수 있는 능력을 가지고 태어났다는 것은 하느님이 당신 모상대로 창조하셨기 때문에 우리 인간에게

도 지혜를 주셨다. 이러한 학문적 지식은 전 생애를 통해서 터득하여야 한다.

② 코메니우스는 지식은 사물을 통해서 터득된다고 말한다. 그러나 지식을 터득하도록 만드는 사물은 곧 하느님이 창조하신 것이기 때문에 하느님의 지혜가 반영되는 것이다(이숙종, 1996: 222).

③ 코메니우스는 지식의 분야를 자연과학과 인문과학으로 구분하면서 모든 대상의 지식을 세 가지 영역으로 구분하였다. 학문의 대상인 모든 사물이 생성되는 역사과정과 학문의 원리이며 근본적인 진리인 본질 그리고 모든 학문의 지침이 되는 학문의 종류와 모체이다(이숙종, 1996: 222).

④ 인간의 지적이고 도덕적인 가치를 중요시하면서 자연과학이 인간에게 미치는 영향력을 강조하였다. 과학적 지식을 위해서 물리학, 천문학, 지리학, 기하학, 수학과 같은 학문들은 인간과 환경과의 관계에서 확실한 이해방법을 제시할 것을 원했다(이숙종, 1996).

⑤ 지식은 인간의 세 가지 실천 기능을 통해서 터득된다. 어떤 것을 알고, 어떤 일을 행하고, 어떤 것을 말하는 능력을 가르치는 것이다. 즉, 인간의 특별한 기능으로서 생각하는 일과 말하는 일, 그리고 행하는 일은 교육을 통해서 인간이 필요로 하는 것을 사고하여 창조할 수 있는 이성과 상호 교류에 필요한 언어, 생각과 언어를 통해서 학습한 것을 실천하는 행동을 통해서 인간이 습득하여야 할 전반적인 지식을 통합할 수 있을 것이다(이숙종, 1996).

(2) 코메니우스는 인간의 정신 속에 도덕적인(virtus) **씨앗이 숨겨져 있다고 말한다**(이숙종, 1996).

덕은 신앙을 위해서 생성된다는 상호 연관성을 주장하면서 인간 내면에 존재해 있는 덕의 씨앗을 모으는 인간은 조화를 기뻐하고, 인간 자신은 내적이고 외적인 조화를 이루어야 한다고 말한다.

① 인간은 합리적인 사고 능력에 의해서 인간 본래 모습인 선과 진실을 조화롭게 발달시킬 수 있고, 이러한 본성에 의해서 자기 내면의 세계에서 기쁨과 평화를 얻을 수 있다.

② 인간은 교육을 통해서 인간 내면에 잠재해 있는 덕성을 계발하여 도덕적 인간으로 성장할 수 있도록 교육하여야 하고 인간인 한에서 인간으로 성장하도록 돕는 것이다.

③ 인간의 덕목으로는 지적으로 성장하여야 하는 신중성, 외적인 환경을 극복할 수 있는 힘으로서 절제, 자기 내면세계의 통제기능으로서 강인력, 타인을 존경하는 것이 있다.

④ 도덕교육의 방법으로는 첫째, 유아기는 특히 모방의 시기임을 중요시했고, 둘째, 유아기에 덕은 가르침에 의해서만이 교육될 수 있고, 덕은 유아기 시기에 실천하고 가르치는 것이 가장 바람직하다고 보았다.

(3) 코메니우스는 경건(Pietas)의 기원을 성서에 두고 있다.

성서는 첫째로 하느님의 말씀을 전하는 것이므로 말씀을 통해서 말씀을 실천하는 것이고, 말씀은 창조 작업을 완성하는 것이며, 인간들은 말씀을 생활의 모델로 삼는 것이다. 모든 경건심이 말씀에 근거하여, 말씀을 전하고 실천하는 예수 그리스도의 삶을 통해서 하느님의 완전한 지혜를 터득하고, 성서는 인간사에서 실천적이고 교육적인 지침서가 되기 때문이다.

경건교육의 목적은 ① 하느님을 경외하고 사랑할 수 있도록 가르치고, ② 젊은 이들의 삶 속에서 신선한 것과 세속적인 것을 구별할 수 있도록 인도하고, 현세의 생활뿐만이 아니라 내세의 삶을 준비하도록 인도하는 것이다.

그러므로 코메니우스 교육내용의 진정한 의미는 인간의 영적인 문제, 도덕적인 문제 그리고 지적인 문제를 교육내용으로 두었다(이숙종, 1996).

4) 코메니우스의 범교육사상과 유아교육

코메니우스의 범교육(Pampedia)사상은 인간교육의 중심사상으로서 인간의 변화와 개선을 위한 인간중심사상과 자연의 질서를 따라야 한다는 우주적인 교육방법론이다(이숙종, 1996). 범교육론은 모든 것을, 모든 사람에게, 모든 방법으로 인간교육을 실천하는 한 방법론이다.

(1) 모든 사람들에게(Omnnes)

하느님의 형상대로 태어난 모든 사람들은 그 누구를 막론하고 교육을 받을 권리가 있음을 의미한다. 인종과 종족, 성별과 연령, 사회의 고위 직분을 막론하고 교육받을 권리를 강조한다.

모든 사람들이 교육을 받을 수 있는 권리에 대해서 코메니우스는 다음과 같이 말한다(이숙종, 1996).

① 인간은 누구나 동일한 인간성을 내재하고 있기 때문에 모든 여성들도 교육을 받아야 한다. 코메니우스의 생존 시기에 여성의 교육적인 배려는 사회적으로 배제된 상태였지만 여성도 남성과 동등한 위치에서 교육을 받아야 하고 사회적인 평등권을 주장하였다.

② 교육을 받을 모든 사람들 속에 가난한 사람을 포함한다. 가난한 사람들은 교육적인 측면과 경제적인 측면 그리고 사회적인 측면에서 소외당하였기 때문에 교육적인 균형을 유지하기 위해서 교육이 특정한 계층을 대상으로 할 것이 아니라 소외당하는 가난한 사람들을 교육하기 위해서 모든 도시와 시골에도 학교를 건립할 것을 주장하였다.

③ 모든 장애인들을 교육하여야 한다. 정신적이고 육체적으로 소외당한 사람들을 위해서 코메니우스는 특별히 관심을 가졌다. 그는 장애인들이 가지는 정신적이고 육체적인 장애를 다른 측면에서 보상받도록 배려하였다.

(2) 모든 것을(Omnia)

모든 것의 의미는 자연 속에 존재하는 모든 피조물을 의미하는 것이고 모든 사람들이 공통적으로 느끼는 가장 보편적이고 우주적인 것이다. 그러므로 인간을 위해 창조된 모든 피조물로서 자연 속에 존재하는 사물을 인간이 보편적으로 공유할 수 있는 모든 것이다(이숙종, 1996).

(3) **모든 방법으로**(Omnino)

모든 방법으로의 의미는 모든 사람들이 모든 사물을 정확하게 파악하여 인식하고 그것을 정확하게 활용하는 방법을 의미한다. 사물을 정확하게 파악하고 인식함으로써 인간의 내적인 변화를 가져와 자신을 도야하는 단계까지 이르는 것을 의미한다(이숙종, 1996). 모든 방법으로의 의미는 다음과 같은 것을 포함한다.

① 모든 사람이 모든 것을 배워서 어디서든지 정확하고 확실하게 사용할 수 있어야 한다.

② 체계적이고 과학적인 방법이어야 한다.

③ 신속하고, 즐겁게, 철저하게 가르치는 방법론이다.

④ 모든 방법은 인간의 지성과 덕성 그리고 신앙을 개발하는 데 목적을 가진다(이숙종, 1996).

범교육에서 모든 방법론을 살펴보면 ① 모든 사물을 전체적이고 완전한 방법에 의해서 가르쳐야 하고, ② 범교육론의 방법은 진실되고 철저하게 가르쳐야 하고, ③ 온화하고 즐거운 마음으로 가르쳐야 한다.

2. 로크의 유아교육사상

1) 로크의 신체교육론

로크(Locke, J.)가 『교육론』 서두에서 "건전한 정신에 건전한 육체"라는 말을 언급한 것은 교육목적은 건강한 육체를 양성하는 것임을 보여주는 것이라고 할 수 있다(오인탁 외, 1998). 신체교육은 자연원리에 의해서 자연적인 방법으로 조화로운 균형과 건전한 육체를 이루는 것이다.

첫째, 로크는 인격 형성의 기초로서 건강교육을 중요시하였다(김규성, 1986).

건강한 신체에 건전한 정신(Man sana in corpore sano)을 중요시하였다. 이것은 인간의 가장 행복한 상태를 의미한다. 어린이들의 일과 행복을 위해서 우선적으로 건강을 유지하여야 하며 강인한 육체를 통해서 두 가지 모두 안정감을 얻을 수 있다. 유아기에는 인지발달을 위해서 많은 활동을 요구하는데 건강하지 않으면 활동할 수 없다고 말한다.

둘째, 건강은 자연의 리듬을 따라야 한다(임채식, 강진영, 1993).

어린이들의 몸을 가급적 차갑게 입히고 자연 속에서 자연과 더불어 자연을 즐기는 활동을 제공하여야 한다. 자연친화적 생태에서 신체를 훈련하고 자연에 적응할 수 있도록 습관을 강조하였다.

셋째, 어린이들의 과학적인 영양공급을 중요시하였다(임채식, 강진영, 1993: 21).

규칙적인 식사시간과 일정한 식사량 그리고 규칙적인 대·소변 가리기를 건강교육에서 강조한다.

넷째, 충분한 수면시간을 중요시하였다(임채식, 강진영, 1993).

수면에 필요한 환경과 위생시설은 물론이고 어린이들에게 편리한 잠자리를 중요시한다.

이러한 건강교육은 현대적인 의미로 조명한다면 교육과 보육을 동시에 병행하는 것이라고 할 수 있다.

2) 로크의 습관교육론

로크는 습관에 대해서 다음과 같이 단호하게 언급한다. 교육에서 주의하여야 할 중요한 사항은 어떠한 습관을 익히도록 교육하느냐에 달려 있다고 말한다(김규성, 1986). 그는 자연의 요구 자체가 일상생활 습관에 깊은 관계가 있다고 보았기 때문이다. 로크의 습관교육론은 다음과 같은 내용들이다.

① 어린이들은 삶에 영향력을 주는 정신 형성과 초기 훈련이 습관으로 연결된다는 것이다. 그러므로 선행과 나쁜 행동을 구별할 수 있는 이성적인 판단을 필요로 한다.

② 모든 어려움을 극복할 수 있는 정신력을 습관들여야 한다. 욕망을 억제할 수

있는 자제력과 이성을 따를 수 있는 현명한 판단력을 습관들여야 한다.

③ 어린이들은 유아기에 자기의 욕망을 통제할 수 있는 능력을 습관들여야 하고 인내심을 가지는 방법에 습관들여야 한다.

④ 자기통제력을 습관들여야만이 어린이로서 즐거움과 놀이 그리고 어린이다움에 습관들일 수 있다.

⑤ 어린이들을 부모의 의지에 따르도록 습관들이고 아버지의 권위를 인정하도록 습관들여야 한다.

⑥ 부모를 사랑하고 존경하도록 습관들여야 한다. 자식이 진심으로 부모를 존경하는 것은 가정의 질서를 유지할 수 있고, 가정 구성원들 사이에서 서로 존경심을 가지는 것이다.

3) 로크의 상벌에 관한 교육론

로크는 어린이의 상벌 교육에 대해서 꾸지람과 체벌과 보상 문제에 관한 교육, 예의에 관한 교육의 세 가지 관점에서 논의하였다(김규성, 1986). 우선적으로 꾸지람과 체벌에 관한 교육방법에 대해 다음과 같이 묘사하고 있다.

① 어린이들에게 힘을 주기 위해서 보상 행위를 적용하는 교육방법은 어린이들의 인격 형성에 부정적인 요인이 된다.

② 어린이들에게 체벌을 가함으로써 정신적인 구속력을 가지게 되고, 의지가 약해지므로 자신이 힘과 근면성이 상실될 위험한 가능성이 발생할 수 있다.

③ 체벌교육은 교육자와 피교육자 사이에 감정적인 정서가 개입되기 때문에 결과적으로 교육적인 방법이 될 수 없다.

④ 체벌교육은 노예적인 훈련이기 때문에 어린이들을 노예적인 기질로 만든다.

⑤ 체벌교육은 단기적인 훈육방법이 될지 몰라도 치유적 방법이 될 수 없다. 어린이들의 가치관이나 자존심에 상처를 줄 수 있다.

⑥ 어린이들에게 보상과 체벌을 행할 때는 정당한 이유가 있어야 함은 물론이고 그들이 납득할 만한 이유가 있어야 한다.

⑦ 어린이들은 수치심과 혐오감을 느끼기 때문에 가능한 체벌과 보상을 피하는 것이 가장 바람직하다.

⑧ 부모는 자녀의 교육방법으로 질책하고 칭찬하는 방법을 나름대로 가지고 있어야 한다. 객관적인 방법으로 항상 자녀와 대화를 통해서 이해할 수 있는 방법을 찾아 주어야 한다.

⑨ 교육자 자신이 체벌과 보상보다는 덕 있는 행동을 보임으로써 어린이 스스로가 덕을 실천하는 법을 배우는 것이 우선적인 방법이다.

4) 로크의 도덕교육론

로크의 어린이들을 위한 예의범절 교육은 도덕교육론이라고 말할 수 있다. 그는 어린이들의 지적 교육보다 도덕교육을 더 중요시하였다. 도덕교육을 살펴보면 다음과 같다(김규성, 1986: 84).

① 어린이들의 모든 도덕적 습관은 반성과 변별력 그리고 이유에 의해서 인위적으로 행하는 것보다 자연스럽게 일상생활 속에서 양육되는 것을 중요시하였다.

② 도덕교육에서 규칙은 대단히 중요하지만 어린이들이 지킬 수 있는 정도의 규칙을 부여하여 자기가 책임의식을 가지고 준수할 것을 강조한다. 단 한 번에 많은 습관과 규칙을 요구하는 것은 어린이들에게 책임감을 증가시키는 행위이다.

③ 교육자는 개인적으로 성격과 기질을 구분하여 성격을 수정할 수 있는 적절한 방법을 제시하여 자기의 능력을 최대한으로 개발하는 것이 중요하다.

④ 도덕교육은 인간의 자유를 인정, 자아통제 능력을 촉진하고, 인간의 존엄성을 인정하고, 교만하지 않고, 불행을 극복할 수 있는 능력을 개발하여야 한다.

⑤ 모든 도덕교육은 규칙을 근거로 실천 행위를 강조한다. 자존감을 강화하고, 어른과 타인을 존경하는 선한 마음을 도야하여야 하고, 훌륭한 친구와 친화적 관계를 유지하는 것이다.

⑥ 성실함과 독립심은 어린이들의 미덕을 보호할 수 있는 근거가 된다. 선은 순종할 수 있는 실질적이고 본질적인 근거인 것이다. 그러므로 어린이들에게 선은 인격형성을 위한 중요한 요소일 뿐만이 아니라 행위를 드러내는 것이다.

⑦ 어린이는 어린이다움으로 성장할 수 있도록 교육하여야 하고, 내적인 자세가 자연스럽게 표출되도록 하는 것이다.

⑧ 도덕교육은 신과 인간의 관계에서 경건심과 사랑을 근거로 실천적인 행동으로 연결될 때 의미를 가진다.

5) 로크의 가정교육

로크는 가정교육의 제 문제에 대해서 우선적으로 가정교사의 권위에 대해서 다음과 같이 언급하고 있다(김규성, 1986).

① 가족들, 다시 말하자면 아버지와 어머니 자신이 가정교사의 권위를 인정하여야만이 어린이가 교사를 존중한다는 것이다. 가정교사는 자기 감정을 통제할 수 있는 능력이 있어야 하고, 자기 자신의 모순적인 논리와 무례한 행동은 어린이들에게 악영향을 준다.

② 어린이들을 에워싸고 있는 환경을 중요시하였다. 가정교사의 자질은 성실성, 절제력, 근면성, 사랑스런 마음과 신중성을 갖추어야 한다.

③ 가장 훌륭한 가정교사가 가장 훌륭한 어린이를 교육할 수 있다. 즉, 교사의 능력에 따라서 어린이들은 학습효과를 성취할 수 있다. 훌륭한 가정교사를 모시기 위해서 경제적인 부담이 될지라도 교육을 위해서 경제적인 배려는 바람직한 일이다.

④ 가정교사는 학자적인 자질이 있어야 하고, 예의범절을 갖추어야 한다. 즉 어린이들에게 학문의 길을 열어 줄 수 있고, 학문의 길을 가도록 지도하는 것이다. 그러므로 가정교사의 책임성은 성숙한 정신력과 훌륭한 습관, 덕, 지혜의 기본적인 원리를 부여해 주고, 인간미를 심어 주는 것이 중요하다.

⑤ 가정교사는 어린이의 능력을 훈련시키고, 나태함으로 빠지지 않도록 지도하

여야 하고, 시간을 적절하게 사용하는 방법을 습득하도록 돕고, 모든 일의 시작과 끝맺음을 중요시하는 방법을 가르치는 것이다.

3. 루소의 유아교육사상

1) 루소의 유아기 교육사상

『에밀(Emile)』의 교육사상은 유아기, 아동기, 소년기, 청년기 그리고 여성교육 단계인 5부로 나누어진다.

에밀에 나타난 유아기 교육을 위해서 교육의 기본적인 원리와 자연교육의 목적 그리고 부모, 학생, 교사와 자연교육의 원리에 대해서 언급하고 있다(안인희, 1990).

교육의 기본적인 원리는 다음과 같다.

① 모든 인간의 본성을 따라야 한다. 루소는 창조자의 손에서 나올 때는 선하나 인간의 손에서 모든 것은 타락한다고 말한다. 그러므로 그는 교육대상을 인간으로 삼으려는 것이 아니라 사회를 정화하려는 성향이 있다. 인간은 자연현상 그대로를 보존하지 못하고 망가뜨린다. 자연의 섭리에 따라서 살아가는 것을 의미한다.

② 어린이의 교육은 총명하고 부드러운 어머니들이 책임져야 하고 여성이 가정교육에 종사하는 것은 창조주의 뜻이다.

③ 인간은 교육에 의해서 인간으로 성장한다. 그러므로 유아기는 무능력 상태로서 동물과 흡사한 상태를 유지하기 때문에 모든 교육이 이루어지는 시기다. 이 시기는 자연인의 상태에서 벗어나지 않았기 때문에 자연인으로 선한 본능을 유지하여 본성이 발달할 수 있도록 도움을 주어야 한다.

④ 인간교육은 인간과 사물의 관계 그리고 자연과의 관계를 통해 서로 조화를 이루면서 자연교육에 일치할 때만이 목적을 성취할 수 있다.

루소는 유아기의 자연교육을 중요시하였다. 루소는 자연이란 자연에 일치하는 관습적인 습성으로 보았다. 그러므로 그 목표를 다음과 같이 설정하였다(안인희, 1990).

① 루소의 인간교육은 자연을 따르는 인간교육이다. 루소는 인간과 사물 그리고 자연이 상호적으로 일치하여야 하지만 만약에 대립 상태에 있다면 자연교육을 중심으로 모두 재구조화하여야 한다고 한다.

② 루소는 인간으로 교육되어지기를 바라는 것은 인간이 처한 상황과 조건 속에서 자기 극복을 할 수 있도록 훈련하여 인간존재로서 자연인으로 도야하는 방법을 훈련하는 것이라고 했다.

③ 인간교육은 자연을 정확하게 관찰하고, 자연의 지시를 따르면서 자연이 어린이에게 지속적으로 훈련하는 것을 수용하여야 한다.

④ 루소는 어머니의 책임의식을 중요시하였다. 결혼하여 자녀를 원치 않는 여성은 부모로서 책임과 의무를 포기한 것과 마찬가지다. 신생아에게 모유를 수유하는 것은 단지 신체적인 접촉만이 아니라 심리적인 측면에서 여러 가지로 안정감을 주기 때문에 자녀에게 모유를 공급할 것을 권장하였다.

이 시기는 단지 발달할 수 있는 본능적인 힘만을 소유했기 때문에 감각적인 훈련과 환경이 주어지면 자연적으로 성장할 수 있다고 말한다. 그러므로 유아기의 교육원리는 다음과 같다.

① 욕망과 습관을 가급적 억제하여야 한다.

② 어린이의 선한 측면을 사회가 타락시키지 않도록 하여야 한다.

③ 언어학습을 준비하여야 한다. 자연적인 발달단계를 따르도록 인위적으로 강요하지 말아야 한다.

④ 유아기에는 어린이들의 도덕성에 관심을 가져야 한다. 선과 악의 개념은 이성이 발달하는 시기까지는 무능력 상태에 있기 때문이고 악은 악한 마음에서 발생하는 것이므로 강한 어린이로 양육할 것을 권고하였다.

⑤ 유아기는 신체적인 활동을 통해서 신체적인 건강을 중요시하였다.

⑥ 교육적인 배려로서 움직이기에 편리한 옷을 입히고 가급적이면 찬물로 목욕

시킬 것을 권고하고 모유로 양육할 것을 권장하였다.

2) 루소의 유아교육사상

루소는 아동기의 특성을 고려하여 자연교육방법을 제시하였다(오인탁 외, 1998).

① 모든 어려움과 고통을 극복하는 훈련을 중요시하였다. 체력을 발달시키고, 과보호를 경고하였으며, 자신으로 확신감을 가지고 살아갈 수 있도록 교육하였다.

② 예측할 수 없는 미래를 위한 준비보다는 현재에 만족하고 즐거워할 수 있는 행복한 어린이로 인간답게 살아가는 방법으로 아동기의 기쁜 추억과 사랑의 본능 그리고 사랑하는 방법을 가르칠 것을 강조하였다.

③ 아동기는 상상력이 발달하는 시기이므로 자기 능력을 확대하여 자신을 확대할 수 있는 능력을 길러 주는 것이다. 인간의 부질없는 욕망으로 인해서 불행해질 수 있지만 풍요로운 상상력을 단계적으로 현실화함으로써 행복한 삶을 살아갈 수 있는 훈련이 필요하다고 말한다.

④ 루소는 아동기는 사회정의 차원에서 자유와 평등 개념을 심어 주는 것이 중요하다고 말한다. 아동기부터 자유와 평등원리를 스스로 경험하는 것은 어려서부터 사회정의에 대한 개념을 훈련하는 것과 같다.

⑤ 아동기는 이성이 발달하는 시기이므로 이성적인 대화, 이성적인 판단력, 이성적인 태도를 발달시켜야 한다. 루소는 경쟁심, 질투, 선망, 허영심, 탐욕심, 공포심 등은 이성적인 행동을 실천하는 데 장애요인이 된다고 보았다.

루소는 아동기인 6~12세까지를 야만인의 시기라고 말한다. 이 시기의 교육원리는 다음과 같다.

① 이 시기는 감성에 따라서 행동하기 때문에 인간 본성에 대한 신념을 가지도록 하여야 한다.

② 신체 훈련의 중요성을 강조하였다. 감각이 존재하는 시기에서 행동이 존재

하는 시기로 변화하므로 사고의 기능을 발달시켜야 한다.

③ 감각훈련을 통해서 사물을 학습할 수 있는 환경조건을 제시하여야 한다.

④ 아동에 대한 놀이의 중요성을 강조하고 놀이를 통해서 건전한 인성을 발달시킬 수 있어야 한다.

⑤ 교육내용으로 아동기는 신체적인 훈련을 위해서 식물 재배와 노동을 중요시하였다.

⑥ 자연교육방법으로 어려움을 극복하는 훈련, 행복한 삶을 살아가는 방법, 상상력을 확장시키는 시기, 자애심과 이기심이 길러지는 시기이므로 이에 따른 교육적인 배려를 중요시한다.

3) 루소의 소년기 교육사상

루소에 의하면 소년기는 13~15세까지를 의미한다. 소년기의 학문적 특성을 살펴보면 다음과 같다.

① 소년기는 이성이 극도로 발달하는 이성적 시기이다.
그러므로 어린이들의 잠재능력을 최대한으로 계발하여 이성을 자각시킨다. 이성적 시기로서 이성적인 활동이 시작되고 지적인 호기심이 나타나는 학문적 시기다. 그러므로 자연현상에 관계되는 지리학과 천문학 그리고 물리학과 기호학에 관심을 가지도록 어린이들을 지도하는 것이다.

② 학문을 슬기롭게 다룰 수 있는 능력을 길러 주는 시기다.
루소는 소년기의 교육적인 방법으로 어린이들에게 학문을 직접 가르치기보다는 직접적인 훈련방법으로 학문을 사랑할 수 있는 능력을 길러 주는 간접적인 방법을 선택하였다.
자율학습방법과 직관원리를 사용하는 직관주의 교육방법 그리고 어린이들 스스로 경험하도록 권장하는 경험주의 교육방법을 중요시하였다. 루소는 사회가 인간을 악하게 만든다는 관념에서 벗어나지 못했다. 그러므로 가급적 사회와 관계를 맺지 않는 방법을 택하였으며 자기 스스로 학문을 터득하고 훈련할 수 있는 능력을 요구하였다.

③ 이 시기에 학문은 실제 생활에 적용할 수 있는 유용성이 보장되어야 한다. 모든 학문이 실제 생활과 관계되지 않는다면 학문으로서 가치가 없다. 그러므로 이 시기의 소년들에게 이론에 근거한 자연친화적 활동을 할 수 있는 자연현상에 관한 관찰, 우주교육, 물리학, 박물관 견학, 해양의 신비에 관한 지식, 식물에 관한 지식을 우선적으로 가르칠 것을 권장하였다. 즉, 자연과 인간의 관계를 접목시킬 수 있는 과목을 중요시하였다.

④ 소년기에 직업교육의 중요성을 강조하였다.
직업은 인간이 살아가는 데 절대적으로 필요한 정신적이고 육체적인 발달을 지도하는 근거를 제공하는 매체라고 말하였다. 인간의 손과 머리를 지혜롭게 사용할 수 있는 기술을 배우는 것은 정신과 육체를 조화롭게 발달시키는 것이다.

4) 루소의 청년기 교육사상

루소는 인간존재와 인간의 삶이라는 두 가지 측면으로 구분하는데 전자는 인간존재로서 탄생을 의미하고, 다른 하나는 서로 다른 성(性)으로 탄생함을 의미한다(안인희, 1990: 173). 이러한 의미에서 청소년기는 이 두 가지 측면을 두루 고려하여야 한다.

① 청소년기는 인간으로서 자애심과 이기심이 공존하는 시기이다(안인희, 1990: 174).
그가 말하는 자애심은 인간 본성의 내재적인 기본 원리 중 하나를 의미하고, 원초적이고 근본적인 열정으로서 자기애는 항상 선한 의지를 가진다. 이 시기는 항상 선하면서 질서와 일치하려는 성향이 있는 자애심을 길러 주어야 하는데 이는 자기애와 자기보존 개념이 강할 때 자기 사랑이 타인 사랑으로 옮겨지는 것이다.
반대로 이기심은 항상 다른 사람과 비교하고, 불만족하고, 소유욕이 강하고, 모든 인간관계에서 자기중심적이다. 이러한 이기심을 탈화하기 위해서 맹목적인 사랑이라기보다는 선을 근거로 한 사랑을 실천하도록 교육하여야 한다.

② 청년기는 성교육을 필요로 하는 시기다. 성교육은 자연스러운 상황에서 자연스러운 방법으로 인간의 순진성을 보존할 수 있도록 주변의 사람들이 도와주어야 한다. 생리적인 현상으로 신생아의 탄생은 지극히 자연스러운 것이므로 자연스러운 상황에서 성교육을 시작하여야 한다.

③ 청년기는 인간으로서 사회적인 감각을 발달시킬 수 있는 교육이 이루어져야 한다. 도덕적인 행동은 인간이 사회와 관계를 맺어 감으로써 시작된다. 사회공동체의 일원으로서 사회적인 동정심, 질투심, 연민, 증오와 같은 부도덕한 정념을 피하고 인류애를 위한 사회적 도덕률을 따라야 한다. 루소는 청소년들은 자기의 경험으로 인해서 자신의 고통은 인지하지만 타인의 고통은 인지하지 못한다. 그러나 상상력과 더불어 단계적으로 타인의 고통과 불행에 대한 감정을 이해하게 된다. 그는 잔인한 정념을 회피하기 위해서 세 가지 원칙을 제시한다. 첫째는 항상 자기보다 불행한 사람과 비교할 것, 둘째로 타인의 불행과 나의 불행은 항상 공존할 수 있다는 것, 셋째로 타인의 불행을 측정하는 정도에 따라서 감정이 달라진다.

④ 청소년기는 진실한 우정관계, 사회와 인간에 대한 연구, 역사를 통해서 인간을 연구하는 것, 허영심에 대한 경고, 실천적인 관점에서 도덕교육을 중요시하는 시기라고 말한다.

이러한 과정을 거쳐서 발달한 에밀은 훌륭한 인간으로 성장할 수 있는 능력을 가지고 있다.

4. 페스탈로치의 유아교육사상

1) 페스탈로치의 교육방법 원리

페스탈로치(Pestalozzi, J. H.)는 다음과 같은 교육방법 원리를 어린이들에게 적용하면서 실천교육을 중요시하였다(Pestalozzi, 1991).

① 모든 인간교육의 기초는 직관에 의해서 이루어진다.

② 유아기의 언어교육 역시 직관원리와 관계를 가져야 한다.

③ 유아기의 기초 교육 시기는 판단과 비판을 하는 시기가 아니다.

④ 교육 전반에 즈음하여 모든 교육은 가장 단순한 논리에서 시작하면서 어린이들의 발달단계를 고려하여야 한다. 발달단계와 발달과업이 존중되어야 한다.

⑤ 교사는 어린이들이 학습활동을 완전하게 학습할 때까지 충분한 시간을 제공하여야 한다.

⑥ 수업방법은 개인의 능력과 차이점을 고려하여 개별화 학습이론을 따라야 한다. 개인의 능력과 창의적인 관점을 고려하여야 한다.

⑦ 교사는 학생, 즉 어린이들의 인격적인 존중은 물론 그들의 개성을 최대한으로 존중하여야 한다.

⑧ 유아교육, 즉 기초교육의 목표는 지식과 기능을 습득하는 것이 아니라 전인적으로 정신적 능력을 발전시키는 것이다.

⑨ 앎에는 삶의 지혜로운 방식이, 지식에는 기능이 따라야 한다.

⑩ 학교교육은 우선적으로 사랑을 전제로 하여야 하고 사랑에서 출발하여 사랑으로 이루어져 사랑으로 마쳐야 한다.

⑪ 수업목적은 교육목적에 따라야 한다.

위와 같은 교육방법 원리를 근거로 전인적 기초교육의 원리는 다음과 같다. 페스탈로치는 민중의 자녀로 교육되기를 원했다(김정환, 이재준 역, 1991).

(1) 합자연(Naturgemässigkeit)의 원리이다.

페스탈로치 시대에 하나의 사회적 현상으로 소유자와 비소유자 사이의 사회적 불평등 이론의 갈등으로 인해서 자행되고 있는 비인간화 현상에 대한 원인을 바로 인간성에 대한 불신감으로 보았기 때문에 인간성 회복에 대한 갈망을 원했다. 인간의 손과 문화로 인해서 타락한 인간성을 회복하여 인간의 원래 선한 모습으로 되돌아가자는 것이다. 다시 말하자면, 하늘이 명하는 자연질서에 순응하여야 하며, 자연법칙에 의한 순차성, 상관성, 전인성, 법칙성, 개별성을 존중하고 따라야 한다.

(2) 수(Zahl)와 형태(Form) 그리고 단어(Wort)에 대한 교육방법론이다.

모든 사물에 대한 인식은 직관적 인식에서 출발한다는 페스탈로치의 인식론은 사물이 지니는 특성을 근거로 가장 단순한 것에서 시작하여야 하고, 개념에 대한 정의를 정확하게 인식하여야 하고, 개념과 개념의 연관성을 철저하게 학습하고, 심리학적인 순차성과 계열성을 존중하고, 직관력을 권장하는데, 이 세 가지 기초적인 요소들은 필연적인 것이다.

(3) 직관력 도야의 원리이다.

인간은 감각을 통해서 직관력을 발달시킬 때 사물을 정확하게 인식할 수 있는 것이다. 직관력으로 사물의 대상에 접근하고 사물의 본질을 확실하게 이해함으로써 새로운 지식을 형성하게 된다. 유아기에는 사물이 없이는 정확한 지식을 형성할 수 없다.

(4) 인간의 기초교육으로서 도덕교육과 종교교육의 원리이다.

페스탈로치는 어린이들의 기초교육은 어머니의 무릎 위에서 그리고 안방에서 이루어지면서 인격을 형성한다고 하였다(Pestalozzi, 1993).

① 어린이들의 종교심은 어머니-자녀 사이에서 이루어지는 사랑, 신뢰심, 감사, 순종, 믿음, 의무감에 의해서 종교심이 발달한다.

② 어린이들은 감성적이고, 감각적이고, 사랑을 갈망하기 때문에 가정에서 어머니와 더불어 정서적으로 경험하는 모든 것들이 그들의 도덕성을 발달시킨다.

③ 인간은 이유기를 시작으로 독립심이 발달하는데, 이러한 독립심은 어머니와 자신을 분리하는 기초적인 행동으로 자립심과 자율적 행동을 훈련하는 것이다.

④ 어린이들의 도덕성 발달은 자기완성과 인류애에 대한 완성인데, 자기완성은

미완성된 인간에서 인간화 또는 육화의 방법을 통해서 자기를 완성하는 과정이고, 인류애는 인간이 성장함으로써 이웃과 공동체를 형성하여 사랑을 나누고 인류의 평화를 위해 기여하고자 하는 노력이다.

⑤ 인간은 절대자와 더불어 자기완성과 인류의 완성 그리고 우주의 완성을 추구하는 것이 목적이므로 인간에게 자기 초월의 개념을 부여한다. 인간은 사랑을 통해서 자기 초월을 실천한다.

(5) 인간화의 원리이다.

페스탈로치는 모든 교육이 인간의 삶을 지각시키고 인간의 참된 모습으로 변화하지 않는 한 아무런 의미를 가지지 못한다고 말한다. 어린이들의 신체적 발달이 곧 전인적 발달을 지향하는 기초이므로 기능보다는 기초 훈련 교육을 중요시하였다.

2) 페스탈로치의 전인적 자녀교육론

페스탈로치의 『자기 자녀를 어떻게 교육하였는가(*Wie Gertrud ihre Kinder lehrt?*)』라는 저서는 바로 어린이들의 전인교육의 원리와 방법을 제시한 교육 전서이다. 이 저서는 아동교육론에 많은 영향력을 주었으며 그가 친구들에게 보낸 서간문 형식으로 서술한 것이다(Pestalozzi, 1993).

첫 번째 서간: 민중을 교화하는 교육은 환상이 아니다.

이 글은 자기 친구인 게스너(Gessner)와 다른 친구들에게 보낸 민중교육의 필요성을 강조한 내용들이다. 그는 어린이들에게 실제적으로 필요한 교육은 이상적인 것을 강요할 것이 아니라 정신세계를 발전시킬 수 있는 교육방법적 수단으로서 다음과 같은 것을 제안하였다. 제한점을 살펴보면 다음과 같다(Pestalozzi, 1993).

① 어린이들이 직관할 수 있는 영역을 가능한 한 확장시켜 인식세계를 확장한다.

② 어린이들의 의식을 통해 직관한 사실을 확실하고 정확하게 인식시키기 위해서 모든 물리적 환경과 인적 환경을 고려하여야 한다.

③ 자연과 과학적 교육방법에 의해서 학습하도록 도와주어야 한다.

페스탈로치의 이러한 제안점을 근거로 아동교육은 어린이들에게 직관능력을 길러 줄 것, 교재에 대한 확실하고 분명한 설명방법이 필요하므로 그림과 사물의 실제가 있으면 더욱 효과적이라는 것, 3'R을 익히기 이전에 사물의 명칭과 언어에 대한 지식을 획득할 필요성을 중요시하였다(Pestalozzi, 1993).

첫 번째 서간에서 학교교육의 부족한 점에 대한 페스탈로치의 생각은 다음과 같다.

① 정신력을 내적으로 심화하려 할 뿐 외적으로 자신을 드러내는 표상활동을 금지하고 있다.
② 학교교육의 방법을 언어만으로 결속시키는 것은 올바른 방법이 아니다. 유아기에는 어린이 스스로 자연을 직관함으로써 인간이 처음으로 인식수단을 가지게 된다. 그러므로 어린이는 대상과 환경 속에서 인식매체를 직접 직관함으로써 정확한 지식을 획득하기 때문에 언어를 통한 교육방법보다는 직접 관찰하고 감각적으로 접근하는 방법을 중요시하였다.
③ 어린이들의 정신작용은 개별화 재료와 표제 그리고 구체적인 사물의 개념들을 학습하여야 함에도 불구하고 열린 학습을 할 수 있는 교육기제들이 준비되어 있지 않다는 것이다.
④ 교육매체의 사용을 단순화하려는 경향이다. 어린이들을 위한 교육매체는 다양성을 요구하고 있다.
⑤ 학문을 대중화하려는 경향이다.

두 번째 서간: 크뤼지(Krüsi)와 함께 지내면서 서신을 주고받았던 내용들이다. 페스탈로치에게 교육적으로 확실한 신념을 얻은 것은 다음과 같다.

① 완전한 기억을 위해서 단어집을 만들어 모든 기초적인 지식을 형성하는 틀을 마련할 수 있는 가능성을 가진다.
② 형태를 학습함으로써 사물을 직관할 수 있는 힘과 기술을 습득할 수 있다.
③ 선, 각, 원각은 인간 기술의 토대이다. 수학교육으로서 계산의 기초학습을

터득하고 수학능력을 발전시킨다.

④ 걷고, 서고, 눕고, 앉는 것, 즉 기초적인 근육운동을 통해서 포괄적인 신체적 능력과 정신적 능력을 발달시켜야 한다.

⑤ 직관에 의해서 얻어지는 지식만이 참지식이다.

⑥ 자연을 직접 관찰하고 수집하여 파악하는 교육이 참교육이다.

세 번째 서간: 인간은 단지 자기 힘으로 삶을 살아간다는 원리이다.

① 인간은 결국 자기 노력과 자기 계발에 의해서 살아가야 되기 때문에 자기 삶의 주체자 역할을 하여야 한다.

② 인간교육의 효과는 이성적인 언어와 이성적인 책이 아니라 이성적인 인간상에서 출발하여야 한다. 즉, 미성숙한 인간을 이성적인 인간으로 교육하였을 때 교육적 발전을 지적으로 이끌어 갈 수 있다.

네 번째 서간: 인간이 자연적 행위를 모방할 것을 권고하고 있다. 이것은 인간의 모든 것이 자연법칙을 따라야 함을 의미한다.

다섯 번째 서간: 복잡성으로 이루어진 사물 자체도 자세히 관찰해 보면 단순한 기본적인 요소들로 형성되어 있다.

여섯 번째 서간: 인간이 진리를 인식하는 것은 자기 자신에 대한 인식에서 출발하여야 한다.

일곱 번째 서간: 페스탈로치의 교육이론과 철학은 경험에 의한 결과라고 할 수 있다.

여덟 번째 서간: 수학 이론은 가장 정확한 직관의 결과이며, 순수한 명확성을 통해서 우리를 쉽게 진리로 이끌어 준다.

아홉 번째 서간: 직관원리는 모든 인식의 기초적인 요소이다.

열 번째 서간: 어린이가 언어 습득 이전에 말할 수 있다는 점을 전제로 하는 것이 단 한 문장이라도 들어 있는 교과서는 단호히 없애야 한다.

열한 번째 서간: 어떠한 오류와 진리도 가르치지 않고 스스로 터득하도록 한다.

열두 번째 서간: 무엇인가 할 수 있기 위해서는 반드시 실천이 필요하다.

열세 번째 서간: 우선적으로 인간을 사랑하고 신뢰하고 따르고 인간에게 감사드리지 않으면 안 된다.

열네 번째 서간: 나는 내 자신이 재판관이며 바로 이 때문에 다른 자연물보다 더 고귀한 존재임을 인식하여야 한다.

5. 프뢰벨의 유아교육사상

1) 프뢰벨의 인간교육원리

프뢰벨(Fröbel, F.) 교육사상을 대표하는 저서는 바로 『인간교육(*Die Menschenerziehung*)』이라고 할 수 있다. 인간교육의 원리를 유아교육의 기초로 삼았다.

프뢰벨의 통일법칙은 신과 인간 그리고 자연의 합일을 이끌어 내는 법칙을 의미한다. 형이상학적인 측면에서 인간은 "나"라는 실존적인 측면에서 출발한다. 나는 한 존재의 일부분으로서 전체적으로 완전한 존재이며 인류 전체의 한 부분적인 것을 의미한다(Fröbel, 1973). 통일의 법칙을 요약하면 다음과 같다.

(1) 만물에는 영원한 법칙이 깃들어 있는데, 이러한 영원한 법칙은 만물을 움직이고, 작용하고 지배한다.

인간 내부에 존재하는 정신을 자연의 힘에 의해서 외부로 이끌어 내고, 외부의 자연을 정신을 통해서 내부로 드러낸다. 이 두 가지를 하나로 통일시키는 것이다.

프뢰벨은 인간교육론에서 만물에는 영원한 법칙이 깃들어 있으며 만물을 작용하고 지배하고 있다고 한다. 이 영원한 법칙을 인식하고 의식하는 것, 즉 그 법칙의 근본과 본질, 통합과 관계성에 대한 통찰과 신적인 통합체로서의 생명에 대한 지식, 이것이 바로 과학이고 인간학인 것이다. 다시 말하자면 통일 원리는 단적으로 신성에 두고 있다. 그의 통일사상 역시 신에 의한 것이다. 그러므로 프뢰벨의 통일의 원리를 요약하면 다음과 같다.

① 신은 우주를 지배할 수 있는 영원한 법칙을 소유하고 있다.

② 신은 만물의 유일한 법칙이다.

③ 영원한 법칙이 작용하고 만물을 지배하는 것은 신적 법칙(Gottheit)이다.

④ 영원한 법칙은 모든 것을 운동하고(Motus), 모든 것을 명령하고, 모든 생명력을 지닌다.

⑤ 우주의 모든 것 속에는 통일의 법칙이 깃들어 있다.

⑥ 영원한 법칙은 공의 원리와 같은 것이다.

(2) 프뢰벨의 만유재신론(萬有在神論)의 사상에서 범신론자임을 확인할 수 있다.

인간교육론에서 보면 모든 만물은 만유재신론의 의미를 포함한다(Fröbel, 1973: 66).

① 모든 것은 신적인 존재이고, 신으로부터 탄생하였고, 신에 의해서 통제되는 존재이다. 이것은 신이 바로 만물의 유일한 존재임을 의미한다.

② 신은 만물의 유일한 근원이고, 만물 중에 존재하고, 만물을 소생시키고, 만물을 지배한다.

③ 신은 만물의 중심이며, 생명을 창조하고, 생명 속에 종의 본질을 간직한다.

④ 모든 만물은 자기완성의 목표가 신성의 작용으로 자기 활동을 전개하면서 선을 지향한다.

(3) 프뢰벨의 노작원리는 어린이들의 생명은 노작을 통해서 발달시킨다고 주장한다.

그는 어린이들의 모든 활동과 작업을 통해서 자기 발전을 완성하므로 유아기에 생명에 관한 활동, 작업을 중요시하였다. 노작의 원리를 보면 다음과 같다(곽노의, 1989).

① 어린이들은 작업을 통해서 자기발전을 완성한다.

② 어린이들은 노작활동을 통해서 정신을 활동하도록 만든다.

③ 어린이들은 노작을 통해서 신성을 표출한다.

④ 노작원리는 미래 직업관을 위해서 필요한 것이다.

⑤ 어린이들은 작업과 노작을 통해서 의식을 자유롭게 만든다.

프뢰벨은 정신을 활동하게 하는 것, 정신과 신체 사이에서 나타나는 신체적인 작업, 작업이나 생산으로 인해 신체적으로 강화하는 노작의 욕구(Arbeitbad)만이 어린이의 본성을 계발하는 것이다(팽영일, 1990)라고 했다.

2) 프뢰벨의 교육목적

프뢰벨의 교육목적은 다음과 같은 다섯 가지를 가진다(이상욱, 1996: 192).

① 교육목적은 조화의 법칙을 실현하는 것이다.

일치(Einheit)는 물리적인 측면에서는 두 개체에 물리적인 힘을 가함으로써 하나됨을 의미하고, 두 물체 사이의 화학적인 힘의 결과에 의해서 전에 것은 전혀 찾아볼 수 없이 새로운 물질이 생성된 또 다른 하나됨의 반응으로서 화학적인 일치와 다양성 안에서 하나됨, 즉 부부의 인격적인 일치로 하나의 인격을 나타내는 것과 같이 인격적인 조화로움을 이루기 위한 것이다.

프뢰벨은 한 개인을 교육하는 목적은 한 개인이 자신과 인류, 자연과 하느님의 삶을 하느님의 가르침과 인류의 도덕성, 그리고 자연법칙에 따라서 조화로움을 이루면서 자기 삶을 완성하는 것을 의미한다.

결과적으로 조화의 법칙에 의한 교육목적은 인간 자신에 대한 순수성과 자연과의 조화로움 그리고 하느님과 하나됨의 삶에 도달하는 것이고, 인간은 자연과 인간 그리고 하느님과 조화를 이루도록 교육하고, 인간에게 조화로움을 이룰 수 있는 통찰력과 지혜를 줌으로써 상호관계를 이루는 것이다.

② 무능력한 인간을 전인적 인간으로 변화시키기 위해서 하느님이 인간에게 부여한 모든 능력을 계발하는 것이다.

절대자이신 하느님이 완전한 존재이므로 그 분야에서 완전함을 찾으려 노력하고 지혜롭게 살아갈 수 있는 존재가 되도록 교육하여야 한다.

개인에 대한 교육목적은 인간의 능력과 선천적인 능력, 그리고 영혼이 조화롭게 개발되어 전인적 인간으로 성장하는 것이며, 하느님의 지혜와 이해력 속에서 성장하여야 하고, 완전하고 전지전능하신 하느님을 닮아가도록 교육되어야 한다.

③ 인류에 관한 것으로서 자아를 초월하고 범인류애적인 사랑을 실천하고 범형제애의 사랑을 성취하고 실천하는 것이다.

개인교육을 통해서 가족과 국가를 위해서 헌신할 수 있는 능력을 기르는 것이다. 인류애의 성취는 결과적으로 인간성을 실현하는 것으로서 개인의 이기심과 이익을 버리고 가족과 국가를 위해서 그리고 인류 공동체를 위해 인류를 사랑하는 방법을 배우는 것이다.

④ 인간은 자연을 떠나서 살아갈 수 없으므로 우선적으로 자연과 조화를 이루고 자연의 법칙을 따르면서 자연의 섭리대로 살아갈 수 있는 능력을 기르는 것이다.

⑤ 하느님의 순수한 자연을 닮도록 노력하여 우주 속에서 신성한 생활을 실현할 수 있도록 교육하는 것이다.

교육의 궁극적인 목적은 하느님처럼 되도록 노력하여 하느님의 영(靈)을 터득하고 하느님과 같은 생활을 하도록 유지하고, 인간-하느님의 관계를 수직과 수평적으로 유지하고, 어린이가 예수님처럼 되어 날로 지혜로워지면서 하느님을 닮도록 교육하는 것이 목적이다.

3) 프뢰벨의 교육방법론

프뢰벨의 교육방법은 발달단계에 맞는 발날 순응석 방법을 석용하였나. 교사가 의도하는 교육이론을 효과적으로 학습자에게 전달할 수 있는 방법은 어린이들의 발달단계와 그들의 잠재능력을 고려하면서 소극적인 방법을 선택하였다(이상욱, 1996: 225).

① 하느님과 인간 그리고 우주가 자연스럽게 접촉할 수 있는 방법을 가르치고 훈련하는 것이다.

인간의 정신세계인 내적인 것과 외적인 세계를 연결시키는 것이다. 모든 사물과 모든 존재는 항상 대립자가 동시에 공존하기 때문에, 대립자와 일치를 이루어 동일하도록 만드는 것이다.

② 놀이를 통해서 활동욕구와 학습욕구를 충족시키는 방법이다.

놀이는 생명을 발달시킬 수 있는 육체적 · 심리적 · 정신적 · 사회적 · 도덕적 힘과 잠재능력이 자연스럽게 발달할 수 있도록 시도한다.

③ 가르침과 학습원리를 중요시하였다.

개별적이고 구체적인 것을 일반적인 것으로, 일반적이고 구체적인 것을 개별적인 것으로, 외적인 것을 내적인 것으로, 내적인 것을 외적인 것으로 교육하여 생활 속에서 상호관계를 통해서 조화를 이루는 것이다(이상욱, 1996: 244).

④ 신체교육과 감각기능을 발달시키는 방법이다.

프뢰벨은 지각과 감각을 이용하여 인지를 발달시키기 위한 교구인 은물을 개발하였다. 어린이들의 정신을 자유롭게 움직일 수 있도록 유아기부터 감각과 신체, 특히 사지운동을 중요시하였다. 감각교육은 어린이들의 영혼과 영성을 양육하는 한 방법으로 보았다.

⑤ 감각과 정신교육을 중요시하였다.

프뢰벨은 어린이들은 오관을 통해서 내부의 세계와 외부의 세계 그리고 정신세계의 관계를 가진다고 하였다. 감각을 통해서 자기 영혼과 만나고, 변별력을 기르고, 형태를 지각하고, 시 · 공간 개념을 형성한다.

4) 프뢰벨의 유아교육과정

프뢰벨의 교육 재료는 『인간교육(*Menschenerziehung*)』 4장에서 상세하게 설명하고 있다. 즉, 교육과정의 기본적인 구조는 그리스도교 교육과 자연과학의 이해 그리고 언어교육과 예술교육을 근거로 하는 은물과 노래 그리고 실내와 실외 작업을 중요시하는 교육과정이다(곽노의, 1996: 94).

은물의 어원학적 의미는 "Gnaden"이라는 라틴어의 은총이라는 뜻을 가지고 있다. 다시 말하자면, 하느님이 주신 특별한 선물이라는 것이다. 프뢰벨은 어린이들이 은물을 통해서 놀이할 수 있도록 교구를 제작하였다.

● 제 1 은물

운동과 일치 그리고 무한성의 상징이다.

제 1 은물은 1에서 6번까지 서로 다른 형태로 구분되고 각기 다른 색상을 나타내는 것으로서 빨강, 노랑, 파랑, 주홍, 초록, 보라색의 6개의 작은 공으로 구성되어 있고 각 공의 직경은 6cm로 되어 있다. 그러나 공은 모든 자연물 형태의 기본적인 면과 선 그리고 점을 포함하고 있기 때문에 모든 형태를 만들 수 있는 것이며, 공은 전체성의 원리도 포함하고 있다.

● 제 2 은물

제 2 은물은 모든 형태를 나타내는 것으로서 세 가지 종류로 구분된다. 하나는 나무로 만든 직경 6cm의 공 모양이고, 다른 것은 높이가 6cm인 원통 모양이고, 다른 하나는 한 변의 길이가 6cm인 정육면체이다. 제 2 은물은 공과 정육면체, 그리고 원통의 세 가지 요소들은 평소에 프뢰벨이 관심을 가지고 연구한 물리학의 원리와 건축술의 기초로서 주춧돌을 상징하는 정육면체와 건물의 기둥을 의미하는 원통, 그리고 기둥의 마지막 부분을 의미하는 기둥머리 역할을 하는 공을 상징적으로 포함하고 있다.

하나의 건축이 완성되기 위해서 이 세 가지 요소들은 서로 독립된 상태에서 중요성을 가지고 있지만 서로 전체를 이루고 있을 때 부분적인 전체가 완전한 전체로서 통일의 원리에 접근하는 것이다.

공과 원기둥 그리고 정육면체, 즉 주사위(Würfel)를 의미한다. 정육면체는 평면과 각을 가지고 있으며 동시에 공의 요소도 포함하고 있다. 공은 움직임을 상징하고 정육면체는 침묵과 정지를 상징적으로 표현하는 동시에 각 사물의 통일성과 개별성 그리고 다양성을 표현하려는 자연의 대법칙이고 자연의 최초 법칙이다(정인숙, 2002).

● 제 3 은물

제 3 은물을 가지고 창조적 작업을 시작할 수 있다. 그러므로 제 3 은물은 생활의 형식(Lebensformen)에서 미의 형식(Schön-heitsformen)을 지난 다음 인식의 형식(Erkenntnisformen)을 성취한다. 제 3 은물은 한 변의 길이가 3cm인 8개의 정육면체로 구성되어 있다. 제 3 은물은 어린이들의 발달단계에 상응하여 비례할 수 있도록 구성된 것이다.

생활 형식은 8개의 정육면체를 가지고 다양한 형태로 쌓아올리기를 훈련한다. 우리가 일상생활에서 흔히 사용하는 의자와 깔판과 같은 모양으로 쌓아서 생활에 직접 응용할 수 있도록 한다. 미적 형식은 정육면체를 여러 가지 형태로 변형시켜서 미적 감각을 발달시킨다. 미적인 모양은 대부분 자연의 형태인 별 모양, 눈 모양, 기하학 모양 등으로 어린이들이 자연과 물리학의 기초이론에 접할 수 있고 모양을 변형시켜서 다양한 모양을 만들 수 있다. 인식 형식은 수학적인 관계를 증명하고 분리와 집합의 원리 등을 논증한다(Fröbel, 1982).

● 제 4 은물

목재로서 각 변의 길이가 1.5cm, 3cm, 6cm인 8개의 직육면체로 구성되었으며, 제 4은물을 자유롭게 구성하여 건축물을 만들 수 있다. 그러므로 정육면체에서 직육면체를 만들고 입방체를 새로운 시각에서 경험하도록 만들고 아름다운 형태와 학습 형태로서 집과 방 그리고 의자와 책상 등과 같은 다양한 형태를 만든다(정인숙, 2002).

● 제 5 은물

9cm의 정육면체로서 가로와 세로, 그리고 높이를 각각 두 번씩 잘라서 만든 작은 정육면체이다. 한 변의 길이가 3cm인 작은 정육면체 21개, 작은 정육면체를 이등분한 삼각주 6개, 삼각주를 이등분한 작은 삼각주 12개를 이용하여 직각 이외에 예각을 알도록 하고 정사각형 이외에 직사각형과 삼각형을 알도록 하는 것이다. 제 5 은물을 사용함으로써 창의성과 인지발달 그리고 정신발달을 촉진시킨다.

● 제 6 은물

은물 4와 같은 형태로서 직육면체를 잘라서 만든 것으로서 기둥과 받침대가 있는데 기둥을 사용하여 빈 공간을 채우면서 창조적이고 이상적인 건축물을 건축할 수 있는 응용할 수 있는 은물이다. 6 은물의 특성을 프뢰벨은 공간적 표현 예술에 있어서 단순성에서 복잡성으로, 규칙과 법칙에 따라서 입체적이고 공간적인 외적 표현에 대한 연습이며, 어린이들 속에 내재한 정신적인 것을 사물과 물질을 통해서 표출하는 것이라고 했다.

● 제 7 은물

나무로 만든 여러 종류의 사각형과 삼각형으로 구성되었고, 면을 발달시킨 은물이다. 정사각형, 정삼각형, 직각이등변 삼각형, 직각부등변 삼각형, 둔각이등변 삼각형, 원, 반원, 마름모 여덟 가지로 구성된다.

● 제 8 은물

길이가 다양한 나무나 금속으로 만든 긴 나무 막대이다. 면의 넓이는 있지만 두께가 없으므로 선은 가장 작은 막대의 2, 3, 4, 5, 6배로 5, 7.5, 10, 12.5, 15cm 길이로 다양하다. 제 8 은물은 어린이들에게 사물의 길고 짧음, 거리 개념을 이해하도록 하여 물체 형태와 관찰력을 증진시킨다.

● 제 9 은물

사물의 특성을 구체적으로 표현하는 곡선으로 구성되었는데, 원의 원리와 비슷한 것으로 어린이들에게 직선과 곡선의 차이점을 인식시킨다. 고리와 반 고리로 이루어져 있으며, 종류 분류를 실물로 제시한다. 곡물과 돌 또는 조개껍데기를 사용하여 만든 모자이크와 같은 작은 조각품을 실제적으로 제시한다.

● **제10 은물**

입체를 구성하는 요소로서 분해될 수 없는 점을 표현하는 교구이다. 점은 모든 형태의 기본적인 것이고, 점이 존재한다는 것은 다른 존재가 가능하다는 것을 의미하고 무에서 유를 창조하는 것이다. 제10 은물은 10mm의 나무를 잘라서 만든 교구를 사용하는 데 응용 편으로 쌀과 같은 낱알 곡식을 사용할 수 있다.

제1~10 은물을 형체, 면, 선, 점, 재구조로 나누어 설명할 수 있다.

6. 몬테소리의 유아교육사상

1) 몬테소리의 과학적 교육의 구성

몬테소리(Montessori, M.)의 교육학은 1907년에 Casa dei bambini에서 실제적으로 교사들이 관찰한 것을 정확하게 분석하여 어린이들을 정상적인 단계로 변화시켜 어린이들에게 행복한 영적 삶의 단계까지 이끌어 주는 과학적 교육학이다. 그녀의 교육학 모형을 보면 다음과 같다(조성자, 2007).

아래에서 설명하는 것은 몬테소리 교육학의 기초로서 Casa dei bambini에서 어린이들을 직접 관찰하여 연구한 것이다. 그러므로 그녀의 과학적 교육학은 관찰과 분석 그리고 치료과정을 거쳐서 어린이들을 정상화 단계까지 이끌어 내야만 한다.

몬테소리의 정상화 개념은 소극적 의미만이 아니라 어린이를 자연의 상태에서 초자연의 상태로 옮겨서 영성적으로 평화로움을 느끼고 삶의 에너지, 사랑, 질서를 스스로 실천하는 상태를 의미한다. 그녀의 과학적 교육학은 다시 자유 개념과 관계를 가진다.

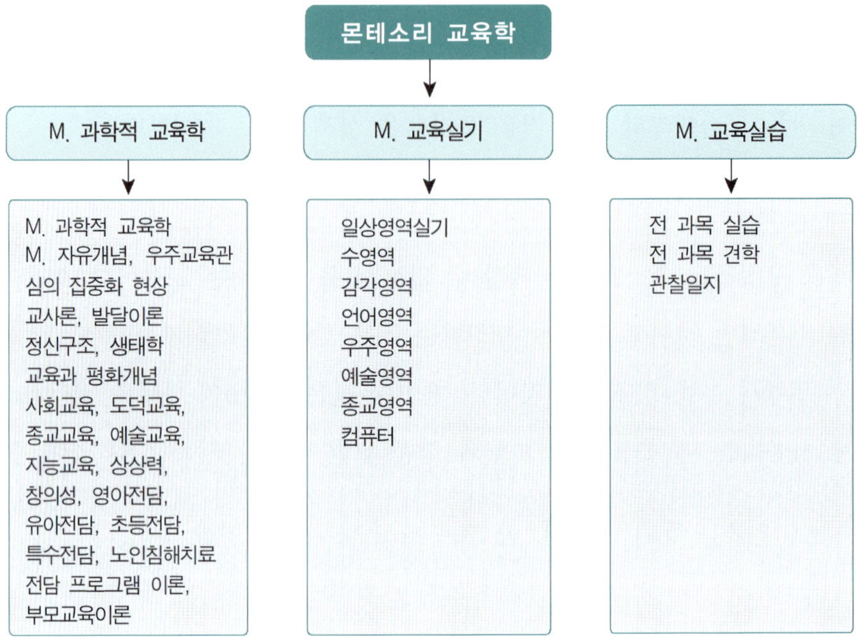

2) 몬테소리의 자유 개념

몬테소리의 자유 개념은 일반적인 자유 개념과는 다른 활동으로 보았다. 어린이에게 중요한 것은 자유 자체가 아니라 자유로운 상황에 놓여졌을 때 스스로 자유로워지기에 성공하고 자유로워진 상황에서 작업에 몰두하는 것이 교육목적이었다. 그녀의 자유 개념을 살펴보면 다음과 같다(조성자 외, 2001).

① 자유는 활동이다. 어린이들은 활동을 통해서만이 자유로워지기에 성공할 수 있고, 정신을 집중시킬 수 있다. 교구와 활동함으로써 유기체가 질서를 잡아간다.

② 자유를 전제로 한 반복적인 훈련을 통해서 자유로워지기에 성공한다. 어린이들은 단순히 자유로워지는 것이 아니라 자기가 좋아하는 것을 반복적으로 훈련함으로써 자유로워진다.

③ 자유는 습관을 통해서 자유로워진다. 어린이들은 활동을 반복적으로 훈련하고 습관됨으로써 자연적으로 자유로워지기에 성공한다.

④ 어린이들은 습관된 활동들을 자동적·자율적으로 행동한다. 어린이들은 자동적으로 활동함으로써 자유로워진다.

즉 자유는 활동이고, 활동을 반복적으로 훈련하고, 반복적인 활동은 습관이 되고, 습관된 것은 자동교육으로 변화되어 어린이들을 자유로워지도록 만든다. 자유로워진 어린이들은 자신을 지배하고, 문화를 지배하고, 환경을 지배하는 특성을 표출하면서 순종적인 태도를 보이고, 자아만족도가 높고, 또래 친구와 사교적이고, 도덕적이고, 교사와 상호작용이 긍정적으로 일어나는 특성을 가진다.

어린이들은 자유로워진 상황에서 한 종류의 작업만을 하는 것이 아니라 다음 작업과 연결을 자연스럽게 스스로 선택하여 학습에 흥미를 가지고 학습효과를 유발시킨다.

3) 몬테소리의 우주교육

몬테소리는 우주교육에 대해서 다음과 같이 말한다.

> "우리는 어린이들이 자기 인격을 형성하고 도덕적인 자유를 획득할 수 있도록 도와줌으로써 인류를 향상시킬 수 있다. 이에 대한 방법 중 하나가 바로 우주교육이며, 우주교육이야말로 어린이의 삶의 방향에 도움을 준다"(조성자 외, 2001).

이것은 우주교육이 그녀의 과학적 교육학의 주춧돌 역할을 한다는 것을 입증하는 것이다. 우주교육의 의미를 살펴보면 다음과 같다.

① 우주교육은 우주의 질서(cosmo)를 조화롭게 발전시키는 데 목적을 가진다. 우주적인 이해는 모든 사물이 의미 있게 서로 전체적으로 연결되어 한 세계 속에 공존하는 삶을 일컫는 것이다. 우주 개념은 인간에게 놀라움과 경이로움을 불러일으킬 수 있는 모든 것을 포괄하는 총체성을 가진다.

② 몬테소리의 우주교육은 그녀의 교육철학의 초석을 이룬다. 몬테소리의 우주이론으로서 구체적인 학습내용과 방법은 생태학적 관점, 우주에서 인간의 위치, 실제적인 우주교육을 들 수 있다(Henry, 2000).

③ 몬테소리의 우주교육은 생태학적 관점과 관계되어 있다. 몬테소리의 생태학적 관점에서 우주이론은 인간과 생명체의 관계와 인간과 자연과학, 그리고 자연의 관계 속에서 상호작용하고 상호 의존적인 삶을 살아간다.

④ 우주교육은 생명체와 무생명체, 즉 자연과학과의 관계를 하나로 통합하는 것이다. 생명체인 인간과 동물, 식물과의 관계를 다루고 자연과학과 인간의 상호 관계를 규명하여 우주에 존재하는 모든 사물과 생명체를 하나로 통합하는 것이다.

몬테소리의 우주교육에서 생명체와 무생명체의 관계를 그림으로 표시하면 다음과 같은 도식으로 설명할 수 있다.

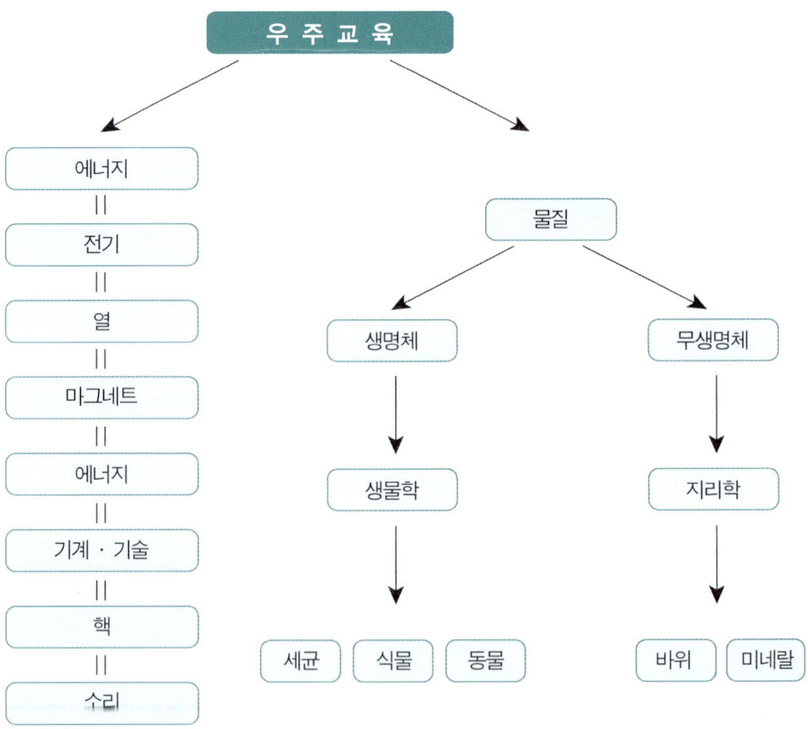

4) 몬테소리의 교사론

(1) 교사의 역할

몬테소리 교육 프로그램이 전 세계적으로 성공한 이유 중 하나는 "몬테소리 교사양성과정"을 철저히 운영한 것이라고 할 수 있다. 그만큼 몬테소리 교육학에 있어서 교사의 역할은 특히 중요하다. 교사의 역할을 살펴보면 다음과 같다.

① **어린이의 생명을 이끌어 주는 교사의 역할을 한다**(조성자 외, 1998: 59).

교사는 어린이가 "나 스스로 할 수 있도록 나를 도와주세요."라고 외치면서 생명체가 자발적으로 발달하고 진화하도록 돕는 것, 어린이 자신이 삶의 주체자이고, 잠재능력을 계발하도록 돕는 것, 생명의 신비를 드러낼 수 있어야 한다(Holtstiege, 1991).

② **관찰자로서 교사의 역할이다.**

몬테소리 교육학이 과학적 교육학이라면 관찰과 분석은 필수적인 것이다. 그러므로 교사는 어린이들의 작업 현장, 심리적 측면, 교육적 측면, 정신적 측면, 위생적 측면에 과학적인 정신을 가지고 관찰할 것을 강조하였다. 사물을 직관하는 것을 시작하는 사람은 모든 사물에 대한 관심과 호기심을 가지는 것이다. 어린이들의 질서, 활동, 작업 상태, 정신적 작용, 정상화 단계를 관찰하여야 한다.

③ **준비자로서 교사의 역할이다.**

몬테소리 교사는 어린이들에게 가장 훌륭한 교육방법을 준비하는 것이 아니라 새롭게 개혁한 "교육 재료"를 준비하는 것이다.

어린이들이 관찰할 수 있고, 집중할 수 있고, 감각적으로 만질 수 있는 교육재료를 준비하여야 한다. 교사는 어린이들이 필요로 하는 모든 것을 준비할 수 있는 "준비자의 역할"을 가진다.

④ **희생과 봉사로서 교사의 역할이다.**

몬테소리 교사는 완전한 봉사와 희생을 요구한다. 교사는 자기중심주의에서 탈화하여 단지 어린이를 위해서 봉사할 때 그것은 미래사회를 위한 인류에게 봉사한다는 것이다. 자기의 영성을 자각하고 거룩한 영혼과 만남으로써 모든 사물과 접촉하고 생명체를 사랑한다는 것은 자기 영성을 스스로 양육하는 것이다. 봉사와 희생은 무엇보다도 교사 자신의 인격을 통해서 어린이와 더불어 새로운 세계를 만들어 가는 것이다.

⑤ **개혁자로서 교사의 역할이다.**

훌륭한 교사가 되기 위해서 교사 자신의 정신과 학교 환경을 변화시킬 수 있는 능력이어야 한다. 몬테소리는 새로운 어린이를 탄생시키기 위해서 교사 자신이 변화하여 겸손한 자세로 자신의 약점을 인정하면서 어린이들에게 다가갈 수 있는 자세를 가져야 한다. 어린이와 학교를 개혁하기 위해서는 학교의 모든 환경의 변화를 주장한다.

⑥ **협조자로서 교사의 역할이다.**

교사는 어린이의 협조자다. 말보다는 침묵으로, 지시보다는 관찰로, 훈육보다는 사랑으로, 가르치는 것보다는 동반자로, 닫힌 마음보다는 열린 마음으로, 폐쇄된 공간보다는 열린 공간으로, 인쇄된 책보다는 자연의 책을 들고 어린이의 동반자로서 필요할 때 언제든지 어린이 옆에서 그들이 원하는 것을 돕도록 하여야 한다.

⑦ **교사는 어린이들의 영혼을 자각시킬 수 있는 역할을 하여야 한다.**

몬테소리의 교사관은 “몬테소리 교사가 된다는 것은 교사가 되는 것을 시작하는 것이다”(Montessori, 1993: 124).

교사는 갓 태어난 인간의 내적 생명을 정확하게 관찰하여야 하는 의무감과 역할을 가진다. 최고로 거룩하고, 최고의 사랑을 요구하고, 최고의 안정을 필요로 하고, 신비로운 생명으로 창조된 새 생명과 더불어 새로운 교사를 시작하는 것이다.

(2) 몬테소리 교사의 특징

몬테소리 교사의 특징은 인격적인 특성과 외형적인 특성, 그리고 학문적인 특성으로 구분된다(조성자, 1998: 80).

① 인격적인 특성

㉮ 어린이에 대한 존중사상과 어린이를 사랑하는 마음을 가진 교사, ㉯ 어린이가 존재하고 생활할 수 있도록 돕는 완전한 봉사자, ㉰ 정서적인 안정감과 겸손한 자세를 가진 교사, ㉱ 항상 자기 훈련을 필요로 하는 교사, ㉲ 자기의 잘못을 인정하고 수정하려고 노력하는 교사, ㉳ 침묵과 인내심을 소유한 교사, ㉴ 자아긍정과 자아사랑의 개념을 소유한 교사이다.

② 외형적인 특성

㉮ 미적 감각을 지닌 교사, ㉯ 순수하고, 맑고, 사랑이 있는 어린이화되어 있는 교사, ㉰ 자기관리에 철저한 교사, ㉱ 정신건강과 육체 건강을 소유한 교사, ㉲ 행동이 자연스러운 교사이다.

③ 학문적인 특성

㉮ 몬테소리 철학을 완전하게 이해할 수 있는 교사, ㉯ 활동에 적극적으로 참여하여 항상 관찰할 수 있는 교사, ㉰ 몬테소리 방법을 이해할 수 있는 교사, ㉱ 유아교육에 대한 전문지식이 풍부한 교사, ㉲ 창의력, 독창성, 조직능력이 있는 교사, ㉳ 교육환경을 구성할 수 있는 교사, ㉴ 자신을 항상 숙고하고 자신을 알도록 노력하는 교사, ㉵ 어린이와 환경을 수용할 수 있는 교사, ㉶ 과학적 지식을 소유한 교사, ㉷ 어머니와 같은 역할을 할 수 있는 교사, ㉸ 교사직에 만족하는 교사, ㉹ 정직하고 정의로운 마음을 가진 교사이다.

(3) 여의사와 사회운동가로서 몬테소리

몬테소리는 자기 교육학은 "생명을 돕는 교육"이지만 생명을 과학적으로 돕는 것이라고 정확하게 말한다(조성자, 1996). 어린이의 생명을 돕기 위해 자연과학과 사회과학의 상호 관계를 강조하였다.

첫째로 몬테소리는 어린이를 위한 평화로운 세계를 전승해 줄 수 있는 운동을 전개하였다.

평화로운 세계를 위한 전제 조건을 문맹퇴치, 빈곤퇴치, 인류 공동체로 보았다. 어린이의 생명을 돕는 것은 단지 교육적인 문제만으로 해결되는 것이 아니라 어린이 발달에 저해되는 장애물이 자유를 억압하고 있으므로 어린이를 위한 준비된 환경을 중요시하였다. 이러한 준비된 환경은 소극적인 의미가 아니라 우주 전체를 어린이의 환경으로 보았기 때문에 어린이들을 위한 우주적 환경과 빈곤퇴치 그리고 문맹자 퇴치운동을 통해서 사회 전반에 걸쳐서 인류애의 발전을 위한 인류 공동체를 위한 사회운동을 전개하였다(Loschi, 1991).

둘째로 어린이들의 생명을 돕기 위해서 몬테소리는 어린이를 위한 교육적인 주거환경을 제공하고자 로마에 어린이집(Casa dei bambini)을 건립하였다. 생명을 돕는 교육의 의미는 어린이가 가지고 있는 모든 잠재능력을 계발하여 그들의 영혼을 자각시키고 영성적으로 풍요로운 삶을 살아가도록 양육하는 것이다.

어린이집을 개원한 지역은 산로렌소(San Lorenzo)인데, 이 지역은 1884~1888년 사이에 정부의 지원하에 새롭게 태어난 주거지역으로서 얼마 안 되어 거대한 주거 집단으로 발전하였고 몬테소리는 그 지역에 많은 어린이집을 다시 개원하였다. 이 지역 사람들은 마침내 부유층의 사람들과 같은 문화적인 혜택을 조금씩 받을 수 있는 기회가 되었다.

몬테소리는 밀라노에서 인류애협회(Umanitariá)의 도움을 받아 다시 노동자 어린이들의 자녀를 위해 어린이 집을 개원하였다. 이들은 대부분 노동의 집(Casa del lavoro)에 속해 있는 노동자들의 자녀교육에 기여한 것이다.

셋째로 몬테소리는 어린이 당(Partito del bambino)과 적십자 기능과 흡사한 전쟁으로 희생된 어린이들을 위해서 백십자(Croce Bianca)단을 창립할 것을 정부에 요청하였다. 몬테소리는 전쟁으로 인해서 육체적이고 정신적으로 보호를 받아야 할 어린이들을 우선적으로 책임감을 가지고 치료해 주고 그들이 미래사회의 평화를 위해서 살아가고 일할 수 있는 힘을 길러 주는 것을 목적으로 하였다.

몬테소리가 1937년 코펜하겐에서 개최되는 평화와 교육(조성자, 1990)을 위한 세미나에서 어린이 교육부와 어린이를 위한 정당을 정식으로 설치할 것을 부르짖는 것은 어린이를 제도적으로 보호할 영원한 방어책을 구성할 필요성을 인식시키는 것이었다. 어린이를 보호한다는 것은 인류애를 보호할 의무를 전 세계에 호소하는 것이었고 어린이 정당을 요구한 것은 그녀로서는 어린이를 위한 사회활동의 씨앗을 파종한 것과 다름없다고 말하였다.

넷째로, 몬테소리는 여성들의 사회적 지위 향상과 여성의 권리에 관심을 가졌다. 그녀는 1896년 베를린의회에 참석하여 이탈리아 여성을 대신하여 여성의 노동 임금에 대해서 남자와 동등한 지불과 사회적으로 동등한 위치를 부여할 것을 요청하였다. 여성들이 사회적으로 받는 불이익에 대해서 개인적인 차원이 아니라 국가적인 차원에서 해결해 줄 것을 요청하였다.

이러한 계기로 인해서 이탈리아는 물론 유럽 전체의 여성들에게 많은 영향력을 미쳤으며, 유럽 전체의 여성들에 대한 인식과 사회적인 문제를 개혁하기에 이르렀다.

(4) 아동교육자로서 몬테소리

몬테소리는 전통적 교육학을 전복시킨 용감한 여성이라고 말한다. 그녀는 특수교육학에서 일반교육학을 넘나들면서 어린이들의 교육에 전념한 여성이었다. 그녀의 어린이들을 위한 지속적인 관찰과 연구에서 다음과 같은 기본적인 여덟 가지 교육 개념에 도전하여 개혁을 이루어 낸 것이다(Loschi, 1991).

첫째, 어린이 자신을 바로 인간의 어버이로 보려는 관점이다. 성인들은 더 이상 어린이들의 어버이가 아니다. 우리들은 어린이를 통해서 마음을 정화하고, 사랑을 배우고, 진리를 터득하게 된다. 부모는 단지 생물학적으로 자식을 잉태시키는 순간부터 인격적인 관계를 유지하여야 한다. 성인들은 자기 인격을 창조하는 중요한 의무감을 완성하여야 하기 때문에 자기 자신의 진실한 어버이는 어린이 자신이고, 인간의 어버이는 바로 어린이라는 관점이다.

둘째, 몬테소리는 과학적인 교육방법을 통해서 교육개혁을 시도한 교육자이다. 교사 자신의 겸손하고 진실한 태도를 우선적으로 강요하였고, 일하고, 자기 작업을 자유롭게 선택하고, 활동하고, 스스로 결정하면서 자유로운 성숙한 인간으로서 독립적인 인격체로서 책임의식을 느끼면서 생활하도록 교육할 수 있는 교사교육을 중요시하였다.

셋째, 교사교육을 통해서 어린이와 환경, 그리고 교사의 관계를 새롭게 정립하였다. 몬테소리 교육이 세계적으로 성공한 이유는 교사교육을 철저히 하였기 때문이다. 교사의 역할은 지도자, 안내자, 조력자의 역할이다. 어린이는 자유로운 상황에서 작업에 몰입하고 교사는 권위가 아니라 침묵을 지키면서 철저하게 관찰해야 한다.

넷째, 어린이들을 자율적이고 독립적인 인간으로 성장하도록 교육하였다. 어린이는 자율적인 활동을 통해서 구조화된 환경 속에서 살아간다. 시·공간 속에서 사물과 관계를 맺으면서 창조능력을 기르고, 자기주도적 학습원리를 따르면서 우주환경 속에서 자기의 아이덴티티를 확실하게 발달시킨다.

다섯째, 몬테소리는 우주교육을 통해서 세계를 열 수 있는 열쇠를 줌으로써 어린이들에게 세계관, 우주관을 확장하려고 하였다. 그녀는 6~12세의 어린이들이 우주 속으로 들어가서 자연과학과 인문사회과학의 영역을 자유롭게 넘나들면서 우주와 전 관계를 가지도록 교육하였다.

여섯째, 일반 학교에서 어린이들이 범하는 오류가 몬테소리 학교에서는 대단히 중요한 교육적 요소로 사용하였다(조성자 외, 2001).

일곱째, 몬테소리는 교구를 통해서 어린이들의 영혼을 자각시키려고 하였다. 몬테소리 교육에서 교구는 단지 정신을 집중시키는 매체일 뿐이고 교사는 인쇄된 책보다는 자연의 책을 들고 교실에 들어갈 것을 강조하였다. 교구와 자연 그리고 교사는 어린이의 영혼을 자각시킬 수 있는 중요한 역할을 한다.

교구는 단지 어린이들이 오류를 발견하고 스스로 자동 조절하는 방법을 학습하였다. 교구의 기능은 소유가 아닌 존재에 근거한 미래사회를 창조하기 위한 작업으로 어린이의 활동에 봉사하는 교육적 매체이다. 그녀가 개혁한 여덟 가지 교육방법을 통해서 오늘날에도 전 세계적으로 많은 어린이들이 몬테소리 교실에서 자기 능력으로 미래를 창조하기 위해서 교육받고 있다.

7. 피아제의 유아교육사상

1) 피아제의 인지발달이론

피아제를 이해하기 위해서 동화와 조절, 그리고 도식과 구조의 개념들을 이해하여야 한다.

동화와 조절의 개념은 모든 생명체는 자기를 에워싸고 있는 환경과 상호작용을 하면서 적응능력을 학습해 나간다. 이러한 적응과정에 필요한 것이 바로 동화와 조절이다. 피아제의 경우 적응능력이 발달하는 과정을 인지발달과 동일시 개념으로 보았다. 즉, 적응과 조절이 적응능력을 발달시키는 것이다. 동화란 어린이들이 외부의 사물을 직관할 때 이미 자기에게 각인된 기존의 틀에 새로운 각인을 끌어들여 해석하는 것이다(Piaget, 1974). 피아제의 동화 개념의 예를 들면, 어떤 음식물을 보면 자기 입에 알맞도록 자르고 소화할 수 있는 양만큼을 먹음으로써 유기체 내에서 흡수와 소화가 유기체의 기존 체제에 적합할 때 동화가 자연스럽게 일어난다.

조절은 민약에 음식물이 입 모양과 다르든가 고체든가 아니면 전혀 다르기 때문에 받아들일 수 없을 경우 이것을 바르게 자르고 액체로 녹이는 역할을 하는 것이다. 다시 말하자면 기존의 체제를 변형시켜 받아들일 수 있도록 만드는 역할을 하는 것이다(Piaget, 1974).

인지적 동화는 외부 세계의 사물을 기존의 체계나 틀에 적용하여 이해할 때 일어나는 현상이다. 인지적 조절은 자기가 이미 알고 있는 기존의 인지체제를 변형하여 새로운 확실한 지식을 구성하는 것을 의미한다. 동화와 조절은 출생에서 죽음에 이르기까지 지속되는 과정으로 지능의 기능적 측면이고 기능적 불변성이라고 말한다. 인간의 적응 행동에서 동화와 조절 중에 어느 한쪽만으로 편중되지 않도록 평형을 유지하는데 이러한 현상은 모든 살아 있는 유기체와 환경 사이에 일어나는 상호작용의 결과라고 할 수 있다.

도식과 구조의 개념은 피아제 인지발달의 기능적인 측면과 구조적인 측면에서 이해하여야 한다. 이 두 가지 현상은 도식(schema) 또는 구조(structure)라고 하는데 이것은 모든 생명체가 가지고 있는 기존의 이해양식을 의미하며, 선천적인 것이 아니라 환경과 더불어 반복적인 행동과 반복을 통해서 형성되는 것이다.

본능적으로 발달한 빨기반사와 파악반사와 같은 운동양식들은 반복적인 운동과정을 거쳐서 빨기 도식과 파악 도식으로 변한다. 이러한 도식들은 환경과 상호작용을 하면서 지속적으로 도식의 틀을 확장한다. 피아제의 인지발달 단계는 감각운동기에서 시작하여 4단계로 나누어진다.

(1) **감각운동기**: 0~2세까지로서 반사기는 출생~1개월까지다.

이 시기를 반사적 행동 단계라고 말한다. 신생아는 출생과 더불어 환경에 대한 자극에 적응할 수 있는 반응을 대처하기 위한 내적 체계를 형성하는 도식이 이루어진다. 신생아들은 본능적인 반사활동을 도식으로 동화시킨다.

1차 순환반응 단계로서 약 1~4개월 사이이다. 우연히 새롭게 경험한 것들을 단순행동을 통해서 반복적으로 행동을 진행하는 과정이다. 예를 들면, 우연히 손가락을 입에 넣었다가 떨어뜨리고 다시 넣어서 빨기 반사를 반복하는 것이다. 신체도식이나 동작을 조직화하는 능력이 발달하고, 사물을 재구조화하는 과정이 나타난다. 움직이는 자기 손을 응시하고 두 가지 행동을 통합하는 협응 단계가 발달한다.

2차 순환반응 단계는 4~10개월까지다. 본능적인 반응을 다른 대상과 적응시킴으로써 새로운 반응을 획득하는 단계이다. 영아가 학습한 반응에 의해서 얻어지는 지식이므로 선천적이라고 말할 수 없다. 예를 들면, 자기의 조정능력으로 인해서 환경에서 모든 대상물을 확장시키고 자기의 욕구 충족을 위해서 새로운 반응을 의도적으로 시도한다.

2차 도식의 협응능력 단계는 10~12개월이다. 어떠한 도식들이 새로운 상황에 처하면 조정하여 새로운 상황에 이를 적응시킨다. 의도적인 통제행동이 발달한다. 자기의 목적 달성을 위해서 자기가 할 수 있는 반응을 사용하고 적용해 본다.

3차 순환반응 단계는 12~18개월이다. 활동적인 의미를 통해서 새로운 활동방법을 발견하게 된다. 영아는 다른 결과를 창조하기 위해서 다른 행동을 시도한다. 하나의 새로운 결과를 위해서 다양하게 활동을 발달시킨다. 한 가지 목적을 위해서 여러 가지 행동을 시도하기 때문에 시행착오를 거친다. 자발적인 창조적 학습이 이루어지고, 외부 세계에 대한 호기심으로 인해서 도식을 스스로 발달시킨다.

사고와 상징적 표상 단계로서 18~24개월이다. 정신적인 조화로움을 통해서 새로운 방법을 발견하게 된다. 여러 가지 행동을 내면화하고 모방행동을 시작한다. 자기 딸의 모방행동을 관찰하였다. 즉, 어떤 모방행동이 잠시 사라진 다음에도 내적 표상활동을 가지고 지연적으로 모방행동을 나타낸다. 친구가 어제 화를 내면서 장난감을 버렸는데 다음 날 딸이 그와 똑같은 지연 모방행동을 표출하였다.

(2) **전조작기** : 상징적 활동 시기는 2~4세이다.

언어는 지능발달에 많은 영향력을 준다. 언어발달은 3세경에 자신의 요구를 자유롭게 표현할 수 있지만 정보 수집을 위한 도구로서 언어를 사용한다. 어린이가 인형을 가지고 말을 한다든가 총을 가지고 팡팡 총 놀이를 하는 것은 언어발달이 이루어지는 동시에 가상적 활동으로 전환하는 시기이다. 언어발달은 어린이들에게 시·공간 개념을 확장시키고, 대상물이 질서 속에서 차지하는 위치에 관심을 가지는 것이다.

이 시기의 어린이들은 사물과 사건에 대한 개념이 발달되지 않았고 사물에 대한 속성과 규칙 그리고 조작에 대한 이해를 하는 것이 아니라 단지 직관적인 사고를 할 뿐이다. 피아제는 이러한 사고를 양과 수의 보존개념을 통해서 설명한다.

즉, 같은 양의 물을 높이와 크기가 다른 그릇에 넣었을 때 물의 양을 다르게 생각하는 것이다. 양에 대한 혼란으로 인해서 두 그릇의 양이 같다는 사실을 모르는 것이다.

자기중심성이다. 이 시기에 유아의 모든 생각은 자기중심으로부터 출발하기 때문에 자기 공간 조망을 하게 된다. 자기와 똑같은 생각과 똑같은 행동, 똑같은 시각을 가지고 있다고 생각하기 때문에 다른 사람의 입장을 전혀 고려하지 않는다. 이 시기에는 자기 조망과 타인 조망을 구별하지 못하고 자기 방식대로 생각한다.

물활론적 사고는 모든 사물은 살아 있고 각자의 의지에 따라서 움직인다고 생각한다. 즉, 물활론적 사고(animism)방식이다. 움직이는 것은 살아 있는 생명체이고 움직이지 않는 것을 죽은 것이라고 생각한다. 구름과 같이 움직이는 것은 살아 있고 병 위에 꽂혀 있는 꽃은 죽은 것이라고 생각한다.

도덕적 실재론은 아동들이 정해 놓은 규칙을 어기는 것은 도덕적 기준에 어긋난다고 생각한다. 규칙은 불변적인 것이므로 변경할 수 없다고 생각한다.

(3) **구체적 조작기**: 6~12세경이다.

이 시기는 사고의 폭이 가장 많이 확산되므로 구체적인 조작능력이 발달한다. 일반적인 관점이 확산되고, 내적 표상능력을 가질 수 있고, 내적 표상능력을 다양한 방법으로 조작할 수 있는 능력이 발달하는 시기다. 구체적인 조작능력에 의해서 사물의 속성, 관계성, 등급화, 단순화, 불변성, 보존, 배열에 관한 개념이 발달한다. 동시에 유목 포함 개념도 발생한다. 빨간 공 10개와 노란 공 5개를 놓고 2개 중 어느 것이 더 많으냐고 묻는다면 노란 공보다 빨간 공이 5개 더 많다고 정확하게 말한다.

(4) **형식적 조작기**: 13세 이상의 시기이다.

이 시기는 시·공간 개념이 정확하게 발달하고 논리적 사고가 발달하는 시기이다. 현실세계를 초월한 추상적으로 사고할 수 있는 능력이 있으며, 추상적 추론과 가설, 체계적인 검증능력이 발달하여 모든 사고에 원리와 원칙을 적용하여 일반화할 수 있는 능력이 발달한다.

형식적인 조작을 세움으로써 연역법, 상관계수, 교환, 순서화, 그리고 변환법이 발달하는 시기이다.

언어와 관념의 기능과 형태를 세밀화할 수 있는 능력이 발달하고, 재생산적인 관념이 발달한다. 사고의 구성요소도 자기 개성과 조화를 이루는 상관성을 가진다.

2) 피아제의 도덕성 발달이론

피아제의 도덕성 발달은 인지발달과 병행한다고 말한다. 그러므로 다음과 같은 단계로 구분할 수 있다(송명자 외, 2000).

(1) 타율적인 도덕적 단계

피아제는 『*Le jugement Moral chez linfant*』라는 저서에서 어린이들의 도덕성 발달단계에 대해 실험적인 방법을 거쳐 자세히 설명하고 있다. 어린이들은 정해진 놀이의 규칙은 영원불멸의 것이고 수정이 불가능한 절대적인 것으로 생각한다. 어린이들은 규칙을 따르고, 그에 복종하는 것이 선을 행하는 일이라고 생각하는 시기다. 자녀들의 발달과정을 관찰하면서 다음과 같은 도덕 판단이 2단계로 구분된다(송명자 외, 2000).

① 습관 단계(habit level) : 4세 이전의 단계로서 어린이들은 자기 만족을 위해서 자기가 원하는 것을 즐겁게 시도한다. 자기 만족과 자기 습관에 의해서 행동하는 시기다.

② 성인 기준에 동조하는 단계 : 7세까지의 단계로서 자율적인 행동과 자기 생각을 떠나서 성인들이 합리적이라고 생각하는 기준이 모든 행위의 규범이 된다고 생각하는 시기다. 규범에 동조하고 성인의 기준에 따르는 것이 합리적이라고 생각한다. 아직도 자율적인 생각과 행동보다는 타율적인 행동을 한다.

(2) 자율적 도덕 판단의 단계

피아제는 10~11세의 아동들은 자율에서 타율적인 행동으로 변화하는데 규칙과 법칙을 자기가 필요하면 바꿀 수 있다는 생각을 한다. 전 시기에서 신이나 성인이 만들어 놓은 규칙과 법칙은 영원불멸의 것으로 생각하였지만 차츰 융통성이 발달한다(송명자 외, 2000). 규칙은 단지 인간에 의해서 만들어진 것이기 때문에 상대적으로 변할 수 있다고 생각한다.

깨진 컵의 이야기와 얼룩진 잉크의 이야기에서 아동들의 도덕적 판단기준의 변화 과정을 생각할 수 있다. 또한 이 시기에 아동들이 행동하는 동기와 의도에 의해서 판단할 수 있는 주관적 도덕 판단의 개념을 가지게 된다. 맹목적인 복종 단계에서 탈피하여 자율적인 도덕 판단을 한다. 이 단계에서는 두 가지 도덕적 판단기준이 설정된다.

① 동기존중의 단계: 11~14세 아동들은 행동의 결과를 중요시하는 것이 아니라 결과 이면에 잠재해 있는 동기와 의도를 존중하고 고려하여야 한다고 생각한다.

② 규칙과 원리 그리고 이상을 설정하는 단계: 15세 이후로 아동들은 모든 자기들의 행동을 원리와 규칙을 따르고 가장 이상적인 이상점을 설정하여 추구하려고 생각한다.

8. 슈타이너의 아동교육사상

1) 슈타이너의 유아교육원리

인간의 발달단계에 근거한 유아교육으로서 슈타이너는 인간은 7년을 주기로 발달하고 변화한다고 말한다. 슈타이너는 인간발달을 7년기라고 부른다(김성원, 2002).

① 첫 번째 7년인 1~7세는 신체적인 성숙시기로 신체만이 성장하는 시기이다.

모든 각각의 기관이 발달하고, 호흡리듬과 일상생활 습관이 발달한다. 유아들의 의식은 환경 속에서 신체 감각을 통해서 모방학습에 의해 이루어진다. 신체발달로 영구치를 가지게 되고, 언어를 통한 교육보다 환경의 사물과 사람들에 의한 모방학습과 놀잇감을 통한 상상력을 증진시키는 시기이다.

② 두 번째 7년인 8~14세는 신체적인 발달을 근거로 정신세계가 발달하는 학년기라고 말할 수 있다. 유년기는 신체적인 발육 상태가 약해지는 반면 동시에 정신적 작용능력이 최대한으로 발달하는 시기이다. 미성숙한 감정 상태를 분화시키는 활동을 전개함으로써 예술성에 눈을 뜨도록 만드는 시기이다. 유아기의 자유로운 표상활동과 기억활동을 통해서 이 시기에는 이성적인 감정과 인간다운 감정이 자연스럽게 발달하여 감정체가 사고력을 주도한다.

③ 세 번째 7년인 15~21세는 사춘기의 특징이 나타나는 감정체의 출산 시기이다. 사고력이 풍부해지고 추상적이고 개념적인 고도의 학습 단계 시기이다. 개인의 관심 영역과 호기심이 증대되고, 인식세계의 확장과 독립적인 판단능력이 발달하는 시기다. 도덕적인 원칙과 자신에 의한 판단력을 훈련시켜야 하고 타인의 의견을 경청하는 태도를 기르는 시기다.

2) 슈타이너의 상상력에 근거한 유아교육

슈타이너는 어린이들의 행동근거는 그들 내면에 존재하는 상상력의 결과이며 상상력으로 가득 차 있다고 말한다. 어린이들은 조소적인 힘과 능력에 의해서 내재적 성장력과 형성력이 기능적인 작용을 시도하는 반면 상상력은 신체를 통제하고 조절하는 힘을 가지고 있다(김성원, 2002). 어린이들의 상상력이 특징을 살펴보면 다음과 같다.

① 어린이들의 자유로운 상상력은 자유로운 사고와 기억능력에 있다.

② 어린이들의 정신생활은 풍부한 상상력의 결과이다.

③ 어린이들은 상상력을 내면화하고 상상의 세계를 확장하여 현실화하려는 경향

이 있다.

④ 어린이들은 놀잇감을 통해서 상상력을 건전하게 발달시킨다.

⑤ 어린이들은 인형을 통해서 자기 생각을 표출한다.

⑥ 어린이들은 상상력을 움직이도록 하여 활동과 연결시킨다.

⑦ 어린이들은 자연적인 놀잇감을 통해서 자연에 대한 생각, 자연에 대한 상상, 신비, 조형적인 힘을 상상하고 색상의 범주를 확장한다.

⑧ 어린이들은 동화모임을 통해서 식물, 동물, 광물에 대한 창조적인 상상력을 자극시킨다.

3) 슈타이너의 율동에 근거한 유아교육

슈타이너는 인간발달에서 리듬의 중요성을 강조하고, 인간은 정신력을 가진 감각적 인간, 운동력을 가진 호흡리듬과 혈액순환을 진행하는 생물학적 인간, 신진대사를 진행하는 인간으로 설명하였는데, 이는 모든 운동과 율동에 근거한다고 말한다. 그에 의한 율동의 특징은 다음과 같다(김성원, 2002).

① 모든 생명체는 삶의 리듬에 의해 생존한다. 그러므로 리듬이 깨지면 악순환 혹은 생명을 잃어버린다.

② 인간의 삶은 리듬에 의해서 발달하고 움직인다. 즉, 신체 리듬에 의해서 움직이면서 생각할 수 있는 기회를 만든다.

③ 우주에 존재하는 모든 생명체들은 리듬의 법칙에 의해서 일관성을 가진다. 예를 들면, 천체계의 움직임과 밀물과 썰물의 변화, 생물계의 변화, 일년의 주기, 하루의 리듬을 들 수 있다.

④ 어린이들은 본능적으로 생활리듬을 따른다.

⑤ 어린이들은 리듬활동을 통해서 기쁨과 삶의 에너지를 얻는다.

⑥ 어린이들의 신체 기능 발달에 리듬은 필수적인 요소이다.

⑦ 모든 리듬은 신체 리듬을 발달시킨다. 리듬은 어린이들의 기초학습, 즉 말과 언

어학습을 발달시킨다.

4) 예술에 근거한 유아교육

슈타이너 교육방법의 기원은 예술성에 근거한다. 교육환경 특히 학교 건축과 교육과정 그리고 교육방법 역시 예술성을 응용하는 방법이다. 그는 예술적인 방법이 인간에게 두 가지 방법으로 작용하는데 하나는 조소적·조형적 방법이고, 다른 하나는 음악적·시적인 방향이라고 말한다(Hellmich, 1999).

이 두 가지 예술 영역을 서로 통합하면서 인간을 고차원적인 영역으로 끌어들인다. 그의 음악적·시적 방법의 특징은 다음과 같다(Hellmich, 1999).

① 어린이들의 신체를 음악과 관계지어 주위 세계를 이해해 나아가는 방법을 터득하게 만든다.
② 음악적 요소는 어린이들이 독립적으로 생명을 이끌어 가는 의지적 요소다.
③ 음악으로 어린이들의 심미적인 환경을 조장한다.
④ 음악은 건전한 인간발달을 위한 전제조건이다.
⑤ 발도르프 학교에서 장애인을 위해서 음악교육과 음악치료를 적용한다.
⑥ 발도르프 유치원에서 어린이들의 신체를 움직이도록 예술적으로 창안된 오이리트미를 사용하여 말과 음악으로 시각적으로 보이도록 표현하도록 만든다. 오이리트미의 교육적 효과는 신체를 움직임으로써 유아의 욕구를 충족시키고, 유아의 의지력을 강화시키고, 건전하게 자기애를 발달시킨다.

9. 듀이의 아동교육사상

듀이(Dewey, J.)는 "교육은 삶 자체이어야 한다."라고 말한다. 이것은 그의 교육사상이 경험주의에 근거하고 있음을 의미한다. 이러한 사상은 전통적인 교사와 교과서중심 교육사상에 도전하는 새로운 개혁으로서 교육의 주체는 아동이고, 실제적인 경험과 개인의 특성을 계발하는 창의성 계발, 아동의 생활과 교육이 직접 연결되는 것을 의미한다. 흥미와 훈련으로서 아동교육사상을 살펴보면 다음과 같다(오천석 역, 1975: 229).

첫째로 흥미는 모든 사물 속에 잠재해 있는 가능성과 관계를 가지는 것이다.

듀이는 어린이들이 가지는 흥미는 어떤 사물 속에 잠재해 있는 가능성과 관계를 가지는 것으로서 흥미와 교육목적 그리고 관심과 의사와 같은 용어들은 서로 연관성을 가지면서 교육을 진행시키는 역할을 한다고 본다.

둘째로 흥미는 목적을 가지고 어떤 경험을 체험하는 중에 우리가 생각하고 상상하는 대상을 향해서 움직이는 힘을 의미하는 것이다(안상원 역, 1990). 그러므로 흥미는 모든 어린이들의 특수한 능력과 요구 사항 그리고 자기가 좋아하는 기호의 범주 속에서 사고하도록 만드는 역할을 한다.

셋째로 듀이는 다른 측면에서 흥미를 직업, 사무, 상업과 같이 능동적 발달의 모든 상태, 어떤 사물이 사람을 접촉하여 매료시키는 힘, 즉 사람에게 감동을 촉발하는 것과 같은 예상되는 객관적 결과, 개인이 어떤 것에 흥미를 가졌다는 것은 사물에 매료되고, 휘말리고 몰입하는 개인적인 감정적 결과를 의미하는 것으로 보았다.

넷째로 흥미는 서로 분리되어 있는 두 사물을 서로 연결하는 역할을 한다.

듀이에 의하면 두 사물을 연결하는 데 시간을 소요하는 것은 인간이 성숙되기까지 시간이 소요되는 것과 마찬가지라고 본다. 학습 과정에서 아동의 현재 능력이 시작이고 교사가 의도하는 목적이 종점이므로 과정에서 실천하여야 할 행동, 극복하여야 할 장애물, 활용하여야 할 다양한 방법을 통해서 시작과 끝을 서로 연결하는 것이 바로 흥미라고 본다. 그러므로 그는 어린이를 위한 교육원리로서 상호작용이론, 교육을 통한 인간의 변화, 그리고 계속해서 경험을 재구성하는 것을 교육원리로 제시하였다.

교육원리를 살펴보면 다음과 같다.

첫째는 경험의 원리다. 모든 교육은 경험에 의하여서, 경험으로, 경험을 위한 교육이다.

둘째는 성장의 원리다. 어린이들은 자유로운 활동을 통해서 외부의 힘에 의해서가 아니라 내부로부터의 힘을 스스로 발현하도록 돕는 것이다.

셋째는 지성의 원리다. 인간은 지적 동물(Homo Sapiens)로서 미성숙의 상태에서 성숙의 상태로 이끌어 가는 능력을 가지고 태어났기 때문에 경험을 재구성할 수 있는 에너지로 보았다.

넷째는 탐구의 원리다. 그는 어린이들의 탐구 과정을 중요시하였으며, 문제를 해결할 수 있는 가설과 실험 그리고 관찰을 중요시하였다.

10. 비고츠키의 교육사상

1) 비고츠키의 초등정신기능과 고등정신기능에 관한 이론

비고츠키(Vygotsky, L. S.)는 인지가 환경과 상호작용을 하면서 발달한다고 생각하였지만 이러한 발달은 단지 개인적인 측면이 아니라 사회적 차원에서 이루어지는 상호작용이고 또는 초기에 나타나던 기억과 관심, 그리고 지각과 사고와 같은 인지구조들, 즉 초등정신기능들이 어떠한 방법을 통해서 고등정신기능으로 변화하는지에 관심을 가지게 되었다(한양대학교 사회인지발달모임, 1995: 35).

이러한 발달 요인들은 자연적인 발달과 사회적 발달 그리고 문화적 발달들로 구분하였다. 예를 들면, 자연적 발달은 초등 형태의 기능을 가능하도록 하며, 문화적 발달은 초등정신과정을 고등정신과정으로 변화시키는 기능을 가능하도록 한다. 이로써 비고츠키의 초등정신기능과 고등정신기능을 구분할 수 있는 준거는 다음과 같다(한양대학교 사회인지발달모임, 1995: 35).

① 환경적인 통제로부터 개인의 통제로 이동하는 단계이다. 자발적인 규제를

표출한다. 초등정신과 고등정신 모두 자극과 반응의 관계이지만 초등은 자극에 의해서 활동이 완전히 결정된다.

② 정신과정에서 의식적인 실현의 출현으로서 자기 지배에 의해서 규제된다. 비고츠키는 지성화 또는 의식적으로 현실화하는 과정이라고 말한다. 고등정신의 현상은 아동 스스로 의식적으로 현실화하는 반면 자발적이고 논리적 정신으로 발달한다.

③ 고등정신기능의 사회적 기원과 본질로서 자기 생산적인 자극이다. 행동하는데 즉각적인 원인이 되는 인위적인 창출과 사용을 의미한다. 비고츠키는 개인에게 외적 · 사회적 영향 사이에서 개인적으로 사회적 영향을 많이 받는다고 한다.

④ 고등정신기능을 매개하는 기호를 사용한다. 자동적으로 자극화하는 경향이 있다. 즉 자극에 의해서 활동이 결정되는 것이 아니라 자동적으로 자극화되며, 자극 수단의 사용을 통해서 자기 행동을 결정하는 단계이다.

2) 언어와 사고의 발달이론

비고츠키의 저서인 『언어와 사고』에서 언어와 사고의 발달 발생학적 기원의 차이점을 설명하고 있다(신현정 역, 1986).

언어발달 이전에 통교수단으로 혼잣말이나 울음과 같은 사고 이전의 언어가 존재한다고 말한다.

언어와 사고는 특정 발달단계가 되면 상호 보완적으로 통합되는 동시에 어린이들은 생각을 언어로 구사하고 논리성을 전개한다. 언어로 인한 사고가 발달하는 과정을 거친다. 그러므로 그의 이론은 언어가 사고발달을 촉진하고 사고는 사고의 도구인 언어와 어린이들의 사회적이고 문화적인 요인에 의해서 발달한다고 본다.

비고츠키는 언어의 종류를 외적 언어와 내적 언어로 구분하는데, 외적 언어는 타인이 들을 수 있도록 소리내어 하는 말이고, 내적 언어란 혼잣말로 중얼거리는 언어를 의미한다. 이러한 언어들은 다음과 같은 4단계를 거쳐서 발달한다.

① 1단계(원시적 언어 단계) : 2세까지는 사고 이전의 언어가 발달하고, 사회적 반응으로서 사고와 관계없는 혼잣말과 울음 그리고 미소와 같은 언어가 발달한다.

② 2단계(순수 심리적 언어 단계) : 2세가 지나면 사물과 물건과 함께 질문하고 혼잣말을 구사한다. 환경에 대한 호기심이 증가함으로써 적극적인 정보탐색 활동을 하고, 어휘 수가 급속도로 발달한다.
언어와 사고가 교차되어 언어적 사고가 나타나는 동시에 인지활동으로서 언어적 특성이 나타난다. 논리적인 인과관계라든가 문법 구조를 이해하지 못한 상황에서 사용하는 언어이므로 순수한 심리적인 특성을 가진 언어이다.

③ 3단계(자아중심적 언어 단계) : 이 시기는 7세 이전까지 계속된다. 문제해결책을 탐색하고, 계획을 세우는 도구로서 자기중심적 언어를 사용한다고 말한다. 아동들은 사고과정과 행동을 조절하기 위한 사고의 도구로 언어를 사용한다. 아동들은 혼잣말과 같은 언어를 통해서 자기 행동수행, 조절, 계획 방법, 지시를 촉진한다.

④ 4단계(성장언어 단계) : 7세가 지나면 언어의 양이 줄어들고 사고능력이 증가한다. 그러므로 사고와 더불어 문제를 해결하고 논리적 사고와 같은 내적 언어로 자기 문제를 해결한다. 이 시기는 내적 언어와 외적 언어 양 측면 모두를 사용한다.

CHAPTER 03

유아의 발달 특성

과학적이며 체계적이며 발달에 적합한 유아교육을 구현하기 위해서는 유아의 발달 특성에 대한 이해가 우선되어야 한다. 신체적, 인지적, 사회정서적 측면에서 유아의 발달 특성을 알아보는 것은 전인적 측면에서 유아의 발달을 이해하는 기회가 된다.

1. 신체발달

생후 첫 2년에 나타나는 성장 급등에 비해 유아의 성장 속도는 느리나 신장과 체중은 지속적으로 증가한다. 또한 뇌의 성숙과 함께 운동 능력이 급속하게 발달한다.

1) 신체 성장

영아기와 달리 유아기에는 머리가 신체에서 차지하는 비율이 줄어들고 볼록한 배가 들어가며 O자형 걸음걸이가 일자형 걸음걸이로 변화되면서 성인과 비슷한 신체비율과 골격을 갖는다(Berk, 2008).

한편 영아기 때와 마찬가지로 유아기 때도 병원균의 침입을 막고 영양분의 흡수를 도와 유아의 건강과 생존을 돕는 림프선(Malina & Bouchard, 1991)이 아주 빠르게 성장한다. 유아의 신체발달에서 관심 가져야 하는 부분 중 하나는 유치가 빠지면서 첫 영구치가 난다는 점이다. 유아기 유치는 영구치의 건강에 영향을 미치기 때문에 주의 깊은 관리가 필요하다. 그러므로 이 시기에는 건강한 유치 관리를 위해 불소음료를 섭취하고 탄산음료 및 단 음식의 조절 등을 통해 충치를 예방할 수 있도록 도와주어야 한다.

2) 뇌발달

2~6세 사이 뇌의 무게는 성인의 70~90%로 증가한다. 뇌의 무게뿐 아니라 뇌 기능도 더욱 정교해진다. 이와 함께 유아들의 신체 협응력, 지각력, 주의력, 기억력, 언어력, 논리적 사고, 상상력 등의 다양한 능력도 발달한다.

유아기 뇌발달의 특성 중 하나는 대뇌피질의 시냅스 과잉 생산이다. 시냅스의 과잉 생산과 그로 인한 과잉 결합은 어린 뇌의 가소성을 발달시킨다. 어린 뇌의 가소성 때문에 만일 어떤 부위가 손상되더라도 어린 유아들은 특정 능력을 습득할 수 있다. 그러나 과잉 생산된 시냅스들 중 자극을 받지 않은 시냅스들은 서서히 가지치기(synaptic pruning)를 통해 소멸된다. 시냅스의 가지치기에 따라 과잉 생산된 시냅스가 정리되기 시작하면서 어린 뇌의 가소성도 감소하기 시작한다. 따라서 유아기 이후에는 뇌 손상이 일어나도 뇌의 가소성을 기대하는 것은 어렵다.

뇌 중 소뇌는 신체 움직임의 균형과 조정을 돕는다. 대뇌와 소뇌를 연결하는 섬유질은 출생 이후 성장하면서 수초화되는데 이러한 과정은 4세경이 되어야 완성된다(Tanner, 1990). 따라서 4세 이후가 되면 운동 조정능력이 극적으로 증대되면서 공차기나 그네 타기, 공 던지기 등을 보다 더 유능하게 하게 된다.

3) 운동근육의 발달

머리가 신체에서 차지하는 비율이 줄어들고 팔다리가 길어짐에 따라 무게 중심은 몸통의 아래쪽으로 이동한다. 그 결과 균형 감각이 크게 발달하고 신체의 대근육을 수반하는 새로운 운동 능력이 발달하게 된다. 2세경이 되면 유아의 걸음걸이는 부드러워지고 리듬감이 생기면서 안정감이 나타난다. 3~4세는 걸음걸이에 안정감이 생기면서 달리기, 뛰어오르기, 깡충 뛰기, 한쪽 발로 뛰뛰기 등 대근육 활동이 활발해진다.

대근육 발달 및 활동이 급격히 발달하는 것처럼 소근육 발달 및 활동도 급격히 발달한다. 손과 손가락의 조정능력 등 소근육이 발달하기 때문에 유아들은 퍼즐 맞추기나 종이 자르기, 색칠하기 등이 가능해진다. 또한 혼자 단추를 채우거나 옷을 입고 벗을 수 있으며 수저를 사용하고 젓가락을 이용해 음식을 먹으려는 등 다양한 자조기술이 향상되어 나타난다.

2. 인지발달

유아의 인지발달은 뇌의 성장과 뇌신경세포의 활발한 연계과정을 통해 비약적으로 발달한다. 유아의 인지발달은 피아제의 인지발달 단계 중 전조작기에 해당

된다. 전조작기에 들어서면서 유아에게 가장 눈에 띄는 변화는 인지적 표상능력의 발달이다. 영아도 지적 표상능력을 나타내지만 유아의 지적 표상능력은 급격하게 발달한다.

유아의 지적 표상능력의 발달에 의해 유아의 인지는 피아제의 감각운동기에서 전조작기로 발달한다. 전조작기(preoperational stage)의 가장 큰 특징은 지적 표상활동이다. 지적 표상활동의 증가는 기호와 상징을 사용할 수 있기 때문에 가능하다. 언어, 몸짓, 이미지 등 기호와 상징을 이용하여, 나타내고자 하는 것과 전달하고자 하는 것을 표현하게 된다. 이러한 과정을 통해 유아는 과거, 현재, 미래를 동시에 다룰 수 있고, 부분을 조합하여 인과적 연결고리를 구성할 수 있다. 그러나 이 시기 사고 특성은 논리적·추론적 사고보다는 직관적이고 지각 위주의 반응적 사고를 한다. 이러한 이유로 인해 피아제는 이 시기 사고 특성을 논리적 규칙 사용능력인 조작(operation)이 일어나지 않은(pre) '전조작(preoperation)'으로 표현하였다.

1) 상징기능 증가

유아의 지적 표상능력은 상징기능을 대표하는 가장 놀이를 통하여 확인될 수 있다. "~인 양", "~인 체"하는 가장 놀이는 이미 획득한 표상의 틀을 연습하고 강화하는 활동으로 지적 표상능력이 증가하고 있음을 나타내는 것이다.

막대기를 가지고 총놀이를 하거나, 젖병을 물고 아기인 척하고, 엄마의 구두를 신고 엄마인 양하는 모습은 상징 대상인 총, 아기, 엄마의 특성을 지적으로 표상하는 과정이라 할 수 있다. 즉 가장 놀이는 상징 대상의 특성을 기호 또는 상징화하여 표현하는 활동이라 할 수 있다. 따라서 가장 놀이는 유아의 지적 표상능력을 스스로 강화하는 자발적 인지활동이라 할 수 있다.

2) 자아중심성

유아의 사고 특성 중 하나는 자아중심성이다. 자아중심성이란 세상을 자신의 방식으로 이해하는 것을 말한다. 자아중심성이 나타나는 것은 자기 자신과 외부 세계와의 구분이 불완전하기 때문이다. 사고의 자아중심성에 의해 유아는 다른 사람의 관점을 이해하고 고려하지 못해 자신이 좋아하고 생각하는 대로 다른 사람들도 느끼고 생각한다고 여긴다. 자아중심성은 이기성과는 구분된다. 자아중심성은 다른 사람의 관점이 존재한다는 사실을 알지 못하기 때문에 자신의 방식으로 이해하는 현상이라면, 이기성은 다른 사람의 관점이 존재한다는 사실을 알고 있음에도 불구하고 자신의 관점만을 주장하는 것이다.

유아의 자아중심성은 피아제와 인헬더(Piaget & Inhelder, 1969)의 세 산 모형 실험을 통해 확인되었다. 세 산 모형 실험에서 유아는 자신의 맞은편에 앉아 있는 인형이 바라볼 것이라 생각되는 산의 모습을 고르라고 주문하면, 인형의 위치에서 보여지는 산의 모습 대신 자신의 위치에서 보여지는 산의 모습을 고른다. 이러한 현상은 타인의 조망 능력을 유아 자신이 미처 깨닫지 못하기 때문에 타인의 위치나 입장에 자신을 놓을 수 없어서 일어나는 것이다. 따라서 유아에게 자신의 처지를 타인의 처지와 바꾸어서 생각해 볼 수 있는 역지사지(易地思之)의 능력을 기대하는 것은 발달에 적합한 기대라 할 수 없다. 그러나 자아중심성 사고 경향성을 가진 유아에게도 탈자아중심적 사고를 하고 있음을 보여주는 예들은 많다. 3세 유아도 자신의 신발이 인형이 신기에 '크다'는 사실을 알며 자신보다 어린 동생에게 이야기할 때는 또래나 어른과 이야기할 때보다 짧고 간단한 문장을 사용한다. 이는 유아도 다른 사람의 관점을 이해하고 있음을 의미하는 것이다. 따라서 유아의 자아중심적 사고는 자아중심적 사고의 결여라기보다 자아중심적 사고의 경향성으로 이해해야 할 것이다.

3) 보존개념에 대한 이해 부족

유아기 인지 특성 중 하나는 보존개념이 발달하지 않았다는 점이다. 보존개념이란 외적인 모습은 변했다 해도 그와 관계없이 기본적 속성은 변화하지 않았다는 것을 이해하는 능력을 말한다. 동일한 컵 A와 B에 물을 담아 보여주고 같은 양의 물이 두 컵에 각각 있음을 확인시킨다. 그리고 두 컵 가운데 B컵의 물을 보다 넓고 깊이가 얕은 C컵에 부었다. 그리고 두 컵 A와 C의 물이 같은지 또는 물의 양이 변화되었는지를 물었다. 유아들은 물의 양이 변했다고 응답하였다. 더 넓은 그릇에 물이 담겨 있으니까 물의 양이 늘었다고 답하거나 또는 물의 높이가 낮아졌기 때문에 물의 양이 줄었다고 답하였다. 이는 외양 즉 컵의 모양에 따라 물리적 특성이 변화한다고 생각하는 유아의 사고 특성으로 보존개념이 발달하지 못함을 입증하는 예이다. 보존개념이 발달하지 않은 것은 중심화 경향과 관계있다.

중심화(centration) 경향이란 사물이나 사건의 눈에 띄는 한 면에만 주의를 기울임으로써 다른 측면이나 특성을 이해하는 데 실패하는 것을 말한다. 이러한 특성으로 인해 유아들은 접시에 모아진 5개의 사탕보다 흩어져 놓여 있는 5개의 사탕을 더 선호한다. 유아의 중심화 경향은 조삼모사(朝三暮四) 현상으로 설명될 수 있다. 조삼모사란 춘추전국시대 송나라 사람 저공(狙公)과 저공이 기르던 원숭이 사이에 일어났던 일화를 말하는 것이다. 저공이 기르고 있는 원숭이들의 먹잇감이 부족하자, 원숭이들에게 "앞으로 너희들에게 주는 도토리를 아침에 3개, 저녁에 4개로 제한하겠다."고 말하였다. 그러자 원숭이들은 화를 내며 아침에 3개를 먹고는 배가 고파 못 견딘다고 하였다. 이에 저공이 "그렇다면 아침에 4개를 주고 저녁에 3개를 주겠다."고 하자 원숭이들이 좋아하였다. 총 7개의 도토리 수는 동일하지만 먼저 4개를 주느냐 3개를 주느냐에 따라 좋아하거나 슬퍼하는 원숭이처럼 유아도 중심화 경향 때문에 사물이나 사건의 눈에 띄는 한 면에만 주의를 둔다는 것이다.

중심화 경향의 인지 특성으로 인해 유아는 보존개념에 대한 이해 부족 현상뿐 아니라, 눈에 보여지는 외양에 쉽게 영향을 받는 특성을 보인다. 따라서 이 시기 여자아이는 자신의 긴 머리를 짧게 자르면 남자아이가 된다고 생각하며 남자아이는 치마를 입으면 여자아이가 된다고 생각한다.

4) 비가역적 사고

동일한 컵 A와 B에 물을 담아 보여주고 같은 양의 물이 두 컵에 각각 있음을 확인시킨다. 그리고 두 컵 가운데 한 컵(B)의 물을 보다 넓고 깊이가 얕은 컵 C에 붓고 A와 C 두 컵의 물이 같은지 또는 물의 양이 변화되었는지를 유아에게 물어본다. 그러면 유아는 모양이 다른 두 컵의 물의 양이 서로 다르다고 대답한다. 보존개념에 대한 이해 부족 현상을 보이는 것이다. 이는 넓고 깊이가 얕은 컵 C의 물을 다시 이전 모양의 B컵에 쏟아 붓는 가역적 사고를 하지 못하기 때문이다. 가역적 사고를 하지 못하는 비가역적 사고 특성으로 인해 유아는 B컵의 물이 C컵으로 옮겨졌음에도 불구하고 C컵의 물을 B컵에 다시 옮겨 부을 생각을 하지 못한다. 사건이 시작한 시점으로 되돌아가지 못하는 것이다.

5) 물활론적 사고

유아의 사고 특성 중 하나는 세상의 모든 사물에 생명이 있다고 생각하는 물활론적 사고다. 유아의 물활론적 사고는 자아중심적 사고 경향성에 의해 나타난다고 볼 수 있다. 자아중심적 사고 성향으로 인해 유아는 세상의 모든 것이 유아와 같이 생각하고 유아와 함께 감정을 공유한다고 생각한다. 이러한 생각은 세상의 모든 것이 유아를 위해 만들어졌으며 유아는 그것들을 통제할 수 있다는 믿음으로 발전하고, 이러한 믿음은 세상의 모든 것들이 살아 있다는 믿음, 즉 물활론적 사고로 활성화되어 나타난다. 유아의 물활론적 사고 특성으로 인해 유아는 세상의 모든 것에 생각과 감정을 부여하며, 대화를 통해 자신의 생각과 감정을 전달한다. 따라서 이 시기 유아는 인형과 함께 이야기하고 로봇과 함께 전쟁 놀이를 하면서 많은 시간을 보낼 수 있다. 유아의 물활론적 사고는 연령의 증가에 따라 변화한다. 4~6세의 유아는 모든 사물이 살아 있다고 생각하지만 6~8세 유아는 움직이는 사물만 살아 있다고 생각한다.

6) 위계적 능력의 부족

유아에게 빨간, 파란, 노란, 초록 색깔로 이루어진 다양한 모양의 퍼즐 조각을 나누어 주고 유사한 것끼리 모아 보라고 하면 2~3세 유아는 선별 기준 없이 임의적으로 선별하는 반면 4세 유아는 둥근 것끼리, 네모난 것끼리 모으는 등 어떤 하나의 기준(모양)을 두고 사물을 선별한다. 이러한 선별 능력은 더욱 발전하여 좀 더 나이 든 유아는 파란색이면서 둥근 것끼리, 빨간색이면서 세모난 것끼리 모으는 등 2개의 기준(색깔과 모양)을 동시에 고려하면서 사물을 선별하기도 한다. 유아의 분류 능력, 즉 유목화 능력은 상당히 진전된 모습으로 발전한다. 그러나 논리적 사고가 부족한 전조작적 사고 특성으로 인해, 유아는 사물을 위계적으로 분류하는 데 어려움을 보인다. 유아들에게 4송이의 파란색 꽃과 12송이의 노란색 꽃을 보여준 후 "노란색 꽃이 더 많을까? 아니면 꽃이 더 많을까?"라고 물으면 유아들은 노란색 꽃이 더 많다고 대답한다. 유아는 노란색 꽃과 파란색 꽃 모두가 꽃으로 분류된다는 사실, 즉 유목포함의 원리를 알지 못한다.

7) 언어발달

유아기 언어는 말문이 트인다고 표현할 정도로 급격히 발달한다. 어휘력과 기억력 향상이 두드러지게 나타나고 빠른 어휘습득과 문법의 숙달로 인해 의사소통 능력이 크게 성장한다. 2세경이 되면 두 단어 조합을 하게 되며 이를 통해 문장의 구조와 문법의 체계를 학습해 간다. 만 2~3세경에는 대략 200~300개의 어휘를 사용할 수 있다.

유아 언어의 특성 중 하나는 사적 언어가 증가한다는 점이다(Berk, 1994). 사적 언어란 유아가 자신에게 하는 혼잣말 대화로, 피아제는 이를 자기중심적 언어라 칭하였다. 피아제는 타인의 관점을 수용하지 못하는 유아의 인지 특성으로 인해, 다른 사람의 경청 여부를 상관하지 않은 채 자기의 생각이나 느낌을 일방적으로 이야기하는 자기중심적 언어가 나타난다고 설명하였다. 그러나 비고츠키는 피아제의 주장에 강력 반대하며 타인의 관점을 수용하는 능력이 결여되었기 때문이 아니라, 자기규제를 위해 사적 언어인 혼잣말 대화가 나타난다고 지적하였다. 언어가 유아의 정신적 활동과 행동의 규제를 돕는다고 본 비고츠키는 유아의 혼잣말 대화인 사적 언어를 자아성찰, 문제해결, 기억, 주의집중 등 보다 고도의 정신작용을 위한 토대로 보았다. 이러한 비고츠키의 주장을 고려해 보면, 주어진 과제가 어렵거나 어떻게 해야 할지 당황스러운 상황에서 유아의 혼잣말 대화인 사적 언어가 더 자주 나타난다면 이를 지적할 것이 아니라 자연스런 인지활동의 하나로 간주해야 할 것이다.

3. 사회 · 정서 발달

유아기는 사회적 관계가 가정 밖으로 확장되는 시기로, 유아기 사회성과 정서성 발달은 성공적 사회적응의 기초가 된다.

1) 자아개념

자아개념을 명확히 정의하기는 어렵지만 자신이 자기를 어떻게 생각하고 받아들이느냐 하는 것으로, 한 사람의 독특함을 이루는 특질, 동기, 가치, 행동에 대한 인상이라 정의할 수 있다. 일반적으로 자아는 주변 환경과의 상호작용을 통해 자신이 환경과 구분된 존재임을 인식함으로써 획득된다(Lewis & Brooks-Gunn, 1979). 예를 들어 딸랑이를 쥐고 있던 손을 펴면 딸랑이가 떨어지고, 울면 어머니가 달려온다는 사실을 경험적으로 알게 되면서, 유아는 비로소 자신이 타인과 개별화된 존재임을 깨닫게 된다.

자아개념은 사회적 상호작용을 통해 자신과 타인을 구분하는 것으로부터 발달하기 때문에 가족 외 다른 사회 구성원과 사회적 상호작용을 확대하기 시작하는 유아기는 자아개념 획득에 있어 중요한 시기라 할 수 있다. 특히 자아개념은 개인의 성격 및 정서발달뿐 아니라 사회성 발달에 중요한 요소로 지적되고 있으므로 자아개념 획득은 유아의 중요한 발달과제라 할 수 있다(Lewis, 1990).

2) 자아개념 발달

(1) 자아인식

영아기에 형성된 자아에 대한 기초적 이해를 토대로 유아기에 들어서면 자아의식이 더욱 발달된다. 영아기에는 부모의 영향을 수동적으로 수용하는 경우가 대부분이었으나 유아기에 이르면 유아 자신도 부모에게 영향을 줄 수 있음을 깨닫게 된다. 그러므로 부모의 지시나 명령에 "아니야", "싫어!" 등으로 반응하기도 하고 부모의 의도와는 다른, 유아 자신의 주장을 하게 된다. 뿐만 아니라 부모의 강압적인 요구에 대해, 물건을 던지거나 엎질러 버리는 등의 반항 행동도 할 줄 알게 된다. 이와 같이 이 시기의 유아는 자신이 독립된 신체를 가진 존재라는 것을 바탕으로 자기주장 등과 같은 발달된 자아의식을 표현한다. 따라서 이 시기에 자주 사용하는 "내가 할 거야", "내 거", "안 해", "싫어" 등의 표현은 유아의 발달된 자아의식의 표현이라고 할 수 있다.

언어를 습득하면서 유아는 자기개념에 대해 아는 바를 말하기 시작한다. 2세 말경이 되면 어떤 유아는 상대방과 자기를 구분하기 위해 "나는", "내 것"이라는 인칭 대명사를 사용할 수 있다. 이와 같이 '나'와 '너'를 말로 구별한다는 것은 자기와 타인에 대한 분명한 개념을 가지고 있다는 것과 대화 안에서 말하고 있는 나와 그것을 듣고 있는 너를 추론할 수 있음을 시사한다.

2세 이후에 급격히 발달하는 언어를 수단으로 하여 유아는 언어로써 자신에 대해 기술하기 시작한다. 그러나 이 시기 유아는 일반적으로 외모, 소유물, 집, 가족과 친구, 좋아하는 활동과 같은 객관적 속성을 토대로 자신을 기술할 뿐 심리적 특성에 관해서는 거의 언급하지 않는다. 그러나 유아도 자신에게 남들이 알고 있는 신체적 자아 외에 남들이 알 수 없는 사적인 자아가 있음을 알고 있다. 예를 들어 세 살 된 유아에게 "네 몸 가운데 무엇인가를 생각하도록 만드는 곳은 어디니?" 하고 물으면 유아들은 머리를 지적한다. 또한 눈을 응시하면서 "네가 머릿속에 생각하는 것을 내가 볼 수 있을까?" 하고 물으면 "아니"라고 대답한다. 이와 같이 3세 된 유아라도 신체적 자아와 생각을 관장하는 사적인 자아를 구분할 수 있다(Flavell, Shipstead, & Croft, 1978).

유아가 남들이 볼 수 없는 사적인 자아를 스스로 인식하고 있음은 4~5세 된 유아가 자기를 위한 언어와 타인을 위한 언어를 명확히 구분(Vygotsky, 1934)하는 행동을 통해서도 알 수 있다. 문제해결 과정에서, 유아가 유아 자신에게 하는 혼잣말은 남들은 잘 이해할 수 없는 작고 불명확한 언어로 이루어진, 생략되거나 혹은 축약된 문장이다. 그러나 자신의 의사를 남에게 전달할 경우엔 완전한 문장을 사용하면서 명확히 표현하였다. 이와 같은 사실은 생후 3~5세만 되어도 타인이 볼 수 없는 사적인 자아개념을 습득하고 있음을 알 수 있다.

(2) 사회적 자아 발달

자아인식뿐 아니라 유아는 사회적 자아를 발달시킨다. 유아의 자아개념은 자신과 타인 간의 차이점을 깨달으면서 발달하지만, 현재 속해 있거나 장차 속하기 원하는 사회집단의 특성과 일치하는 방향으로 발전한다. 따라서 이 시기가 되면 유아는 자신이 누구의 자녀이며, 누구의 친구이며, 어느 유치원에 무슨 반에 소속되어 있는지를 중요하게 생각한다. 더불어 유아는 자신이 소속된 또는 자신과 관계 맺고 있는 사람들의 사회적 특성에 맞추어 자신의 행동과 표현을 조절하면서 사회적 자아를 발달시켜 나간다.

일단 유아는 자신이 타인과 분리되어 있음을 알고 나면 사람들이 어떤 점에서 다른지를 주목하고 그 차원에 따라 분류하기 시작한다. 이 시기에는 주로 연령과 성에 따라 분류하는데 이러한 분류를 통해 자신의 위치를 개념짓는 것을 사회적 범주에 기초한 범주적 자아(categorial self)라고 한다.

연령은 유아가 자아개념 속으로 받아들이는 최초의 사회적 범주 중 하나다. 생후 1년 말경 된 유아는 낯선 사람과 어린 유아를 쉽게 구분할 수 있으며, 어른보다 또래와 함께 노는 것을 더 좋아한다. 학령 전 시기 동안 유아는 연령이라는 사회적 범주를 더욱더 세련되게 사용할 수 있게 된다(Edwards, 1984). 가령 3~5세 된 유아도 1~70세 된 사람들의 사진을 보고 어린아이(2~6세 된 아동), 나이 든 아이(7~13세), 엄마와 아빠(14~49세), 할아버지와 할머니(50세 이상)로 쉽게 분류할 수 있다.

성별 또한 유아가 매우 일찍부터 인식하고 반응하는 사회적 범주다. 2~3세 아동은 자신의 성 정체감은 확실히 모르나 사진에서 본 사람들의 성별을 구분할 수 있다(Brooks- Gunn & Lewis, 1982). 3~4세 아동은 아직 성 항상성이 형성되지 않아 원하기만 하면 성을 바꿀 수도 있다고 믿지만, 자신이 여자 아니면 남자라는 것 역시 잘 알고 있다(Kohlberg, 1969).

(3) 자아 지각과 타인 지각의 발달

자아개념이 자신과 타인을 구분함으로써 발달하는 것을 고려해 볼 때, 자신에 대한 지각만큼 타인에 대한 지각 역시 자아개념 발달에 중요한 의미를 지닌다. 타인에 대한 지각은 자신에 대한 지각과 마찬가지로 연령에 따라 발달적으로 변화한다.

나이 어린 유아에게 자신에 대해 말해 보라고 하면 신체적 특징, 소유물, 대인관계, 자신이 좋아하는 것, 또는 자신이 할 수 있는 행동 등과 같이 외적 특성을 통해 자기를 표현한다(Damon & Hart, 1982). 이와 마찬가지로 타인을 묘사하라고 하면, 그 사람의 외모, 소유물, 주변 환경 등(예: "그 아이는 큰 집에 산다", "그 애 엄마는 뚱뚱해" 등) 외적 특성에 주목하는 경향이 있다. 심리적 특성을 고려해 자기나 타인을 지각하는 경우는 매우 드물고 심리적 특성을 이야기할 때도 "그 언니는 착하다", "그 아저씨는 무섭다" 등과 같이 대략적이거나 평가적으로 표현한다.

한편 나이 어린 유아는 시·공간적 변화와 상관없이 일관성 있게 행동하게 하는 기본적이며 지속적인 기질을 알지 못한다(이영미, 2000). 따라서 특정인에 대해 기술할 때 자신의 개인적 경험에 따라 그 특정인을 기술하는 자아중심적 경향을 나타낸다. 예를 들어 친구에 대한 인식과 평가는 그 친구가 나를 어떻게 대해 주느냐에 따라 결정되기 때문에 "그 친구는 내게 사탕을 주니까 좋은 아이야" 또는 "그 애는 나쁜 아이야. 나를 밀었으니까" 등과 같이 언급된다.

7세 정도의 취학 전 유아는 능숙하지는 않지만 심리적 특성을 사용하면서 자기를 표현하기 시작한다. 이와 마찬가지로 타인을 묘사할 때도 타인이 갖고 있는 심리적 특성을 사용하기 시작한다. 따라서 이 시기가 되면 밖으로 나타나는 외적인 특성뿐 아니라 개인이 가지고 있는 내적인 특성을 고려하기 시작한다. 특히 이 시기 유아는 자아중심적 사고에서 벗어날 무렵이기 때문에 타인의 사고, 느낌, 의도 등을 고려한 타인 묘사가 초보적이나마 나타나기 시작한다.

한편 이 시기 유아는 타인을 묘사할 때 구체적이며 관찰 가능한 용어로 기술하는 경향이 있다. 가령 친구를 이야기할 때도 "그 아이는 옆집에 살고 있기 때문에 나랑 놀 수 있어. 그 애는 좋은 장난감도 많이 가지고 있고 힘도 세고 달리기도 아주 잘해"라고 표현한다. 그러나 연령이 많아지면 타인을 기술할 때 구체적 속성보다 심리적 속성을 더 많이 사용하게 된다. 가령 8~10세 된 아동은 친구를 묘사할 때 "원경이는 고집쟁이야", "현아는 얌전해" 등과 같이 친구에게 있음직한 안정된 심리적 속성이나 특성을 이용한다. 그러나 "영수는 민호보다 더 부끄러워해" 등과 같이 심리적 속성에 근거해 친구를 비교하지는 못한다(Barenboim, 1981).

(4) 가족과 친족 지각의 발달

유아기에는 신체적인 자기인식, 물리적 또는 외적인 자기인식 외에 심리적인 자기인식이 발달할 뿐 아니라 자신이 현재 속해 있는 집단 내 자신의 위치에 대한 인식인 사회적인 자기인식이 발달한다. "나는 엄마와 아빠의 딸이다" 또는 "나는 내 동생의 누나다"와 같은 사회적 자기인식은 자신이 포함된 집단에 따라 자신의 역할이 변화한다는 것을 인식시키기 때문에, 자기의 특성을 개념 짓는 자아개념 발달에 영향을 미친다.

출생과 더불어 소속되는 가족과 친족은 유아의 사회적 자기인식을 발달시키는 최초의 집단이라 할 수 있다. 따라서 가족과 친족에 대한 유아의 개념 이해는 유아의 사회적 자기인식 및 자아개념 발달을 이해하는 데 중요하다. 약 3세경이 되면 유아는 성별과 연령의 사회적 범주에 따라 친족관계 용어를 사용하기 시작하지만, 친족관계를 이해하지는 못한다. 예를 들어 엄마, 아빠, 할머니, 할아버지 등과 같은 가장 보편적인 친족관계 용어를 사용하지만 가족 이외의 사람에게도 성별과 연령에 따라 친족관계 용어를 적용한다. 이 때문에 유아는 젊은 낯선 남자에게 삼촌이라고 부르기도 하고, 나이 많은 여자를 할머니라고 부른다. 이와 같이

4세 이하의 유아는 친족관계 용어를 사용하지만 단지 성별과 연령의 사회적 범주를 구분하기 위한 것일 뿐 친족관계를 나타내기 위해 사용하는 것은 아니다.

4세 이하의 유아가 친족관계를 나타내지 못하는 것은 두 가지 사회적 범주를 조합할 수 없기 때문이다. 여자를 어머니로 생각하고 여자아이를 딸로 생각하지만, 두 가지 사회적 범주를 서로 연결시키지 못하기 때문에 어머니가 되기 위해서는 여자가 아이를 가져야 한다는 것을 알지 못한다. 따라서 어린 유아는 할머니를 아버지의 어머니의 관계를 나타내는 용어로 사용하지 못하고 단지 나이 든 여자를 표현하는 용어로만 사용한다. 즉 유아는 친족관계 용어를 사용하지만 단지 성별과 연령의 사회적 범주에 따라 구분하기 위해 사용하는 것일 뿐, 친족관계를 나타내기 위해 사용하는 것은 아니라고 볼 수 있다.

유아가 4~5세가 되면 성별과 연령의 두 가지 사회적 범주를 연합할 수 있기 때문에 친족관계를 이해하기 시작한다. 그러나 나이 든 여자가 아이를 가짐으로써 어머니가 되고 그 어머니는 할머니가 된다는 사실을 분명하게 인식하지 못하기 때문에 친족관계를 정확히 이해하지는 못한다. 다만 직관적으로 친족관계 용어가 친족관계를 표현한다는 것을 이해하고 있다. 유아의 사고는 아직 구체적이고 현재 지향적이기 때문에 성인이 유아에게 주는 모든 친족관계의 정보를 다 이해할 수 없다. 이 시기 유아는 친족관계의 의미를 이해하지만 친족관계 그 자체보다 친밀한 관계에 기초해 친족관계를 이해한다. 따라서 4~5세 유아는 친족관계란 친밀한 관계에 있는 사람이라고 생각한다. 유아는 가까이 사는 정도나 친밀감 정도로 구체적인 친밀성의 종류를 생각한다. 그러므로 가까이 살거나 친밀한 감정을 느끼는 사람은 친족의 범주에 포함되지만 그렇지 않은 경우는 친족이 될 수 없다고 생각한다. 예를 들어 언니와 싸우고 방 밖을 나간 동생은 언니를 더 이상 자기의 언니라고 생각하지 않는다. 한편 함께 사는 애완용 강아지는 자기 동생이거나 우리 가족이라고 생각한다. 6~7세 유아는 친족을 친밀성의 관계로 정의하기보다 친족관계에 토대를 두고 정의한다. 즉, 같이 살던 삼촌이 결혼해 따로 살아도 삼촌을 가족이라고 이야기할 수 있으며, 어머니는 아버지의 아내이며 외할머니의 딸이고 할머니의 며느리라는 것을 알기 시작한다. 한편 이모부와 단둘이 이야기할 때, 이모와 연결된 이야기를 할 수 있는 등 두 사람 사이의 관계를 제3의 인물과 연결시켜 설명할 수 있다. 비록 관계를 설명할 때 실수하기도 하지만, 고조할머니를 '할머니의 할머니'라고 대답하는 등 옳은 방법으로 접근하기 시작한다. 이 시기라도 어떤 친척관계 개념은 유아가 이해하거나 파악하는 데 어렵다. 어머니, 오빠, 이모 등은 유아의 입장에서 정의되기 때문에 상대적으로 쉽게 사용한다. 그러나 딸, 손녀, 조카, 사촌 등은 유아가 성인의 입장에서 자신을 보아야 하기 때문에 사용하는 데 어려움을 보인다.

3) 도덕성

도덕성을 명확하게 정의하는 것은 쉽지 않지만, 일반적으로 '옳고 그른 것에 대한 일종의 판단력' 또는 '옳은 것으로 여겨지는 인간의 행위'를 도덕성이라 지칭한다. 유아는 출생과 동시에, 자신의 이기적 요구가 부모 또는 주변 사람들에게 받아들여지지 않기 때문에 갈등을 경험한다. 그러한 갈등 속에 유아는 차츰 자신의 이기적 충동을 억제하고, 부모 또는 주변 사람들이 수용하는 사회적 규칙에 따라 자신의 행동이나 사고를 조정해 나가면서 사회적으로 규정된 가치에 따라 행동하게 된다. 결국 사회적 도덕성을 내면화하고 내면화된 사회적 도덕성에 따라 행동하게 된다.

도덕성은 일반적으로 정의적 요소, 행동적 요소, 인지적 요소로 구분된다. 도덕성의 정의적 요소란 도덕적 감정을 의미하는 것으로, 규칙 위반 후의 죄책감 같은 정서를 말한다. 도덕성의 행동적 요소란 도덕적 행동을 의미하는 것으로 일탈행동 유혹에 대처하는 행동을 말한다. 그리고 도덕성의 인지적 요소란 도덕적 사고를 의미하는 것으로, 옳고 그른 것을 이해하는 것을 말한다. 이들 3요소를 통합적으로 설명하는 것은 어려우나 정신분석이론에서는 도덕성의 정의적 요소를, 사회학습이론에서는 도덕성의 행동적 요소를, 그리고 인지발달이론에서는 도덕성의 인지적 요소에 관해 중점적으로 설명하고 있다.

도덕성 발달은 도덕성의 정의적 요소 측면에서, 초자아와 관련한 양심의 발달로 설명하는 정신분석이론과 도덕성의 행동적 요소 측면에서 모방과 관찰 그리고 처벌과 보상을 통해 발달한다는 사회학습이론, 그리고 도덕성의 인지적 요소 측면에서 인지 구조의 발달을 통해 도덕적 사고가 발달한다는 인지발달이론으로 설명될 수 있다.

(1) 정신분석이론

프로이드는 정신분석적 차원에서, 도덕성의 발달을 양심의 발달로 설명하면서 죄의식과 같은 도덕적 감정의 발달이 사회적 규범을 준수하게 만드는 원천이라고 보았다. 사람은 태어나면서 무(無)도덕적이고 쾌락 지향적인 원자아(id)의 지배를 받지만, 3세부터 시작되는 남근기 동안 오이디푸스 콤플렉스(Oeidipus complex)를 경험하면서, 원자아의 지배력은 점차 약화되기 시작한다.

오이디푸스 콤플렉스란 이성의 부모에 대하여 성적인 애착을 갖게 되고 동성의 부모에 대해 적대감을 갖게 되는 갈등 상황으로, 유아는 오이디푸스 콤플렉스 상황 속에서 동성 부모로부터 사랑을 잃을지도 모른다는 두려움과 함께 자신의 성기가 동성 부모에 의해 거세당할 것이라는 불안감을 경험한다. 결국 적대감, 두려움, 불안감 등과 같은 복합적인 감정을 극복하기 위해 유아는 동성 부모를 동일시하고자 한다. 이때 유아는 부모의 도덕 판단 기준이나 가치를 적극적으로 내면화함으로써 초자아(super ego)를 발달시킨다. 초자아는 옳은 것과 옳지 못한 것을 구분하게 하거나 유혹에 대해 저항하지 못했을 때 죄의식을 경험하게 하는 양심의 원천으로, 개인의 도덕적 성격을 구분짓는 특성이라고 할 수 있다.

초자아는 옳지 못한 행동이나 생각에 대해 죄의식이나 부끄러움을 느끼게 하거나 자존심을 상하게 함으로써, 도덕적으로 허용되지 않는 행동이나 사고를 통제하며 도덕적으로 성숙된 성격을 유지하도록 유도한다. 그러나 오이디푸스 콤플렉스에 따른 부모와의 동일시 과정에서, 불완전한 도덕적 가치나 규범이 내면화되었다면, 도덕적으로 성숙하지 못한 성격적 특성을 나타낼 수 있다. 이와 같이 도덕적 행동이나 사고는 초자아의 발달로 인해 나타나는 죄의식이나 부끄러움 등의 정의적 특성에 기반한 성격 특성이라 할 수 있다.

(2) 사회학습이론

정신분석학 입장에서 도덕성을 초자아의 죄의식을 토대로 발달하는 성격 특성으로 본다면, 아론프레드(Aronfreed, 1964), 미쉘과 미쉘(Mischel & Mischel, 1983)과 반두라(Bandura, 1977) 등을 중심으로 한 사회학습이론에서는 외적인 강화, 보상, 훈련, 연습, 관찰, 또는 모방에 의해 형성된 도덕적 행동을 도덕성으로 간주하였다.

사회학습이론에서는 도덕적 행동이 오이디푸스 콤플렉스 경험을 통한 초자아의 발달에 의해 나타나는 것이 아니라, 직접적이고 반복적인 강화나 보상 또는 체벌이 뒤따르는 고전적 조건화나 조작적 조건화에 의해, 또는 또래나 형제 혹은 주변 사람들의 행동을 관찰하거나 모방하는 과정을 통해 형성된다고 보았다. 즉 직접적 또는 간접적으로 반복되는 강화나 보상 또는 처벌 경험과 모방 경험을 통해 비로소 옳고 그른 것 또는 바람직한 것과 바람직하지 않은 것을 습득하게 되고 이를 행동으로 실천하는 것이라 보았다. 예를 들어 친구의 사탕을 빼앗아 먹지 않는 유아의 도덕적 행동은, 과거 수차례 친구의 사탕을 빼앗아 먹은 후 부모나 교사에 의해 크게 야단 맞았던 자신의 불쾌한 경험 때문에, 또는 친구의 사탕을 빼앗아 먹은 후 부모나 교사에 의해 야단 맞았던 어떤 친구의 모습 때문에 나타나는 것이라 보았다.

도덕적 행동은 처음에 부모나 교사 등 외부로부터의 강화나 보상 또는 체벌에 의해 나타나지만, 궁극적으로는 자기 스스로의 내적인 강화나 보상 또는 체벌에 의해 나타나게 된다. 유아는 주변에서 자신의 행동에 대해 강화나 보상 또는 체벌을 직접 가하지 않더라도, 누적된 강화나 보상 또는 체벌 경험을 토대로 형성한, 내면화된 자기 기준에 따라 도덕적 행동을 지속적으로 실천하게 된다. 내면화된 자기 기준은 들키거나 벌 받을 가능성이 없는 상황에서도 도덕적 행동을 유도하는 원천이 된다. 내면화된 자기 기준은 자기 평가의 기준으로 작용하기 때문에, 유아는 외적인 강화와 보상 또는 체벌 없이도, 스스로 자신을 통제하면서 도덕적 행동을 실천할 수 있게 된다.

(3) 인지발달이론

도덕성 발달과 관련하여 사회학습이론이 도덕적 행동과 그 원인을 설명하는 데 중점을 두었다면, 피아제를 중심으로 하는 인지발달이론에서는 도덕적 사고나 추론의 발달에 관심을 두었다. 인지발달이론가들은 도덕성이 인지발달에 의존하기 때문에, 도덕적 사고나 추론은 인지발달 단계에 따라 일련의 과정을 거쳐 발달한다고 보았다.

피아제(1932)는 관습, 법, 도덕적 원리, 그리고 사회적 정의감을 깨달음으로써 도덕적 성숙에 비로소 이르게 된다고 보았다. 피아제는 이를 실증적으로 검증하기 위해 4세에서 12세 된 유아 및 학령기 아동들에게 '평소 노는 공기놀이의 규칙을 누가 만들었으며, 그 규칙은 바꿀 수 없는가?'를 질문하였다. 그리고 '저녁을 먹으라는 엄마의 말에 문을 열고 방으로 들어가다, 모르고 문 뒤에 있는 의자에 부딪쳐 의자 위에 있는 열다섯 개의 컵을 모두 깬 아이와 찬장에 넣어 둔 과자를 어머니 몰래 꺼내어 먹으려다 잘못하여 컵 하나를 깬 아이 이야기를 들려주고, 두 아이 모두 나쁜가? 한 아이만 나쁘다면 그 이유는 무엇인가?' 하고 질문하였다. 한편 '잘못한 아이에게 어느 정도 벌을 주어야 하는가?'도 물었다(Piaget, 1932). 피아제는 이러한 질문에 대한 유아 및 학령기 아동의 응답을 토대로, 인지발달과 더불어 사회적 정의감에 기초한 도덕적 판단이 이루어지고 있음을 밝혔다.

피아제는 사회적 정의감 차원에서 자율적이고 성숙된 도덕적 판단을 하는 단계를 자율적 도덕단계라 지칭했으며, 그 이전의 단계를 타율적 도덕단계라 구분하였다. 타율적 도덕단계에서 자율적 도덕단계로 이행되는 것은 인지발달로 인한 것이며, 인지발달의 차이는 규칙 변경, 책임 평가, 처벌 등과 관련한 도덕적 판단에서 몇 가지 차이를 유발시킨다고 보았다.

타율적 도덕단계와 자율적 도덕단계의 특성을 살펴보면 다음과 같다.

① 타율적 도덕단계(heteronomous stage)

첫째, 타율적 도덕단계의 유아는 도덕적 규칙에 대해 절대성을 갖는다. 즉 규칙이란 절대적이고 불변의 것으로 반드시 지켜야 한다고 생각한다.

둘째, 도덕적인 책임과 관련하여 유아는 행위자의 의도보다 행위의 객관적인 결과에 근거해 이루어져야 한다는 '도덕적 실재론'적 판단을 한다. 따라서 이 시기 유아는 과자를 훔치려고 컵 1개를 깬 아이보다 실수로 컵 15개를 깬 아이가 더 나쁘다고 말한다.

셋째, 타율적 도덕단계 유아는 보복적인 처벌을 선호한다. 보복적인 처벌이란 행위를 금지하기 위한 처벌이 아닌 처벌을 위한 처벌을 말한다. 예를 들어 유리창을 깨뜨린 아이는 유리창 값을 치르도록 하는 것보다 때려 줘야 한다고 생각한다.

넷째, 이 시기 유아는 내재적 정의를 믿는다. 따라서 규칙을 어기면 하느님이나 절대적인 자연의 힘 또는 부모나 교사에 의해 천벌이나 처벌을 반드시 받을 것이라 생각한다.

② **자율적 도덕단계**(autonomous stage)

첫째, 자율적 도덕단계의 유아는 사회적 규칙이 상호 합의를 통해 임의로 만들어진 것이므로 사람들 간에 합의만 이루어진다면 규칙을 변경시킬 수 있다고 생각한다.

둘째, 도덕적인 책임과 관련하여 유아는 객관적인 결과보다 행위자의 의도에 근거해 도덕적 책임이 주어져야 한다고 본다. 따라서 실수로 컵 15개를 깬 아이보다 과자를 훔치려고 컵 1개를 깬 아이가 더 나쁘다고 말한다.

셋째, 처벌과 관련하여 유아는 보복적인 처벌보다, 행위의 결과를 고려한 상호호혜적 처벌을 선호한다. 즉 처벌을 내리더라도, 그릇된 행동을 한 행위자 자신이 마땅하다고 생각할 수 있는 처벌을 내려야 한다고 본다. 예를 들어 유리창을 깨트린 아이의 처벌은, 때려 주기보다 유리창 값을 갚도록 하는 것이 타당하다고 생각한다.

넷째, 이 시기 유아는 내재적 정의를 더 이상 믿지 않는다. 경험을 통해 규칙을 어겨도, 들키지 않거나 운이 좋으면 벌을 받지 않는다는 것을 알기 때문이다.

피아제는 타율적 도덕단계의 특성을 전조작적인 인지 수준에 기인한 것으로 설명하였다. 즉 상황을 전체적으로 바라보지 못하고, 자기의 주관에 비추어 해석하는 자아중심적 사고 성향이, 자신의 주관과 외부의 객관적 현상을 구분하지 못하는 실재론적인 도덕관을 발달시켰다고 보고 있다.

4) 공격성

타인에게 고통이나 불편을 가져오는 행동 모두를 공격적 행동(Buss, 1961)이라 간주하기도 하지만, 좀 더 구체적으로 정의하자면 공격적 행동이란 공격을 피하려는 타인에게 상해를 가하려고 의도한 행동(Baron & Byrne, 1984)만을 의미한다. 왜냐하면 타인에게 고통이나 불편을 가져오는 모든 행동을 공격적 행동으로 간주할 때, 교실에서 뛰다가 친구의 발을 잘못 밟은 행동이나 장난하다 아빠의 배 위에 푹 앉아버린 행동까지 공격적 행동으로 평가될 수 있기 때문이다. 이와 같은 점을 고려할 때, 공격적 행동은 타인에 대한 의도적인 가해행동으로 한정할 수 있다.

공격적 행동은 일반적으로 적대적 공격행동과 수단적 공격행동으로 구분된다(Hartup, 1974). 적대적 공격행동이란 단순히 타인을 해치려는 동기에서 나타난 행동을 의미한다. 수단적 공격행동이란 어떤 목표를 얻기 위해 타인에게 위해를 가하는 행동을 의미한다. 그러나 적대적 공격행동과 수단적 공격행동을 구분하는 것은 쉽지 않다. 예를 들어 형이 단순히 동생을 때리고 못살게 군다면 적대적 공격행동을 했다고 할 수 있지만, 동생이 갖고 노는 장난감을 빼앗기 위해 때리고 못살게 군다면 수단적 공격행동이 되기 때문이다. 따라서 공격적 행동을 적대적 공격행동과 수단적 공격행동으로 구분하고 있지만 이를 개념적으로 명확히 구분하여 사용하는 데 어려움이 있다. 한편 코이(Coie), 도지(Dodge), 테리(Terry), 그리고 라이트(Wright, 1991)는 하트업(Hartup, 1974)처럼 공격적 행동을 위협적 공격행동과 도구적 공격행동으로 구분하면서 타인을 지배하기 위해 타인에게 가하는 위해 행동을 위협적 공격행동이라 하였다. 그리고 타인을 지배하기보다 물건소유와 같이 어떤 목표를 얻기 위해 타인에게 가하는 위해 행동을 도구적 공격행동이라 구분하였다. 위협적 공격행동은 욕구가 좌절되었거나, 타인으로부터 위해를 받았을 때 나타나며, 도구적 공격행동은 공격행동을 통해 자기욕구가 충족될 수 있을 것이라 기대될 때 나타난다고 하였다. 그런데 어떤 유아는 위협적 공격행동을 더 많이 하는 한편 어떤 유아는 도구적 공격행동을 더 많이 하므로, 위협적 공격행동과 도구적 공격행동은 유아의 공격행동 특성을 파악하는 자료가 될 수 있다(Coie & Dodge, 1998).

(1) 공격성에 대한 이론

① 좌절-공격 가설

정신분석이론의 주창자인 프로이드는 공격의 수압설(hydraulic theory)을 제안하면서 체내의 공격 에너지가 임계 수위에 이르면 이를 방출하기 위해 공격적 행동이 본능적으로 나타난다고 보았다. 공격적 행동은 폭력과 파괴의 근간이 되는 죽음의 욕망(Thanatos)이 외부로 표출된 것으로, 쾌락 추구나 고통을 회피하려는 욕구가 좌절되었을 때 유발된다. 욕구 충족의 좌절은 신체 내부의 공격 에너지를 활성화시키는데, 활성화된 공격 에너지는 신체 밖으로 발산되어짐으로써 정화될 수 있다. 따라서 욕구 충족이 좌절되면 그로 인해 활성화된 공격 에너지의 발산을 위해 공격적 행동이 본능적으로 나타나게 된다(Shaffer, 1994).

공격적 행동과 관련하여 돌라드 등(Dollard, Doob, Miller, Mowrer, & Sears, 1939)은 욕구 좌절이 공격적 행동을 일으킨다는 점에선 프로이드와 같은 견해를 보이고 있다. 그러나 프로이드의 시각처럼 좌절 시 공격적 행동이 본능적으로 나타나는 것은 아니라고 보았다. 그들은 공격적 행동이 좌절감을 감소시킨다는 것을 학습했기 때문에, 좌절 시 공격적 행동으로 반응하는 것이라 보았다. 즉 공격적 행동이 욕구 좌절로 인한 절망감을 감소시킨다는 것을 알기 때문에 좌절했을 때 공격적 행동이 나타나는 것이라 보았다. 그러나 이들의 주장 역시 항상 지지되는 것만은 아니다.

데빗츠(Davitz, 1953)는 좌절 후에 공격적 행동이 나타난다 하더라도, 좌절에 대한 유아의 반응을 사회가 인정하는 긍정적 방향으로 유도하거나 훈련시킨다면 충분히 교정될 수 있다고 보았다. 그는 7~9세 유아를 대상으로, 실험집단의 유아에게는 팔목에 천조각을 묶어 주고 엎치락뒤치락하면서 상대 유아의 팔목에 있는 천조각을 잡아 찢도록 시켰다. 그리고 우승한 유아에게 상을 주었다. 또한 통제집단의 유아에게는 공격적 행동은 하지 못하게 하면서 유아 간 협동을 통해 그림을 완성하도록 하고, 서로 도와 가며 그림을 완성한 유아들에게 상을 주었다. 이런 조치 후, 실험에 참가한 모든 유아들을 모아놓고 막대사탕을 주고 재미있는 만화 영화를 보게 했다. 그리고 유아들에게 좌절감을 유발시키기 위해, 만화 영화가 한창 재미있을 때, 만화 영화를 끄고 먹고 있는 막대사탕을 빼앗은 후, 옆방에 가서 장난감을 갖고 놀도록 시켰다. 만화 영화를 보고 싶은 욕구와 사탕을 먹고 싶은 욕구가 좌절당한 유아들이기 때문에 쉽게 공격적 행동이 나타날 수도 있으나, 협동적 행동을 강화받은 통제집단의 유아는 공격적 행동을 강화받은 실험집단의 유아에 비해 공격적 행동이 덜 나타났다. 이는 좌절이 반드시 공격적 행동을 유발하지 않음을 시사하는 것이며, 좌절에 대한 반응도 훈련을 통해 건설적 방법으로 대치될 수 있음을 의미하는 것이다.

② 사회학습이론

프로이드의 정신분석이론이 공격성을 충동적이며 본능적인 것으로 간주한 반면, 사회학습이론과 같은 학습이론에서는 공격성을 하나의 학습된 반응으로 본다. 특히 사회적 행동이 직접 경험 외에 관찰을 통한 모방을 통해 습득된다고 본 사회학습이론의 선구자인 반두라(1973)는 공격적 행동 역시 관찰을 통해 학습되거나 직접 경험을 통해 습득된다고 보았다.

공격적 행동이 관찰을 통해 학습되는 것은, 관찰된 다른 사람의 공격적 행동이 기억 속에 간직되었다가 모방의 형태로 나타나기 때문이다. 이에 관한 반두라의 주장은 규혁이의 행동에 관한 TV 프로그램 시청 이후 나타난 유아의 행동 연구를 통해 지지되고 있다. 규혁이는 영호의 거부로 영호의 놀잇감을 갖고 놀지 못하게 되자, 영호를 막대기로 때리면서 못살게 굴다가 결국 영호의 놀잇감을 빼앗아 갖고 놀게 된다. 이와 같은 규혁이의 행동에 관한 TV 프로그램을 보여준 후, 규혁이의 행동을 평가하도록 하자. 대부분의 유아는 규혁이가 심술궂고 나쁘다고 평가하였다. 그러나 이와 유사한 상황에 처했을 때, TV 프로그램에서 규혁이의 행동을 본 유아는 프로그램을 보지 않은 유아에 비해 훨씬 더 공격적으로 행동하는 것으로 나타났다. 이는 공격적 행동이 관찰을 통한 기억을 토대로 모방 학습되었음을 의미하는 것이다.

한편 공격적 행동은 직접 경험을 통해 습득되기도 하는데 이는 자신의 공격적 행동이 외부로부터의 긍정적 평가나 반응 등을 통해 강화되었기 때문이다. 슬래비와 크로울리(Slaby & Crowley, 1977)는 유치원 교사에게 유아들이 공격적인 말을 할 때 쳐다봐 주고 유아의 공격적인 말을 관심 있게 반복해서 따라 말해 줌으로써 유아의 공격적 행동을 강화하도록 하였다. 이러한 처치를 일주일간 계속하자 유아의 언어적 공격행동 및 신체적 공격행동이 증가한 것으로 나타났다. 이는 자신의 공격적 행동이 외부의 강화에 의해 학습되어 나타남을 의미하는 것이다.

(2) 공격성 통제

정신분석이론에서는 정화가설에 따라 유아의 공격 본능을 정화시키기 위해, 인형놀이 등을 통해 공격적 행동을 표출하도록 한다. 그러나 공격적 행동을 하는 것은 공격적 본능을 감소시키기보다 공격적 행동을 습관화시키는 경향이 있다. 월터스(Walters)와 브라운(Brown, 1963)의 연구에 의하면 보보 인형을 손바닥이나 주먹으로 때리고 발로 찰 수 있었던 유아는 그런 기회를 갖지 못한 유아보다 이후의 또래 상호작용에서 더 공격적이었다. 이를 고려해 볼 때 정화가설에 근거하여 인형이나 베개 등 무생물을 대상으로 유아의 공격적 행동을 표출하도록 허용하는 것은 자제할 필요가 있다(Perry & Bussy, 1984; Shaffer, 1994). 대신 공격적 행동을 유발할 만한 자극을 없애거나 유아의 공격적 행동에 대해 일관성 있게 훈육함으로써 공격적 행동을 통제하도록 해야 한다. 공격적 행동은 다음과 같은 방법을 통해 통제할 수 있다.

① 공격적 행동을 수반한 유아의 요구 거절하기

유아는 자신의 욕구를 충족하기 위한 하나의 방법으로 발버둥치며 울거나 떼쓰는 등의 공격적 행동을 사용한다. 이때 부모나 교사가 유아의 공격적 행동을 멈추기 위해 유아가 원하는 요구를 들어준다면, 일시적으로 유아의 공격적 행동을 멈추는 데 성공할 수는 있다. 그러나 결과적으로 유아의 공격적 행동을 강화함으로써 유아의 공격적 행동을 습관화시킬 수 있다. 그러므로 부모나 교사는 유아가 자신의 요구를 관철시키는 방법으로 떼쓰기 등의 공격적 행동을 한다 하더라도, 이를 수용해서는 안 된다. 즉 유아가 아무리 심하게 요구하고 귀찮게 굴어도 이를 받아주지 않음으로써 욕구 충족의 수단으로 공격적 행동을 사용하는 것이 소용없음을 깨닫게 해 주어야 한다.

② 공격적 행동을 무시하고, 친사회적 행동에 대해 보상하기

유아가 공격적으로 행동할 때 부모나 교사는 유아의 공격적 행동을 무시하는 등 유아의 공격적 행동에 대해 보상하지 않거나 역으로 유아에게 친사회적 행동을 강화한다면 유아의 공격적 행동을 감소시킬 수 있다. 브라운(Brown)과 엘리어트(Eliot, 1965)는 유치원 교사에게 유아 간의 공격적 행동 중 매우 심한 공격행동을 제외하고 모든 공격적 행동을 무시하도록 하는 한편 놀잇감을 함께 갖고 놀거나 협동적으로 문제해결하는 등의 친사회적 행동에 대해 모두 보상하도록 하였다. 그렇게 2주가 지나자 유아 간 신체적 공격행동뿐 아니라 언어적 공격행동까지 감소되었다. 이와 같은 실험 결과는 친사회적 행동 강화가 공격적 행동을 억제할 수 있는 의미 있는 방법임을 시사하는 것이다. 유아의 공격적 행동 시 역으로 친사회적 행동을 권장하는 것은 공격적 행동을 통해 자신에게 주의를 집중시키려는 유아의 목적을 달성시키지 못하도록 하는 이점이 있으며, 유아의 공격적 행동을 제지하기 위한 부모나 교사의 처벌에서 유아를 보호할 수 있는 장점이 있다.

③ 타임-아웃

유아는 때로 주위로부터 관심을 받기 위해 공격적 행동을 하는 경우가 있다. 따라서 부모나 교사가 유아의 공격적 행동에 짜증을 내거나 처벌을 하는 등 일련의 관심을 보이면, 유아는 비록 처벌을 받았을지언정 주위로부터 관심을 받고자 하는 자신의 의도가 성취되었다고 느끼기 때문에 공격적 행동을 더욱 사용하게 된다. 결국 유아의 공격적 행동에 대한 부모나 교사의 처벌이나 제지가 오히려 유아의 공격적 행동을 강화하는 요인으로 작용하게 된다. 따라서 유아의 공격적 행동을 무시하는 것은 유아의 공격적 행동을 강화하지 않음으로써 점차 유아의 공격적 행동을 통제할 수 있는 하나의 방법일 수 있다.

그러나 유아의 심한 공격적 행동에도 불구하고 부모나 교사가 이를 무시하기만 하면 유아는 부모나 교사가 자신의 공격적 행동을 암묵적으로 허용하고 있다고 해석한다(Siegal & Kohn, 1959). 따라서 유아의 이러한 해석을 피하기 위해, 유아의 공격적 행동 시 부모나 교사가 타임-아웃(time-out)을 시도하는 것도 효과적이다.

타임-아웃이란 공격적 행동 등 받아들여질 수 없는 행동을 한 유아를 잠시 동안 혼자 있게 하는 것이다. 이것은 공격적 행동을 한 유아에게, 공격적 행동으로 얻으려 했던 자신의 욕구를 충족하지 못하도록 함으로써 벌을 가하는 방법이다. 타임-아웃은 유아가 공격적 행동을 반복할 때 최후로 사용할 수 있는 방법으로, 타임-아웃 실시 전 부모나 교사는 유아에게 타임-아웃에 대한 경고를 미리 해야 하며, 타임-아웃 시 왜 타임-아웃 당하는지 설명해 주어야 한다. 한편 타임-아웃 시간은 5분을 넘지 않도록 하며 타임아웃 동안 유아가 적절하거나 바람직한 행동을 하면 '현정이가 타임아웃을 잘 했구나'라고 말해 줌으로써 이를 긍정적으로 보상해 주어야 한다. 그러나 유아에게 타임-아웃한 것을 사과할 필요는 없다.

타임-아웃은 유아의 공격적 행동 시 친사회적 행동을 권장하는 방법과 같이, 주위의 관심을 끌기 위해 의도적으로 행해지는 유아의 공격적 행동을 부모나 교사가 부지불식간에 강화해 주는 실수를 방지할 수 있으며, 유아의 공격적 행동에 대한 부모나 교사의 신체적 처벌로부터 유아를 보호할 수 있는 이점이 있다.

5) 성 역할

개인이 태어난 문화권 안에서, 개인의 성에 타당하다고 생각되는 행동양식, 성격, 감정, 태도, 신념 등의 일체의 속성을 의미하는 성 역할은 성 고정관념, 성 정체감, 성 역할 선호, 성 정형화 등의 용어와 함께 혼용되어 사용되고 있다. 성 고정관념(gender stereotype)이란 사회가 정한 남성과 여성에 대한 특정한 역할, 기대 및 압력을 의미한다. 각 사회문화마다 남성적, 여성적으로 특징지어질 수 있는 고정관념은 서로 다르지만, 대체적으로 남성에게는 공격성, 독립성, 자립감 또는 활동성 등을, 여성에게는 감정적, 의존적, 순종적, 양육적 또는 수동적인 행동 특성을 기대한다. 성 역할 선호(gender preference)는 사회가 남성다움이라든지 여성다움으로 칭하는 일체의 속성에 대한 개인의 선호도를 뜻하는 것이다. 성 정체감(gender identity)은 자기 자신을 남성 또는 여성으로 인식하고 있는 것을 의미한다. 대부분의 사람들은 자신의 생물학적 성과 성 정체감이 일치하지만, 일부분의 사람들은 자신의 생물학적 성과 다른 성 정체감을 갖기도 한다(Green, 1974). 성 정형화(gender typing)는 성역할을 형성하는 과정을 말한다. 따라서 개인이 남성 또는 여성에 대한 일체의 사회적 규범을 습득할 수 있는 것은 성 정형화에 의한다고 볼 수 있다. 성 정형화에 관한 연구 결과를 살펴보면 성 정형화 과정은 생후 1~2년 안에 시작되며 일단 이 단계에서 성적인 특성이 고착되면 상당 기간 지속된다.

이와 같이 성 역할은 성 고정관념, 성 역할 선호, 성 정체감, 성 정형화와 개념적으로 구분될 수 있다. 일반적으로 성 역할은 성 정형화를 통해 습득되며, 성 고정관념을 통해 인간이 성별에 따라 어떤 식으로 행동해야 한다는 생각과 태도를 강화, 발달시킨다고 볼 수 있다.

(1) 성 역할 발달에 영향을 주는 요인

① 부모의 태도

유아의 성 역할 습득에 영향을 미치는 주요 요인으로 부모가 지적되고 있다. 부모는 자녀의 성 적합 행동을 적극적으로 권장하고 보상하는 한편 성 부적합 행동에 대해서는 부정적 반응을 보임으로써 유아의 성 정형화에 개입한다(Langlois & Downs, 1980). 부모는 성 고정관념에 따라 유아에게 다른 활동을 선택해 주기도 한다. 부모에게 유아의 성별을 알려 준 후, 유아가 좋아할 장난감을 선택해 보라고 하면, 여아에게는 인형, 소꿉 놀잇감과 같은 여성적인 장난감을 남아에게는 총,

세발자전거, 로봇과 같은 남성적인 장난감을 선택하였다(Bell & Carver, 1980). 이것은 유아가 성 정체감을 습득하기도 전에 부모가 성 고정관념에 따라 유아의 성 정형화를 준비시켜 주고 있음을 시사하고 있다.

부모 가운데 아버지는 어머니보다 남아와 여아를 더 다르게 대함으로써 자녀의 성 정형화에 상당히 중요한 역할을 하는 것으로 나타났다. 아버지는 어머니보다 자녀가 성 적합 놀이를 할 때 더 적극적으로 보상하며, 성 부적합 놀이를 할 때 더 비난하는 경향이 있는 것(Langolis & Downs, 1980)으로 나타났다. 어린이집에 자녀를 데려다 줄 때, 아버지는 아들보다 딸에게 더 많이 뽀뽀해 주고 껴안아 주고 쓰다듬어 주는 경향이 있었다. 그러나 어머니의 경우 아들과 딸에게 비슷하게 행동하였다(Noller, 1978).

한편 부모는 성 역할의 모델로 작용하면서 유아의 성 정형화에 영향을 미친다. 드레이크와 맥도갈(Drake & McDougall, 1977)의 연구에 따르면 남성 역할의 모델인 아버지가 없는 남아의 경우 더 여성적인 놀이를 하고 여성적인 흥미 패턴을 발달시키며, 덜 공격적이고 더 의존적이며 격렬하지 않은 놀이를 하는 것으로 나타났다. 마란츠와 맨스필드(Marantz & Mansfield, 1977)의 연구에 의하면, 전업주부의 여아에 비해 취업여성의 여아가 남녀 역할에 대해 융통적인 생각을 하고 있는 것으로 나타났다. 이와 같은 현상은 취업한 어머니의 성 평등적 사고가 여아의 성 역할 모델로 작용했기 때문이라고 볼 수 있다.

② 형제자매

동성의 형제자매는 유아의 성 정형화에 영향을 미치는 또 다른 요인이라 할 수 있다. 이들은 서로 성 적합 행동의 모델이 되어 줄 수 있으며 동성의 행동을 함께 연습할 수 있는 파트너로 역할을 할 수 있다. 이러한 설명은 자매가 있는 유아의 여성성이 그렇지 않은 유아에 비해 더 높으며, 형제가 있는 유아가 그렇지 않은 유아에 비해 남성성이 더 높게 나타난 성 역할 검사 결과(Sutton-Smith & Rosenberg, 1970)를 통해 지지될 수 있다. 또한 아버지가 없다 해도 형제가 있는, 특히 형이 있는 소년의 남성성이 아버지가 있는 소년의 남성성과 유의한 차이가 없음을 통해 지지될 수 있다(Wohlford, Santrock, Berger, & Liberman, 1971). 그러나 성 정형화에 미치는 이와 같은 형제자매의 영향력은 충분한 경험적 연구가 제시되지 않고 있기 때문에 계속 연구되어야 할 과제로 남아 있다.

③ 또래 및 교사

놀이 친구인 또래는 성 역할 행동에 대한 강화자로 또는 모델로 역할하면서 유아의 성 정형화에 영향을 미친다. 동성의 또래는 놀이과정에서 유아에게 성 적합 행동을 가르쳐 줄 뿐 아니라 자신을 상대로 성 적합 행동을 연습할 수 있도록 도와준다. 한편 또래는 어울려 상호작용하면서 서로에게 성 적합 행동을 보상하는 한편 성 부적합 행동을 벌한다. 또래집단은 남아가 망치질하거나 모래상자에서 놀 때 보상하며 여아가 부엌놀이와 인형놀이를 할 때 보상하였다(Fagot, 1978). 특히 남아가 여성적인 행동을 하면 놀리거나 흉을 보았다. 또래집단의 보상과 벌은 유아의 행동에 상당한 영향을 미친다. 3세 된 유아도 성 부적합 행동 때문에 다른 유아로부터 놀림을 받자 곧 그 행동을 중단했다. 한편 성 적합 놀이로 보상받았을 때 유아는 그 놀이를 평소보다 더 오랫동안 계속하였다. 이와 같이 또래집단은 어릴 때부터 유아의 성 정형화된 행동을 촉진시킨다.

유치원 교사는 또래 집단만큼 유아를 성에 따라 차별하지 않지만, 유아의 성 적합 행동을 권장하는 한편 성 부적합 행동을 제재한다. 그러나 많은 교사들이 남아와 여아 모두에게 여성적 행동을 권장하고 보상하는 편파적 태도를 보인다(Fagot, 1978). 뿐만 아니라 교사는 또래 집단과 달리 남아가 여성적인 관심을 보여도 처벌하지 않았다. 남녀 유아 모두에게 여성적 행동을 권장하는 경향은 교사로서의 경험이 쌓이면서 더 증가하는 것 같다. 경험이 없는 교사는 유아가 성에 적합한 행동을 했을 때만 보상한다. 그러나 경험의 누적과 더불어 교사는 여성적 속성이 교실 운영에 도움이 된다는 것을 알기 때문에 남녀 유아 모두에게 여성적 행동을 요구한다.

④ 대중매체

동화책도 유아의 성 정형화에 영향을 미친다. 콩쥐팥쥐, 백설공주, 잠자는 숲

속의 공주 등 대체로 남자는 중요한 일이나 문제를 해결하는 것으로 묘사되며 여자는 의존적이고 수동적이며 남자에게 구조받는 무력한 인물로 묘사되고 있다.

플럭스, 피들러, 그리고 로저스(Flerx, Fidler, & Rogers, 1976)는 남녀 모두가 취업을 한다든지 자녀를 돌본다든지 하는 등 전통적인 성 역할 행동을 남녀 모두가 함께 하는 이야기를 유아에게 들려주는 것이 유아의 성 고정관념을 극복하는 데 도움이 된다고 하였다. 국내에서도 유아기 성 정형화에 영향을 미치는 전래 동화 내용에 대한 개작 노력(서울대 아동학 연구실, 1994, 1999)이 이루어지고 있지만 음악, 미술 및 TV 등 다양한 분야에서 유아의 성 고정관념을 전환시키기 위한 노력이 요구된다. 왜냐하면 유아는 자신의 신념과 상반되는 정보가 제공될 경우 이를 무시하거나 자신의 신념에 맞추어 왜곡시키는 경우가 있기 때문이다. 따라서 유아의 성 고정관념을 초기에 수정시키기 위해서는 특정 분야에 편중된 노력보다 다양한 분야에서 총체적인 노력이 요구된다.

이러한 입장에서 TV는 전통적인 성 역할을 전환시키는 데 도움이 될 수 있는 중요 매체라 할 수 있다. 지금까지 TV는 남성을 사건의 전개에 결정적 영향을 미치는 건설적이고 중요한 인물로 묘사하는 데 반해 여성은 사건의 전개에 별로 영향을 미치지 못하는 주변적 인물이나 수동적인 인물로 묘사함으로써 전통적인 성 역할 습득에 영향을 미쳐 왔다. 그러나 TV가 지니는 공신력이나 흡인력 등을 고려해 볼 때 TV는 유아에게 성 평등주의적 사고를 강화시킬 수 있는 강력한 힘을 지니고 있는 것 같다. 데이빗슨, 야수나, 그리고 타우어의 연구(Davidson, Yasuna, & Tower, 1979)에 의하면 5~6세 된 유아에게 두 명의 총명한 여자아이들이 남자아이들의 문제를 해결하는 데 도움을 주는 만화를 보여준 뒤, 유아의 성 고정관념을 측정한 결과 유아의 성 고정관념이 평등주의적으로 변화됨을 발견했다.

6) 자아통제

외부의 감시 없이도 사회적 규칙을 준수하려는 능력 또는 바람직한 목표를 위해 충동적인 욕구나 행동을 지연시키는 능력인 자아통제는 자아규제와 구분 없이 상호 교환적으로 사용되고 있다. 그러나 학자에 따라 자아통제와 자아규제를 구분하기도 한다. 하터(Harter, 1983)는 자아규제를 외부적 지시나 감독 없이 자기 스스로 특별한 목적을 성취하도록 하는 행동 과정으로 정의했다. 그리고 자아통제를 자아규제를 가능하게 하는 행위로서 만족을 지연하거나 충동을 억제하는 능력이라고 정의하였다. 즉 하터(Harter)는 자아규제 활동이 방해받을 때 자아규제의 성공적인 수행을 위하여 자신의 욕구를 억제하거나 또는 자신의 욕구 충족을 방해하는 주변 상황이나 환경에 영향력을 행사함으로써 이를 극복하는 과정을 자아통제라고 설명하였다. 케롤리(Karoly, 1982)는 외적 보상이나 지지가 없는 상황에서 개인 스스로가 의식적으로 일관되게 목적 지향적인 행동을 하려고 노력하는 일련의 각성된 과정을 자아규제라고 정의했다. 그리고 보상의 결과와 결부시켜 자아규제를 발휘하도록 하는 동인을 자아통제라고 정의했다. 패터슨(Patterson, 1982)은 효율적이고 목적적인 행위를 자아규제라 정의했으며, 자아규제 활동이 방해받을 때 자아규제의 효율적 진행을 위해 환경을 조절하거나 환경에 영향을 미치는 행위를 자아통제라고 정의하였다. 이들의 정의를 종합해 보면 자아통제란 자아규제를 위한 행동 과정으로, 자아규제의 성공적인 수행을 위해 독립적이고 자율적으로 자신의 행동이나 주변 환경을 조정하거나 변화시키는 능력이라고 정의할 수 있다.

(1) 자아통제 능력

일반적으로 사람들은 즉각적으로 충족하고 싶은 충동, 지루함, 신체적 피로나 고단함, 유혹 등 바람직한 행동의 실행을 방해하는 요인이 크지 않으면, 바람직한 결과를 가져오는 어떤 행동이 있을 때 그 행동을 실행하는 경향이 있다. 그러나 방해요인의 영향이 커지면 사람들은 바람직한 행동을 실행하지 못하는 경우가 많다. 이와 같은 점에 근거하여 자아통제는 유혹, 지겨움 등 바람직한 행동을 방해하는 요인에도 불구하고 바람직한 행동을 지속하거나 유지하는 경우라 할 수 있다.

자아통제를 방해하는 요인은 일반적으로 충동, 유혹 등 즉각적 쾌를 추구하도록 동기화하는 요인과 고통, 지겨움, 피로 등 즉각적 불쾌를 회피하도록 동기화하는 요인으로 크게 구분되고 있다. 그런데 대부분의 자아통제와 관련된 연구는 즉각적 쾌를 추구하도록 동기화하는 요인을 제시한 후 유혹에 저항하는 능력, 만족을 지연하는 능력, 충동을 억제하는 능력 등을 밝히고자 노력하였다. 따라서 유혹에 저항하는 능력, 만족을 지연하는 능력, 충동을 억제하는 능력은 자아통제의 주요 능력으로 평가되고 있다. 유혹에 저항하는 능력이란 금지된 행동의 유혹을 참을 수 있는 능력을 말한다. 글자공부를 하고 있는 유아에게 친구가 놀자고 했을 때, 이러한 유혹을 스스로 통제하는 것은 쉽지 않다. TV, 놀잇감, 먹을 것 등 유아의 일상에 여러 형태의 유혹들이 산재하고 있으므로 유혹에 적절히 저항하는 능력을 갖는 것은 유아기의 중요한 발달과제다. 유혹에 대한 저항 능력은 3~4세경에 시작하여 학령전기 동안 발달한다.

자아통제 중 하나인 만족을 지연하는 능력은 보다 큰 만족과 보상을 얻기 위해, 순간의 즐거움을 가져다주는 욕구를 억제하거나, 자신이 원하는 행동을 통제하고 지연시키는 능력을 의미한다. 그러나 이러한 만족지연을 유아에게 요구하는 것은 적절하지 않은 것 같다. 미쉘과 에베센(Mischel & Ebbesen, 1970)은 실험을 통해, 3~5세의 유아들이 유혹물에서 마음을 떼어 놓는 것이 어렵다는 것을 증명했다. 실험에서 이들은 입맛을 당기게 하는 맛있는 과자와 그렇지 못한 과자를 유아들에게 보여주었다. 그리고 선생님이 15분 정도 밖에 나갔다 돌아올 때가지 기다리고 있으면 맛있는 과자를 주고, 그 시간을 못 기다리고 벨을 누르면 별맛 없는 과자를 준다고 설명하였다. 연구 결과 이들 연령의 유아는 평균 1분에서 2분 정도만 참았을 뿐 곧 벨을 울리고 별맛 없는 과자를 먹었다. 그러나 소수의 유아는 15분을 기다린 후 맛있는 과자를 먹었다. 소수이기는 하지만 이들은 눈을 감고 있거나 노래를 부르거나 게임을 개발하거나 시선을 돌려 딴전을 피우는 등의 행동을 통해 만족지연을 했다.

이와 같이 대부분의 유아는 유혹을 이겨낼 수 있는 방법을 알지 못하는 것 같다. 그러나 유혹을 참기 위해 딴 곳으로 마음을 돌리는 전략을 유아 스스로 개발하지는 못하지만(Toner & Smith, 1977), 교사가 유아에게 재미있는 것을 생각해 보도록 말해 주면 그것을 토대로 더 큰 만족을 위해 당장의 욕구를 지연하고자 애쓴다(Mischel & Patterson, 1976). 대체적으로 6~8세 사이의 유아는 눈을 감고 유혹물을 보지 않는 등의 신체적 전략을 통해 만족지연할 수 있다는 것을 안다. 그러나 유혹물 대신 다른 것을 생각하거나 상상하는 등의 인지적 전략은 여전히 사용하지 못한다.

자아통제의 또 다른 능력인 충동을 억제하는 능력은 성급한 감정이나 행동을 자제하고 통제하는 능력을 의미한다. 이와 같은 능력은 학령기 이전 시기부터 발달하기 시작하여 아동기 동안에 크게 획득한다. 특히 격렬한 화를 참는 등 감정과 정서의 강도를 통제하는 정서 억제 능력은 아동기에서 성인기에 이르기까지 전 생애에 걸쳐 발달하는 중요한 자아통제라 할 수 있다.

(2) 자아통제를 위한 부모나 교사의 태도

미운 일곱 살이란, 2세 이후 시작되는 자율감의 발달에 따라 유아가 사회적 요구에 대해 반항하거나 거부할 때 이를 상징적으로 표현한 말이라 할 수 있다. 따라서 미운 일곱 살이란 표현만을 생각해 봐도, 생후 2세 이후를 기점으로 만족지연에 대한 부모의 요구에 대해 즉각적인 욕구 충족을 주장하거나, 놀이에 빠져 식사 시간을 지키지 않는 등의 유아의 반항적 반응은 매우 정상적인 모습이라고 할 수 있다. 그러나 대부분의 부모와 교사는 유아의 이러한 반항적 행동을 자율감의 발달이나 독립심의 발달로 생각하기보다 버릇없거나 자기 고집이 강한 행동으로 평가한다.

자아통제가 일련의 단계를 통해 발달함을 고려해 볼 때, 자아통제가 능숙하게 이루어지지 않는 유아에게 높은 수준의 자아통제적 행동을 기대하는 것은 유아의 자연스런 자아통제 발달을 오히려 방해할 수 있다. 따라서 유아의 통제적이지 못한 행동에 대해 부모와 교사는 우선 꼭 필요한 경우를 제외하고 유아의 행동을 방해하지 말며, 되도록 유아의 관심이 다른 곳으로 옮겨질 때까지 기다리도록 노력해야 한다. 만약 유아의 행동을 방해해야 할 경우라면 심리적 준비를 먼저 시키는 것이 좋다. 예를 들어 "간식을 먹어야 하니까, 10분 내에 놀잇감을 치워놓고 오너라"와 같이 유아에게 정리할 시간을 제공함으로써 유아 스스로 하던 것을 끝마칠 수 있도록 한다.

그리고 유아가 부모나 교사의 요구를 곧바로 수행하지 않을 때, 요구사항을 되풀이하여 지적하기보다 유아가 스스로 행동하도록 잠시 기다리도록 해야 한다. 한편 유아에게 선택의 기회(예 : "지금 목욕할래? 이것 끝나고 목욕할래?"라고 물음)를 제공함으로써 유아 스스로 통제감을 느끼도록 도와주어야 한다.

CHAPTER 04

유아교육과정

유아들에게 적합한 질 높은 유아교육을 하기 위해서는 유아들의 흥미와 욕구를 반영한 유아교육과정을 계획하고 실시하는 것이 중요하다. 유아교육과정은 교육과정의 목표－내용－교수－학습 방법－평가 등으로 구성되고, 교육의 철학이나 목표에 따라 다르게 구성되고 실천된다. 유아교육과정은 기본적으로 국가 수준의 교육과정에 따라 이루어지지만 지역이나 유아교육기관의 특수성을 고려한 다양한 교육과정 프로그램들이 진행되고 있다.

따라서 이 장에서는 유아교육과정을 이해하고 실천하기 위해 유아교육과정의 개념 및 유형, 국가 수준의 유아교육과정의 특성, 유아교육과정의 계획 및 구성 등을 중심으로 살펴보고자 한다.

1. 유아교육과정의 개념

유아교육과정에 대한 개념은 보는 관점에 따라 매우 다양하고 포괄적이다. 유아교육과정이란 '유아들을 대상으로 학습 경험을 선정하고 조직하여 교육 경험의 질을 구체적으로 관리하는 교육의 기본 설계도'라고 할 수 있다. 이러한 유아교육과정의 개념 및 유형, 우리나라 유아교육과정에 대해서 살펴보기로 하겠다.

1) 교육과정의 개념

'교육과정(curriculum)'이라는 용어는 '쿠레레(currere)'라는 어원으로부터 출발한 것으로 경기 코스, 트랙, 나아가 수행해야 할 교수 요목(course of study)을 의미하고 있다. 전통적으로 학교는 학생들에게 무엇인가를 가르쳐 왔다. 학생들에게 무엇인가를 의도적으로 가르치는 행위를 '교육'이라고 본다면, 그 '무엇'이 교육의 내용이 된다. 따라서, 의도적인 학교 교육에서 학생들에게 어떠한 교육 목표를 성취시키기 위하여 일정한 수준의 교육내용을 선정하고 조직해 놓은 공통적인 기준을 '교육과정'이라고 보는 것이 일반적인 경향이다.

교육과정이라는 용어는 추상적인 개념이기 때문에 의미 자체가 모호하고, 학자마다 그들의 철학적 배경 또는 견해나 필요에 따라 제각기 조금씩 다른 정의를 내려 왔다.

어떤 학자는 교육과정을 학생들에게 가르쳐야 할 내용의 주제나 개념을 열거한 것이라고 하고, 어떤 학자는 학교의 지도 아래 계획적으로 제공하는 모든 경험이라고도 한다. 또, 어떤 학자는 학습 프로그램이라 하기도 하고, 교과목의 모음으로 설명하는 경우도 있다. 그리고 교과와 교과 외의 활동, 상담지도, 대인관계 등을 포함하는 학교 내의 모든 교육활동이라고 하는 등 그 의미는 수없이 많으며, 제각기 다양하게 쓰이고 있다.

교육과정은 내용(content)으로서의 교육과정, 경험(experience)으로서의 교육과정, 계획(plan)으로서의 교육과정, 결과(outcome)로서의 교육과정으로 나누어 생각할 수도 있고, 의도된 교육과정, 전개된 교육과정, 실현된 교육과정으로 구분하기도 한다.

문서화된 의미로서의 형식적인 교육과정, 비형식적인 교육과정으로 분류하거나, 표면적 교육과정, 잠재적 교육과정, 영 교육과정으로 나누어 생각할 수도 있다. 또, 교육내용 결정 주체의 역할 분담에 따라 국가 수준의 교육과정, 지역 수준의 교육과정, 학교 수준의 교육과정, 교사 수준의 교육과정으로 나누어 생각할 수도 있다.

이와 같이 여러 학자들의 다양한 정의를 종합 정리한 태너와 태너(Tanner & Tanner)에 따르면, 교육과정의 정의 속에는 ① 지식의 축적 및 조직, ② 사고의 양식, ③ 공동체 경험, ④ 안내된 경험, ⑤ 계획된 학습 환경, ⑥ 인지적·정의적 내용과 절차, ⑦ 수업 계획, ⑧ 수업의 목표, ⑨ 공학적 생산 체제, ⑩ 지식과 경험 등 대략 10가지 요소를 포함하는 것으로 요약된다.

'교육과정이란 무엇인가'를 깊이 있게 생각해 보고자 할 때, 가장 핵심이 되는 문제는 교육내용을 어떻게 선정하고, 어떻게 조직하는가 하는 일이다. 교육내용을 선정할 때에는 흔히 교육내용을 무엇으로 볼 것인가에 따른 교육과정 사조와 관련하여 교과중심 교육과정, 경험중심 교육과정, 학문중심 교육과정 등으로 그 내용 유형을 분류하는 경우가 많다. 일반적으로 교육과정에 대한 개념체계는 지식, 인간, 사회, 자연, 환경, 문화 등을 보는 시각에 따라 다양한 의미로 해석될 수 있다.

어떤 관점에서 보든지 간에 교육과정은 '학습자에게 학습 경험을 선정하고 조직하여 교육 경험의 질을 구체적으로 관리하는 교육의 기본 설계도'라고 할 수 있다. 따라서, 교육과정은 의도된 학교교육에서 '왜, 무엇을, 어떻게, 어느 수준과 범위로 가르치고 평가하느냐'를 문서로 계획한 교육 설계도이기 때문에, 단순한 교육내용으로만 볼 것이 아니라 교육목표, 내용, 방법이나 운영방식, 평가를 포괄하는 폭넓은 개념으로 보아야 할 것이다.

2) 유아교육과정의 개념

유아교육과정의 개념은 교육과정의 개념이 다양한 만큼 다양하다. 다양하고 포괄적인 유아교육의 개념을 슈바르츠와 로빈슨(Schwartz & Robison, 1982)은 그의 저서 『유아를 위한 교육과정의 설계(Desigining curriculum for early Childhood)』에서 다섯 가지로 구분하고 설명하였다.

(1) 우연히 일어난 것으로서 교육과정(Curriculum as a happening)

이 교육과정은 유아들의 흥미와 욕구를 바탕으로 교육과정이 이루어진다고 보는 입장이다. 유아교육기관에서 유아들이 스스로 흥미와 욕구에 따라 활동을 선택하고 능동적이고 자발적으로 활동하는 것을 중요시한다. 이 교육과정에서 유아는 학습을 선택하고 구성할 수 있는 능력을 가진 존재로 보고, 선택한 활동에 몰입할 수 있는 존재라고 여겨진다.

교육활동은 대부분 유아들의 관심과 욕구에 따라 선택되므로 교사는 프로그램의 내용을 미리 예상하기 힘들다. 대부분의 유아들의 활동은 자유놀이 형태로 진행된다. 자유놀이를 하면서 개별화 교육이 이루어지고 흥미 있는 자기주도학습이 이루어지는 과정중심적 학습이 이루어진다.

교사는 유아들의 다양한 흥미와 욕구를 파악하여 체계적으로 환경 구성을 하고 놀이를 안내하는 역할을 하게 된다. 교사는 유아들의 변화하는 욕구 및 관심에 민감하게 반응할 수 있어야 하고 자유로운 학습 분위기를 만들어 주어야 한다. 교사의 유능성이 보다 요구된다고 할 수 있다. 그렇지 않으면 교육의 목표나 방향이 방향을 잃게 되고 교육의 질이 낮아질 수 있다.

(2) 유아가 교육기관에서 갖게 되는 경험으로서의 교육과정
(Curriculum as all of the child's experiences in school)

유아들이 교육기관에서 경험하게 되는 모든 것을 교육과정이라 보는 관점이다. 교육기관에서 경험하는 것은 교사가 의도한 경험도 있지만 의도하지 않은 경험도 있을 수 있다. 이 두 가지를 모두 포함하는 것이다. 후자의 경우 잠재적 교육과정이라고 한다. 교실의 분위기나 유아들의 상호작용 형태, 교사-유아, 유아-유아 간의 정서적 교류 등은 교사가 의도와는 무관할 수 있지만 유아들에게 의도된 경험

만큼 절대적인 영향력을 미칠 수 있다. 잠재적 교육과정은 교육기관의 역기능과 관련된 문제를 일으킬 수 있다. 그러므로 교사는 잠재적 요인에 대해 인식하고 유아들을 지도할 필요가 있다.

교사는 학습에 영향을 줄 수 있는 학급의 분위기나 유아들 간의 관계 및 정서적 상태, 사회적 변화에 대해 민감해야 한다.

(3) 교수 계획으로서의 교육과정(Curriculum as plans for teaching)

이 관점에서 교사는 유아들에게 제공하는 경험을 미리 계획하고 구조화하여 유아들에게 제공한다. 유아들의 자발적인 활동이 잘 이루어지기 위해서는 교수 계획이 잘 이루어져야 한다는 견해이다. 전통적인 관점으로 교사에 의해서 의도된 계획은 매우 구체적이거나 포괄적일 수 있으며 장기·단기 계획 등이 이루어질 수 있다. 일반적으로 교사는 유아들을 위한 교육목표, 내용, 방법 등을 계획하고 실행하며 평가하게 된다. 또한 교육의 목적과 내용이 분명하다.

교수 계획으로 보는 교육과정은 초보 교사도 유아의 욕구와 흥미에 따라 교수 계획을 하고 실행하는 데 도움을 주지만 융통성이 없을 경우 유아들의 흥미를 반영하기보다는 교사중심적인 교육될 수 있다.

(4) 교수요목으로서의 교육과정(Curriculum as plans a syllabus)

유아들에게 가르칠 교육목표, 내용, 순서를 교수 일련의 문서로 작성한 교수요목을 교육과정이라고 정의한 것이다. 일정 시기에 학습할 내용이 교수요목으로 짜여 있으므로 교사, 유아교육기관의 특성 등을 고려하지 않고 교수요목의 순서대로 가르칠 수 있다. 수업에서 유아가 갖는 실제적인 경험과는 다르게 국가 수준의 의도된 교육과정의 성격을 띠고 있다.

교수요목으로서의 교육과정은 국가가 지향하는 목표나 가치를 유아에게 가르치고 교육의 질을 장학하는 데 유리하다. 반면 유아교육기관, 지역사회의 특성, 유아의 흥미와 요구 등이 반영되기 어렵다.

(5) 프로그램으로서의 교육과정(Curriculum as a program)

유아교육과정 정의에서 볼 수 있는 독특한 관점으로 몬테소리 프로그램, 레지오 에밀리아 프로그램, 생태 프로그램, 발도르프 프로그램 등을 유아교육과정이라 보는 관점이다. 1960년대 이후 헤드 스타트 운동의 일환으로 다양한 프로그램들이 개발되면서 유아교육과정을 유아교육 프로그램으로 부르는 계기가 되었다.

각각의 프로그램들은 교육철학, 학습원리, 교수방법 등에서 차이가 있을 수 있다. 이 다섯 가지 유형 중 어떤 유형으로 교육과정을 정리할 것인가는 관점에 따라 다양할 수 있다.

3) 유아교육과정의 모형

유아교육과정의 모형은 성숙주의 교육과정 모형, 행동주의 교육과정 모형, 상호작용주의 모형 등으로 구분할 수 있다.

(1) 성숙주의 교육과정 모형

성숙주의 교육과정 모형은 유아발달 이론을 근거로 하며, 루소(Rousseau)와 게젤(Gesell)의 이론에 근거한다. 유아는 성장을 위한 내적인 힘을 가지고 타고나며 정해진 시기에 능력이 밖으로 자연스럽게 발현된다고 본다. 그 기본적인 목적은 정해진 발달단계에 따라 유아 발달을 지원하는 것이다. 성숙주의의 모형에 따르면 유아의 발달은 유전학적으로 이미 정해져 있으므로 전형적인 발달을 보이는 유아들은 예측이 가능한 순서에 의해서 기술을 습득한다고 가정한다.

(2) 행동주의 교육과정 모형

유아의 발달이 외부 요인에 의해 결정된다는 행동주의 교육과정은 성숙주의 모형과는 상반된 관점을 가지고 있다. 유아의 내부적 힘보다는 성인에 의해 체계적이고 계획적인 방법으로 교육이 이루어져야 한다고 믿는다. 즉 교사에 의한 보상과 강화가 주된 교육원리이다. 스키너(Skinner), 손다이크(Thorndike), 왓슨(Watson) 등의 이론을 근거로 하고 있다. 행동주의는 매우 구체적인 교육의 목표에 초점을 두고 유아의 바람직한 훈련을 위해 교육의 주제나 내용은 단순화되고 위계화 · 순서화되어야 한다(이기숙, 2008). 교사의 역할은 유아를 바람직한 행동으로 유도하고 수정하고, 강화해 주는 것이다. 특정한 지식이나 기술의 습득을 목적으로 하며, 교수방법에 있어서 직접적인 교수와 집중적인 훈련이 중심이 된다.

(3) 상호작용적 교육과정

피아제(Piaget)의 인지발달이론에 기초를 두고 유아의 내적 성장과 환경이 상호작용함으로써 유아의 발달이 이루어진다고 보는 관점이다. 장기적이고 포괄적인 교육목표를 설정하는 경우가 많고 학습하는 과정, 알아가는 과정을 더 중요시한다. 유아들은 단순히 학문적(academic)인 것만 경험하기보다는 다양한 종류의 경험을 할 수 있어야 하고 유아가 스스로 과제를 계획하고 수행할 수 있는 충분한 시간과 자유놀이 시간이 제공되어야 하며 다른 유아들과의 활발한 상호작용을 통해서 학습이 일어나고 개별 · 소집단 활동이 다양하게 제공되어야 한다.

이런 세 가지 유형의 교육과정이 한 특정한 프로그램으로 구성된다고 할 수 없다. 최근 유아교육의 동향은 한 가지의 이론적 관점이 아니라 절충적이고 통합적인 이론적 관점에 근거한 유아교육과정 접근을 모색하고 있다.

4) 우리나라의 유아교육과정

(1) 유치원 교육과정 변천

① **제1차 유치원 교육과정**(1969.2.19. 문교부령 제207호)

제1차 유치원 교육과정은 우리나라에 유치원이 소개된 지 70여 년이 지나고, 광복 후 대한민국 정부가 수립되어 1949년 교육법이 제정되고서도 20년이 지난 1969년에야 문교부령으로 제정, 공포되었다.

제1차 유치원 교육과정 제정의 취지는 유아의 바람직한 인격 형성을 위하여 유아의 욕구와 흥미에 알맞은 환경을 만들어 주고자 하는 데 있었다. 건강한 신체와 건전한 정신으로 생활할 수 있는 유능한 한국인 양성을 유치원 교육의 목적으로 설정하고, 유치원 교육의 특수한 목적을 구현하기 위해서 교과중심의 교육을 피하고, 종합적인 교육을 계획·실천하도록 교육과정을 조직하였다.

교육방법으로는 유아의 흥미중심, 놀이중심 교육과 개인차에 따른 교육이 이루어지는 것을 강조하였으며, 유아의 학습 특성을 고려하여 5개 생활 영역으로 구성되어 하루 일과의 통합적 운영, 다양하고 균형 있는 활동, 가정과의 긴밀한 협력 등을 강조하였다.

② **제2차 유치원 교육과정**(1979.3.1. 문교부 고시 제424호)

제1차 유치원 교육과정이 제정되고 10년이 지나, 문교부 고시로 제2차 유치원 교육과정이 개정, 고시되었다. 유치원 교육과정의 목표는 남과 잘 사귀고, 남과 더불어 생활하는 것을 즐기게 하며, 표현하는 능력, 습관, 태도를 기르고, 탐구 능력, 언어 구사력, 기초적인 운동 능력, 건강 및 안전 생활 습관을 기르는 것이었다.

교육과정의 영역은 제1차 교육과정이 교과목 형식의 5개 생활 영역이었던 데에 반해, 전인적인 발달을 강조하는 사회·정서 발달, 인지 발달, 언어 발달, 신체 발달 및 건강 영역으로 구분하였다. 제2차 교육과정의 두드러진 특징은 1970년대부터 인지 발달을 강조하는 세계적 추세에 맞추어 인지 발달을 강조한 것이다.

③ **제3차 유치원 교육과정**(1981.12.31. 문교부 고시 제442호)

제3차 유치원 교육과정은 그 이전과 같이 각급 학교와 분리되어 유치원만 별도로 개정이 이루어진 것이 아니라, 처음으로 초·중등학교 교육과정의 개정과 함께 상호 연계성 속에서 이루어졌다.

교육과정의 궁극적인 목적은 민주·복지·정의사회의 건설에 적극적으로 이바지할 수 있는 자주적이고 창의적인 국민을 길러 내는 것이었고, 유치원 교육의 목적은 유아에게 알맞은 교육환경을 마련해 주어 전인적으로 성장하도록 돕는 것이었다.

교육과정은 신체 발달, 정서 발달, 언어 발달, 인지 발달, 사회성 발달의 5개 발달 영역별로 구성하였는데, 이는 제2차 유치원 교육과정의 사회·정서 영역을 둘로 나누어 정서 영역의 내용을 더 강조하였고, 신체 발달 및 건강 영역에서 건강 영역을 신체 발달 영역에 포함시켰다.

④ **제4차 유치원 교육과정**(1987.6.30. 문교부 고시 제87-9호)

제4차 유치원 교육과정은 주기적인 교육과정 개정의 필요성과 제3차 유치원 교육과정의 내용 및 운영상에 나타나는 문제점 개선을 위하여 개정되었다.

교육목적은 인격을 완성하고, 자주적 생활 능력과 민주 시민으로서 자질을 갖추어 민주 국가 발전에 봉사하며, 인류 공영의 이상 실현에 기여하게 하도록 하는 것이었고, 이러한 목적을 위하여 건강한 사람, 자주적인 사람, 창조적인 사람, 도덕적인 사람을 기르는 데 역점을 두었다.

교육과정의 영역은 제3차와 마찬가지로 신체 발달, 언어 발달, 인지 발달, 정서 발달, 사회성 발달의 5개 발달 영역이었으며, 전인 발달을 위한 교육을 더욱 강조하기 위하여 각 발달 영역별 내용은 제시하지 않고 교육목표 수준만을 제시하여 교사들이 교육내용을 자율적으로 선정할 수 있도록 하였다.

⑤ **제5차 유치원 교육과정**(1992.9.30. 교육부 고시 제1992-15호)

제5차 유치원 교육과정의 두드러진 특징은, 1991년에 교육법이 개정되어 유치원 입학 연령이 기존의 만 4~5 세에서 만 3~5세로 조정됨으로써 1992년 3월부터 만 3세 유아의 유치원 입학이 합법화되었고, 이에 따라 교육과정의 내용이 Ⅰ수준과 Ⅱ수준으로 구분되어 제시된 것이었다.

제5차 교육과정은 교육법에 명시된 유치원 교육의 목적과 목표를 기본으로 하고, 건강한 사람, 자주적인 사람, 창의적인 사람, 도덕적인 사람을 이상적인 인간상으로 추구하며, 기본 생활 교육의 강조, 유아의 흥미·요구·개별성의 존중, 놀이중심 교육, 유아의 전인적 성장 발달 등을 교육과정의 구성 중점으로 삼았다.

교육과정의 영역은 제 2, 3, 4 차 교육과정이 발달 영역별로 구성되었던 것과 달리 건강생활, 사회생활, 표현생활, 언어생활, 탐구생활의 5개 생활 영역으로 구성되었다. 교육목표는 전인적 발달을 추구하고, 교육내용은 생활 영역에서 선정하여 제공하였다.

⑥ **제6차 유치원 교육과정**(1998.6.30. 교육부고시 제1998-10호)

제6차 교육과정은 초・중등학교 교육과정과 같이 '21세기 세계화・정보화시대를 주도할 자율적이고 창의적인 한국인 육성'을 기본 방향으로 초・중등교육법 35조에 명시된 '유치원 교육은 유아를 교육하고 유아에게 알맞은 교육환경을 제공하여 심신의 조화로운 발달을 조장하는 것을 목적으로 한다.'를 교육의 목적으로 하였다. 제6차 유치원 교육과정은 5차 교육과정과 마찬가지로 건강생활, 사회생활, 표현생활, 언어생활, 탐구생활의 5개 생활영역으로 구성되었다. 5차 교육과정의 5개 영역별 교수 내용을 전반적으로 축소하고 필수 학습 요소를 선정하였고, Ⅰ수준과 Ⅱ수준이 위계성을 가지도록 수준별 적절성을 도모하였다. 다양한 구성원들의 유치원 교육에 대한 요구를 반영하여 일과 운영 즉 유치원 교육시간의 다양화를 추구하였다. 기본 생활습관과 협동적인 생활 태도를 길러 줄 수 있는 구체적 내용을 마련하였고 인성교육, 유아들의 감성 계발 교육, 창의성 및 정보능력 함양 교육, 전통문화교육을 강조하였다.

⑦ **2007 개정 유치원 교육과정**(2007.12.19. 교육인적자원부 고시 제2007-153호)

2007 개정 유치원 교육과정은 '제6차 유치원 교육과정' 이후 9년이 경과함에 따라 급변하는 시대 상황에 맞는 개정・보완된 교육내용 개편에 대한 요구가 반영된 것이다. 즉 시기적으로 지식 정보화 시대의 도래, 국가적으로는 저출산 문제 해결을 위한 가치관 반영이라는 시대적 요구에 따라 종일반 운영의 확대 실시 요구, 유아교육법 제정(2004. 1)을 계기로 만 3~5세까지 초등학교 이전의 발달을 돕는 총체적 환경으로서 유아교육 체계화의 요구를 반영한 것이다. 유아교육법이 제정되어 유아교육의 법적 토대가 마련된 시점에서 2007 개정 초・중등학교 교육

과정과의 연계를 강화하여 유치원의 영역별 교육내용의 개념을 초등학교 교육과정과 연계하여 체계화시켰다. 교육과정은 건강생활, 사회생활, 표현생활, 언어생활, 탐구생활의 5개 영역으로 구성하였다. 기본 방향으로는 다양한 교육시간 운영 강화로 하루 교육시간을 180분으로 최소 기준을 제시하고, 반일제, 시간 연장제, 종일제 프로그램과 같은 다양한 교육시간 운영이 가능하도록 하였다. 종일제 운영을 위한 다양한 교육 주제 근거 마련 및 교육활동 지도 자료 내용을 강화하고 연장제, 종일제의 오후 일과는 편안한 휴식, 바깥놀이, 개별 유아의 특성을 충분히 고려한 놀이중심 활동으로 구성하도록 하였다.

2007년 개정 유치원 교육과정은 교육과정 내용체계에서 영역별 내용 체계의 명칭과 진술 방식을 개선하였다. 각 영역별 내용 체계의 명칭은 논리적 체계성을 갖고자 '내용-하위 내용-수준별 내용'으로 진술하였고 '내용'의 진술 방식은 '……하기'로 일관성 있게 통일하였다. 이는 '……하기'로 되어 있는 초등학교 통합 교육과정 영역과의 연계성을 강화하고, 실생활과 놀이중심인 유치원 교육과정의 특성을 반영한 것이다.

2007년 개정된 유치원 교육과정은 문서 체계, 추구하는 인간상, 교육목표, 편성・운영지침, 그리고 각 영역별 교육내용에서 유치원과 초등학교 교육과정의 연계성을 강화하였다.

(2) 3~5세 연령별 누리과정(2012.7.10. 교육과학기술부・보건복지부 고시)

① 도입 배경

3~5세 연령별 누리과정은 이원화되어 있던 유치원 교육과정과 어린이집 표준보육과정을 통합해 통합된 교육과정으로 운영하여 관리부서의 이원화 및 교육예산의 비효율적 문제를 해소하고 동일 연령의 유아를 대상으로 동등한 질적 수준의 교육・보육서비스를 제공하고자 하였다.

2012년 제3차 위기관리 대책회의(2012.1.18)에서 유아 교육・보육에 대한 국가의 책임을 강화하기로 결정하고 2012년 3월에 도입한 '5세 누리과정'에 이어 2013년에는 만 3~4세 누리과정을 확대한다는 「3~4세 누리과정 도입 계획」을 발표하였다. 이에 따라 만 3~5세 어린이는 어린이집과 유치원 어디에 다니든지 국가 수준 공통과정으로서 「3~5세 연령별 누리과정」을 동일하게 제공받게 된다. 이는 유아기 단계에서 교육의 질을 제고하고, 생애 초기 출발점 평등을 보장하는 데 그 의의가 있다.

② 「3~5세 연령별 누리과정」 제정의 특성

가. 연령별 목표 제시 및 연령별 내용 구성

3~5세 연령별 누리과정은 5개 영역별로 만 3, 4, 5세를 동일한 목표로 제시하고, 내용은 유아의 발달 수준을 고려하여 연령별로 구성하였다. 또한 3~5세 연령별 누리과정은 만 3~5세의 발달 특성을 고려하여 연령별로 구성하되, 발달 특성상 연령 구분 없이 공동으로 제시된 경우에는 교수·학습방법 및 난이도를 조정하였다.

1일 교육시간은 3~5시간을 기준으로, 유연하고 탄력적으로 편성·운영할 수 있도록 하여 어린이집과 유치원 모두 공통과정을 최대한 충실히 운영하도록 하고 있다.

나. 기본생활습관과 인성교육 지속 강조

3~5세 연령별 누리과정은 심신의 건강과 조화로운 발달을 도와 바른 인성을 갖춘 민주시민의 기초를 형성하는 것을 목적으로 하며 특히 바른 생활습관 형성을 위한 기본생활습관을 강조하고, 남을 배려하고 존중하며, 더불어 함께하는 내용으로 구성되어 누리과정부터 인성교육을 강화하였다. 또한 건강한 몸과 마음을 기르도록 다양한 신체활동 참여를 강화하고, 유아 단계에 맞는 인터넷·미디어 중독 예방, 녹색성장교육 및 다른 문화에 대한 이해 등의 내용도 추가하였다

다. 초등학교 교육과정 및 0~2세 표준보육과정과의 연계성 고려

0~2세 표준보육과정 및 초등학교 교육과정과의 연계를 지속적으로 강화하였다.

③ 구성 방향

누리과정의 구성 방향은 다음과 같다.

1. 질서, 배려, 협력 등 기본생활습관과 바른 인성을 기르는 데 중점을 두어 구성한다.
2. 자율성과 창의성을 기르는 데 중점을 두고, 전인발달을 이루도록 구성한다.
3. 사람과 자연을 존중하고, 우리 문화를 이해하는 데 중점을 두어 구성한다.
4. 만 3~5세아의 발달 특성을 고려하여 연령별로 구성한다.
5. 신체운동 · 건강, 의사소통, 사회관계, 예술경험, 자연탐구의 5개 영역을 중심으로 구성한다.
6. 초등학교 교육과정과 0~2세 표준보육과정과의 연계성을 고려하여 구성한다.

④ 목적과 목표

가. 목적

누리과정은 만 3~5세 유아의 심신의 건강과 조화로운 발달을 도와 민주시민의 기초를 형성하는 것을 목적으로 한다.

나. 목표

1. 기본 운동 능력과 건강하고 안전한 생활습관을 기른다.
2. 일상생활에 필요한 의사소통 능력과 바른 언어 사용 습관을 기른다.
3. 자신을 존중하고 다른 사람과 더불어 생활하는 능력과 태도를 기른다.
4. 아름다움에 관심을 가지고 예술경험을 즐기며, 창의적으로 표현하는 능력을 기른다.
5. 호기심을 가지고 주변세계를 탐구하며, 일상생활에서 수학적 · 과학적으로 생각하는 능력과 태도를 기른다.

⑤ 영역별 교육내용

3~5세 누리과정은 신체운동 · 건강, 의사소통, 사회관계, 예술경험, 자연탐구 5개 영역으로 구성되었다.

가. 신체운동 · 건강

● 성격

신체운동 · 건강 영역은 유아가 자신의 신체를 긍정적으로 인식하고 신체활동에 즐겁게 참여함으로써 유아기에 필요한 기본 운동 능력과 기초 체력을 기르고 건강하고 안전한 생활을 실천하는 능력과 태도를 기르기 위한 영역이다.

● 목표

기본 운동 능력과 건강하고 안전한 생활습관을 기른다.

1. 감각 능력을 기르고, 자신의 신체를 긍정적으로 인식한다.
2. 신체를 조절하고 기본 운동 능력을 기른다.
3. 신체 활동에 즐겁게 참여한다.
4. 건강한 생활습관을 기른다.
5. 안전한 생활습관을 기른다.

● 내용

내용범주	내용
신체 인식하기	감각능력 기르고 활용하기
	신체를 인식하고 움직이기
신체 조절과 기본 운동하기	신체 조절하기
	기본 운동하기
신체 활동에 참여하기	자발적으로 신체 활동에 참여하기
	바깥에서 신체 활동하기
	기구를 이용하여 신체 활동하기
건강하게 생활하기	몸과 주변을 깨끗이 하기
	바른 식생활하기
	건강한 일상생활하기
	질병 예방하기
안전하게 생활하기	안전하게 놀이하기
	교통안전 규칙 지키기
	비상 시 적절히 대처하기

나. 의사소통

● 성격

언어의 기본 형태인 구어와 문어를 활용하여 나와 다른 사람의 느낌이나 생각, 경험을 상황과 상대방에 알맞게 소통할 수 있는 능력을 기르는 영역이다. 또한 말과 글의 관계를 알고 읽기와 쓰기에 흥미를 가져 언어 사용을 즐기도록 하는 영역이다.

● 목표

일상생활에 필요한 의사소통 능력과 바른 언어 사용 습관을 기른다.

1. 다른 사람의 말을 주의 깊게 듣는 태도와 이해하는 능력을 기른다.
2. 자신의 생각과 느낌을 말하는 능력을 기른다.
3. 글자와 책에 친숙해지는 경험을 통하여 글자 모양을 인식하고 읽기에 흥미를 가진다.
4. 말과 글의 관계를 알고 자신의 생각, 느낌, 경험을 글로 표현하는 데 관심을 가진다.

● 내용

내용범주	내용
듣기	낱말과 문장 듣고 이해하기
	이야기 듣고 이해하기
	동요, 동시, 동화 듣고 이해하기
	바른 태도로 듣기
말하기	낱말과 문장으로 말하기
	느낌, 생각, 경험 말하기
	상황에 맞게 바른 태도로 말하기
읽기	읽기에 흥미 가지기
	책 읽기에 관심 가지기
쓰기	쓰기에 관심 가지기
	쓰기 도구 사용하기

다. 사회관계

- 성격

유아가 자신을 알고 소중하게 여기며 가족, 또래와 함께 원만하게 지내는 방법뿐 아니라 공동체에서 함께 살아가는 방법을 익히고 사회에 관심을 가지며 적응해 나갈 수 있는 기초 능력과 인성을 기르기 위한 영역이다.

- 목표

자신을 존중하고 다른 사람과 더불어 생활하는 능력과 태도를 기른다.

1. 자신을 소중히 여기며 자율성을 기른다.
2. 자신과 타인의 감정을 알고, 자신의 감정을 적절하게 표현하고 조절한다.
3. 가족과 화목하게 지내며 서로 협력한다.
4. 친구, 공동체 구성원들과 서로 돕고, 예의·규칙 등 사회적 가치를 알고 지킨다.
5. 우리 동네, 우리나라, 다른 나라에 관심을 가진다.

- 내용

내용범주	내용
나를 알고 존중하기	나를 알고, 소중히 여기기
	나의 일 스스로 하기
나와 다른 사람의 감정 알고 조절하기	나와 다른 사람의 감정 알고 표현하기
	나의 감정 조절하기
가족을 소중히 여기기	가족과 화목하게 지내기
	가족과 협력하기
다른 사람과 더불어 생활하기	친구와 사이좋게 지내기
	공동체에서 화목하게 지내기
	사회적 가치를 알고 지키기
사회에 관심 갖기	지역사회에 관심 갖고 이해하기
	우리나라에 관심 갖고 이해하기
	세계와 여러 문화에 관심 가지기

라. 예술경험

● 성격

유아가 친근한 주변 환경에서 발생하는 소리, 음악, 움직임과 춤, 모양과 색 등의 미술 요소에서 아름다움을 느끼고, 또래와 교사, 부모, 지역사회의 주민이나 작가가 표현한 예술 작품을 가까이 접하면서 이를 탐색하고 창의적으로 표현하는 것을 즐기며 감상하기 위한 영역이다.

● 목표

아름다움에 관심을 가지고 예술경험을 즐기며, 창의적으로 표현하는 능력을 기른다.

1. 자연과 주변 환경에서 발견한 아름다움과 예술적 요소에 관심을 갖고 탐색한다.
2. 자신의 생각과 느낌을 음악, 움직임과 춤, 미술, 극놀이를 통해 창의적으로 표현하는 것을 즐긴다.
3. 자연과 다양한 예술 작품을 감상하며, 풍부한 감성과 심미적 태도를 기른다.

● 내용

내용범주	내용
아름다움 찾아보기	음악적 요소 탐색하기
	움직임과 춤 요소 탐색하기
	미술적 요소 탐색하기
예술적 표현하기	음악으로 표현하기
	움직임과 춤으로 표현하기
	미술 활동으로 표현하기
	극놀이로 표현하기
	통합적으로 표현하기
예술 감상하기	다양한 예술 감상하기
	전통예술 감상하기

마. 자연 탐구

● 성격

유아가 자신을 둘러싸고 있는 주변 세계에 대해 호기심을 가지고 궁금한 것을 해소하기 위해 탐구하며, 일상생활에서 부딪치는 현상이나 문제 해결을 통해 수학적 · 과학적으로 생각하는 기초 능력과 태도를 기르기 위한 영역이다.

● 목표

호기심을 가시고 주변 세계를 탐구하며, 일상생활에서 수학적 · 과학적으로 생각하는 능력과 태도를 기른다.

1. 주변의 사물과 자연 세계에 대해 알고자 하는 호기심을 가지고 탐구하는 태도를 기른다.
2. 생활 속의 여러 상황과 문제를 논리 · 수학적으로 이해하고 해결하기 위한 기초 능력을 기른다.
3. 주변의 관심 있는 사물과 생명체 및 자연현상을 탐구하기 위한 기초능력을 기른다.

● 내용

내용범주	내용
탐구하는 태도 기르기	호기심을 유지하고 확장하기
	탐구과정 즐기기
	탐구기술 활용하기
수학적 탐구하기	수와 연산의 기초개념 알아보기
	공간과 도형의 기초개념 알아보기
	기초적인 측정하기
	규칙성 이해하기
	기초적인 자료 수집과 결과 나타내기
과학적 탐구하기	물체와 물질 알아보기
	생명체와 자연환경 알아보기
	자연현상 알아보기
	간단한 도구와 기계 활용하기

5) 표준보육과정

(1) 제1차 표준보육과정

2004년 1월 전면 개정된 영유아보육법 시행령에 따라 표준보육과정이 제정되었다. 유치원 교육과정과 같이 국가 수준에서 제시되는 교육과정이라 볼 수 있다. 표준보육과정이란 국가에서 국민으로서 영유아에게 제공되어야 할 보육의 목적, 내용, 그리고 보육방법 등을 의미하는 것으로 아동의 성장, 발달을 위해 제공되는 경험의 총체 혹은 지식의 내용과 과정이라고 할 수 있다(여성가족부령 표준보육과정 연구보고서, 2005). 보육과정의 목적은 영유아의 전인적인 성장과 발달을 돕고 민주시민으로서의 자질을 길러 영유아가 심신이 건강하고 조화로운 사회 구성원으로 자랄 수 있도록 하는 데 있다.

보육과정의 목표로는 '건강하고 안전하며 바르게 생활하는 태도와 습관을 가진다', '자신의 신체에 대해 긍정적으로 인식하고 기본 운동 능력을 기른다', '자신을 존중하고 다른 사람들과 더불어 생활하는 태도를 가진다', '기초적인 언어능력을 기르고 바른 언어생활 태도와 습관을 가진다', '주변 환경에 호기심을 가지고 탐구하는 능력과 태도를 기른다', '자연과 예술작품의 아름다움에 관심을 가지고 창의적으로 표현한다'이다. 보육과정은 기본생활, 신체운동, 사회관계, 의사소통, 자연탐구, 예술경험의 6개 영역으로 구성되었다. 만 2세 미만, 만 2세, 만 3~4세 연령집단으로 구분하여 영유아의 발달 정도에 따라 보육목표와 내용을 계열성 있게 경험하도록 제시하고 각 연령집단별 보육내용은 만 2세 미만의 경우 1 · 2 · 3수준, 만 2세는 1 · 2수준, 만 3~4세는 1 · 2수준으로 구분하였다.

(2) 제2차 표준보육과정

1차 표준보육과정의 수정 · 보완에 대한 어린이집 현상의 요구, 5세 누리과정 제정과 관련된 0~4세 연령의 보육과정 개정 필요성 대두 등의 이유로 2012년 2월 29일 보건복지부에서는 제2차 표준보육과정을 개정 · 고시하였다. 2차 표준보육과정은 5세 누리과정을 적용하기로 되어 있었기 때문에 0~4세를 대상으로 개정하였다. 따라서 연령을 만 2세 미만, 만 2세, 만 3~4세로 구분하여 나누었고 각 연령별 보육내용은 만 2세 미만인 경우 1・2・3・4수준으로, 만 2세는 1・2수준으로, 만 3~4세는 1・2수준으로 수준별 내용을 변경하였다. 보육내용은 기본 생활 영역, 신체운동 영역, 사회관계 영역, 의사소통 영역, 자연탐구 영역, 예술경험 영역의 6개 영역으로 구성되었다.

(3) 제3차 어린이집 표준보육과정

보건복지부는 2013년 1월 21일 제3차 어린이집 표준보육과정을 개정 고시하였다. 이는 3~5세 누리과정의 시행에 맞춰 2차 표준보육과정을 개편한 것이다. 어린이집 표준보육과정(이하, '표준보육과정'이라 함)은 어린이집의 만 0~5세 영유아들에게 국가수준에서 제공하는 보편적이고 공통적인 보육의 목표와 내용을 제시한 것이다. 어린이집 표준보육과정은 0~1세 보육과정, 2세 보육과정, 3~5세 보육과정(누리과정 포함)으로 구성한다. 국가 수준의 어린이집 표준보육과정을 시행함으로써 영유아의 전인적 발달을 추구하고 우리 문화에 적합한 내용을 일관성 있고 연계적으로 실천하며, 궁극적으로 사회에서 추구하는 인간상을 구현하여 어린이집의 질적 수준을 높이는 데 기여하고자 하였다.

① 기본방향

- 추구하는 인간상

가. 심신이 건강하고 행복한 사람

나. 자율적이고 창의적인 사람

다. 자신과 타인을 존중하고 배려하는 사람

라. 자연과 우리문화를 사랑하는 사람

마. 다양성을 인정하는 민주적인 사람

- 표준보육과정의 기본전제

가. 영유아는 개별적인 특성을 지닌 고유한 존재이다.

나. 영유아는 연령에 따라 발달적 특성이 질적으로 다르다.

다. 영유아는 그 자체로서 존중 받아야 하는 존재이다.

라. 영유아는 직접적으로 경험할 때 의미 있는 지식, 기술 및 바람직한 태도를 형성해 간다.

마. 영유아는 일상생활이 편안하고 학습과 경험이 놀이중심으로 이루어질 때, 최대의 능력이 발휘된다.

바. 영유아는 민감하고 반응적인 성인과의 신뢰로운 관계 속에서 최적의 발달을 이룬다.

사. 영유아가 속한 가정, 지역사회가 함께 협력할 때 영유아에게 가장 긍정적인 영향을 미친다.

② 구성 방향 및 체계

가. 구성 방향

(1) 영유아의 발달 특성과 개인차를 고려하여 연령 및 수준별로 구성한다.

(2) 어린이집에서 편안하고 행복한 일상생활이 되도록 중점을 두어 구성한다.

(3) 질서, 배려, 협력 등 기본생활습관과 바른 인성을 기르는 데 중점을 두어 구성한다.

(4) 자율성과 창의성을 기르는 데 중점을 두고, 전인발달을 이루도록 구성한다.

(5) 사람과 자연을 존중하고, 우리 문화를 이해하는 데 중점을 두어 구성한다.

나. 구성 체계

(1) 어린이집 표준보육과정은 0~1세 보육과정, 2세 보육과정, 3~5세 보육과정으로 구성한다.

(2) 어린이집 표준보육과정은 영역, 내용범주, 내용, 세부 내용으로 구분하고, 내용 간에 연계가 이루어지도록 구성한다.

(3) 세부내용이라 함은 0~1세 보육과정, 2세 보육과정에서는 수준별 세부내용을 의미하고 3~5세 보육과정에서는 연령별 세부내용을 의미한다.

(4) 0~1세 보육과정은 기본생활, 신체운동, 의사소통, 사회관계, 예술경험, 자

연탐구의 6개 영역을 중심으로 구성한다.

(5) 2세 보육과정은 기본생활, 신체운동, 의사소통, 사회관계, 예술경험, 자연탐구의 6개 영역을 중심으로 구성한다.

(6) 3~5세 보육과정은 신체운동 · 건강, 의사소통, 사회관계, 예술경험, 자연탐구의 5개 영역을 중심으로 구성한다.

(7) 3~5세 보육과정은 초등학교 교육과정과의 연계성을 고려하여 구성한다.

③ 연령별 내용

제3차 어린이집 표준보육과정은 기본생활, 의사소통, 사회관계, 예술경험, 자연탐구의 6개 영역으로 구성되었다.

영역	내용범주	내용	
		0~1세	2세
기본생활	건강하게 생활하기	몸을 깨끗이 하기	몸을 깨끗이 하기
		즐겁게 먹기	바르게 먹기
		건강한 일상생활하기	건강한 일상생활하기
			질병에 대해 알기
	안전하게 생활하기	안전하게 지내기	안전하게 놀이하기
		위험한 상황에 반응하기	교통안전 알기
			위험한 상황알기
신체운동	감각과 신체 인식하기	감각적 자극에 반응하기	감각능력 기르기
		감각기관으로 탐색하기	감각기관 활용하기
		신체 탐색하기	신체를 인식하고 움직이기
	신체조절과 기본운동하기	신체 균형잡기	신체 균형잡기
		대근육 조절하기	대근육 조절하기
		소근육 조절하기	소근육 조절하기
		기본운동하기	기본운동하기
	신체활동에 참여하기	몸 움직임 즐기기	신체활동에 참여하기
		바깥에서 신체 움직이기	바깥에서 신체활동하기
		기구를 이용하여 신체활동 시도하기	기구를 이용하여 신체활동하기

영역	내용범주	내용	
		0~1세	2세
의사소통	듣기	주변의 소리와 말소리 구분하여 듣기	말소리 구분하여 듣고 의미 알기
		경험과 관련된 말 듣고 알기	짧은 문장 듣고 알기
		운율이 있는 말 듣기	짧은 이야기 듣기
		말하는 사람을 보기	말하는 사람을 주의 깊게 보기
	말하기	발성과 발음으로 소리내기	낱말과 간단한 문장으로 말하기
		표정, 몸짓, 말소리로 말하기	자신이 원하는 것을 말하기
		말할 순서 구별하기	상대방을 바라보며 말하기
	읽기	그림책과 환경 인쇄물에 관심 가지기	그림책과 환경 인쇄물에 흥미 가지기
	쓰기	끼적이기	끼적이며 즐기기
사회관계	나를 알고 존중하기	나를 구별하기	나를 구별하기
		나의 것 인식하기	좋아하는 것 해보기
	나와 다른 사람의 감정 알기	나의 감정을 나타내기	나의 감정을 나타내기
		다른 사람에게 주의 기울이기	다른 사람의 감정에 반응하기
	더불어 생활하기	안정적인 애착형성하기	내 가족 알기
		또래에 관심 갖기	또래와 관계하기
		자신이 속한 집단 알기	자신이 속한 집단 알기
		사회적 가치를 알기	사회적 가치를 알기
예술경험	아름다움 찾아보기	예술적 요소에 호기심 가지기	예술적 요소 탐색하기
	예술적 표현하기	리듬 있는 소리로 반응하기	리듬 있는 소리와 노래로 표현하기
		움직임으로 반응하기	움직임으로 표현하기
		단순한 미술 경험하기	자발적으로 미술활동하기
		모방행동 즐기기	모방과 상상놀이하기
	예술 감상하기	아름다움 경험하기	아름다움 즐기기
자연탐구	탐구하는 태도 기르기	사물에 관심 가지기	호기심 가지기
		탐색 시도하기	반복적 탐색 즐기기
	수학적 탐구하기	수량 지각하기	수량 인식하기
		주변 공간 탐색하기	공간과 도형에 관심 가지기
		차이를 지각하기	차이에 관심 가지기
		간단한 규칙성 지각하기	단순한 규칙성에 관심 가지기
			구분하기
	과학적 탐구하기	물체와 물질 탐색하기	물체와 물질 탐색하기
		주변 동식물에 관심 가지기	주변 동식물에 관심 가지기
		주변 자연에 관심 가지기	자연을 탐색하기
		생활도구 탐색하기	생활도구 사용하기

2. 유아교육과정의 계획 및 구성

유아교육과정을 계획하기 위해서는 유아에게 적절한 교육 목표의 설정, 교육내용의 선정 및 조직, 교수-학습방법, 교육환경, 평가 등의 요소가 고려되어야 한다. 좋은 교육과정을 구성하기 위해서는 교육과정의 교육목표, 교육내용, 교수방법, 평가가 서로 연관되게 계획되고 구성되어야 한다.

일반적인 교육과정의 구성 요소에 따라 유아교육과정의 구성 요소를 알아보면 다음과 같다.

1) 교육목표

교육목표란 교육에 있어서의 청사진이라 할 수 있다. 교육목표의 설정, 즉 기르려는 인간의 특성을 명백히 하는 일은 교육과정의 계획에서 1차적으로 중요하다. 교육목표가 명백하지 않을 때는 그에 따라 교육내용, 실천 등의 계획이 불가능할 수 있다. 타일러(Tyler, 1949)는 교육목표의 설정 자원으로써 학습자에 대한 연구, 현대 생활 연구, 교육전문가의 제안, 철학의 적용, 학습심리의 적용 등 다섯 가지를 제시하고 있다. 이와 같은 자원은 설정된 목표의 근거인 동시에 타당성과 합리성, 효율성, 도달 가능성을 가늠하는 원천이 된다. 그 외에 지식의 성격, 사회의 기대 및 학습자의 성장 발달에 관한 이론이나 연구 경향 등도 교육과정의 목표 설정에 영향을 미친다(임재택, 2008).

(1) 교육목표의 설정

목표는 각 기관의 철학이나 관점에 따라 달라질 수 있으나 일반적으로는 철학 및 이념, 사회와 문화적 가치, 학습자인 유아, 교육과정 내용 등의 네 가지 차원에 기초해서 설정할 수 있다. 각각의 차원에 대해 자세히 알아보면 다음과 같다.

① 철학

우선 교육목표를 설정하기 위해서는 기관이 속한 국가 이념과 교육적 이념을 충실히 반영하여야 한다. 즉 우리나라의 경우 우리나라 헌법에 명시되어 있는 국가 이념, 즉 민주주의 이념을 바탕으로 해야 한다. 유아교육과정의 목표에는 민주주의를 내포하는 유아의 인권존중, 자유와 평등, 협동과 책임, 준법 등의 이념이 구체화되어야 할 것이다(방인옥 외 2004).

다음으로는, 유아교육의 철학적 기초에 따라 교육목표를 설정해야 한다. 콜버그와 메이어(Kohlberg & Mayer, 1972)는 심리학적인 이론들이 가정하는 접근법을 교육과정 구성에 적용함으로써 교육이념, 즉 교육적 이데올로기(educational ideology)가 된다고 보고 이를 바탕으로 교육의 목표를 분류하였다. 그의 논문「교육 목적으로써 발달(development as the aim of education)」에서 유아교육 이데올로기를 낭만주의, 문화 전달주의, 진보주의 등 세 가지 교육사조로 정의하였다.

가. 낭만주의

낭만주의는 유아의 내적 본성의 표현이 학습에서 중요하다고 본다. 루소(Rousseau), 프뢰벨(Froebel), 프로이트(Freud), 게젤(Gesell) 등의 이론을 바탕으로 이론적 기초가 구성되었고, 교육의 목표를 인간이 갖추어야 할 건전하고 바람직한 인성과 덕목이라고 규정하고 유아의 권리와 행복에 대한 인간적이고 윤리적인 관심을 강조하였다. 낭만주의의 교육목표는 단기적 목표보다는 장기적 목표가 강조되고 교육과정 영역별로 세분화된 목표를 세우기보다는 과정에 중심을 둔다.

낭만주의 가치 체계의 기본이 되는 것은 개인의 자유이고 자유스럽게 행하고 느끼는 것이 받아들여지는 윤리적 상대성이 중요하다. 유아가 출생부터 미리 준비되고 미리 결정된 단계로 성장 성숙이 이루어진다는 성숙주의 발달에 기초한다.

나. 문화진달주의

문화전달(cultural transmission)은 학교에서의 성공이나 사회의 적응에 성공할 수 있기 위한 기능 습득과 태도 형성을 주된 교육목표로 하고 있다. 유아의 발달이 주로 외부적 요인에 의해서 이루어지고 인지·윤리 및 문화적 지식을 직접 가르침으로써 가장 잘 발달된다고 보는 행동주의적인 관점을 취하고 있다. 로크(Locke), 손다이크(Thorndike), 스키너(Skinner) 등의 이론을 바탕으로 유아가 달성해야 할 교육의 목표를 구체적으로 설정한다. 즉 사회적 적응을 위한 세부적인 목표를 설정하여 유아들에게 제시한다. 교육방법은 언어적 직접적 교수방법과 반복적 교육방법을 사용하고 인류가 축척해 놓은 문화와 지식을 많이 획득하는 것이 교육의 목표이다. 문화 전달주의가 지나치게 교사 중심적이고 암기, 반복 위주의 교육방법이 비판적으로 보는 시각이 있으나 교육 현장에서 가장 오랫동안 지배적이었다.

다. 진보주의

유아가 성장하는 과정에서 주변 환경과의 상호작용이 촉진되는 경험을 통해 교육의 목표가 달성된다. 교육의 목적과 목표가 활동 상황에 따라 역동적으로 변화 가능하므로 융통성 있는 교육목표의 설정이 중요하고 유아가 이러한 자신의 목적과 목표를 실현할 수 있는 자유가 보장되어야한다(나성식, 2005). 진보주의는 유아와 환경과의 상호작용으로부터 학습이 이루어진다는 구성주의 입장을 기초로 하며 교육의 주체는 유아 즉 학습자이고 유아를 능동적인 존재로 인식한다.

② 사회와 문화적 가치

교육목표는 사회와 문화적 가치 및 요구가 반영된다. 교육을 통해 기르고자 하는 인간상은 사회적 요구 및 필요에 따라 달라질 수 있다. 교육은 일종의 사회화 과정이므로 교육을 통해 그가 속한 사회에 잘 적응할 수 있도록 해야 한다. 따라서 교육목표의 설정은 현재의 사회와 문화적 가치에 따라 달라질 수 있다. 유아들이 현재뿐 아니라 미래 사회의 변화와 사회적 요구를 연구하고 분석하고 예견함으로써 바람직한 인간상을 설정하는 것이 중요하다고 할 수 있다.

21세기 현대 사회문화의 일반적 특성은 산업화, 세계화, 정보화를 들 수 있다. 이런 사회문화에서 적응하기 위해서는 다른 사람과의 협력, 창의적 문제해결, 정보의 활용, 다문화의 이해 및 존중 등의 능력이 요구된다. 유아교육과정의 목표에는 위의 능력들이 유아 발달 특성에 맞게 구체적으로 반영되어야 할 것이다.

③ **학습자로서 유아**

교육의 주체는 유아이므로 교육목표는 학습자인 유아의 발달적 필요, 흥미에 따라 구성되어야 한다. 따라서 교육목표의 설정에서 유아의 발달 및 학습에 대한 이해, 유아의 요구 및 흥미의 파악은 무엇보다 중요하다. 학습자인 유아에 대한 발달 및 잠재 능력에 대한 철저한 연구가 연령 및 발달에 적합한 교육목표를 설정하게 할 수 있다. 최근 유아교육의 대상이 0세부터 5세까지 다양해지고 있는 만큼, 이 시기 영유아들의 발달에 대한 충분한 연구와 고찰이 연구목표의 설정에 필요하다.

④ **교육과정 내용**

교육목표는 무엇을 가르칠 것인지 즉 교육내용을 반영해야 한다. 유아교육의 교육내용은 유아들의 생활 경험을 선정·조직한 것이고 유아의 생활을 반영하는 교육목표가 설정되어야 한다. 유아의 삶과 연관된 지식·기술·태도, 유아와 교사에게 흥미 있는 내용 등에 관한 연구 및 교육전문가의 제안이 교육목표에 충분히 반영되어야 한다.

(2) **교육목표의 수준**

교육목표에는 여러 가지 수준이 있다. 즉, 목적(goals), 목표(objectives)의 수준이 있는가 하면 교육과정 목표, 수업 목표의 수준이 있고, 일반 목표, 정보 목표, 계획 목표로 구분하는 수준도 있다. 일반적으로는 교육의 목표를 일반 목표·교과 목표(영역별 목표)·수업 목표 등으로 나누고 있다(방인옥 외 2003). 교육목적을 교육목표보다 더 포괄적이고 일반적인 성격을 지니고 있는 개념으로 사용하지만 많은 사람들은 교육목적과 교육목표를 따로 구분하지 않기도 한다.

목적과 목표의 예는 국가 수준 교육과정인 3~5세 누리과정의 교육목표에서 찾을 수 있다. 3~5세 연령별 누리과정에서는 '유아의 심신의 건강과 조화로운 발달을 도와 민주시민의 기초를 형성하는 것'을 목적으로 하여 다섯 가지 영역별 목표를 설정하고 있다(3~5세 누리과정 참조).

교육과정 운영시간으로 볼 때 교육목표는 장기 목표와 단기 목표로 나눌 수 있다. 장기 목표가 지극히 포괄적이고 일반적이며 추상적인 반면, 단기 목표는 특수하고 구체적이다. 즉 장기 목표는 교육과정을 구성하는 철학적·이론적 관점을 반영하는 반면에 단기 목표는 교수 형태나 실제 교수 상황을 반영해 준다(이기숙, 2008). 장기 목표와 단기 목표는 서로 연관성을 가지고 위계적으로 설정되어야 한다.

2) 교육내용

교육의 목적과 목표가 설정되면 목표에 따라 교육내용이 선정되고 조직된다. 교육의 내용은 목표의 달성을 위해 교육 현장에서 제시되는 활동과 경험이라고 할 수 있다. 유아들에게 무엇을 가르칠 것인지에 대한 문제는 유아교육학자, 교사, 부모, 국가 정책자들에 의한 끊임없는 연구와 시대나 사회성에 따라 차이가 있을 수 있다. 교육내용의 선정을 위해서는 유아들 삶의 다양한 일상 경험들을 분석하여 교육적 의미를 지닌 내용으로 구조화할 필요가 있다. 학습자의 발달 특성(연령, 흥미, 요구, 발달수준), 문화적 맥락(가정환경, 지역 사회 특성, 사회적 상황, 문화적 전통이나 관습) 및 지식 차원(논리·수학적 지식, 물리적 지식, 사회적 지식)에 맞게 조직되어야 한다. 유아교육은 전통적으로 초·중등 교육과정과는 다르게 교과목으로 분리하여 교육내용을 선정하지 않고 주제를 중심으로 통합적으로 설계하고 있다.

카미와 드브리스(Kamii & Devrise, 1977)는 ① 일상생활 ② 아동 발달 교육과정 ③ 다양한 활동들을 시사해 주는 피아제 이론 등을 참고로 하여 교육내용을 선정할 수 있다고 말하였다. 슈바르츠와 로빈슨(Schwartz & Robinson, 1982)은 『유아 교육을 위한 교육과정 설계』 저서에서 현대 유아교육에서 다루어지는 교육내용을 여섯 가지 유형으로 설명하고 있다.

이런 여섯 가지 유형은 서로 배타적이지 않고 하나의 유형으로만 교육내용을 구성할 수는 없다. 다양한 유형의 교육내용이 함께 모아져서 교육내용을 구성하는 것이 일반적이다.

(1) 사실 축적

사실 축적을 강조하는 교육과정 내용에서는 유아가 경험하고 관찰하는 세부적인 사실들을 중요시한다. 즉 크기 · 색깔 · 모양 · 질감 · 농도 · 온도 · 무게 · 그 밖의 물리적 속성의 명칭들로부터 역사적인 사건들에 이르기까지의 모든 사실들을 중요한 교육내용으로 본다(방인옥 외, 2004).

유아는 주변 세계를 탐구하면서 축적되는 사실, 즉 알게 된 사실을 바탕으로 유아 간 의사소통이 가능해진다. 예를 들어 색깔의 이름, 동물 이름과 동물의 소리, 특성에 대해 알기, 달력 읽기, 시간 알기 등의 교육내용이 된다. 유아가 경험하는 기본적인 사실을 바탕으로 내용 구성이 용이하게 되지만 교사 주도적인 교수방법으로 지도할 가능성이 있다.

(2) 기술 축적

기술의 축적을 중요한 교육의 내용으로 강조하는 유형이다. 즉 기본 생활습관을 비롯하여 생활하는 데 필요한 기술들을 중요시한다. 몬테소리 프로그램의 경우 옷 입기, 신발 끈 매기, 단추 끼우기, 책상 닦기, 정리 정돈하기, 물 따르기 등 일상생활 기술 및 친구 사귀기와 같은 사회적 기술, 언어 기술, 셈하기 기술, 대 · 소근육 운동기술 등을 교육내용으로 본다.

학과 기술 즉 수 세기, 숫자 단어 읽기와 개인적 관리 기술 즉 옷 입기, 수저 사용, 신체적 · 운동적 기술 즉 가위질하기, 스키핑하기 등의 기술이 유아교육과정에서 강조될 수 있다. 기술의 습득을 위해서는 반복과 연습이 필요하므로 자칫하면 교사 주도의 형식적인 기술 훈련이 될 수 있다.

(3) 교과 영역

교과를 교육과정의 내용으로 강조하는 유형이다. 초 · 중등학교 교육과정의 중심 내용은 교과라고 할 수 있다. 이에 비해서 유아교육과정에서는 엄격한 의미의 교과 영역에 의한 편성은 하지 않는 것이 일반적이다. 그러나 최근 들어 많은 유아교육 관련자들이 유아교육과정을 사회교육, 과학교육 등으로 구분하여 수업이

하는 경우가 있다. 예를 들어 과학활동 시간, 미술활동 시간 등으로 나누어 수업이 이루어지는 경우를 말한다. 유아교육에서 교육활동을 교과별로 나누는 경우는, 주요 개념을 형성하는 데 도움이 되기 위한 수단일 뿐이다.

(4) 주제중심

주제(themes)를 교육과정 내용으로 하는 유형이다. 주제, 토픽(topic) 등이 유아교육프로그램에서 많이 사용되어진다. 유아의 다양한 생활 경험, 지역 사회의 사건, 여러 가지 흥미로운 행사 및 그 외 사회적으로 전달되는 지식 등의 내용을 통합적으로 구성한 주제(단원, 토픽, 테마, 프로젝트라고도 한다)들을 교육내용으로 한다. 한 가지 주제는 주제에 내포된 다양한 지식, 그 지식의 탐구과정, 사회적 기술, 표현력, 창의력, 가치 등이 포괄될 수 있어야 한다.

유아들이 다룰 수 있는 주제는 동물, 책, 놀잇감 등 다양하다. 이런 주제를 바탕으로 다양하고 포괄적인 활동이 계획된다. 책이라는 주제에 따라 책의 종류 알아보기, 창의적인 책 만들기, 동화 만들기 등의 다양한 활동이 계획될 수 있다. 유아교육과정의 주된 교육내용이라 할 수 있다.

(5) 구조적 학문

구조화된 학문(structured disciplines)을 교육의 내용으로 강조한다. 수학, 물리학 등의 학문은 가장 고차원적으로 구조화된 형태로서, 그 하위 구조는 개념(concept)이라고 할 수 있다. 1960년대 이후 학문중심 교육과정의 영향에 따라 유아교육 프로그램의 구성을 위한 기초로서 주요 개념(key concept)을 중요시하게 되었다. 예를 들어, 수학을 구성하는 주요 개념으로는 공간, 분류, 시간, 수개념 등을 다룬다. 이 개념들이 유아 발달 수준에 적합한 형태로 제시되어야 하고 개념의 명료화가 필요하다.

(6) 통합적 접근

교육과정의 내용을 교과나 학문으로 구분하지 않고 통합적으로 구성하는 유형이다. 유아의 자발적인 활동들, 일상생활에서 겪게 되는 문제들, 그리고 계획하지 않았던 우연한 사건들을 교육내용으로 한다. 예를 들어 슈퍼마켓을 방문한 유아들이 슈퍼마켓에서 물건을 사고, 거스름돈을 계산하고, 물건의 사고파는 과정에 대한 학습이 일어날 수 있다. 교사는 유아의 흥미와 자발성을 인정하고 지식을 스스로 구성해 나가도록 도와야 한다.

3) 교육방법

교육목표와 교육내용의 실천적 의미는 교육방법에서 나타난다. 유아교육과정상에서 교육방법은 ① 교수-학습 원리와 방법, ② 일과 계획 및 구성, ③ 환경 구성으로 구분할 수 있다. 구체적인 교육방법에 대해서 살펴보고자 한다.

(1) 교수-학습 원리와 방법

유아중심 교육철학에 따라 고려해야 할 교수-학습 원리는 놀이중심의 원리, 개별화의 원리, 구체성의 원리, 탐구학습의 원리, 생활중심의 원리, 통합의 원리 등(이원영 외, 1991; 교육인적자원부, 2007; 교육과학기술부 해설서, 2012)으로 정리될 수 있다.

① 놀이중심의 원리

유아교육은 유아의 놀이를 바탕으로 한다. 유아들은 놀이하면서 배우고 학습이 일어날 수 있다. 놀이 속에서 유아는 즐거움을 느끼고 창의성이 발달된다. 놀이는 내적 동기에 의해 유아들이 스스로 몰입할 수 있게 하고 이 가운데 주변의 구체적인 사물을 탐색하고 지식·기술·태도 등을 발달시키게 된다.

놀이중심의 교수-학습방법은 유아들의 다양한 놀이에 참여할 수 있도록 풍부한 놀이 자료를 제공해야 하며, 유아 스스로 선택하고 계획하고 참여할 수 있도록 격려해야 하며 유아들 간의 놀이를 촉진될 수 있도록 적절한 교사의 중재가 필요하다.

② 개별화의 원리

유아들의 발달 속도, 학습방식, 흥미·활동에 대한 이해 및 참여도·자발성 등이 다르다. 유아들을 지도할 때는 각각의 유아의 학습 속도에 맞게 개별적으로 학습활동을 선정하여 제시할 필요가 있다. 개별화된 학습을 위해서는 다양한 자료와 활동을 흥미 영역에 제시하며, 유아들은 자신의 발달 수준 및 흥미에 맞는 놀이에 참여하게 된다. 흥미 영역의 자료들을 쉬운 수준에서 어려운 수준까지 다양한 수준의 자료를 제공하여 유아들의 개별화 교육을 도울 수 있다. 유아들이 가지고 있는 다양한 재능과 잠재능력을 발휘할 수 있어야 할 것이다.

③ 구체성의 원리

유아들의 학습은 구체적인 것에서 추상적으로 진전된다. 활동이나 자료가 구체적이야 하며 실제적이어야 한다. 실제적 경험을 바탕으로 추상적인 개념이 제시되어야 한다. 동물이란 것을 학습할 때도 그림이나 실물 등의 구체물을 가지고 학습이 일어날 때 유아들이 보다 더 잘 이해할 수 있다. 연령이 어릴수록 구체적 자료를 통한 교육은 개념의 이해에 도움이 된다. 워크북(work books), 색칠 공부, 따라서 그리기나 만들기 등은 6세 이하의 유아에게는 적합하지 않다고 한다(Bredekamp, 1986).

④ 탐구학습의 원리

유아들은 타고난 탐구자이다. 주변의 사물들에 대해 끊임없이 탐색하고 자신의 감각을 통하여 사물이나 현상을 직접 경험함으로써 물리적 지식, 사회적 지식, 논리·수학적 지식을 얻게 된다.

유아들의 호기심을 확장하여 격려해야 하며, 유아의 탐구학습을 돕기 위해 다양한 경험의 기회, 관찰 및 실험활동, 창의적 문제해결과정 등이 유아 교수-학습과정 계획에 반영되어야 한다.

⑤ 생활중심의 원리

유아들의 학습은 실제 생활과 관련이 되어야 하다. 유아들이 쉽게 경험할 수 있는 주제들을 선택하여 교육활동을 전개함으로써 유아가 미리 가지고 있는 선지식을 바탕으로 보다 개념화된 지식, 심화된 지식을 구성할 수 있도록 도와야 한다. 따라서 유아 주변에서 일어나는 일, 사건, 생활과 연결된 체험 등을 통해 교육활동을 전개하는 것이 중요하다.

⑥ 통합의 원리

교육활동은 유아의 사회적 · 인지적 · 신체적 발달 등이 통합적으로 발달될 수 있도록 계획되고 적용되어야 한다. 즉, 영역별 교육내용, 교육활동 영역, 학교와 지역사회가 각각 분리되지 않고 통합되어 다루어야 한다. 생활 영역 간의 통합은 유아의 전인적 발달을 위해 신체운동 · 건강, 의사소통, 사회적 관계, 예술경험, 자연탐구의 교육내용들이 주제를 중심으로 통합되는 것이다. 활동 영역 간의 통합은 언어, 미술, 음악, 과학 등의 활동 영역들이 서로 연결되어 통합되는 것을 뜻한다. 학교와 지역사회의 통합은 견학이나 자원 인사를 초청하여 유아교육기관 안팎의 경험이 통합되는 것을 의미한다. 유아교육과정을 주제중심의 통합교육과정이라 할 수 있는 이유도 여기에 있다.

(2) 일과 계획 및 구성

일과란 유아교육기관에 등원부터 시작하여 귀가시간까지의 시간을 말한다. 하루 일과를 얼마나 적절하고 일관성 있게 계획하고, 어떠한 단위 활동을 제공하느냐는 교수-학습과정의 핵심적 요소라 할 수 있다. 유아교육기관의 하루 일과는 동적인 활동과 정적인 활동, 집단활동과 개별활동, 실내 활동과 실외 활동, 교사 주도 활동과 유아 주도 활동이 균형 있게 구성되도록 계획해야 한다. 하루 일과에는 등원, 자유놀이, 대 · 소집단활동, 실외놀이, 간식 및 점심, 휴식 및 낮잠, 귀가 및 평가 등으로 구성된다.

① 등원

유아가 등원하여 하루 일과를 준비하는 시간이다. 교사는 유아들을 반갑게 맞

이해야 하며 유아의 심리 상태나 건강 상태 등을 파악해야 하다.

등원시간은 교사와 부모와의 의사소통이 이루어지는 시간이기도 하다. 유아와 함께 등원한 부모들과 전날 가정에서 있었던 일, 특별한 사건 등에 대한 정보를 나눈다. 나이가 어린 유아 중에는 부모와 떨어지기 싫어하는 경우가 있을 수 있으므로 유아의 옷차림, 유아의 물건 등에 관심을 보이면서 자연스럽게 친해질 수 있도록 돕는다.

② 자유선택활동

자유놀이 시간은 유아들의 개별화 활동이 일어날 수 있는 중요한 시간이다. 다양한 자료나 활동을 제시하여 유아들이 놀이에 몰입할 수 있도록 돕는다. 놀이시간은 교육철학이나 유아교육기관의 특수성에 따라 다를 수 있지만 약 40분에서 1시간 정도 계획하여 놀이를 촉진할 수 있도록 한다.

자유선택놀이는 놀이의 계획-실행-평가의 과정을 거치게 된다. 자유선택놀이를 유아 스스로 계획하고 계획한 대로 놀이가 이루어지며 놀이 후에 평가할 수 있도록 배려해야 한다. 자유놀이 시 교재 · 교구, 자료를 충분하게 제공해 주지만 너무 많은 양을 한꺼번에 내어 주지 않도록 한다. 적절한 교재나 교구를 1~2주 간격으로 교체하여 유아의 흥미를 지속시켜 주는 것이 좋다.

자유놀이 시간에는 유아들 간의 다양한 갈등이 일어날 수 있으므로 교사는 유아들이 스스로 갈등을 해결할 수 있도록 돕는다. 또한 영역별 수용 가능 유아의 수, 필요한 규칙 등을 유아와 함께 토의하고 결정하게 하면 자유놀이 시간을 유아 스스로 운영하는 데 도움을 줄 수 있다.

③ 정리 · 정돈

정리 · 정돈은 자유선택활동 시간 후에 사용한 교구와 자료를 정리하는 것이다. 유아들이 하던 놀이를 끝내고 다른 놀이로 전이하려고 할 때 앞서 했던 놀이의 교구와 자료를 스스로 정리할 수 있도록 돕는다. 정리하면서 유아들은 분류능력을 학습할 수 있다. 교사는 정리 · 정돈을 쉽게 할 수 있도록 각 물건들이 놓이는 곳에 그 물건의 그림 또는 사진을 붙여 자리를 표시해 준다. 자유선택활동 시간이 끝나기 5분 전 교사는 치울 것이 많은 영역(예: 조형, 쌓기놀이, 역할놀이, 모래놀이 영역 등)으로 가서 정리시간을 미리 알려 놀이를 마무리하는 것을 돕는다.

정리시간에는 자신이 가지고 놀았던 놀잇감을 정리하도록 격려하고 유아들의 노력의 과정과 의도를 인정해 주고 칭찬해 준다.

④ 대 · 소집단 활동

대 · 소집단 활동은 주제에 따라 교사가 계획하고 제시하는 활동들을 하는 시간이다. 유아의 연령에 따라 집단의 크기, 활동 지속시간, 활동의 종류 등을 결정해서 준비한다. 대집단과 소집단 활동은 유아의 연령, 생활 주제, 활동의 종류 등에 따라 결정한다. 대체적으로 출결 상황, 날씨의 변화, 하루의 계획, 이야기 나누기, 동화 듣기, 노래 부르기, 게임, 평가 등을 할 때는 대집단 활동으로 계획하는 것이 요구된다. 최근에는 이야기 나누기도 소집단으로 하는 경우가 많고 실험 및 관찰, 동극, 요리 활동 등도 소집단으로 운영하는 경우가 많다. 소집단 운영 시에는 다른 교사가 함께 참여하여 동시에 다양한 소집단 수업을 하는 경우와 한 교사가 시간대를 달리하여 소집단을 운영하는 방법이 있다. 소집단과 대집단의 활동은 균형 있게 제시되어야 한다.

⑤ 실외놀이

실외놀이는 대근육을 이용한 신체활동과 자연탐구활동 등이 이루어지는 시간이다. 실외 자유선택활동 시간은 계절, 날씨, 유아들의 흥미, 활동내용 등 상황에 따라 달라지지만, 실내에서보다는 조금 짧은 30~40분 정도의 시간이 좋다. 실외놀이 시는 놀이에 적극적으로 참여할 수 있도록 돕고 놀이기구, 모래놀이, 물놀이, 동식물 관찰, 조용한 놀이 등이 다양하게 일어날 수 있도록 한다.

실외놀이에서는 안전에 유의해야 하며 교사는 전체를 바라볼 수 있는 곳에서 유아들의 활동을 관찰하며, 적절한 도움을 주고 자극과 격려를 해준다. 그네, 미끄럼틀 등 위험한 요인이 있는 놀이기구를 안전하게 사용하는 방법을 수시로 알려준다. 실내 · 외 놀이 공간의 시설과 기구는 유아들이 귀가한 오후에 매일 점검한다.

⑥ 간식 및 점심

간식이나 점심시간은 충분한 영양 및 올바른 식습관을 형성하는 시간이며 식사하면서 다른 유아들과 즐겁게 상호작용할 수 있는 기회가 된다. 반일제의 경우 1회 간식, 시간 연장제의 경우 1회 간식과 1회 점심, 종일제 프로그램의 경우 2회 간식과 1회 점심이 제공된다. 간식시간의 운영 방법도 연령과 시기에 따라 다소 차이가 있으나, 일반적으로 점심 식사에 지장을 주지 않도록 종류와 양, 시간을 정한다. 간식 시간이나 점심식사 시간에는 안정된 분위기에서 조용한 음악을 들으며 간식을 먹거나 식사를 할 수 있도록 한다. 바르게 앉아 먹기, 골고루 먹기 등의 식습관을 형성할 수 있도록 돕는 것이 필요하나 과도한 통제는 유아들에게 식사의 즐거움을 뺏을 수 있다.

⑦ 휴식 및 낮잠

휴식 및 낮잠시간은 유아가 피로와 긴장을 풀고 에너지를 보충하는 시간이다. 반일제 프로그램의 경우, 평상시에는 동적인 활동과 정적인 활동의 안배로 휴식시간을 대신하지만, 더운 여름에는 간식 또는 동적인 활동을 한 뒤 15~20분 정도 쉬도록 한다. 종일제 프로그램에서는 낮잠을 자게 하는데 낮잠 자는 시간은 연령이나 유아에 따라 융통성 있게 조절한다. 대체로 3세 유아는 점심 식사 후 1~2시간 정도, 4, 5세 유아는 30분~1시간 정도가 적당하다.

⑧ 평가 및 귀가

평가시간은 하루의 일과에 대해 회상해 보고 평가해 보는 시간이다. 함께 모여서 하루 동안의 활동에 대해 평가하고 안전과 관련된 이야기나 다음날의 특별한 계획 등에 대해 알려준다. 귀가 시에는 통신문이나 작품 등의 소지품 등을 잘 챙겨 준다. 유아들과 한 명씩 인사 후 귀가하는 것이 좋으며 버스를 타는 유아들에게는 승차지도를 한다.

하루 일과는 유아교육기관의 상황, 날씨 변화, 유아의 건강 상태 등에 따라 달라질 수 있다. 어떤 순서로 일과를 구성하든지 매일 일관성 있는 순서로 진행하는 것이 유아들이 일과를 예측하게 하고 안정감을 갖게 할 수 있다. 그러나 항상 똑같지는 않고, 일정한 순서 속에서 활동의 융통성을 갖는 것이 일과 운영에 있어 필요하다.

기본적인 활동시간들은 유아교육기관의 반일제·종일제 등 프로그램 운영 방식에 따라 다양하게 구성될 수 있다. 유아교육법에 의하면 반일제는 1일 3시간 이상~5시간 미만, 시간 연장제는 1일 5시간 이상~8시간 미만, 종일제는 1일 8시간 이상의 교육과정을 말한다.

표 4-1 종일제 프로그램의 일일 계획

종일제 프로그램			
8 : 45	~	9 : 00	등원
9 : 00	~	10 : 00	자유선택활동
10 : 00	~	10 : 10	정리정돈
10 : 10	~	10 : 30	대·소집단 활동(이야기 나누기, 평가)
10 : 30	~	10 : 50	간단한 간식
11 : 10	~	11 : 30	실외놀이
11 : 30	~	12 : 00	대·소집단 활동(동화, 게임 등)
12 : 00	~	13 : 00	점심
13 : 00	~	13 : 30	양치질 및 화장실 다녀오기
13 : 30	~	15 : 00	휴식 및 낮잠
15 : 00	~	15 : 10	화장실 다녀오기 및 정리하기
15 : 10	~	15 : 30	오후 간식
15 : 30	~	16 : 00	대·소집단 활동(실험, 신체 활동 등)
16 : 00	~	17 : 00	자유선택활동
17 : 00			개별 귀가

4) 평가

교육과정 구성의 제일 마지막은 평가이다. 그룩과 알만(Glook & Ahmann, 1981)은 교육평가를 '교육활동이나 교육적 시도의 효과를 증거를 통해 알아보려는 체계적인 시도'로 정의한다. 교육과정이 목표-내용-교수방법들이 연관되어 잘 운영되었는지와 관련된 평가라고 할 수 있다. 유아교육과정에 대한 체계적인 평가는 교육의 질적 수준을 향상시키고 유아의 발달 수준을 파악하는 데 도움을 줄 수 있다. 평가는 크게 유아 평가와 유아교육과정 평가로 나누어 볼 수 있다.

(1) 유아 평가

유아를 평가하는 방법은 일화기록(anecdotal records), 행동목록법(checklist), 평정척도(rating scale), 시간표집법, 포트폴리오(portfolio) 평가 등이 있다.

① 일화기록

일화기록(anecdotal records)이란 놀이 행동을 한 가지 행동이나 상황에 초점을 맞추어서 기록하는 방법이다. 유아의 놀이능력 및 전반적인 발달 상태를 반영하는 놀이가 일어났을 때 이런 의미 있는 놀이 사건을 간단하게 기록한다. 놀이가 끝난 후에 기록하기도 하고 놀이 중에 기록할 수도 있다

② 행동목록법

행동목록법(checklist)은 관찰한 놀이행동을 명확히 규정하고, 관찰하려는 놀이행동의 유무를 판단할 때 활용하는 관찰 방법이다. 놀이의 특정 측면에 대한 체계적인 관찰이 가능하고, 관찰 정보를 빠르게 기록할 수 있다. 행동목록법에서 활용 가능한 놀이 관찰척도는 놀이를 간편하고, 효율적으로 파악할 수 있도록 돕는다(지성애 외, 2007).

③ 시간표집법

시간표집법은 미리 선정된 행동을 정해진 시간 동안 관찰하며 시간 간격에 따라 여러 번 관찰하는 방법이다. 시간표집법은 짧은 시간에 나타나는 행동을 기록하기 때문에 관찰하기 쉽고 자주 일어나는 행동을 관찰할 때 적합하다. 시간표집을 위해서는 미리 관찰하고자 하는 행동범주에 대해 정의를 내리고 시간에 따라

나타나는 놀이행동을 기록한다.

④ 평정척도

평정척도(rating scale)는 행동목록법과 유사하나 단순히 관찰대상 행동의 유무를 기록하는 관찰척도와는 달리 관찰행동의 정도와 질에 대한 판단을 할 수 있는 장점이 있다. 또한 평정척도는 사용하기가 쉽고, 평가자들이 개별 유아의 장기적인 관찰을 통해 정확한 평가를 할 수 있는 장점이 있으나 신뢰도가 낮고, 오류가 더 크다는 단점도 있다.

⑤ 포트폴리오평가

포트폴리오(portfolio)는 작업의 결과나 작품 혹은 어떤 수행의 결과를 모아 놓은 자료집이나 서류철을 의미한다(김희진, 2000). 유아들의 놀이를 평가함에 있어 유아들이 만든 놀이 결과물이나 놀이 관찰지 등을 수집하여 포트폴리오를 작성하는 것은 놀이를 통해 개인 내에서 어떤 발달이 있었는지를 알 수 있는 효과적인 방법일 것이다.

(2) 교육과정 평가

교육과정에 대한 평가는 목표, 내용, 교육방법, 평가 등의 교육과정 요소들에 대한 포괄적인 평가를 말한다. 교육과학 기술부에서는 유아교육법에 따라 유치원 교육의 질적 향상을 위해 2007년 시범 평가를 거쳐 유치원을 대상으로 1주기(2008~2010년), 2주기(2011~2013)로 유치원 평가를 실시하였다. 1주기 평가 항목은 학부모 만족도 평가, 교육과정, 교육환경, 건강 안전, 운영관리, 종일반 운영 5개 영역 31개 지표와 지역 교육청 자체 지표 2개 영역 6개 지표 등 총 7개 영역 37개 지표로 구성되어 있다. 2주기는 교육과정, 교육환경, 건강안전, 운영관리 4개 영역 9개 항목 47개 요소로 구성되어 있다. 유치원 평가는 국·공·사립유치원을 대상으로 3개년을 주기로 실시하도록 계획되었다. 구체적 유치원 평가 지표는 다음 표와 같다.

표 4-2 2주기 유치원 평가 지표(공동 지표)

평가 영역 (배점)	평가 항목 (배점)	평가 지표 (배점)
1. 교육과정 (40)	교육목표 및 교육계획 수립(15)	1. 교육목표가 적합하고 타당하게 설정되었는가? (5)
		2. 교육계획은 생활주제 및 유아발달에 적합하게 수립되었는가? (10)
	교육활동 및 평가의 실시 활용(25)	3. 일과는 통합적으로 균형 있게 운영되고 있는가? (10)
		4. 교수·학습 방법은 교육내용·활동에 적합하며 교사는 질적인 상호작용을 유도하는가? (10)
		5. 교육평가가 타당하고 신뢰롭게 이루어지고 적절하게 활용되는가? (5)
2. 교육환경 (15)	실내·외 교육환경의 구성 및 관리(15)	6. 실내·외 공간 구성 및 시설·설비가 유아 및 유아교육 특성에 적합한가? (5)
	교재·교구의 구비 및 제공(10)	7. 유아의 발달 수준과 주제에 적합한 교재·교구를 충분히 제공하고 관리하고 있는가? (10점)
3. 건강·안전 (15)	유아의 건강관리 및 지도(10)	8. 유아의 건강관리와 교육을 실시하고, 시설·설비를 청결하게 관리하고 있는가? (5)
		9. 유아의 영양관리와 교육을 실시하고, 식재료를 위생적으로 관리하고 있는가? (5)
	유아의 안전관리 및 지도(10)	10. 유아와 교사를 대상으로 안전교육을 실시하고, 시설·설비를 안전하게 관리하고 있는가? (5)
4. 운영관리 (30)	교직원의 인사·복지 및 전문성(15)	11. 교직원의 인사·보수·복지에 대한 규정이 있고, 전문성 제고를 위한 지원을 하고 있는가? (5)
		12. 원장은 리더십을 발휘하고 운영 개선을 위하여 노력하는가? (10)
	예산의 편성 및 운영(5)	13. 예산을 합리적으로 편성하고 타당하게 집행하고 있는가? (5)
	가정·지역사회 연계 및 종일제 운영(10)	14. 다양한 부모교육·참여활동을 실시하고 가정 및 지역사회와의 연계를 위하여 노력하는가? (5)
		15. 종일제 운영을 위한 자구 노력을 하고 있으며, 프로그램과 시설이 적절한가? (5)

CHAPTER 05

유아생활지도 및 상담

유아기는 한 인간이 성장·발달하는 데 필요한 기본적인 성향과 능력을 갖추는 중요한 시기이다. "세 살 버릇 여든 간다."라는 말이 있듯이 한 번 형성된 생활습관은 쉽게 고쳐지기 어려우므로 어릴 때 올바른 기본생활습관을 형성하도록 돕는 것은 매우 중요하다. 또한 문제행동을 보일 때에도 유아기 초기에 바로잡아 주는 것이 문제를 심각화하지 않고 치료하는 데 도움이 된다.

이 장에서는 유아생활지도와 유아상담을 다룬다. 유아생활지도에서는 유아생활지도의 필요성과 정의에 관해 개괄하고, 유아생활지도의 목표와 활동, 유아생활지도의 영역을 다루고, 유아상담에서는 문제행동을 보이는 유아를 이해하기 위한 유아 문제행동 목록, 유아 문제행동 분류체계, 문제행동의 원인에 관해 살펴보고, 유아 문제행동 상담에 관한 내용을 다룬다.

1. 유아생활지도의 개념

유아기는 변화 가능성이 크고, 지적·신체적으로 급격히 발달해 가는 시기이므로, 이 시기의 기본생활습관 형성은 앞으로의 모든 발달의 기초가 되며 발달과업을 원만하게 수행할 수 있는 바탕이 된다. 유아의 생활지도는 유아의 생활 전체와 관련되어야 하고, 유아의 행동과 습관이 굳어지기 전에 일찍 실시하는 것이 효과적이다. 올바른 생활습관은 인간의 지식이나 이성을 통해서가 아닌 느낌과 체험을 통해 체득할 수 있도록 지속적으로 체질화되고 내면화될 때까지 이루어져야 한다. 이런 맥락에서 볼 때 생활지도는 일종의 '의식화 교육'이라고 할 수 있다.

오늘날 급변하는 사회적 변화가 유아교육기관에서의 유아의 생활지도의 필요성을 더욱 부각시키고 있다. 사회적 변화로는 가족구조의 변화를 들 수 있다. 오늘날 대부분의 가정이 핵가족이고 요즘은 주말가족의 형태도 많아지면서, 예전에 대가족제도의 조부모와 여러 형제 사이에서 자연스럽게 이루어지던 생활지도의 기능은 많이 약화되어 있다. 더구나 여성의 사회진출이 두드러지면서 어머니에 의한 보호·양육이나 교육의 기회가 줄어들고 있다. 무엇보다 최근에 급증하고 있는 이혼율 상승에 따른 가족 해체 현상은 유아들의 생활지도와 전인적 정신건강까지도 유아교육기관에서 담당해야 할 필요성을 더욱 강하게 요구하고 있다.

사회적으로 청소년의 비행이 증가하고 있고, 그 연령이 점차 하향 추세에 있는 점과 청소년 비행의 원인이 유아기에서 비롯된다는 종단적 연구의 증거들도 유아기 생활지도의 필요성을 절실히 느끼게 한다. 예를 들면, 반두라(Bandura)는 유아기의 TV 시청 시간과 청소년기에 나타나는 공격적 행동의 상관성을 확인한 바 있다. 컴퓨터, TV와 같은 각종 매체는 생활 속에 일상적으로 사용되고 있으므로 나이를 불문하고, 이들 매체의 역기능적 영향을 받지 않을 수 없는 형편이다.

많은 심리학자들과 교육학자들은 인생 초기의 경험이 성격 형성에 절대적임을 강조하고 있고, 유아기에 원만한 성격 형성이 이루어지도록 조력하는 것은 개인 성장·발달의 기초가 되고, 문제 예방과 성장 촉진에 도움이 되므로 유아기 생활지도가 필요하다고 강조한다.

생활지도란 원래 영어의 가이던스(guidance)를 번역한 것으로 1908년 미국의 보스턴 시 작업국장이던 파슨즈(Frank Parsons)가 직업지도(vocational guidance)의 뜻으로 처음 쓰기 시작하였다. 가이던스는 동사 가이드(guide)의 명사형인데, 가이드는 방향을 가리키다(direct), 조종하다(pilot), 안내하다, 이끌다(lead), 감독하다(manage) 등의 의미를 지니고 있다. 따라서 생활지도란 유아 각자가 자기 자신에 대한 이해를 깊게 하여 자율적이고 자주적인 생활습관을 가져 보다 안정되고 통합된 성장과 발달을 하도록 체계적이고 전문적으로 도와주는 과정이다(장선철, 1995).

2. 유아생활지도의 원리

유아생활지도는 유아가 자신과 주변의 여러 문제를 이해하고 이에 적응할 수 있는 능력을 길러 줌으로써 건전하게 성장·발달할 수 있도록 돕는 일이다. 많은 학자들이 생활지도 활동의 철학적 준거를 형성하게 하고 생활지도를 효과적으로 수행하도록 하는 지침이 되는 원리들을 제시하고 있다. 그중에서 강문희(2001)는 유아의 생활지도 원리를 다음과 같이 제시하고 있다.

첫째, 생활지도는 모든 어린이를 대상으로 한다.

흔히 생활지도는 문제아를 대상으로 한 문제해결이나 치료라고 생각하기 쉽다. 그러나 생활지도는 교육의 평등성의 원리를 실현하고, 유아 개개인의 정상적인 성장과 발달을 돕는 것이므로 제외될 수가 없다. 즉, 발달과정에 있는 모든 어린이를 대상으로 이루어져야 하는 것이다.

둘째, 생활지도는 어린이를 하나의 인격체로 존중하는 데에서 출발한다.

생활지도는 지적·정신적·신체적 능력의 우열을 떠나 모든 어린이를 인간으로서 존중하고, 그의 인격과 권리를 소중히 여기는 것을 전제로 이루어져야 한다. 문제를 일으킬 수도 있지만 스스로 문제해결 능력을 지닌 성장 잠재력을 가진 존재이다. 따라서 생활지도는 어떠한 형편에 처한 유아든지 있는 그대로를 수용하고, 인정함으로써 자율적이고 자발적인 문제해결의 길로 이끌어야 한다.

셋째, 생활지도는 이미 발생한 문제해결이나 처벌, 교정보다는 문제의 발생을 예방하도록 지도하고, 어린이의 성장과 발달을 촉진시키는 데 중점을 둔다.

문제의 해결이나 처벌 그리고 교정 같은 활동은 이미 사후 처리이다. 문제가 발생한 후에는 많은 노력이 필요할 뿐 아니라 문제가 해결되거나 치료가 된다 해도 그 폐해를 감수할 수밖에 없다. 따라서 이러한 소극적인 입장에서 벗어나 성장이나 발달 촉진과 같은 적극적인 생활지도를 통해 문제 발생을 예방하고, 개인의 성장을 도울 수 있어야 한다. 예방은 시간, 노력, 효과 면에서 경제적일 뿐만 아니라 앞으로의 적응과 발달에도 도움이 된다.

넷째, 생활지도는 부모와 교사의 편의에 따라 이루어져서는 안 된다. 즉, 유아들의 성장과 발달에서 요구되는 신체적 · 심리적 · 사회적 필요성에 의해서 이루어져야 한다.

유아는 발달 수준에 따라 각기 그 특성을 달리 한다. 또한 처한 환경이나 개인적 조건에 따라서도 그 필요나 욕구가 다를 수 있다. 이러한 필요를 존중하지 않는 생활지도는 유아의 현실적인 여건이나 욕구와 동떨어지기 쉬우며 효과를 기대하기도 어렵게 된다.

다섯째, 생활지도는 과학적이고 객관적인 근거에 기초를 두고 이루어져야 한다.

유아를 바르게 이해하고 정확한 치료나 지도를 하기 위해서는 유아와 관련된 자료가 단순한 상식이나 주관적인 것에서 벗어나 객관적이고 과학적인 근거를 가져야 한다. 예컨대 가정환경조사서와 같은 유아 관련 각종 조사나 면접, 또는 지능검사, 성격검사 등과 같은 자료가 객관적이고 과학적인 절차에 따라 이루어져야 한다. 생활지도 담당자가 이러한 자료를 정확하게 활용할 수 있어야 하고, 생활지도 기술이나 태도에 관한 소양과 전문성을 지닐 필요가 있다.

여섯째, 생활지도는 지속적이고 체계적으로 이루어져야 한다.

생활지도는 문제 발생 시의 사후 처리나 치료가 필요할 때 이루어지는 단속적인 활동이 아니다. 이것은 목표를 향해 나아가는 일련의 활동으로 이루어지는 과정적인 개념을 갖는다. 그러므로 유아뿐만 아니라 초·중·고·대학에 이르는 전 교육과정에 걸쳐 지속적이고 체계적으로 이루어져야 한다. 지속적인 지도는 전인적인 발달을 촉진하는 교육활동으로서의 의의 또한 갖게 된다.

유아교육기관에서의 효과적인 생활지도를 위해 활동중심, 유아중심, 생활중심, 놀이중심의 다양한 계획을 적절하게 수립하는데, 생활지도 계획을 수립할 때 위에서 제시한 원리 이외에 참고할 수 있는 원리 몇 가지를 첨부하면 다음과 같다(김충기, 장선철, 2002).

첫째, 유아생활지도의 목표는 교육이념의 테두리 안에서 유아와 사회의 필요를 기초로 하며, 보다 구체적이고 명쾌한 행동용어로 진술되어야 한다. 유아교육은 유아의 행동을 계획적으로 변화시키고자 하는 것이다. 따라서 유아의 행동을 어떻게 변화시킬 것인가에 대한 목표가 구체적이고 명쾌한 행동용어로 진술되어야 한다. 또한 여기에는 지역사회의 요구, 유아의 필요와 욕구 등이 사전에 고려되어야 한다.

둘째, 유아생활지도의 계획은 생활지도를 담당할 교사의 준비성과 각 유아교육기관의 실정을 충분히 고려해야 한다.

교육의 실행자인 교사의 생활지도에 대한 이해나 태도, 실제 수행 능력과 유아교육기관의 여건이 고려되지 않은 계획은 실천 가능성과 효과를 기대할 수가 없다. 그러므로 생활지도 계획을 수립할 때 이러한 점이 충분히 고려되어야 한다. 의욕만으로 실천 불가능한 계획을 세우거나 현실 여건을 고려하지 않아 현실적으로 어려움이 생기지 않도록 해야 한다. 즉 실천 가능하고 현실 조건에 적절한 생활지도가 계획되어야 한다.

셋째, 유아교육기관과 지역사회, 가정생활을 통한 적극적이고 계속적인 연계과정이 될 수 있도록 계획되어야 한다. 효과적인 생활지도를 위해 유아교육기관은 지역사회와 협력해야 하고, 특히 유아는 발달 특징상 가정생활과 연계되어 지도되어야 한다.

3. 유아생활지도의 목표 및 활동

유아교육기관에서 행해지는 생활지도에는 일반적으로 유아 개인을 직접적으로 돕는 것과 학교와 교사를 돕는 것으로 나누어 볼 수 있다. 생활지도의 목표에는 유아 개개인의 성장과 발달에 직접 관련된 직접적인 목표와 학교의 교사와 학교에 대한 봉사로써 교육계획과 실천에 영향을 미치는 간접적인 목표로 나눌 수 있다. 이 밖에도 가정과 사회를 돕는 목표를 첨가하기도 한다(김홍규, 1984).

1) 유아에 대한 직접적인 목표 및 활동

김충기와 장선철(1995)은 유아생활지도의 목표를 유아교육 현장에서 다루는 내용과 관련지어 다음과 같이 설명하고 있다.

첫째, 유아로 하여금 기본적인 생활습관과 예의범절을 익힐 수 있도록 돕는다.

모든 유아가 기본적인 생활습관과 예의범절을 익히도록 도와주어야 한다. 식사지도 및 용변 훈련, 청결 및 안전 지도, 의복 착용 및 수면 지도, 학습습관 지도, 경제습관 지도, 인사 지도 등이 여기에 속한다.

둘째, 유아의 자율적 성장을 돕는다.

유아는 미완성의 미숙한 존재로 무한한 성장 · 발전의 가능성을 가진 개체이다. 생활지도는 유아가 사회와 유아교육기관 생활을 통해 겪는 문제와 위기 상황 혹은 부적응 행동의 문제를 스스로 해결할 수 있도록 도와주어야 한다.

셋째, 자기 주변 환경과 적절한 관계를 맺도록 돕는다.

모든 유아가 자기가 속한 집단에서 적절한 인간관계를 맺는 가운데 공동체 의식을 가지도록 한다. 또한 동네의 또래나 이성과의 교우관계도 원만하게 형성시켜 나가도록 도와준다.

넷째, 유아들의 협동성을 신장시킨다.

유아교육의 궁극적인 목표는 다른 사람들과 어울려 화목하게 살아가는 능력을 길러 주는 데 있다. 유아교육 현장의 교육활동이나 가정과 사회에서 또래와 놀이를 통해 공동 목표를 위해 힘을 합치는 협동심을 길러 준다.

다섯째, 생활지도는 유아의 전인적 성장에 관심을 두어야 한다.

생활지도의 궁극적인 목표는 유아의 전인적인 성장·발달에 있다. 생활지도를 통하여 모든 유아가 신체적·지적·사회적·정서적인 모든 면에서 조화롭고 통정된 인생을 즐길 수 있도록 돕는다.

이러한 목표를 달성하기 위해서 유아교육기관에서 하는 활동으로는 다음과 같은 것이 있다.

- 입학 시 오리엔테이션
- 생활기록부 작성, 가정환경 및 가정 분위기 조사
- 생활 부적응아 관찰, 선별, 지도
- 기본생활습관 지도
- 예절, 규칙과 약속 지키기 지도
- 또래와 사이좋게 지내도록 지도
- 가정방문 실시
- 인성검사, 욕구좌절검사, 지능검사 등 각종 심리검사 실시
- 교우도(sociogram) 작성을 통한 고립아, 배척아, 인기아 지도
- 신체검사 및 발달검사
- 안전 및 건강지도
- 여름캠프, 위문편지 쓰기, 불우이웃 돕기를 통한 애국심 함양과 인성 지도
- 특별한 지도가 필요한 유아를 전문가에게 의뢰

2) 교사나 학교 및 기관에 대한 간접적인 목표 및 활동

생활지도의 목표는 무엇보다도 유아 개개인을 돕는 것이지만, 이를 위하여 간접적으로 시설, 학교 행정가, 연구활동 등으로 봉사하는 간접적인 목표가 있다.

생활지도의 간접적인 목표로는 프리드리히(Friedrich, 1950)가 말한 것을 기초로 두어 공석영 등(2001)이 유아생활지도에 대비하여 일반화시켜 놓은 것으로 다음과 같은 것이 있다.

첫째, 교사로 하여금 유아들을 보다 정확하게 이해하도록 도와준다.

둘째, 여러 가지 형태의 현직교육 활동을 통해서 교사들로 하여금 유아생활지도에 임하는 바람직한 태도와 기술을 가지도록 도와준다.

셋째, 유아들이 제시하는 문제가 교사 자신의 능력을 벗어나는 경우에는 교사들로 하여금 그 분야의 전문가에게 의뢰할 수 있도록 도와준다.

이러한 목표를 달성하기 위해서 유아교육기관에서 하는 활동으로는 다음과 같은 것이 있다.

- 전문가를 초빙하여 연수회 등 직무연수 개최
- 유아의 문제를 예방하기 위한 교사협의회 개최
- 사례연구회 개최
- 서식, 일람표 등 생활지도를 위한 보조자료 개발과 제작
- 지역사회의 자원인사 활용을 위한 협의

3) 가정과 지역사회를 돕는 환경적인 목표 및 활동

김홍규(1984)는 개인적 입장과 학교의 입장에서 구분하는 기존의 생활지도 목표 진술은 수정되어야 한다고 하면서 생활지도의 목표에 민주이념과 우리나라 교육 목적과 교육지표를 고려하여 제시되어야 하고, 유아교육기관의 입장에서 교직원과 학교 행정가를 돕는 것 이외에 가정집단과 사회를 돕는 것도 새로 추가 제시해야 한다고 한다. 오늘날에는 거의 모든 유아교육기관에서 이런 주장을 받아들여 다양한 형태의 부모교육이 적극적으로 실시되고 있다.

이러한 목표를 달성하기 위해서 유아교육기관에서 하는 학부모를 위한 활동으로는 다음과 같은 것이 있다.

- 학부모 간담회 및 부모교육
- 학부모와의 개별상담
- 학부모와의 집단상담
- 특별한 지도를 필요로 하는 유아의 부모를 전문가에게로 안내
- 생활지도를 위한 각종 자료를 부모들에게 제공
- 유아의 생활지도를 위하여 부모와 협의

4. 유아생활지도의 주요 영역

유아들은 발달의 양상이 미분화된 통합적인 성격을 띠고 있으므로 생활지도는 유아의 성장·발달에 관련된 문제를 전반적으로 취급해야 한다. 따라서 유아의 생활지도는 유아들이 생활하고 있는 모든 영역에서 이루어져야 한다. 즉, 가정과 학교는 물론, 지역사회에서 부딪히는 모든 문제를 유아가 스스로 해결할 수 있도록 도와주며, 이러한 경험들을 통하여 조화 있는 성장과 발달을 이룰 수 있도록 돕는 활동이 바로 생활지도의 영역이라 할 수 있다. 유아의 생활지도 내용은 분류하는 사람에 따라 다소 다르게 제시하고 있으나 일반적으로 기본생활, 사회생활, 건강생활, 안전생활, 환경지도 등 다섯 가지 영역으로 나누어 볼 수 있다.

1) 기본생활습관 지도

기본생활습관이 인격 형성과 사회성 발달에도 중요한 역할을 하기 때문에 기본생활습관을 어떻게 형성하느냐 여부는 장래 생활의 행복 여부를 결정해 줄 수 있다. 유아의 기본생활습관 지도에 특별한 관심을 보인 몬테소리는 태어나면서부터 어떻게 살아야 되는가를 자기 스스로 창조해 내지 않으면 안 되는 존재로 보았기 때문에 어린이로 하여금 아주 어렸을 때부터 자기 스스로 어떻게 살아갈 것인가 혹은 자기 문제를 어떻게 해결할 것인가 하는 것을 돕는 방편으로서 일상생활습

관 지도를 가장 중요한 교육과정의 하나로 여겼다.

몬테소리는 일상생활 훈련을 통해 유아가 육체적으로 발달하는 데 있어, 가장 기본적인 내면의 질서를 잡아 주고, 유아의 정신적인 발달을 위해서 가장 중요한 요소인 집중력을 향상시키고, 정신적 독립을 이루어 나갈 수 있도록 도왔다. 또한 유아가 사회적 · 지적인 면에서의 발달을 이루어 나갈 수 있는 눈과 손 등의 근육 조절능력을 향상시킬 수 있도록 교육 프로그램을 개발하였다.

몬테소리 교육의 기본생활습관 지도, 즉 일상생활 영역은 자기 자신에의 배려, 환경에 대한 배려, 사회적 관계에 대한 배려, 기본적인 운동 영역으로 나눌 수 있다. 자기 자신에 대한 배려란 어린이가 자립심을 기르고, 사회에 순응하기 위해서 필요한 능력을 몸에 갖추기 위한 것으로, 대상을 자기 자신에게 향하게 한 것을 말한다. 즉, 어린이가 자신을 보호하기 위한 기회를 가질 수 있는 활동들이 포함되어 있다(예: 옷 입고 벗기, 신발 신고 벗기, 코 풀기, 기침하기, 옷틀 연습 등).

환경에 대한 배려란 인간 이외의 생물 및 무생물들을 대상으로 하고, 환경을 미화 또는 정비 · 조정한다든지, 동식물의 돌보기나 사육 및 관리하는 것 등을 말한다(예: 작업을 위한 준비－매트 운반, 매트 말고 펴기, 매트 솔질하기, 청소하기－실내 쓸기, 솔로 닦기, 책상 씻고 닦기, 식물 재배, 작은 동물 돌보기, 식탁의 준비 등).

사회적 관계에 대한 배려란 인간과 인간을 대상으로 사회생활을 원활하게 하기 위한 사회적인 예법이나 규칙 등을 말하는 것으로, 어린이들이 타인에게 폐를 끼치거나 불쾌하게 하지 않도록 상대방의 입장에 서서 행동하는 것을 중시하도록 하는 활동이 포함되어 있다(예: 문 열고 닫기, 큰 소리로 말하지 않기, 인사하기, 악수하기, 친구에게 도움 청하기, 감사하기 등).

기본적인 운동이란 일상생활습관을 훈련시키기 위해서 다른 영역 발달의 기초가 되는 동작을 말하는 것으로, 자기 자신에 대한 배려, 환경에 대한 배려, 사회적 관계에 대한 배려 등 세 가지 분야와 관련하면서 그 자체 독립된 운동으로서 취급되고 있다(예: 걷기, 앉기, 일어서기, 쥐기, 운반하기, 꿰매기, 손 운동 등). 기본 운동을 생활지도에 포함시킨 것은 아직 운동근육 발달 및 협응력이 미숙한 유아에게 식생활 또는 청결생활습관 형성을 강요하기 어려우며, 정서적 발달 현상 때문에 질서와 예의에 관련된 행동 통제를 일관되게 기대할 수 없기 때문이다. 이런 측면에서 발달적 적합성에 기초하여 유아생활습관 지도가 작성된 것으로 생각할 수 있다.

유아의 기본생활습관의 지도 내용은 모든 생활에 걸쳐 통합되어서 각 영역별로 기본적인 생활지도가 이루어지는 것이 바람직할 것이다. 그러나 유아가 독립된 한 인간으로서 생활을 유지하고 자기를 관리하며 더 나아가 사회에 적응하기 위해서는 영역과 관계를 떠나 의식주와 관련된 자조기술을 비롯하여 독립성과 자립심을 기르는 데 기본이 될 습관을 형성해야 한다.

유아에게 좋은 생활습관을 형성하는 데 기본이 되는 지도원리를 장선철(1995)은 다음과 같이 제시하고 있다.

첫째, 유아들에게 부모나 교사가 모범을 보여야 한다.

유아들이 나타내는 행동은 바람직한 것이든 그렇지 못한 것이든 주위에 있는 어른들의 행동을 모방하는 데서 비롯된 것이 많다. 유아가 나이가 어리면 어릴수록 주위 어른의 영향을 더 크게 받는다. 언어를 통한 일방적인 지시나 훈육은 유아들의 생활습관 형성에 도움이 되지 못하며 기본적인 생활습관에 대한 좋은 모델링을 보여줄 때 유아는 비로소 학습을 통해 좋은 습관을 몸에 지니게 된다.

둘째, 일관성 있게 반복 연습시켜야 한다.

유아들에게 하나하나의 행동을 일관성 있게 반복함으로써 그 습관을 형성시키고, 유아 스스로가 의식하지 않고도 생활 속에 그 습관이 정착될 수 있도록 매일 규칙적으로 연습시켜야 한다. 이때 지도를 직접 담당하는 교사뿐만 아니라 다른 교사나 가정 그리고 사회와 부모가 함께 협력하는 것이 중요하다.

셋째, 유아 스스로가 하고자 하는 동기유발을 시켜야 한다.

유아에게 좋은 습관을 형성시키기 위해서는 스스로 하고자 하는 마음을 조성해 주어야 한다. 따라서 유아 스스로가 참여할 수 있도록 주위의 환경을 만들어 주어야 하며, 유아가 흥미롭게 생각할 수 있는 자료를 동원하거나 흥미롭게 느낄 수 있는 일부터 시작하여야 한다. 부모나 교사의 무리한 강요가 아닌 유아의 흥미가 충분히 고려될 때 유아 스스로가 좋은 습관을 형성하겠다는 동기유발이 된다. 또한 유아가 스스로 작은 것이라도 바람직한 행동을 보였을 때 아낌없는 칭찬을 해주어야 한다.

넷째, 유아 개개인의 발달단계나 습관 형성의 시기가 충분히 고려되어 지도되어야 한다.

유아 개개인이 지닌 능력이 모두가 다를 수밖에 없으므로 습관의 지도에 있어서도 유아 개개인의 발달단계를 충분히 고려하여야 한다. 그들에게 실현 가능한 것들을 지도 내용으로 삼을 때, 그들은 하나하나 성취해 가는 기쁨을 맛보게 되며 좋은 습관이 몸에 배게 된다.

다섯째, 교사나 부모가 인내심을 갖고 꾸준히 지도하여야 한다.

습관이란 하루 아침에 정착되는 것이 아니라 오랜 시간을 두고 형성되는 것이므로 지도에 임하는 부모나 교사는 조급히 서두를 것이 아니라 끈기 있고, 참을성 있게 인내로써 지도해 나가야 한다. 때에 따라서는 좋아졌다 싶은 행동이 갑자기 나빠지는 경우도 있으므로 그때마다 실망하거나 포기할 것이 아니라 인내심을 가지고 꾸준히 지도해 나갈 때 좋은 습관이 길러지게 된다.

2) 사회생활 지도

인간은 태어나면서부터 사회 속에서 살아가는 사회적 동물이기에, 다른 사람과 조화롭게 살아갈 수 있는 사회적 능력을 형성하는 것은 매우 중요한 삶의 과제이다. 유아기에는 자신을 개인으로 인식하게 되고, 그에 따라서 긍정적 또는 부정적 자아개념을 형성하기 시작하며, 주위의 여러 사람과 새로운 사회적 관계를 맺게 된다. 유아들이 사회적 현상을 이해하는 데 필요한 개념, 태도, 가치는 초등학교에 입학하기 전 6세 이전에 그 모양이 형성되기 시작하며 빠른 속도로 변화하여 초등학교 과정이 끝날 때쯤이면 사회에 대한 기본적인 개념, 태도, 가치관을 확고히 성립한다고 한다. 그러므로 유아기에 사회에 대한 개념, 태도, 가치를 어떻게 형성하느냐 하는 문제는 일생을 좌우하게 된다(이태영, 이기영, 1989).

사회적 동물인 인간은 생리적인 욕구뿐만 아니라 애정, 소속감, 사회적 승인, 수용 등의 사회적 욕구를 지니고 있고, 이런 인간의 기본적인 사회적 욕구에 의해 어린아이들도 자신의 삶의 영역을 점점 확대해 감으로써 사회와 환경에 대한 관심을 넓히고 자신이 소속한 가정, 학교, 지역사회, 나아가서 세계 속에 참여하는 책임 있는 구성원이 되는 데 필요한 삶의 태도, 가치, 기술의 틀을 형성하게 된다(이은화, 김영옥, 1993). 다른 사람과 조화롭게 살아갈 수 있는 사회적 능력을 형성하기 위해서, 유아들이 바람직한 가치체계를 형성하고 자신의 주변 세계와 원만한 관계를 유지하는 데 필요한 적절하고도 유용한 사회생활 영역의 지도가 필요하다. 사회생활 영역은 기본생활습관을 기르고, 자신의 생각과 행동을 조절하여 남과 더불어 사는 방법을 익히며, 사회현상에 대하여 합리적으로 대처해 나갈 수 있는 기초 능력을 배양함으로써 민주시민의 자질을 기르기 위한 것이다.

가족과 친족의 범위를 벗어나 처음 사회생활 경험의 장을 제공하는 유아교육기관은 유아들의 건전하고 바른 사회적 능력 형성을 도와야 할 매우 중요한 기관이다.

유아들은 그를 둘러싸고 있는 사회의 공통 목표, 즉 사회적 행동의 규준이나 기대되는 역할, 행동에 맞도록 생활해야 한다. 그렇지 못할 경우에는 반사회적 또는 비사회적 행동을 나타내게 된다. 이와 같은 반사회적, 비사회적 행동은 유아가 사회환경에 적응하기 위한 생활능력과 생활기술을 습득하지 못했거나, 또는 성장과정에서 부모의 사랑을 못 받고 방치되거나, 거부되거나, 너무 과잉보호됨으로써 사회적 행동 형성에 여러 가지 문제를 지니게 된다. 사회성 발달에 어려움을 겪는 유아들은 반항적이며 공격적인 행동, 도벽, 거짓말, 지나친 의존심, 싸움 등의 문제행동을 나타낼 수 있다.

우리나라 7차 교육과정에서는 사회생활의 영역을 '나를 알고 사랑하기', '가족과 함께 생활하기', '이웃과 더불어 생활하기', '사회현상에 관심 가지기' 등의 네 가지 내용으로 구성하고, 유아가 자신을 소중하게 알고 사랑하며, 자신의 생각과 행동을 조절하여 가족과 친구를 비롯한 다른 사람과 함께 화목하게 살아가는 방법을 익히고, 유아를 둘러싼 생활세계에 대하여 관심을 갖고 적응해 나갈 수 있는 기초 능력을 기를 것을 강조하였다.

3) 건강생활 지도

유아기는 신체적 · 정신적 발달이 급속하게 이루어지는 시기임과 동시에, 신체적 · 정신적으로 미성숙하여 자신의 신체를 자유롭게 조절할 수 있는 능력이나 건강을 유지하는 데 필요한 지식이나 기술 등의 발달이 미흡하고, 스스로 생활환경을 조절하는 능력이 부족하여, 질병에 대한 감수성이 높고, 안전사고의 발생률이 높은 시기이다. 그러므로 유아기에는 반드시 부모나 교사가 유아들의 신체적 · 정신적 건강을 유지할 수 있도록 도와주어야 한다. 현대사회의 가족구조의 변화와 여성의 취업률 증가로 종일반 유아가 많아지면서 유아 건강관리 및 생활습관 형성에 대한 책임이 유아교육기관으로 많이 넘어오고 있다.

미국유아교육협회(1995)에서는 "건강한 생활습관을 형성하기 위해서는 유아기에 개인의 건강과 관련된 경험과 학습을 함으로써 건강에 관한 기본적인 정보를 이해하고 이를 실천할 수 있는 능력을 기르는 것이 중요하다."고 밝히고 있다(정미라 외, 1999 재인용). 같은 입장에서 핸드릭과 스미스(Hendricks & Smith, 1995)도 건강한 시민을 형성하는 방법 중의 하나는 유아기를 통해 건강을 증진할 수 있는 생활습관을 형성하게 하는 것이라고 강조하고, 건강에 관한 교육은 자신과 다른 사람들과의 관계와 주변 세계에 관한 학습으로부터 시작한다고 보았다.

세계보건기구(WTO, 1946)는 건강을 '단순히 질병이나 허약하지 않는 데 그치지 않고, 신체적 · 정신적 · 사회적 안녕이 완전한 상태'로 정의하고 있다. 이 정의는 인간의 건강이 신체건강뿐만 아니라 정신건강 및 사회적인 안녕까지도 포괄하고 있음을 나타낸다.

일반적으로 건강한 유아의 특징은 다음과 같다(공석영 외, 2001).

- 모든 영역의 발달에서 연령 수준에 따른 순조로운 발달이 이루어지고 있다.

- 잘 자고, 잘 먹으며, 배변이 규칙적이다.
- 일상을 활발하고 즐겁게 보낸다.
- 질병에 잘 감염되지 않는다.
- 혈색이 좋고 긍정적으로 사고하며 가족, 친구, 이웃들과 잘 사귄다.

유아 건강지도 내용은 신체에 대한 인식과 운동, 영양과 급식, 건강관리, 전염병을 비롯한 질병관리, 성교육, 응급처치 등 다양한 활동이 포함될 수 있다.

최근 개편된 누리과정의 내용은 건강생활 영역을 '나의 몸 인식하기', '나의 몸 움직이기', '건강하게 생활하기', '안전하게 생활하기' 등의 네 가지 내용으로 구성하여, 유아에게 다양한 감각적 활동과 신체활동을 통하여 긍정적 자아개념과 기초체력을 길러 주며 건강하고 안전한 생활태도를 갖도록 할 것을 강조하였다.

4) 안전생활 지도

우리나라 유아 사망의 일차적인 원인은 교통사고, 추락사고, 화상, 중독사고, 이물질 흡입 등을 포함한 우발사고이다(통계청, 1995). 즉, 질병이나 감염에 의한 유아 사망률은 과거에 비하여 낮아지고 있으나 사고에 의한 사망률이 증가하고 있다. 이는 의학의 발달과 질병에 대한 인식 고조로 유아의 감염증에 의한 사망률은 감소하고 있으나, 교통사고와 같은 불의의 사고가 유아 사망의 중요한 원인으로 작용하고 있음을 의미한다. 유아 주변 사물이나 환경에 대한 호기심이 높으며 탐구하려는 욕구가 강한 반면, 신체적 능력이나 운동적 기능은 미숙한 상태이며 주변의 위험 상황에 대한 지식이나 결과를 예측하는 능력이 부족하므로 많은 위험 가능성에 노출되어 있다. 따라서 유아를 둘러싼 위험이나 사고 가능성으로부터 그들을 보호하고, 사고를 미연에 예방할 수 있도록 안전에 대한 지식과 기술을 몸에 익히고, 그에 따른 안전한 태도를 습득하는 안전지도가 필요하다.

가정이나 유치원, 거리 등 생활 주변에는 안전사고를 유발할 수 있는 요소들이 산재해 있다. 유아의 안전을 위해서는 안전한 실내·외 환경을 제공하여야 하며,

부모와 교사의 주의 깊은 관찰과 일관성 있는 지도를 통해 유아 스스로 안전을 지킬 수 있는 능력을 길러 주어야 하며, 발생 가능한 불의의 사고에 대비하여 사고 발생 시 처리절차나 대비책을 마련하여 신속, 정확히 처리하고, 발생한 사고와 유사한 사고가 발생하지 않도록 주의를 기울여 관리해야 한다. 이를 위해 가정 및 유아교육기관에서는 다음과 같은 구체적인 사항에 주의를 기울여야 한다.

- 유아 관련 시설, 설비 및 장난감을 점검한다.
- 자주 발생하는 사고 유형을 파악하여 이에 적절한 지도와 교육을 행한다.
- 조직적이고 체계적인 대비책을 강구하여 신속히 처리한 후, 그 결과를 평가하고 추후 적극 반영한다.

유아의 안전지도를 할 때 주의할 점은 사고 발생을 두려워하여 유아들의 자유로운 탐색적인 활동을 지나치게 제한하거나 저해하는 일은 없어야 한다는 것이다.

5) 환경지도

환경은 인류가 살아가는 삶의 터전이므로 이를 보존하고 보호하지 않으면 결국 인간의 삶 자체에 위협을 주게 된다. 최근 환경문제가 심각하게 대두되고 있으며 개인뿐만 아니라 모든 국가와 사회의 공동 관심사이며 우리가 시급히 해결해야 할 과제이다. 이제 더 이상 자연환경을 파괴하거나 보호를 소홀히 할 수 없는 상황이 되었다. 그러므로 환경보호의 필요성을 인식하고, 유아기 때부터 환경친화적인 삶을 습관화할 수 있도록 도와야 한다. 유아기 환경지도는 환경문제를 근본적이고 장기적으로 해결하는 중요한 방편이 된다.

환경지도를 통해 환경문제를 인식하고 현재의 환경을 보존하며, 파괴된 환경을 복원하여 바람직한 환경의 유지·보존능력과 태도를 길러 주는 것이 필요하다. 환경지도는 인간과 환경의 관계를 가르치기 위한 새로운 접근으로서 유아들이 자신과 주변 환경의 관계를 바르게 이해하여 환경을 보존하고 보호할 수 있는 지식과 태도 및 기능을 습득하고, 이를 실천하게 하는 것이다(윤기영, 조경희, 1993). 환경지도에서는 유아들의 행동이 우리가 살고 있는 환경에 직접적인 영향을 미친다는 사실을 알게 하고, 환경이 우리의 건강과 다음 세대의 건강에 지대한 영향을 끼치는 것임을 알도록 지도하는 것도 중요한 과제이다.

환경처(1994)는 유아환경지도의 목표를 인식과 태도 형성 영역, 지식과 기능 습득 영역, 참여행동 영역으로 나누어 다음과 같이 제시하고 있다.

- 유아들이 주위 환경에 관심을 갖고, 환경을 아끼고 사랑하는 마음을 형성하게 한다.
- 유아들이 환경의 중요성을 깨닫고 보호와 개선에 관심을 갖는다.
- 유아들이 자기 주변 환경에 대한 지식을 습득한다.
- 유아들이 환경보존과 개선의 방법을 습득한다.
- 유아들이 능동적으로 환경보호와 개선을 위한 행동을 한다.

5. 유아의 문제행동 이해

1) 유아 문제행동 목록

문제행동을 나타내는 유아가 있을 경우, 그 문제를 지닌 유아의 생활 전반에 걸쳐 나타날 수 있는 문제목록을 작성해 보면 유아를 지도·교정·상담할 수 있는 가능성을 보다 쉽게 찾을 수 있게 된다. 문제 영역으로는 정신병적 영역, 의학적·생리학적 영역, 사회적 영역, 학업적 영역, 가족 영역 등의 문제 영역이 있다(Brems, 1993). 유아교사가 문제라고 생각하고 있는 것이 아니더라도 분명하게 현재 나타난 문제들과 관련이 되어 있는 것은 목록화하여야 한다. 이런 작업은 유아교사가 직접 유아의 문제행동을 교정하지 못할 경우에 아동상담 전문가나 의사에게 의뢰하기 위해서도 유아를 위해 매우 유용한 정보를 제공할 수 있게 된다(유아 문제에 대한 정확한 진단과 치료를 위해서 정확하고 풍부한 정보가 필요하다. 이때, 유아 문제에 관한 각 항목별 교사의 관찰과 교사의 입장은 유아의 빠른 교정을 위해 매우 도움이 된다).

(1) 정신적 문제

정신적 문제들(psychological problems)은 유아의 정서적 · 정신적 · 정신내적, 그리고 개인 간의 적응과 관련된 것들이다. 정서적 적응은 공포, 변덕스러움, 우울함, 감정의 변화 등을 포함한 유아의 정서와 기분(mood)과 관련된다. 정신적인 적응은 환각(hallucinations), 망상(delusions), 자각의 착오(lapses in consciousness), 발달지체, 기능적인 배제의 어려움 등을 포함한 지각(perception), 인식(cognition), 의식(awareness) 혹은 발달에 있어서 병적인 것에 관한 유아의 기능을 말한다. 정신내적(intrapsychic) 적응은 낮은 자아존중감, 흥미 혹은 관심 부족, 악몽, 비정상적으로 지나치게 손을 씻는 것, 상반되는 감정 표현, 우유부단함, 그리고 비슷한 문제들을 포함한 자기 인식, 자기 이해, 자아와의 충돌 그리고 생활 방향의 문제들을 말한다. 상호 대인적(interpersonal) 적응은 동료관계에서의 어려움, 부모와 싸우거나 애착과 신뢰에 있어서의 상반된 감정의 병존 혹은 가족과 친구들, 또는 다른 사람과의 관계에서 명백하게 드러나는 문제들을 말한다.

(2) 사회적 문제

사회적 문제들(social problems)에는 환경적 · 사회경제적 · 문화적 · 종교적 문제들이 포함된다. 환경적인 문제점들은 명백하게 드러나지 않는데, 페인트로 인한 납중독 등이 정신장애와 관련 있는 환경적 문제이다. 사회적인 문제들은 부적절한 보호 혹은 양육과 같은 문제와 부모들의 지나친 교육열과 이로 인한 과도한 사교육비 지출 등이 사회경제적 문제로 다루어질 수 있다. 문화적인 문제들은 매스미디어 혹은 생활환경에서 아이의 문화에 대한 적절한 역할 모델의 부재를 들 수 있고, 종교적인 문제로는 가족 간의 종교적 갈등, 다른 가족원의 종교에 개입하는 것 등의 문제를 생각해 볼 수 있다.

(3) 의학적 · 신체적 문제

의학적 · 신체적 문제들(medical/physiological problems)은 만성질환으로 인해 입원하는 심각한 것에서부터 알레르기와 같은 가벼운 것에 이르기까지 다양할 수 있다. 병세의 심각성과는 관계없이 모든 의학적인 문제들이 여기에 포함된다. 정신병력 혹은 다른 질병과 같이 발달상의 장애 혹은 지체도 여기에 속한다.

(4) 학업적 문제

학업적 문제(academic problems)가 유아기부터 나타나는 경우는 매우 드물겠지만, 태아 때부터 자녀교육에 열을 올리는 상상 초월의 우리나라 부모들의 교육열을 생각할 때, 유아기라고 해서 학업적 문제가 없다고 볼 수 없고, 실제 발달에 맞지 않는 무리한 교육적 요구가 유아나 유아교사들을 힘들게 한다. 학업적인 문제란 교육환경에서 나타나는 문제들을 말하는 것으로 연령, 역할(임무)의 변화, 예외적인 수행, 학습장애 등과 같은 실제적인 학업과 관련된 문제에 초점을 맞춘다. 유아교육기관에서 국한해서, 또래 혹은 교사와의 관계와 같은 일부 개인 간의 문제들이라는 점에서는 정신적인 문제들과 어느 정도 중복되는 부분이 있다. 그러한 문제들이 어디에 포함되는지는 문제를 목록화하는 교사 또는 상담자가 임의로 결정할 수 있다.

(5) 가족 문제

가족 문제(familial problems)는 가족관계에서 일어나는 갈등을 말한다. 학업 문제들과 마찬가지로 가족 문제도 일부 정신적인 문제들과 중복되는 부분이 있다. 이 항목은 단순히 가족 구성원들 사이의 갈등을 말하는 것이 아니라 구체적인 가족 문제에 초점을 맞추어야 한다. 예를 들어, 삼각관계, 세대 간의 교차, 부부간의 다툼, 신뢰의 부족, 이혼경력 그리고 이와 비슷한 문제들이 포함된다. 교사가 파악하고 있는 유아의 가족 관련 정보는 유아를 상담하는 전문가에게 매우 유용한 자료가 된다.

(6) 기타 문제

어느 항목에도 적합하지 않거나 혹은 명확하게 정의 내릴 수 없는 그 밖의 문제들이 여기에 속한다. 자녀학대를 부정하는 가족들의 주장이 있지만 아동학대를 의심할 수 있는 문제들도 여기에 포함된다.

2) 유아 문제행동 분류체계

(1) 기능적 장애와 기질적 장애

아직까지 발달병리에 대한 분류체계가 일치하고 있지는 않으나 원인의 소재에 따라 기능적(functional) 장애와 기질적(organic) 장애로 대별된다. 기능적 장애는 선천적 요인이나 기질적 요인에는 별 취약성이 없지만 가정생활 환경이나 부모의 영향 등 주로 외부 환경요인 때문에 발생한다. 기질적 장애는 뇌 손상과 같은 대뇌병리가 행동에 영향을 주는 것으로 환경의 영향은 상대적으로 적다. 그러나 대부분의 장애는 그 원인으로 기질적 요소와 기능적 요소를 모두 포함한다.

(2) 내재화된 장애와 외현화된 장애

장애의 증상 유형에 따라서 내재화된(internalized) 장애와 외현화된(externalized) 장애로 분류할 수 있다. 내재화된 장애는 타인에게 해가 되는 행동은 하지 않지만 자신감이 부족하거나 공포감 또는 죄의식 등으로 유아 스스로 고통을 받는 경우로서 불안장애나 기분장애가 이에 해당된다. 그 증상으로 공포증, 걱정, 위통, 위축, 메스꺼움, 구토, 강박적 행동, 불면증, 은둔, 우울, 울기 등이 나타난다. 외현화된 장애는 사회적 규범에서 지나치게 벗어난 반사회적 행동으로 자신의 문제를 드러내기 때문에 환경과의 갈등이 야기되는 경우이다. 이에 해당되는 대표적인 장애는 품행장애이며, 불복종, 도벽, 거짓말, 싸움, 파괴, 욕설, 분노 폭발 등의 증상을 나타낸다.

(3) DSM-Ⅳ의 분류

임상의학 현장에서 가장 널리 사용하고 있는 진단기준은 세계보건기구(WHO)가 설정한 국제질병분류(International Classification of Disease and Related Health Problems : ICD) 시리즈와 미국정신의학회(American Psychiatric Association: APA)에서 만든 DSM

(Diagnostic and Statistical Manual of Mental Disorder : 정신장애의 진단 및 통계편람) 시리즈이며, 우리나라에서도 현재 1994년도에 나온 DSM-Ⅳ를 널리 사용하고 있다. DSM-Ⅳ에서는 정신장애를 '개인이 나타내는 임상적으로 중요한 행동적 또는 심리적 증후나 양상 때문에 개인에게 행동적・심리적 또는 생물적 기능에 장애가 나타나는 것으로, 이러한 증후나 양상은 특정 사건(예: 사랑하는 사람의 죽음) 때문에 나타난 것이 아니고 자신이 속한 문화권에서 허용되지 않는 것'으로 정의한다(APA, 1994: xxv).

DSM-Ⅳ에서는 아동과 청소년에게 주로 발생하는 장애로 다음과 같은 장애를 선정하였다.

- 정신지체: 이 장애는 18세 이전에 발병하고 지적 기능이 떨어져 지능지수가 대략 70 또는 그 이하이며 동시에 적응 기능의 결함이나 장해가 있는 것이 특징이다. 가벼운 정도, 중간 정도, 심한 정도 및 아주 심한 정도의 정신지체와 정도를 세분할 수 없는 정신지체에 대한 별도의 진단 부호가 주어진다.
- 전반적인 발달장애: 이 장애는 여러 발달 영역에서 심한 결함이나 광범위한 장애가 특징이며, 사회적 상호작용의 장애, 의사소통의 장애와 상동증적 행동, 관심, 그리고 활동이 포함된다. 여기에 포함되는 장애들은 자폐성 장애, 레트 장애, 소아기 붕괴성 장애, 아스퍼거 장애, 달리 분류되지 않는 전반적인 발달장애이다.
- 의사소통장애: 이 장애는 말이나 언어장애가 특징이며, 표현성 언어장애, 혼재 수용-표현성 장애, 음성학적 장애, 말더듬기 및 달리 분류되지 않는 의사소통 장애가 포함된다.
- 운동기술장애: 이 장애는 발달성 근육운동 조정장애를 포함하는데, 개인의 생활연령, 측정된 지능에 비해 기대되는 수준보다 근육운동 조정기술이 낮은 것이 특징이다.
- 학습장애: 이 장애는 개인의 생활연령, 측정된 지능, 나이에 맞는 교육에 비해 기대되는 수준보다 실제적인 학업 기능이 낮은 것이 특징이다. 이 부분에 포함되는 장애들은 읽기장애, 산술장애, 쓰기장애, 달리 분류되지 않는 학습

장애가 있다.

- 주의력 결핍 및 파괴적 행동장애: 이 장애에는 주의력 결핍 및 과잉행동장애가 포함되는데, 이 장애는 심한 부주의 또는 과잉행동-충동 증상이 특징이다. 이 장애는 나타나는 주된 증상에 따라 주의력 결핍 우세형, 과잉행동-충동 우세형 및 복합형 등의 유형으로 나뉜다.
- 유아기 또는 초기 소아기의 급식 및 섭식장애: 이 장애는 지속적인 급식 및 섭식의 장애가 특징이다. 이 부분에 포함되는 장애들은 이식증, 반추장애, 유아기 또는 초기 소아기의 섭식장애이다.
- 배설장애: 이 장애에는 부적절한 장소에 반복적으로 배변하는 유분증과 부적절한 장소에 반복적으로 소변을 보는 야뇨증이 포함된다.
- 틱장애: 이 장애는 음성 틱 또는 운동성 틱이 특징이다. 여기에 포함된 장애들은 뚜렛 장애, 만성 운동성 장애 또는 음성 틱장애, 일과성 틱장애와 달리 분류되지 않는 틱장애이다.
- 유아기, 소아기, 청소년기의 기타 장애: 이 장애는 위에 열거한 어떠한 범주에도 포함되지 않은 장애들을 진단하기 위한 것이다. 분리불안장애는 소아가 애착을 느끼는 사람들과 이별할 때 경험하는 발달적으로 볼 때 부적절하고 지나친 불안이 특징이다. 선택적 함구증은 어떤 상황에서는 말을 하고 특정한 사회적 상황에서는 지속적으로 말을 하지 못하는 것이 특징이다. 유아기 또는 초기 소아기의 반응성 애착장애는 대부분의 상황에서 일어나는 심하게 손상되고 발달적으로 부적절한 사회적 관계가 특징인데, 심한 병적 원인을 제공하는 돌봄과 관계가 있다. 상동증적 운동장애는 정상적인 활동을 심하게 방해하는, 때로는 신체적인 상해를 일으킬 수 있는 반복적이고 외관상 충동적이며, 비기능적인 운동성 행동이 특징이다. 달리 분류되지 않는 유아기, 소아기, 청소년기 장애는 유아기, 소아기, 청소년기에 발병하면서 앞서 분류한 어떤 특정한 진단 기준에도 맞지 않는 장애들을 부호화하기 위한 나머지 범주이다.

이 밖에도 소아 또는 청소년들은 정신장애라고 진단 내리기는 어렵지만 임상적인 관심을 필요로 하는 문제들을 나타낼 수 있다(예: 관계의 문제, 학대 및 방치와 관련되는 문제, 사별, 경계적·지적 기능, 학업문제, 소아 또는 청소년의 반사회적 행동, 자아정체감 문제). 이상에서 설명한 것은 표 5-1 과 같다.

표 5-1 DSM-Ⅳ에서 분류된 유·아동기 장애 유형

- **유아기, 아동기, 청소년기에 흔히 처음으로 진단되는 장애**
  - 정신지체 : 가벼운, 중간, 심한, 매우 심한 정도
  - 전반적인 발달장애 : 자폐, 레트, 소아기 붕괴성, 아스퍼거
  - 의사소통장애 : 표현성, 혼재 수용-표현성, 음성학적 장애, 말더듬기
  - 운동기술장애
  - 학습장애 : 읽기장애, 쓰기장애, 산술장애
  - 주의력 결핍 및 파괴적 행동장애 : ADHD, 반항성 장애, 품행장애
  - 유아기 또는 아동기의 급식 및 섭식장애 : 이식증, 반추장애, 급식장애
  - 배설장애 : 유분증, 야뇨증
  - 틱장애 : 뚜렛, 만성 운동 또는 음성 틱, 일과성 틱
  - 기타 : 반응성 애착장애, 분리불안, 선택적 함구증, 상동증적 운동장애
- **아동기로 특정짓지는 않았으나 아동기에 적용될 수 있는 장애**
  - 불안장애 : 공포장애, 강박장애, 과잉불안 장애, 외상 후 스트레스 장애
  - 기분장애 : 우울장애
  - 급식장애 : 식욕부진증, 폭식증
  - 수면장애 : 몽유병, 악몽, 야경증

(4) 발달장애와 심리기능장애

DSM-Ⅳ 분류체계는 지나치게 겉으로 드러난 현상학적 측면에서의 기능장애만을 강조한다는 제한점을 지니고 있지만, 임상현장에 상담을 위한 진단기준을 제공해 준다는 점에서 유용하다. DSM-Ⅳ에 제시된 장애들은 크게 발달장애와 심리기능장애로 나눌 수 있으며, 심리기능장애는 정서, 행동 및 생리기능장애로 구분될 수 있다.

- 발달장애: 발달장애는 유전, 생화학적 요인 또는 뇌 기능 손상과 같은 기질적인 요인으로 인해 주로 유발되는 장애들을 말한다. 이에 속하는 장애 유형은 정신지체, 전반적인 발달장애 또는 자폐장애, 그리고 특정 발달 영역에서의

지체라 할 수 있는 의사소통장애, 운동기능장애 및 학습장애이다.

- 심리기능장애: 심리기능장애는 대부분 환경적 요인에 의해서 유발된다고 할 수 있으며, 아동기 때의 환경은 가정, 특히 부모를 의미한다. 심리기능장애 중 정서장애는 아동기에 가장 흔히 나타나는 병리 유형이며, 반응성 애착장애, 선택적 함구증, 분리불안장애, 등교 거부증, 틱장애가 이에 포함된다. 행동장애에는 주의력 결핍 과잉행동장애, 적대적 반항장애 및 품행장애가 속하며, 생리기능장애에는 섭식장애, 배설장애 및 수면장애가 포함된다. 최근 DSM-Ⅳ의 새로운 진단명으로 '부모-자녀 관계 문제'(parent-child relational problem)가 연구되고 있다. 이 장애는 심리기능장애에 포함될 수 있으며, 이에 대한 진단기준은 임상현장과 자녀양육에 많은 것을 시사해 준다.

3) 유아 문제행동의 원인

유아의 문제목록을 파악하게 되면 다음으로 그들의 문제가 왜 발생하게 되었는지 궁금해지고, 그 원인을 이해하려는 노력을 하게 된다. 유아의 장애에 대한 원인을 이해하려는 노력은 유아의 문제행동의 이해와 교정 및 치료에 매우 중요한 것이다. 문제행동은 유아와 그 유아의 가족들을 둘러싸고 있는 몇 가지 구성요소와 구성인자들을 파악하려는 것과 관련이 있다. 교사는 문제가 발달하는 데 영향을 미쳤을지도 모르는 유아의 주변 환경에서 찾아볼 수 있는 요소들을 탐색하는 것이 필요하다. 현재 나타나는 문제뿐 아니라 문제가 나타난 시기에 있었던 일들도 함께 탐색할 필요가 있다. 더 나아가 교사는 문제를 지속시키는 것이 무엇인지를 평가하기 위해서 주변 환경을 조사하여야만 한다. 이러한 요소들을 가족뿐만 아니라 유아에게서 확인된 갈등요소들과 함께 연계함으로써 교사는 유아의 문제행동에 대한 이해와 유아생활지도 및 상담에 방향감을 얻게 된다(Brems, 1993).

(1) 질병 요인

상담을 위해서는 유아의 생활 가운데에서 드러나는 특별한 질병 요인(predisposing

factors)들을 평가하는 것이 중요하다. 질병 요인으로는 사회 관습적인 것, 환경적인 것, 사회적인 것, 가족적인 것, 개인적인 것, 생물학적인 것 그리고 유전적인 것들이 있다. 각 분야에서 상담자는 아이의 정신건강과 현재 나타나고 있는 문제들에 영향을 미칠 수 있는 가능성에 대해 살펴보아야 한다. 대개 그런 요인들은 아주 분명하지만 좀처럼 정확하게 평가되기 어려울 수도 있다. 모든 가능성들에 대한 이해에 도움이 되는 목록은 아이들의 정신적인 발달과 적응에 영향을 미쳤을 가능성이 있는 구성요소들을 놓치지 않도록 가능한 모든 요인들을 파악하는 것이 좋다. 현재 나타나는 증상은 어느 한 가지 요인만으로 설명하기는 어렵다.

- 사회 관습적 요인(societal factors) : 사회 관습적 요인들은 시대정신, 도덕적 자세, 편견, 어느 집단에 대한 하위 집단의 배척(추방) 혹은 미디어가 창출해 내는 사회적인 가치들과 같은 문제들을 포함할 수 있다.
- 환경적 요인(environmental factors) : 환경적 요인들은 지진 혹은 폭풍우처럼 정신적 쇼크가 큰 환경적 사건들로부터 친구의 죽음, 이사 또는 전학 등과 같은 문제들을 포함한다. 환경 자극의 부재는 우울, 선택적 함구증, 혹은 다른 것에 영향을 미치는 발달장애 등의 다양한 형태의 부적응으로 유아들에게 영향을 미칠 수 있다.
- 사회적 요인(social factors) : 사회적 요인들은 종종 환경적인 문제들과 밀접한 관련이 있다. 사회적 요인들은 영양실조, 무관심(방치), 아동의 생활환경(도시 또는 시골), 사회경제적 지위, 일상생활 상태에서의 스트레스 수준, 그리고 이와 비슷한 영향들을 포함한다. 영양실조(malnutrition)는 이식증 행동(pica behavior)뿐만 아니라 발달상의 장애들과도 관련이 있을 수 있다. 아이의 행동에 중요한 영향을 미치는 이러한 요소들에 대한 가능성은 결코 과소평가되지 않아야 한다.
- 가족 요인(familial factors) : 가족과 관련된 요인들은 아이 갖는 것에 대한 부부간의 불일치, 형제자매의 출생 순서, 세대 간의 갈등, 편부모하의 정서적 상태, 가족 구성원에 의한 아동학대, 부모의 정신병 그리고 다른 가족의 작용과

같은 문제들을 포함한다. 이러한 요인들은 우울증, 행동장애, 반응성 애착장애에서 친밀성 결여에 이르기까지 아이에게 다양한 증세를 유발시킨다.

- 생물학적 요인(biological factors) : 생물학적 요인들은 신경학상의 결함, 생화학약품(제품), 다양한 형태의 장애(신체적, 감각기관), 심각한 정도 혹은 만성질환(측두엽 간질, 뇌염), 임신기간 동안 모체에 의해서 정신에 영향을 미치는 물질(알코올, 카페인, 수면제)을 사용하거나 혹은 남용한 경우 그리고 자주 발생하는 질환 혹은 알레르기와 같은 다양한 가능성들을 포함한다. FAS(Fatal Alcohol Syndrome, 태아기 알코올증후군)는 단지 정신지체, 주의력 결핍 과잉행동장애, 학습무력감에 국한되지 않고 유아에게 여러 가지 정신병 혹은 행동장애를 일으키게 하는 주된 질병 요인으로 여겨지고 있다.

질병 요인을 파악하는 것은 문제행동에 대한 뚜렷한 원인을 파악하기 위한 것이라기보다는 오히려 현재 나타나고 있는 문제행동을 발달 또는 촉진시키는 데 기여하고 있을지도 모르는 요인들을 전체적으로 파악하기 위한 것이다. 특정한 장애에 대한 명백한 원인을 조사하는 것이 아직까지는 불가능한 상태이다. 지금까지는 단지 높은 관련성 혹은 증상들만이 밝혀져 있는 상태이다. 그럼에도 불구하고 질병 요인들의 가능성에 대해서는 현재 증상을 나타내고 있는 유아들의 문제행동을 교정하고 치료하기 위해서 고찰되고 주목하여야 한다.

(2) 촉진적인 요인

촉진적인 요인(precipitating factors)은 가족이 지닌 문제가 유아의 문제를 촉발시키고 있음을 나타내는 중요한 요인이다. 많은 경우 유아의 문제행동은 유아교사의 불평이나 호소에 의해 밝혀진다. 달리 말하면 부모는 자신의 자녀가 문제가 있음을 전혀 의식하지 못하고, 자녀가 보이는 행동을 문제행동이라고 생각조차 하지 않는 경우가 종종 있다. 예를 들어, 부모가 이혼의 위기에 처해 있을 때 부모는 자신들의 문제에 몰두해 있어 자녀가 가정의 이혼위기로 어떠한 심리적·정신적·사회적·행동적 문제를 가지고 있는지를 보지 못하는 경우가 많다. 이런 경우 부모의 이혼위기가 유아의 과잉 위축의 촉진적 요인이 된다. 이 외에도 이혼하기 전까지 계속되던 부모의 갈등, 또한 유아의 위축행동을 발달시켜 온 질병 요인이 된다. 즉, 어떤 요인들은 촉진적 요인뿐 아니라 질병 요인이 되기도 한다. 이때 교사는 부모상담 또는 부모교육을 통해 유아의 문제를 해결하기 위한 시도를 할 수 있다.

(3) 강화적인 요인

교사는 유아의 문제행동을 발달시키는 촉진 요인을 발견하면, 더 나아가 유아의 문제행동을 지속시키는 요인이 어떤 것인가에 대해서 궁금해진다. 유아가 자신의 문제행동 또는 문제 증상을 계속해서 지속시키고, 강화시키는 이유가 있다. 예를 들어, 부부 싸움으로 인해 아이가 정신적으로 혼란한 상태에서 나타나는 두통의 경우, 두통을 호소하는 것이 부부싸움으로 인해 유아가 경험하게 될 다른 고통보다 덜 고통스럽게 하기 때문에 유아의 두통은 지속될지도 모른다. 야뇨증(enuresis) 역시, 야뇨로 인해 유아가 깊은 수면을 취할 수 없게 되지만, 유아는 혼자 떨어져 자면서 겪게 되는 격리불안보다는 잠시 받는 수면 방해, 즉 야뇨증을 선택함으로써(물론 무의식적으로) 부모 옆에서 잠잘 수 있는 기회를 얻으려 한다.

불쾌하거나 혹은 심지어 고통을 주는 것으로 보고되어 온 증상들은 그 증상에서 비롯된 이차적인 이득으로 묘사될 수 있는 좀 더 큰 목적이 있는 경우가 많다. 상담자는 증상을 지속시키는 가능성 있는 강화 요인들을 평가하기 위해서 잠재적인 보상이 증상들 속에 본래부터 내재해 있는 것인지를 진단하는 것이 필요하다. 이러한 것은 문제를 이해하고, 상담 계획을 세울 수 있는 정보를 제공한다.

아이가 증상의 본질을 강화시키는 것으로 생각하여, 강화 요인을 조사하는 것이 아이들이 가지고 있는 증상들을 비난하기 위해 이루어진다고 오해해서는 안 된다. 이차적인 이득은 일반적으로 무의식적인 과정으로서 아이의 입장에서 증상을 의도적으로 만들어 내는 것은 좀처럼 불가능한 것이다. 게다가 지속시키는 요소들은 부차적으로 획득되는 것이 많다. 때때로 부모의 행동이 아이에게 충격을 준다는 것을 인식하지 못하는 부모가 유아의 문제를 지속시킬 수도 있다. 예를 들어, 부적절한 부모의 양육태도로 인해 아이의 무의식적 행동(acting out)을 단계적으로 확대시켜 버릴 수도 있고, 혹은 부주의로 인해 잘못된 행동에 대한 보상의 결과가 되어버릴 수도 있다. 흔히 볼 수 있는 예로는 장난감을 사달라고 조르면서 우는 아이의 울음을 그치도록 하기 위해서 필요 없는 장난감을 사주는 경우이다. 이런 부모의 행동은 당장 아이의 울음을 그치게 하겠지만, 아이의 잘못된 행동을 강화시켜 주고 앞으로 재발의 가능성을 더 많게 만드는 것이다.

현재 나타나고 있는 문제들을 발달시키고 지속시키는 데 기여해 온 다양한 요인들이 밝혀지고 나면, 아이의 정신 내적인 역학(intrapsychic dynamics), 가족 역학(family dynamic), 상호 대인 간 모체 역학적인(interpersonal matrix dynamic) 면에서 아이에 대해 보다 구체적으로 이해할 수 있게 된다. 유아 문제행동에 대한 이해가 있게 되면 유아교사는 자신이 직접 유아의 문제행동을 교정 · 상담할지, 아동상담 전문가나 의사에게 상담을 의뢰할 것인지를 결정해야 한다. 유아교사가 직접 유아의 문제를 상담하지 않을지라도 유아 문제행동의 목록과 분류체계, 문제행동의 원인 등을 이해하는 것은 보다 전문적인 유아교사의 자질을 갖추는 데 필요한 사항이다.

6. 유아의 문제행동 상담

1) 유아상담의 필요성과 개념 정의

유아기는 심리적 안정감과 자아존중감을 키워 나가고 긍정적인 자아개념을 형성하며, 정상적인 사회인으로서 살아갈 사회적 기술을 익혀 가는 중요한 시기이다. 빠르게 변화하는 갈등과 격동의 현대사회 분위기 속에서 유아들은 알게 모르게 성적 · 신체적 · 정서적 · 교육적으로 상처와 학대를 받으며, 자신들이 누릴 행복의 권리를 박탈당하면서 사는 알려지지 않은 희생자가 되고 있다.

유아들의 위기를 재촉하는 이유로는 잦은 지리적 이동, 부모의 이혼으로 인한 가정 파괴, 유아 학대와 방임, 보다 빨리, 보다 많이 성취해야 한다고 재촉하는 부모들의 과도하고 성급한 성취 압력 등이 있다. 이러한 압력과 재촉을 끊임없이 받고 사는 현실 속에서 인생 중에서 가장 행복한 시절을 보내야 하는 유아들마저 심신이 지치고 힘들게 되며, 여러 가지 정신과 심리기능에 장애를 나타낸다. 이 시기에 형성된 유아 문제는 이후의 발달과업 성취에 문제가 되어 아동·청소년기와 성인기의 사회적 적응이나 성격 발달에 부정적인 영향을 미치게 되고 정신건강에도 악영향을 미치게 된다. 많은 부모들과 성인들은 지금까지 유아들이 나타냈던 정서적 문제, 사회적 문제, 행동 문제에 대해 그리 심각하게 여기지 않았다가 최근에는 이를 중요한 문제로 여기면서 조기에 적절한 상담을 통해 치료하고자 하는 요구와 필요성이 강해지고 있다(김춘경, 2004). 그에 따라 유아교사들도 유아의 문제행동을 조기에 발견하고 치료할 수 있는 기본적인 자질을 갖출 필요성이 증가하게 되었다.

상담(counseling)이란 라틴어의 'counsulere'에서 유래한 것으로 '고려하다', '반성하다', '깊이 생각하다' 등의 의미를 가진다. 1939년 처음 상담이란 용어를 학교교육과 관련지어 사용해서 학교상담의 창시자라고 불리는 윌리암슨(Williamson)은 "상담이란 훈련과 기술, 신용으로써 상담자가 내담자의 적응 문제를 해결하는 면대면의 관계"라고 하였다. 이장호(1995)는 상담을 "도움이 필요한 사람이 전문적인 훈련을 받은 사람과의 관계에서 자신의 생활과정상의 문제를 해결하고 생각, 감정, 행동 측면의 인간적 성장을 위해 노력하는 학습과정"으로 정의하였다. 상담이란 도움을 필요로 하는 사람과 도움을 줄 수 있는 사람 사이의 개별적인 관계를 통하여 내담자의 문제해결과 성장·발달을 위한 새로운 학습이 이루어지는 과정이다. 특히 상담은 '개별적인 관계'를 통한 학습과정이라는 점이 중요하다. 왜냐하면 상담의 전체 과정은 진정한 인간관계의 과정이며, 이 관계의 과정을 통해 새로운 세계를 통찰하고 삶의 의미를 발견하며 앞으로 가져야 할 방향 의식을 학습하게 되기 때문이다.

2) 유아상담의 목표

상담의 이론이 다양함에 따라 상담의 목적도 다양하다. 그러나 어떤 상담이론이든지 유아상담의 최종 목표는 내담자인 유아의 성장과 발달에 있다.

유아의 문제에 따라 상담을 위한 구체적인 개인적 목표가 정해지겠지만 많은 사례에서 공통적으로 제시하는 상담목표가 있다. 유아를 위한 일반적인 상담의 목표는 행동의 변화, 정신건강의 증진, 문제해결, 개인적인 효율성의 증진 및 효과적인 의사결정이다(박성수, 1986).

① 행동 변화로서 상담은 개인이 좀 더 생산적이고 행복한 생활을 하는 데 방해가 되는 행동은 감소시키거나 제거시키고, 만족스럽고 성공적인 생활을 하는 데 도움이 되는 행동은 형성시키거나 증가시키는 것을 목표로 한다.

② 정신건강의 증진으로서 상담은 병리적 요소의 제거나 수정보다 유아의 정서적인 성장과 발달을 촉진시키는 것이다.

③ 문제해결로서 유아들에게 상담이 필요한 것은 그들에게 스스로 해결하기 어려운 문제가 있기 때문이다.

④ 개인적 효율성의 증진으로서 상담에 의해 생산적 사고를 증진시키고 적응적인 인간관계를 형성하며, 다양한 문제 상황에 효과적으로 대처할 수 있는 능력을 양성함으로써 개인의 효율성을 증진시킬 수 있다.

⑤ 현명한 의사결정으로서 상담은 현재 부딪히고 있는 선택이나 결정을 합리적으로 할 수 있도록 도와주고, 미래에 직면하게 될 선택과 결정을 보다 효율적으로 할 수 있도록 원조해 주는 것을 목표로 한다.

3) 유아상담의 기법

상담이 필요한 유아들은 자발적으로 상담을 받으러 오는 성인들과 달리 부모나 교사의 권유나 압력에 의해 오기 때문에 상담을 일종의 처벌로 생각하여 이를 두려워하거나 거부하곤 한다. 그러므로 상담을 하기 위하여 상담자는 유아가 이해받고, 수용되고 있다고 느끼고, 안정감을 찾고, 상담이 자신에게 도움이 된다고 느낄 수 있도록 해 주는 것이 중요하다. 그러기 위하여 상담자는 유아들이 거부감 없이 즐겁고 기쁘게 상담에 참여할 수 있도록 그들에게 맞는 상담기법과 전략들을 개발해야 한다.

유아상담에서 겪는 또 다른 어려움은 유아들이 자신의 문제를 언어로 표현하는 것이 어렵다는 점이다. 이것은 유아의 언어적 표현의 제한에 따른 원인일 수도 있고, 다른 경우는 유아가 그들의 어려움을 표현하고자 시도했을 때 어른들에 의해 그들의 생각이나, 느낌, 행동이 무시당했거나 조롱이나 억압당했던 경험이 유아들로 하여금 자신의 느낌, 행동, 사고를 무시하게 만들었기 때문일 수도 있다. 이러한 사건이 해결되지 못하면 유아는 정서적 혼란을 경험하게 된다. 이러한 경험은 상담자로 하여금 유아의 사적 세계를 이해하기 어렵게 한다.

유아상담의 경우 많은 이론이나 방법들은 어른들의 시각에서 유아를 이해하고자 하였기 때문에 자칫 어른의 시각으로 유아의 내면세계를 이해하고자 함에 따른 문제점도 있을 수 있다. 유아가 지니게 되는 모든 문제들을 유아의 관점이나 발달과정에 맞춰 이해하도록 노력하는 것이 중요하다.

유아상담에서는 유아가 즐겨 사용하는 놀이, 미술, 음악, 게임 등의 다양한 매체들을 사용하여 유아의 내면세계를 탐색한다. 유아 상담자들은 유아가 제시하는 행동에서 민감하게 정보를 수집하기 위해 그들이 사용하는 "새로운 언어"(Gondor, 1994)를 배우고, "제 3 의 귀를 가지고 경청하는 기술"(Landreth, 1991)을 습득하고, "눈으로 듣는 능력"(Landgarten, 1981)을 개발하는 노력을 해야 한다.

(1) 놀이를 통한 유아상담

유아상담에서 사용하는 가장 일반적인 기법 중 하나가 놀이치료다. 놀이는 유아의 성장과 성숙을 촉진하는 유아기의 중요 활동이기 때문에 유아상담을 목적으로 놀이의 사용은 이미 널리 입증되어 지지되어 왔다(O'Conner, 1991; Landreth, 1991; Schaefer, 1993). 유아상담에서 놀이는 자신을 표현하는 가장 자연스런 수단이면서 의사소통 수단이고, 어떤 결과나 목적을 위해서 행하는 것이 아니라 놀이과정 자체를 유아들이 즐기기 때문에 더욱 중요하다. 놀이는 유아의 일(occupation)로서 설명되어 왔고(Erikson, 1959), 장난감은 유아의 도구로서 사용되어 왔다. 놀이는 "자기표현을 위한 가장 자연스러운 수단"이고(Axline, 1947), 유아와 성인 사이뿐 아니라 유아 간에 의사소통의 뛰어난 수단이다. 유아는 놀이에서 말없이 의사소통한다. 그것은 개인적이고, 장난감 또는 단순한 사물들이 유아의 성장을 촉진하고, 중요한 생활 상황을 행하도록 돕는 목적으로 사용된다(O'Conner, 1991).

유아상담에 놀이가 사용될 수 있는 이유에는 몇 가지가 있다.

① 놀이는 상담자와 유아 간의 관계를 촉진시켜 주는 데 효과적으로 사용될 수 있다. 놀이를 통해 상호작용이 쉽게 시작될 수 있고, 유아로 하여금 상담 상황을 친숙하게 느끼도록 할 수 있으며, 안정된 느낌을 경험할 수도 있다.

② 유아는 놀이를 하면서 의식적 · 무의식적으로 자기 노출(self-disclosure)을 하게 된다. 놀이에서 유아는 자신의 감정, 갈등, 문제, 관계의 어려움을 직접적 또는 상징적으로 재연하는데, 이는 다른 매개체를 통해 표현되지 못하는 다양한 정보를 상담자에게 제공해 준다. 그러므로 놀이를 통한 상담은 매우 어리거나 언어가 부족한 유아에게까지 가능하다.

③ 놀이를 통해 나타나는 감정과 갈등은 자연스럽고 자유롭게 표현되므로 유아로 하여금 정화(catharsis)를 경험하게 함으로써 치료적인 효과를 지닌다.

④ 놀이는 현존하는 문제를 해결하기 위해 상담자와 유아가 서로 타협하도록 도와준다. 상담자로 하여금 유아의 문제해결에 개입하고 지시하기 쉬운 활동장소를 제공해 줄 뿐만 아니라 해석하고 내면화시켜 주는 기회가 되기도 한다.

⑤ 놀이 시 유아는 실패로 인해 상처를 받거나 나쁜 상황에 처할 필요 없이 안정된 장소에서 새로운 행동을 시도해 볼 수 있다. 따라서 상담자는 놀이과정에서 유아로 하여금 생활문제에 더 잘 대처하게 하는 새로운 문제해결 전략을 발달시키는 모델의 역할을 함으로써 도움을 줄 수 있다.

일반적으로 놀이치료를 실시하려면 많은 장난감을 갖춘 치료실을 생각하지만 랜드레스(Landreth, 1991)는 상담자가 선택한 소수의 장난감만으로도 가능하다고 하였다. 즉 장난감의 양이 중요한 것이 아니라 장난감을 선택할 때 현실적인 생활 장난감, 과행동·공격적인 장난감, 표현적·창조적 장난감의 종류가 골고루 갖추어져 있는 것이 중요하다. 현실적인 생활 장난감으로는 아기 인형, 구부릴 수 있는 가족인형, 인형 집, 인형 가구, 요람(침대), 동물가족, 아기 우유병, 박제된 장난감, 모래상자의 모래, 용기, 전화기, 차, 트럭, 비행기와 같은 운송수단 장난감 등이 있다. 과행동·공격적인 장난감으로는 권총집이 있는 권총, 고무로 만든 칼, 총이나 다른 시끄러운 소리를 내는 무기, 수갑, 장난감 군인과 같은 장난감, 펀칭백, 권투 연습용 모래주머니, 장난감 군인과 군함, 뱀, 쥐, 플라스틱 괴물, 공룡, 곤충(벌레) 등이 있다. 표현적·창조적 장난감은 유아가 창의력과 상상력을 표현하게 하는 것으로서 크레용, 종이, 가위, 밀가루 반죽이나 점토놀이, 연필, 풀, 손가락 풀그림, 수채물감 등의 미술 재료, 유아들이 흉내내는 데 사용할 수 있는 평범한 작은 마스크, 모자, 지갑, 굽이 높은 구두, 인조 보석 등이 있다. 대부분의 장난감들이 유아교육기관에 갖추어져 있고, 유아교육의 많은 부분이 놀이의 교육적 기능을 활용하여 실시되고 있는 현실에서 유아교사가 놀이의 치료적 기능을 이해하고, 활용할 수 있으면 자연스럽게 유아의 심리건강을 위한 교육치료적 활동을 할 수 있게 된다.

(2) 미술을 통한 유아상담

유아들은 자신의 생각, 감정, 상상을 마음껏 표현할 수 있는 미술활동을 좋아한다. 미술은 '목적 있는 상징의 구성'(Kramer, 1979), '자기표현의 자발적 방법'(Rambert, 1964), '받아들일 수 없는 행동을 승화시켜 받아들일 수 있는 행동으로 재전환하는 것'(Rubin, 1987), '무질서에서 벗어나 질서를 잡는 방법'(Rubin, 1987)이며, 유아가 어떤 결과의 두려움이나 환경으로부터의 보복 없이 대인 간 관계를 창조하고, 상징적으로 소망을 이루고, 자극을 통제하고, 감정과 욕구를 표현하기 위해 사용될 수 있다(Rubin, 1987).

유아상담 시 상담자는 미술기법을 평가(assessment), 정화(catharsis), 성장(growth)을 위한 중재 전략으로 사용한다. 미술은 자기 노출의 수단이므로 상담자는 유아가 지니고 있는 대인관계나 개인 내적 문제를 개념화하고 진단하는 평가도구로 사용할 수 있다. 미술은 상담자로 하여금 창작의 과정과 작품 결과를 통해 내담자가 정상적으로 알거나 깨달을 수 없는 갈등, 욕구, 감정을 인식할 수 있고, 유아가 말로 표현하지 못한 문제에 대한 정보를 제공해 주며, 미술작품을 통해 상담의 진보를 파악하고, 상담의 종결을 결정하기도 한다. 미술기법을 이용한 다양한 평가도구들, 예를 들면 과제 화법, 상상화 그리기, 집-나무-사람검사(HTP), 인물화 검사(DAP), 가족화(DAF), 동적 가족화(KFD), 학교생활화(KSD), 풍경구성법, 협동화법, 난화 게임법 등은 상담과정에서 유아로부터 추가적인 정보를 얻기 위한 것이다(김춘경, 2004).

상담자는 미술기법을 사용하여 유아가 자신의 감정과 욕구를 표현할 수 있도록 격려함으로써 유아가 가지고 있는 부정적인 감정을 사회적으로 수용되는 방법으로 해소하면서 정화를 경험하게 해 준다. 예를 들어, 화가 나는 사건을 회상하며 점토를 세게 두드리거나 폭발하는 화산을 만들 수 있고, 자신을 괴롭히는 사람을 그린 후 그 위에 줄을 그으면서 자신의 분노를 해소시킬 수 있다. 유아는 다양한 매체를 선택하고, 자기주도적으로 자유롭고 창의적인 작품을 만들어 보면서 성장한다. 이런 경험은 유아의 자신감을 고양시키고, 개인적인 만족감, 가치감, 성취감을 느끼게 한다. 미술활동은 유아의 정신과 감각을 사용함으로써 유아의 인지능력을 활성화시키는 기능도 한다.

미술활동을 통해 상담목표를 달성하려면 상담자는 유아의 행동과 창작품이 무엇을 나타내는지 이해해야만 한다. 이를 위해 상담자는 미술의 세 가지 차원, 즉 과정, 형태, 내용을 해석할 수 있는 능력이 있어야 한다. 또한 유아로 하여금 자신의 작품이 평가 대상이 아니고, 자유로운 상황에서 자기주도적으로 미술활동이 이루어질 수 있다는 것을 분명히 인식할 수 있도록 해 주어야 한다. 유아교사가 미술활동의 심리치료적 기능과 역할을 이해하면 유아의 미술활동이 교육적 목적을 넘어 유아의 건강한 정신과 심리발달을 촉진하고 유지할 수 있는 역할까지 할 수 있게 된다.

(3) 음악을 통한 유아상담

음악이 '치료'의 도구로 사용된 것은 인류 문명의 시작과 그 시기를 같이 한다고 해도 과언이 아니다. '음악치료의 아버지'로 알려진 개스톤(Gaston, 1968)은 음악은 인간 행동의 한 형태로서 아주 독특하고 강력한 영향을 미치며, 장애인이나 환자들로 하여금 바람직한 행동을 획득하게 하며, 그 전의 잘못된 행동을 변화시키는 데도 도움을 준다고 하였다. 때로 음악 그 자체가 행동 변화를 야기하기도 하지만 대부분은 치료자가 직・간접적으로 이끌어 가는 역할을 함으로써 이루어진다.

음악의 치료적 기능을 살펴보면, 음악은 신체적 활동을 야기하고, 사람에게 상징성과 만족감을 주고, 환경과 접촉하게 하며, 커뮤니케이션의 기능을 가지고 있다. 또한 감정을 표출시켜 주며, 기억을 자극시키고, 내・외적 동기가 되며, 개인을 그룹으로 통합시키며, 사람에게 즐거움을 주기도 한다.

음악치료의 방법으로는 집단 연주와 즉흥 연주, 창작, 작곡, 노래 만들기, 음악감상과 인식・상상・말하기 유도, 배경음악을 사용한 다른 활동들, 리듬 활용 등이 있다. 이를 통한 일반적 기대 효과는 다른 사람들과의 관계 개선과 사회성의 향상, 언어구사 능력의 향상, 음악치료 그룹을 통한 개인의 책임감과 질서 확립, 기분 전환과 집중력 강화, 음악감상을 통한 긴장 이완, 즉흥 연주를 통한 자기표현, 자신감 강화, 치료사와의 관계 형성으로 타인에 대한 상호 신뢰감 증진, 노래 부르기와 악기연주를 통한 신체 기관의 기능 회복, 적극적인 역할을 위한 동기부여, 말로 표현하기 힘든 정서의 창조적 승화와 배출 등이 있다.

음악치료를 함에 있어서 상담자는 어느 정도 기본적인 음악적 능력을 갖추어야 한다. 상담자가 노래를 잘 하고 악기를 잘 연주한다면 이상적이지만 최소한 음악에 대한 관심이 있어야 한다. 구메어(Gumaer, 1997)는 최소한 음악상담자로서 갖추어야 하는 세 가지 태도를 제시하였다. 첫째, 음악에 가치를 둘 것, 둘째, 음악의 기능적인 목적 사용을 이해할 것, 셋째, 음악의 질, 맛, 또는 아름다움에 비추어 어느 한 유형의 음악이 다른 모든 종류의 음악보다 더 좋다거나 더 나쁘다고 보지 않아야 한다. 그 외에도 상담자는 높낮이가 익숙한 노래를 따라 부를 수 있고, 높낮이에 맞지 않게 노래하거나 연주하는 것을 인식하는 능력, 간단한 음악 리듬에 맞춰 노래하고 손뼉치고 춤추며 걸을 수 있고, 리듬에 맞지 않게 움직이는 것을 인식하는 능력, 다른 사람의 음악적 재능, 기호, 음악적 환경 등을 파악할 수 있는 능력을 갖추어야 한다.

(4) 문학을 통한 유아상담

고대 그리스의 도시인 테베(Thebes)의 도서관에는 '영혼을 치료하는 장소'라는 말이 새겨져 있는데, 이는 책이 의사소통이나 교육, 치료 등을 통해 생활을 질적으로 더욱 풍부하게 해 준다고 생각한 데서 비롯된 것이다. 그 이후로 책은 많은 사람들에게 활자화된 단어로부터 영감과 안식을 위한 침묵의 상담자(silent counselors)로서의 역할을 해오고 있다(Riordan & Wilson, 1989). 이렇듯 독서치료는 그 역사가 길지만 활성화된 것은 그리 오래되지 않는다. 근대에 와서 심리치료자와 심리분석학자들은 책을 환자의 가장 깊은 부분의 감정에 접근할 수 있는 치료수단으로 보고 독서치료를 이용하였다.

독서치료는 유아상담에 있어서 다양한 기능을 수행한다. 첫째, 유아의 억압된 마음을 표현해 주고, 유아들이 지닌 문제나 그 해결 방향까지 제시해 주는 중요한 치료매체이다. 문학작품에는 작중 인물의 여러 가지 갈등이 표출되어 있고, 문제해결의 과정이 있으며, 갈등을 겪으면서 경험하는 희로애락 등 그들의 다양한 감정이 표현되어 있다. 이로써 유아는 자신의 사고와 감정을 정확히 표현할 언어능력이 부족하고, 심리적 충격이 심한 경우에 자신의 문제를 표현하는 데 어려움이 있으므로 치료사는 문학작품을 통해 유아의 내면세계에 자연스럽게 우회하여 접근할 수 있고, 유아의 내면세계에 다가갈 수 있다. 특히 유아는 자기가 읽거나 들은 문학작품과 자신을 강하게 동일시하기 때문에 유아의 가치관과 태도는 각 성장 단계에서 독서에 의해 영향을 받고, 심지어는 변하기까지 한다. 둘째, 책은 자기의 상황을 잊어버리고 다른 곳으로 생각을 유도하는 기능이 있다. 잊어버리는 기능은 유아에게 안도감을 주고, 긴장을 완화시키며 즐겁게 만든다. 다른 곳으로 유도하는 기능은 교화하고, 감동시키고, 동요시키며, 태도의 변화를 일으킨다. 이로써 유아는 자신의 고통을 잊어버리고 남의 고통에 관심을 갖게 되며 다른 사람을 생각하여 자신의 문제에서 벗어나 보다 객관적으로 문제를 볼 수 있게 된다. 이 외에도 독서치료는 감동을 통해 인격을 조정하고 변화시키며, 자신의 특성과 행동양식을 인식시켜 새로운 체험을 할 수 있도록 유도해 준다. 또한 대리 만족의 기회를 제공해 주며 사회적응력을 길러 준다(Kleber, 1982).

책 읽기 자체만으로도 심리치료가 될 수 있다고 보는 사람들이 있다. 그러나 책을 읽는 것만으로 나타나는 치료적 효과를 넘어서, 독서를 통해서 나오는 감동과 힘이 내담자의 내면세계의 문제를 치료하기 위해서는 치료사의 치료적 처치가 함께 수반되어야 한다. 치료사는 유아 문제와 관련하여 적절한 유형의 도서를 선정하여 적절한 시기에 읽게 하는 기술, 책에서의 경험과 관련하여 유아와 치료자 사이에 상호작용하게 하는 기술, 유아와 치료자 간의 상호작용을 자극하기 위한 치료활동을 할 수 있는 기술들을 갖추어야 한다(Gumaer, 1997).

일반적으로 독서치료는 책만 사용한다고 생각하지만 상담자는 책을 기본으로 하고, 상담의 효과를 극대화시키기 위해 영화, 슬라이드, 일기, 시, 잡지, 역할극, 게임 등의 다양한 매체를 함께 사용한다.

CHAPTER 06

유아교육과 놀이

유아들은 놀이를 통해 대상이나 사물을 탐색하고 이해하며 세상에 대한 흥미와 욕구를 자연스럽게 표출한다. 유아들의 입장에서, 놀이는 그 자체 그들의 삶이자 동시에 교육활동이다. 한편 교사의 입장에서, 놀이는 아동중심 철학을 실현하기 위한 좋은 교수학습방법이 된다. 이 장에서는 유아기 놀이의 기초가 되는 이론과 구체적인 놀이지도 방법을 안내하여 유아교사가 놀이중심의 교육을 운영할 수 있도록 돕고자 한다.

1. 유아기 놀이의 특성

유아들의 놀이를 살펴보면 여러 가지 특성을 내포하고 있음을 알 수 있다. 유아들은 능동적이고도 자발적으로 놀이를 한다. 놀이는 유아들에게 자연발생적 동기를 부여하고 세상에 대한 탐색을 가능하게 한다. 내적 동기란 행동의 결과에 따라 만족을 얻게 되는 외적 동기와는 달리, 행동 그 자체에서 만족감을 얻게 되는 것을 말한다. 유아들은 즐겁기 때문에 놀이를 하고, 놀이를 하면서 기쁨을 얻는다. 놀이를 하는 동안 유아들은 몰입, 도전, 지적 호기심, 탐구심과 같은 매우 다양한 정신 활동을 표출한다. 유아들의 놀이는 외부에서 부가된 규칙으로부터 자유롭고, 상황마다 다르며, 개인별로도 다르게 나타난다. 유아들은 실제적인 대상, 사건, 상황에만 근거하지 않고, 비실제적 대상, 사건, 상황을 마치 사실인 것처럼 행동하면서 놀이를 한다. 유아의 놀이에는 비현실적인 요소가 포함되는 경우가 많다. 이런 유형의 놀이는 유아들에게 현실과 비현실을 인식할 수 있도록 도와준다. 유아기 놀이는 언어적, 인지적, 정신적, 신체적 활동을 필요로 하며, 유아들의 전인적 발달과 학습을 지원해 주는 중요한 학습활동이자 동시에 좋은 교수학습방법이 된다.

① 놀이는 즐겁다.

건강한 유아들은 즐겁기 때문에 놀이를 한다. 놀이는 유아들에게 세상에 대한 흥미를 지속시킨다. 유아들은 놀면서 배운다. 유아들의 놀이는 그 자체가 학습이요, 교육활동이며, 삶인 것이다. 유아들은 무엇인가를 잘 하기 위해 놀이를 하는 것이 아니라 그저 즐겁기 때문에 논다. 유아들은 놀이의 결과보다는 과정에 더 많은 관심이 있다. 유아들은 어떤 기술을 완전히 습득할 때까지 즐거움의 정신으로 놀이를 한다. 성인의 입장에서 볼 때, '일'과 '놀이'는 근본적인 차이가 있다. 일은 외적 강요에 의해서 하는 경우가 많아 수동적이고 외적 목표에 이끌려가는 경우가 많다. 따라서 그럴듯한 결과를 생산해 내는 목표를 달성하지 못하였을 때 보상을 받지 못하거나 비난을 받을 수도 있다. 그러한 생각 때문에 일은 자주 스트레스가 되기도 한다. 그러나 유아들의 놀이는 그 자체가 목표이기 때문에 놀이의 결과보다 과정이 중시되고 유아들의 자발적 선택이 중시된다. 유아들은 즐거움의 정신으로 놀이에 참여하기 때문에 놀이과정에서 일상의 부정적 정서와 스트레스는 해소가 되고 기쁨, 환희, 유머와 같은 긍정적 정서가 발달된다.

② 놀이는 자발적이다.

유아들의 놀이는 대부분 자발적으로 일어난다. 많이 놀아본 경험이 있는 유아들은 자율성과 자신감을 갖고 놀이를 지속시켜 나가는 방법을 안다. 놀이의 결과물이 다소 잘못되었다고 할지라도 놀이를 쉽게 포기하거나 자신감을 잃지 않는다. 때로는 실수와 실패의 경험을 하지만 좌절하지 않고 또다시 놀이를 시도해 나간다. 그러나 타인의 강요에 의해 수동적으로 주어진 활동은 중도에 쉽게 포기하는 경우가 많다. 스스로 흥미를 갖고 자발적으로 선택한 활동이 아닌 경우, 유아들은 비록 그 활동에 일시적으로 흥미를 가졌다할지라도 사소한 어려움을 극복하지 못한 채 작은 난제에도 활동에 대한 매력을 쉽게 잃어버릴 수 있기 때문이다. 자발적으로 선택한 놀이를 하는 동안, 유아들은 놀이에 깊이 몰입하고, 인내심을 발휘하며 놀이를 지속해 나가는 방법을 스스로 터득해 나간다. 놀이의 과정에서 새로움과 신기함을 경험한 유아들은 자신감을 갖고 자율적으로 새로운 활동을 탐색하려 하며 어려움을 극복하려는 도전정신을 발달시키게 된다. 이러한 유아들은 놀이의 결과보다 오히려 놀이의 과정에 흥미를 느끼고 관심을 갖는다. 유아들은 놀면서 배운다는 인식 때문에 유아교육기관에서는 놀이를 내적으로 동기화된 학습활동으로 여긴다. 유아들은 외부 칭찬이나 보상이 없더라도 활동 그 자체에서 즐거움을 가지게 되고 놀이를 즐기게 된다. 이는 곧 즐거운 학습이 된다. 유아들이 스스로 흥미를 느껴 선택한 놀이는 유아들을 오랜 시간 동안 놀이에 몰입하게 만든다. 놀이를 통해 유아들은 세상을 탐색하고, 물체와 물질을 실험하고, 조사해 나간다. 그 과정에서 자연스럽게 지적 호기심이 생겨나고, 유아들은 물체, 물질, 대상, 사건, 상황에 대한 다양한 질문을 하게 된다. 놀이는 세상을 이해하고 지식을 구성하도록 돕는 자연발생적 삶의 터전이다.

③ 놀이는 상징적이다.

유아들은 놀이를 통해 세상에 대한 이미지를 적극적으로 표상한다. 우주놀이를 하기 위해 상상의 우주선을 만들어 타고, 상상의 음식을 요리하며, 미용실놀이를 하기 위해 이동식 가구와 다양한 소품을 사용하여 미용실 선반을 꾸민다. 유아들은 블록 쌓기를 하다가 긴 블록 하나를 들고 전화를 받는 흉내를 하는 등 블록을 전화로 대체하기도 하고, 물체가 없을 때조차도 상상의 물체를 존재하게 만든다. 예를 들면, 빈 그릇에 먹을거리가 있다고 가상하여 손으로 떠먹는 시늉을 하거나 인형에게 떠먹이는 시늉을 하기도 한다. 유아들은 "너는 환자 해, 나는 의사 할게"라며 병원놀이 계획을 세우고 누가 어떤 역할을 할지도 협상한다. 유아들의 상징놀이는 생활을 통해 얻은 경험에 그 뿌리를 두고 있다.

현실과는 다른 시간과 장소를 상징하는 도구를 사용하여 놀이하는 환상극 놀이를 할 때조차도 유아들은 상상의 음식을 준비하고 음식을 먹고 자러 가고 깨어나는 일상적 활동을 하면서 놀이를 한다. 이처럼 유아기 상상 놀이는 그들의 일상적 경험과 연결된다는 점에서 의미가 있다. 유아들이 놀이를 통해 표상하는 모든 활동은 그들의 경험을 표상한다는 점에서 상징적이다(Fromberg, 2002).

④ 놀이는 규칙을 만든다.

놀이가 발달되면서 유아들은 누가 어떤 역할을 하고 어떤 활동을 할지에 대한 다양한 규칙을 만들어 내기도 한다. 놀이를 하는 동안 유아들은 놀이에 참가한 또래들의 말과 행동에 대해 어떻게 반응을 할지에 대한 이해도 암묵적으로 공유한다. 유아들이 정하는 규칙은 인지적·사회적 학습의 기회를 제공한다. 유아들은 자신이 정한 규칙을 통해 놀이 방향을 조절하기도 하고 규칙을 새롭게 변화시키기도 한다(Fromberg, 2002). 유아들은 놀이를 하면서 필요한 규칙을 스스로 만들고 또 그것을 지킴으로써 사회적 규칙을 지켜야 하는 이유와 방법을 배우게 된다. 이러한 유아기 놀이는 사고력과 자기조절력을 향상시켜 충동적 행동을 자제할 수 있는 능력을 발달시킨다.

2. 놀이와 유아발달

1) 놀이와 인지발달

실제적이지 않는 사람과 사물에 대해 생각하고 소통하기 위해 유아들은 상상의 나래를 펼친다. 추상적 생각을 위한 모든 인지적 능력은 상징적으로 생각하는 능력과 자신의 생각을 타인에게 표상하는 능력에 의존한다. 상징 놀이 또는 가장 놀이에 참여하는 유아들은 놀이과정에서 하나의 물체를 다른 물체에 대체하는 능력, 자기를 타인의 참조체제로 전이(transitions)하는 능력, 행동들과 사건들을 순서화하고 통합(integration)하는 능력, 행동을 탈중심화(decentration), 탈맥락화(decontextualization)하는 능력 등을 성장 · 발달시킨다(Hull, Goldhaber, & Capone, 2002). 탈중심화는 자신이 중심이 되어 세상을 이해하던 이해의 초점이 타인을 향하도록 돌리는 능력의 발달과 관련이 있다. 탈맥락화는 대상과 상징을 원형(prototypes)으로 대체하여 보다 발명적이 되는 능력의 발달과 관련이 있다. 유아들은 놀이 에피소드에서 표상한 행동을 순서대로 연결하기 위해 언어를 사용하면서 언어능력을 현저히 발달시켜 나간다. 쌓기놀이는 측정, 공간, 균형, 분류 개념을 발달시키고 점토놀이는 양에 대한 보존능력을 발달시킨다. 물놀이는 측정, 액체보존에 관한 이해를 돕고 사회극 놀이는 일어날 사건에 대해 예측하거나 여러 사건들 간의 연관성을 고려하여 사건을 순서화하는 기회를 갖게 한다.

2) 놀이와 언어발달

복잡한 문법이나 실용적 형태의 언어는 놀이 활동에서 처음 나타난다(Bruner, 1983). 유아들은 상징 놀이를 하는 동안 다양한 물체에 대한 이미지를 비언어적 방법으로 표상한다. 성인은 유아들의 비언어적 표상을 언어와 연결지어주면서 함께 놀이한다. 유아는 놀이 속에서 성인이 안내하는 언어를 자연스럽게 이해하게 된다. 유아들이 성장하면서 놀이는 보다 정교해지고 복잡해진다. 역할 놀이를 통해 자연스럽게 자신의 의견을 타인과 교환하는 방법을 터득하게 된다. 타인의 말에 귀를 기울이게 되면서 점차 자기중심적 언어에서 탈피하게 되고 의사소통 능력을 기르게 된다. 유아가 놀이에서 사용하는 언어는 탈맥락적이다. 탈맥락화된 언어에는 의미를 전달하는 형용사, 대명사, 접속사의 사용이 나타나며, 상대적으로 비언어적 의미와 맥락적 관계는 독립적이다. 놀이를 하면서 다양한 어휘를 배우고 역할에 알맞은 적절한 언어를 사용할 수 있게 된다. 놀이를 하는 동안 또래들과 사회적 관계를 맺음으로써 사회적으로 적절한 언어를 이해하게 되고 맥락에 적합한 언어를 사용하는 방법을 배우게 된다. 어느 정도 언어발달을 성취한 유아는 인간의 언어체계와 관련된 '끝말잇기'와 같은 언어 놀이를 하기도 한다. 스밀란스키(Smilansky)와 쉐파티야(Shefatya)는 유아기 때의 사물 및 상황 가작화 놀이는 초등학교 2학년이 되어서의 읽기를 완전히 가능하게 해 준다고 한다(Smilansky & Shefatya, 1990). 유아들이 즐기는 가게놀이, 우체국 놀이, 병원놀이, 소꿉놀이와 같은 다양한 주제의 사회극 놀이는 글자 사용을 필요로 할 경우가 많다. 유아들은 이러한 사회극 놀이를 하면서 읽기, 쓰기에 관심을 가지고 자발적인 쓰기 활동에 참여하게 된다.

3) 놀이와 정서발달

놀이는 어린이의 정서적 균형을 잡아 줄 뿐 아니라, 원시적인 환상을 점차적으로 질서 있는 현실 세계와 연결할 수 있게끔 해 준다(Isaac, 1930). 유아기 부모와 함께 하는 놀이는 안정 애착발달에 도움이 된다. 놀이는 유아와 부모가 따뜻한 관계를 형성하도록 돕고 유아들의 감정을 표출하도록 할 뿐만 아니라 다른 사람의 감정을 이해하는 능력을 발달시킨다. 또래들의 다양한 정서를 관찰하면서 동일한 정서가 다르게 표현될 수 있음을 알게 된다. 유아들이 일상에서 받은 스트레스를 놀이를 통해 해소하도록 돕는다. 일상생활에서 생긴 공포, 갈등, 감정, 불안, 공격성, 적대감 등과 같은 부정적 정서를 놀이를 통해 반영하는 동안 억압된 정서는 카타르시스 된다. 나아가 유아들은 놀이를 하면서 감정을 통제하는 방법을 배우고 갈등 상황을 극복해 나가는 방법을 배운다. 놀이를 통해 다양한 상황과 대상에 따라 세련된 방식으로 정서를 표현해 보고 동시에 통제하는 방법을 배울 수 있고, 놀이 중에 나타나는 또래들의 정서 표현 방식을 관찰할 기회를 주며, 다른 사람의 정서에 감정이입을 할 수 있다.

4) 놀이와 사회성 발달

모든 사회적 놀이에는 정해진 규칙이 있다. 부모와 영아의 가장 단순할 것 같은 '까꿍놀이'에서 조차도 '차례 지키기'와 같은 규칙이 나타난다. 사회극 놀이에서의 규칙은 훨씬 더 복잡하고 정교하게 나타난다. 프롬버그는 놀이체제로 진입한다는 것은 놀이가 아닌 단계에서 놀이단계로의 전이가 일어난다는 것을 의미한다고 하며, 유아들은 또래들의 놀이를 충분히 관찰하면서 이와 같은 전이단계를 획득하는 방법을 배우게 된다고 한다(Fromberg, 2002).

출생 초기에는 부모와 놀이를 하면서 부모에게 친밀감을 갖게 되고, 안정된 애착관계를 형성하게 되다가 점진적으로 또래와 놀이를 하면서 질서 지키기, 협동하기, 놀잇감 공유하기 등과 같은 친사회적 기술을 터득하게 된다. 이러한 능력은 다른 사람과 더불어 살아가는 데 필요한 기초적 능력이 된다. 높은 수준의 사회극 놀이를 하는 유아들은 또래에게 보다 긍정적인 사회적 행동을 나타낸다. 여러 주제의 사회극 놀이를 통해 엄마, 아빠, 아기, 소방관, 경찰관, 의사 등과 같은 타인의 역할을 맡으면서 타인의 관점에서 생각하는 능력을 발달시킨다. 이와 같은 사회적 조망 수용 능력은 사회성과 도덕성 발달, 사회적 능력에 중요한 역할을 한다.

5) 놀이와 창의성 발달

유아들의 놀이는 창의성 발달과 밀접하게 연관되어 있다. 놀이와 창의성은 모두 유아들의 상징 능력에 달려 있다는 점에서 서로 상관이 높다(Johnson, Christie, &

Yawkey, 1999; Singer & Singer, 1998; Spodek & Saracho, 1998). '~인 척하는' 가작화 요소가 포함된 상상 놀이는 유아들의 내적 상상력을 발달시킨다. 놀이를 통해 다각적인 탐색을 하게 되어 융통성 있게 사고하는 능력과 수렴적 문제해결 능력과 확산적 문제해결 기술을 모두 발달시킨다. 놀이를 하는 동안 발현된 새롭고 독특한 아이디어는 독창성 발달을 유도한다. 유아들은 놀이를 통해 물체, 사건, 사람, 상황을 다각적으로 탐색하며, 융통성 있게 사고하는 능력을 발달시키는데 이는 결국 창의성을 신장시키게 된다. 가작화 놀이를 즐기는 어린이들이 창의적 문제해결을 더 잘하는 것으로 나타났다(Rubin, Fein, & Vandeberg 1983). 가상놀이는 융통성을 제공해 주며, 융통성은 창의적 과정에서 중요한 요소로 작용한다.

3. 놀이의 유형

놀이의 유형은 학자들의 견해에 따라 각기 다르다. 파튼(Parten)은 사회적 활동으로 놀이 발달에 관심을 가졌고(Parten, 1932), 피아제와 스밀란스키는 유아의 인지활동의 측면에서 놀이의 유형을 분류하였다(Piaget, 1962; Smilansky, 1968).

1) 사회적 놀이

파튼은 놀이를 사회성 발달에 근거를 두고, 사회적 상호작용의 정도에 따라 다음 여섯 가지 유형으로 분류하였다(Parten, 1932).

(1) **비참여 행동**(non-play behavior)

놀이에 참여하지 못하고 순간적인 관심과 흥미에 따라 잠시 바라보거나, 하는 일 없이 남이 하는 것을 무심코 보는 행동이다. 주위에 특별한 자극을 주지 않는 한 아무런 행동도 취하려 하지 않으며 심심하면 자기의 몸이나 사물을 만지작거리며 그저 멍하게 앉아 시간을 보내는 경우를 말한다. 이는 놀이로 간주할 수는 없지만 놀이발달 과정에서 겪게 되고 모든 유아들이 겪는다. 이 행동은 약 2세까지 지속된다. 놀이 환경이나 놀이 대상이 낯설 때, 놀기 싫을 때, 컨디션이 안 좋을 때, 또래관계가 좋지 않아서 놀이 참여에 거부가 예상될 때 주로 나타난다.

(2) **지켜보는 행동**(on-looker behavior)

내성적이고 소극적인 유아가 놀이에 참여하지 못하고 다른 또래가 노는 것을 지켜보는 행동을 말하며 소극적이거나 자신감 없는 느린 기질을 가진 아이들에게 주로 나타난다. 이는 우연한 흥미만으로 쳐다보는 행동만을 하는 것이 아니라 자기가 보고 있는 놀이 집단 속의 유아에게 말도 걸고 질문을 하기도 하고 제안도 하지만 직접 놀이에 참여하지는 않는다는 점에서 비참여 행동과 차이가 있다. 대체로 2~3세경에 많이 나타난다.

(3) **혼자 놀이**(solitary independent play)

혼자서 독자적으로 장난감을 가지고 놀이하는 형태를 말한다. 사회성이 발달되지 않은 유아들은 자기중심적인 사고를 하기 때문에 다른 유아에게 가까이 가보려는 노력도 하지 않고 다른 사람이 무엇을 하든지 관계없이 자기의 놀이를 지속한다. 그림 그리기, 퍼즐 맞추기, 집짓기, 책 보기 등과 같은 놀이를 주로 혼자서 하면서 시간을 보내는 특성을 보인다. 주로 2~3세 유아에게서 많이 볼 수 있다.

(4) **평행 놀이**(parallel play)

평행 놀이는 같은 집단의 또래들과 같은 종류의 놀잇감을 가지고 놀이에 참여하는 것처럼 보이지만 혼자서 독립적으로 노는 상태이다. 가끔 옆에 앉은 또래를 쳐다보거나 관심을 보이면서 흉내 내기도 하지만 상호작용은 없고, 자기가 하고 싶은 놀이를 하면서 자신의 놀이에만 몰두해 있다. 이 놀이는 얼핏 집단놀이처럼 보이는 것이 특징이지만 또래와 함께 놀이를 하는 것이 아니라 옆에서 노는 것이다. 옆의 유아가 놀이를 그만두면 자기도 중단하는 경우가 많다. 2~3세경의 유아에게서 볼 수 있다.

(5) **연합 놀이**(associative play)

연합 놀이는 유아들이 또래들과 어울려 놀기는 하지만 집단에 대한 관심보다는 자기가 원하는 대로 놀이하는 집단놀이 형태를 말한다. 유아들은 다른 유아와 함께 놀이하면서 서로 이야기를 주고받거나 놀이 자료를 빌리기도 하고 빌려 주기도 한다. 모두 유사한 활동과 목적을 가지고 함께 놀지만 놀이를 지배하는 일정한 조직이 있는 것은 아니다. 여럿이 자전거를 각각 타고서 서로 지나칠 때마다 웃고 이야기한다. 주로 3~4세 유아에게서 볼 수 있다.

(6) **협동 놀이**(cooperative play)

협동 놀이는 놀이를 리드하는 대장이 있고 공동의 관심과 목표에 따라 역할을 분담하며 조직적으로 놀이를 진행해 나간다. 놀이에 참여한 유아들은 놀이역할, 놀잇감, 놀이주제를 공유하게 된다. 각각의 유아마다 한 가지의 역할이 주어진다. 학교놀이, 병원놀이, 상점놀이, 가족놀이 등을 하면서 현실을 재현하거나 상상 놀이를 한다. 주로 4세 이후의 유아들이 하는 놀이이다.

2) 인지적 놀이

스밀란스키는 인지적 놀이를 다음과 같이 분류하였다(Smilansky, 1968).

(1) **기능 놀이**(functional play)

기능 놀이는 감각운동기에 있는 유아가 주로 오감각 운동기능을 사용하여 물체를 기지거니 물체 없이 신체 움직임의 유사한 동작을 반복적으로 되풀이하는 놀이행동을 말한다. 이 놀이는 반복적인 근육 운동 놀이로서, 물체가 움직이는 단순한 현상을 보고 기뻐하면서 좋아하거나 자신의 감각기관이나 운동기관의 신체를 반복적으로 움직여 보는 즐거움을 발견하는 놀이발달과 밀접한 관련이 있다. 이는 약 2세부터는 감소하는 경향이 있다.

(2) 구성 놀이(constructive play)

구성 놀이는 기능 놀이의 반복적 활동과 상징적 표현을 결합하여 나타난다. 이는 놀잇감이나 물건을 이용하여 새로운 것을 만들어 보는 창조적 활동으로, 예를 들면 적목, 점토, 공작, 종이 접기, 그림 그리기 등이 이에 포함된다. 2세 된 영아는 다양한 놀잇감을 이용하여 무엇인가를 만들어 보는 놀이를 시작한다. 크고 작은 블록을 이용하여 여러 가지 사물을 만들어 보며, 쉽게 변형되는 자료들을 이용하여 주변 사물과 유사한 사물을 만들어 본다. 구성 놀이는 유아가 미리 생각해 놓은 계획에 따라서 구성물을 창작하는 것이다. 또한 구성 놀이는 종종 기능 놀이와 상징 놀이의 특성이 모두 나타나기도 하며, 취학 전 유아기에 빈번하게 나타난다.

(3) 상징 놀이(symbolic play)

상징 놀이는 유아가 자신의 요구나 희망을 만족시키기 위해 대상이나 상황을 상상하여 실제적 대상이나 상황을 상상적인 대상이나 상황으로 대치하는 놀이로, '마치 ~인 것처럼' 행동하는 가작화 요소가 포함되는 놀이를 말한다. 상징 놀이는 가상 놀이, 극놀이, 역할 놀이, 환상 놀이 등 다양한 용어로 사용된다. 상징 놀이의 발달 정도는 통합(integration), 탈중심화(decentration), 탈맥락화(decontextualization)의 세 가지 요소로 판단된다. 통합은 단편적이고 부분적인 상징행동이 주제가 있고, 일련의 순서가 있는 이야기 형식으로 조직되는 것을 의미한다. 탈중심화는 놀이를 하는 동안 유아는 자신이 중심이 되어 놀이 활동에 대한 상징에서 타인 또는 대상물에 대한 상징을 사용하다가 차츰 타인을 향하는 놀이 활동을 하게 되는 것을 말한다. 탈맥락화는 사물대체에 의해 사물의 물리적 특성이나 현실에서의 용도가 현실의 맥락과 벗어난 정도를 말한다. 상징 놀이는 대상이나 상황에 대한 유아가 갖고 있는 상을 표상하게 됨에 따라 유아들의 기억력을 향상시키고 언어를 풍부하게 하며 어휘를 증가시키고 모순된 사실들을 추론하는 능력을 발달시킨다.

(4) 사회극 놀이

사회극 놀이와 상징 놀이는 가작화 요소를 포함하는 것이 공통점이지만 상징 놀이와 구분지어 정의할 때는 스밀란스키(1962)가 주장하는 사회극 놀이의 여섯 가지 요소를 포함하는 놀이를 의미한다. 이 요소는 역할의 가작화, 사물의 가작화, 행동과 상황의 가작화, 지속성, 상호작용, 언어적 상호작용의 여섯 가지이다. 역할의 가작화는 가상적인 역할을 언어와 행동으로 표현하는 것을 말하고, 사물의 가작화는 사물의 용도를 실제와 다르게 상상해서 언어나 행동으로 표현하거나 다른 사물로 대치하는 것을 말한다. 행동과 상황의 가작화는 상황이나 행동을 상상해서 언어로 표현하는 것을 말하고, 지속성은 한 가지 놀이주제를 일정 시간 동안 지속해 나가는 것을 말한다. 상호작용은 동일한 놀이주제와 관련해 두 명 이상의 유아가 함께 협력하고 교류하는 것을 말하고, 언어적 의사소통은 유아들이 놀이주제와 관계있는 언어를 사용하여 의사소통의 교류가 이루어지는 것을 말한다. 따라서 사회극 놀이는 두 명 이상의 유아가 같은 주제를 가지고 일정 시간 동안 언어적으로 상호작용하는 놀이로 규정한다. 사회극 놀이의 주제는 일상생활 속에서 얻은 경험에 기초하여 의사, 간호원, 미용사, 요리사, 경찰놀이 등과 같은 놀이가 많다. 유아들은 놀이주제가 정해지고 나면 놀이역할을 분담하고 언어적·사회적 상호작용을 교환한다. 사회극 놀이는 상징 놀이의 가장 발전된 형태로 평가되고 있다.

(5) 규칙이 있는 게임

유아의 인지발달이 전조작기를 지나 구체적 조작기에 이르면 유아들은 규칙 있는 게임을 즐기게 된다. 규칙 있는 게임은 게임에 포함되는 규칙의 의미를 이해하고 내면화할 수 있는 인지적 수준을 요구하므로 구체적 조작기에 가능하다. 규칙 있는 게임에서 유아들은 놀이를 통해 정해진 규칙 내에서 자신의 감정과 행동을 조절하는 방법을 터득하고 다른 사람의 의견을 수용하고 집단에 필요한 사회적 기술도 배우게 된다. 따라서 가장 수준이 높은 놀이 유형으로 볼 수 있다. 규칙이나 구조, 일정 목표를 가지는 활동으로 꼬리말 잇기, 말놀이, 잡기 등과 같은 놀이가 있다.

4. 놀이에 영향을 주는 요인

1) 개인적 요인

(1) 성격

유아마다 상상놀이 수준이 다른 것은 타고난 성격이나 본능에 기인할 수 있다. 어떤 유아는 놀이에서 높은 상상력을 보이기도 하지만, 다른 유아는 낮은 상상력을 보이기도 한다. 상상력이 높은 유아들은 더 오랜 시간을 조용히 기다릴 수 있고 환상 놀이에 참여한다(Singer & Singer, 1979). 상상력이 높은 유아들은 상상력이 낮은 유아들에 비해 보다 아날로그를 사용하고 더 많은 상상 이야기를 하며 고집스럽다고 한다(Hull, Goldhaber, & Capone, 2002).

(2) 선호도

유아들은 자신이 좋아하는 놀잇감에 대한 선호도가 다르다. 놀잇감에 대한 선호도는 유아들의 욕구와 관련이 있고, 유아들의 연령과 발달 수준에 따라서도 다양하게 나타난다.

(3) 연령

유아들은 연령이 증가해 감에 따라 사회적 놀이빈도가 증가하고 놀이의 지속성이 길어진다. 유아들은 감각운동적인 탐색놀이를 즐기다가 차츰 규칙과 협력을 필요로 하는 조직적인 사회적 놀이를 하게 되며 경쟁적 특성이 나타나게 된다.

(4) 경험

유아들의 다양한 놀이 경험은 연합 놀이, 협동 놀이의 빈도와 질에 영향을 준다. 좋은 환경에서 많은 시간을 보낸 유아는 사회적으로 성숙한 연합 놀이와 구성 놀이에 더 많이 참여하는 경향을 보인다.

(5) 성

전통적으로 쌓기놀이는 남자아이들이 좋아하고 소꿉놀이는 여자아이들이 좋아한다고 생각해 왔다. 오늘날 교사는 성역할에 융통성 있는 태도를 취하려고 노력한다. 여성과 남성의 영역을 이분법적 사고로 규정하기보다 개인의 성향이 결정할 수 있도록 선택의 폭을 넓히고자 노력하고 있다.

(6) 사회적 지위와 문화

스밀란스키는 놀이의 복잡성이 사회적 지위와 문화적 요인에 영향을 받는다고 하였다. 이스라엘 중류계층 가정의 유아들의 놀이가 저소득 계층의 유아 놀이보다 복잡하다는 것을 발견하였다(Smilansky, 1968). 슈튼-스미스(Sutton-Smith)와 히스(Heath)는 놀이에는 구어양식과 문어양식이 있는데 문화권에 따라 구어양식보다 비언어단서를 사용하여 표현하기도 한다고 한다. 사회적 지위와 문화권에 따라 유아놀이가 다양하게 나타난다(Sutton-Smith & Heath, 1981). 그러나 이러한 차이는 모두 가치 있고 존중해야 하는 차이로 인식되어야 한다. 어떤 사회적 지위와 문화가 다른 것에 비해 우세하다거나 열등하다는 평가를 해서는 안 될 것이다.

2) 물리적 환경 요인

(1) 놀이공간

놀이의 물리적 공간은 유아놀이에 영향을 미친다. 공간구성, 공간의 크기, 자료의 안정성 등을 고려하여 유아의 연령에 맞게 배치하여야 하며 영역을 명확하게 구분하고 전체 공간이 시야에 들어올 수 있도록 구성해야 한다.

(2) 놀잇감

실제적, 비실제적 놀잇감과 구조적, 비구조적 놀잇감 간의 균형을 갖는 것은 중요하다. 실제적 놀잇감은 유아들이 경험을 상징화하도록 도움을 주고, 비구조적 놀잇감은 상상력을 발달시킨다.

3) 인적 환경 요인

(1) 부모와 교사

본능과 양육 모두는 놀이를 통한 유아의 상징능력과 경험 표상능력에 영향을 미친다. 상상 놀이의 모델을 보여주고, 환영하고, 상상 놀이의 기회를 제공하는 부모나 교사와 함께 자란 유아들은 상상력이 높은 아이로 성장하게 된다. 부모와 교사의 유아에 대한 신념, 양육행동, 상호작용 방법 등은 유아의 놀이에 영향을 준다. 특히 교사의 세심한 중재와 환경 구성은 유아들의 놀이를 심화시키고 확장시킨다.

(2) 또래

또래들과의 놀이는 언어, 인지, 사회성, 성 고정관념 등의 여러 측면의 발달에 영향을 미친다. 유아들은 놀이를 하는 동안 놀이에 필요한 규칙, 역할분담에 관해 또래들과 활발하게 상호작용한다. 이는 탈중심화, 탈맥락화를 돕고 집단에 대한 규칙의 필요성을 이해하게 한다.

5. 교사의 역할

1) 놀이지도 과정

놀이는 유아들의 학습의 중요한 영역이자 조건이 된다. 유아들의 교실에서 놀이는 실제 어떻게 운영되어야 하는가? 놀이 시간과 놀이 공간을 조직하고 놀이 과정에서 교사 개입의 시점을 결정하는 교사의 능력은 유아들의 놀이 발달에 영향을 미치는 중요한 요건이 된다.

(1) 시간

놀이를 계획하여 실행하고, 놀이를 지속시켜 나가기 위해 충분한 놀이 시간을 필요로 한다. 놀이에 소요되는 시간은 유아의 연령과 놀이 기술에 따라 다르다. 놀이 시간이 너무 짧을 경우, 유아들은 또래와 함께 발달할 기회를 획득하기 어렵게 된다. 시간에 쫓기는 유아들은 무력감을 느낄 수 있다. 일반적으로 유아들이 필요로 하는 최소한의 놀이 시간은 30~50분간 정도가 된다(Griffing, 1983). 이는 사회극 놀이를 하려는 유아들이 놀이자를 구하고 놀이자들의 역할을 정하고 그에 적합한 소품을 구하고 놀이의 각본을 계획하기 위해 요구되는 최소한의 시간이다. 그러나 극놀이를 발전시키기 위해 미술, 구성, 쓰기와 같은 표상활동과 연결하여 놀이가 확장될 경우가 많이 발생한다. 유아들이 놀이에 몰입하기 위해서는 적어도 50~75분 정도 이상을 계획해야 할 것이다(Doris, Pronin, & Fromberg, 2002).

(2) 공간

적절한 놀이 공간은 놀이의 질적 수준을 향상시키기 위해 필요하다. 놀이 공간의 크기, 디자인, 색채, 놀이장비의 크기와 형태 등과 같은 물리적 특성 이외에도 놀이 활동을 어떻게 조직하고 구성하는지 등은 유아들의 놀이에 영향을 미친다. 너무 좁은 공간에서는 신체적 접촉이 많아 부정적 감정이 유발될 가능성이 높다. 유아 교실에는 구성 놀이를 위한 쌓기 놀이 영역, 사회극 놀이를 위한 소꿉 영역이 있어야 한다. 이 두 영역은 유아들의 놀이가 심화되면 통합해서 일어날 수 있도록 인접해서 설치해 두면 좋다. 유아들의 사회극 놀이는 모든 영역의 통합이 가능하다. 다양한 소품을 비치하여 유아들의 동작적 표상을 돕는 것 이외에도 읽기, 쓰기 도구, 미술과 작업도구들을 함께 비치한다면 사회극 놀이가 보다 깊어지고 확장될 수 있다.

(3) 놀이 자료

놀이 자료는 유아의 놀이의 질적 수준에 영향을 미친다. 놀이 주제에 따라 놀이 자료는 다양하다. 쌓기 영역에서 유아들은 자신의 개념을 3차원으로 구성한다. 쌓기 놀이는 유아들에게 다양한 구조를 상상하고 계획하고 예측하고 재연하도록 돕기 때문에 수학발달을 지원한다. 또한 비구조화된 놀잇감을 가지고 노는 어린이들은 구조화가 높은 도구를 가지고 노는 어린이들보다 좀 더 확장된 협동적 놀이에 잘 참여한다(McLoyd, 1983; Wanska, Pohlman, & Bedrosian, 1989). 3차원 구성놀잇감은 유아들에게 과학과 수학개념을 다루기 위해 필요로 하는 상상력을 키워 준다. 적목, 퍼즐, 미술 자료들은 구성 놀이를 촉진시킨다. 여러 종류의 직업과 관련이 있는 의상이나 소품들은 다양한 역할놀이의 주제를 고무하며 주제가 있는 극놀이를 하도록 유도한다.

(4) 사전 경험

유아는 자신이 현재 소유한 지식에 기초하여 놀이를 수행한다. 유아의 현재 지식은 사전 경험과 밀접한 관련이 있다. 놀이를 하는 동안 만약 유아가 맡은 역할을 사전에 경험한 적이 없다면 유아는 놀이를 수행하는 데 어려움을 겪게 된다. 유아는 사전 경험을 통해 획득한 지식에 기초하여 역할을 수행한다. 대부분의 유아들은 가족 구성원의 역할과 관련하여 사전 경험을 갖고 있기 때문에 가사놀이에서 엄마, 아빠, 아기의 역할 수행은 어렵지 않게 해 내기도 하지만 여러 유형의 직업과 관련되는 경험은 다소 부족하여 그 역할을 어떻게 수행하는지에 관해서는 잘 모를 수 있다. 교사는 여러 유형의 직업 현장을 유아들과 함께 견학하거나 여러 가지 직업에 종사하고 있는 사람을 교실에 초대하여 직업에 대한 이야기 나누기 활동을 함으로써 유아들에게 직업에 대한 사전 경험을 제공할 수 있다. 이 시간 동안 유아들은 직업과 관련되는 놀이 주제와 각 직업에 따른 놀이 인물들의 역할을 이해할 수 있다. 이러한 사전 경험은 놀이가 효과적이 되도록 돕는다(Smilansky, 1968).

2) 놀이 개입

놀이는 유아들이 물리적·사회적 세상에 대한 지식을 구성하도록 돕는 탁월한 수단이다. 1960년대에 피아제, 비고츠키, 슈튼-스미스 등의 인지이론이 우세해짐에 따라 사회적·지적 발달을 위해 놀이에서의 교사의 개입은 중요하다고 인식되었다(Christie & Johnson, 1983). 그들은 유아들이 놀이를 하는 동안 성인이 직접 참여하는 것이 유아의 지적 성장에 이로운 영향을 줄 수 있다고 주장해 왔다. 비고츠키는 놀이란 "실제 상황으로부터 안전하게 자유로울 수 있는 성인 사고와 전적으로 상황적 제한을 받고 있는 유아기 사이의" 과도기적 단계라고 본다(Vygotsky, 1930~1935; Berk & Winsler, 홍용희 역, 재인용). 그는 근접발달영역(ZPD : zone of proximal development)의 범주 내에서 유아들의 놀이를 지원하는 교사의 비계설정(scaffolding)의 역할을 강조하였다.

유아기 놀이에 대한 성인의 생각과 역할이 고스란히 유아들의 발달에 영향을 미친다. 프롬버그는 쌓기놀이에 대한 성인의 생각이 유아들의 놀이에 영향을 미친다고 본다. 유아들이 3차원의 시·공간 학습(visual-spatial learning)을 당연한 것으로 생각하는 교사와 부모는 특히 여자아이들의 놀이에 기여할 수 있다고 한다. 성인이 '받침목(bridging) 역할'을 함으로써 여자아이들이 쌓기놀이에 참여하도록 계획하고 격려한다는 의미다. 받침목 역할이란 성인이 놀이체계에 들어간 후, 여자아이가 놀이에 들어올 수 있도록 초대하여 쌓기놀이를 관찰할 수 있도록 하는 역할을 말하며, 이때 필요할 경우 여자아이와 함께 쌓기놀이를 시작할 수도 있다고 한다. 성인은 가능한 빨리 관찰자 역할로 물러나는 것이 좋다고 하며, 명랑하고 유머감이 풍부한 성인이 유아놀이의 참여자 역할을 잘 수행할 뿐 아니라 유아의 놀이감각이 발달하도록 지원할 수 있다고 주장한다(Fromberg, 2002).

교사는 유아의 발달과 유아교육의 질을 결정짓는 중요한 변인이 된다. 교사는 유아가 질적으로 높은 수준의 놀이에 참여할 수 있도록 지원하여야 하며 이를 위해서는 놀이 개입시기와 개입 유형을 민감하게 선택할 수 있어야 한다(Breadkamp & Copple, 1997).

유아 놀이의 개입 유형의 일반적인 방법은 다음 여섯 가지가 있다.

(1) 비참여 / 방관자 / 관찰자

유아들이 교사의 도움 없이도 스스로 놀이를 활성화시키고 지속시켜 나갈 수 있을 경우에 교사가 유아들의 놀이에 개입하는 것은 오히려 놀이 흐름을 단절시킬 수 있다. 이 경우 교사는 놀이에 참여하지 않고 유아들이 놀이하는 것을 바라보며 고개를 끄떡이거나 '참 재미있겠네.'와 같은 간단한 관심을 보일 수 있다. 이는 비참여자로서의 방관자 역할을 말한다. 이때, 교사는 유아들의 놀이 활동에 대한 수준 높은 관객의 역할을 할 수 있다. 교사는 놀이에 참여하지는 않으며, 놀이에 방해가 되는 어떤 일도 하지 않는다. 이러한 교사의 역할은 두 가지 측면에서 중요하다. 첫째, 교사는 유아들의 놀이에 주의를 기울임으로써 유아의 놀이를 승인하고, 놀이 활동이 중요하다는 것을 알린다. 둘째, 교사는 유아의 놀이에서 진행되고 있는 놀이과정에 대한 정보를 얻을 수 있다. 교사는 언제 개입을 해야 할지 그 시기를 신중하게 결정할 수 있다.

(2) 무대 관리자

무대 관리자의 역할은 유아들의 놀이에 참여하지는 않고, 유아의 놀이가 일단 진행되면 놀이를 준비할 수 있도록 놀이를 위한 제안을 하거나 여러 가지 도움을 주는 역할을 말한다. 유아들이 놀이의 역할에 필요하다고 하는 의상, 소품을 만들거나 무대 구성을 할 때 도와준다. 교사가 제공한 제안과 도움을 수용할지 아니할지는 유아들이 자유롭게 판단한다.

(3) 병행놀이자

교사가 유아들의 놀이에 개입이 필요하다는 판단을 하고는 있지만 그 시기를 적절히 잡기 어려울 때가 있다. 이때 교사는 평행 놀이 방법으로 개입할 수 있다. 평행 놀이의 형태는 유아의 놀이를 방해할 염려가 거의 없기 때문이다. 예를 들면, 3세 유아는 또래와 함께 있고 싶어 하고 친구에 대해 관심을 보이기도 하지만 친구와 관계를 형성하는 기술이 부족하다. 그래서 혼자 하는 놀이를 즐기고 친구 옆에 나란히 앉아 놀이를 하는 평행 놀이가 많이 나타난다. 평행 놀이 참여 형태의 교사 개입은 교사의 존재가 유아를 편안하게 할 수 있고 유아로 하여금 놀이가 가치 있는 활동이라는 것을 느낄 수 있게 하는 장점을 지닌다. 왜냐하면 유아들이 비록 성인과 어떠한 대화를 나누지 않는다고 할지라도 성인이 옆에 있을 때

놀이를 지속하려는 경향이 있기 때문이다(Sylva, Roy, & Painter, 1980). 이 외에도 유아들은 성인의 놀이를 보면서 자료를 사용하는 방법과 새로운 놀이 방법을 배울 수 있다.

(4) 공동 놀이자 / 협동 놀이자

유아들이 교사에게 같이 놀자고 요청하는 상황에서 교사는 유아들의 놀이에 참여자가 될 수 있다. 이때 교사는 유아들과 동등한 놀이 파트너로서의 기능을 하게 된다. 유아가 교사에게 놀이에 참여해 줄 것을 먼저 요구하고 유아 스스로 놀이 상황을 조절해 나갈 수 있다면, 교사의 참여로 인해 유아들의 놀이는 방해받지 않는다. 교사는 최소한의 역할을 맡아서 수행하고 놀이의 흐름을 따라가면서 놀이에 참여하지만, 유아들이 대부분의 놀이 시간을 주도해 나간다. 교사의 놀이 참여 시간은 유아들이 교사와 함께 놀이하는 것을 즐거워하는 동안이면 충분하다(Sutton-Smith & Sutton-Smith, 1974). 놀이하는 동안 교사는 역할 놀이, 가작화, 전이, 또래 상호작용 전략의 기술 등을 유아들에게 모델로 보여줄 수 있다.

(5) 놀이지도자

교사는 유아들이 스스로 시작한 놀이의 진행에 어려움을 느끼거나 진행 중인 놀이 장면이 자연스럽지 않을 경우에 놀이지도자 역할을 할 수 있다. 교사는 유아들의 놀이에 보다 적극적인 참여자가 되어 유아들의 놀이가 보다 정교해지고 확장될 수 있도록 돕는다. 교사는 새로운 놀이 주제를 제안하고, 새로운 소품이나 놀이 에피소드를 창안할 거리들을 소개하면서 놀이를 지도할 수 있다.

(6) 감독자 / 교수자

자료를 사용해 본 경험이 없거나, 다양한 역할에 대한 사전 경험이 없거나, 놀이자료와 환경을 어떻게 다룰지 생각을 못하고 배회하면서 놀이를 전혀 하지 못하는 유아가 있을 경우, 교사는 놀잇감의 명칭, 사용방법을 친절하게 가르칠 필요가 있다.

CHAPTER 07

유아교육 프로그램

이 장에서는 세계적으로 개발된 수없이 많은 유아교육 프로그램을 '20세기에 개발된 유아교육 프로그램'과 '유아교육 프로그램의 최근 동향'으로 크게 두 영역으로 나누어 제시하고자 한다.

우선 첫 번째 영역인 '20세기에 개발된 유아교육 프로그램'으로는 대표성을 띤 4개의 프로그램을 소개하고자 한다. 그리고 두 번째 영역은 레지오 에밀리아식 프로젝트에 대해서 고찰하고자 한다. 혹자는 유아교육 프로그램으로 프로젝트 접근법(Project approach)과 레지오 에밀리아(Reggio Emilia) 접근법을 분리하여 각각 다른 유형으로 소개하기도 한다. 그러나 레지오 에밀리아 접근법을 우리나라 유치원이나 초등학교에 적용하려고 할 때 우리는 프로젝트의 절차 속에서 레지오 에밀리아의 독특한 이론과 실제를 활용하게 된다. 즉, 레지오 에밀리아식 프로젝트는 프로젝트 접근법의 한 영역으로서 캐츠(Katz)와 차드(Chard)식 프로젝트의 단점을 보완한 프로젝트 접근법의 변화, 발전된 모습이다.

1. 20세기의 유아교육 프로그램

1) 행동주의적 접근 : 디스타(Distar) 프로그램

(1) 이론적 배경

불우한 아동들의 근본적인 불행의 원인은 교육기회의 불균등에 기인하며, 이러한 교육기회의 불균등은 또다시 빈곤의 악순환을 가져올 수 있다고 보아 불우아동의 가정환경 구조를 개선시킬 수 있는 유일한 방안은 유아기에 기초 교과기능을 충분히 익힐 수 있는 프로그램을 개발하는 것이라고 생각하여 베크와 엥겔만(Becker & Englemann)은 Distar(Direct instruction system for teaching acceleration remediation) 프로그램을 개발하였다. 그 이전의 브라이트-엥겔만(Bereiter- Englemann) 프로그램이란 1964년 미국 일리노이 대학 교육연구소에서 디스타를 위해 개발한 소규모 실험적 모형을 말하며 그 후 1967년 베커(Becker)가 참여하여 오늘날의 디스타(Distar) 유아교육 프로그램의 형태를 갖추어 발전시켰기 때문에 일명 베커-엥겔만(Becker-Englemann) 프로그램이라고도 한다.

이 프로그램의 심리학적 배경은 행동주의 이론에 바탕을 두고 철저한 교사중심의 프로그램으로 이루어졌다. 특히 조건화 반응, 강화, 자극 촉진과 통제, 소거 등과 같은 행동주의 기본원리를 유아의 교수-학습 상황에 직접 활용하고 있다. 초등학교의 기초적 교과학습에 해당되는 정보, 지식, 기능 등을 세분화하여 계열적으로 가르치며, 놀이 활동보다는 교과기능 중심적 방법이며 교구의 활용보다는 패키지한 학습단원 중심방법을 채택하여 각 기능을 배울 때마다 형성평가를 실시하였다. 즉, 주어진 기간 내에 최대한의 성공적인 학습성과를 가져오기 위해 학습활동을 체계화·조직화시켰으며 유아교사가 주어진 학습자의 진행순서와 제시원리에 따라 기계적으로 가르치면 자동화될 수 있도록 교수-학습과정을 구조화하였다(Roopnarine & Johnson, 1993).

(2) **교육목표 및 내용**

이 프로그램의 목적은 유치원에서 초등학교 3학년까지 아동들의 읽기, 언어, 셈하기 등의 기초 교과기능 개발에 두고 있다. 디스타 프로그램은 세 가지 읽기, 언어, 셈하기 디스타가 있으며 그 외 '노래를 통한 언어개념', '그림을 통한 언어개념' 등의 디스타 프로그램이 있다.

> 디스타 1 영역은 디스타 읽기 프로그램으로 읽기 I 은 동작 게임, 글자 발음하기, 혼성어 빨리 발음하기, 음률 맞추기, 발음 알아내기, 유음화하기 등이며, 디스타 읽기 II는 글자 이름 알기, 대문자 익히기, 글자의 순서 알기, 단어 읽기 등이다. 디스타 2 영역은 디스타 언어 프로그램으로 디스타 언어 I 은 긍정 또는 부정으로 말하기, 반대말 및 전치사 사용하기, 접속사 알기 등이며, 디스타 언어 II는 동식물의 특성 말하기, 어휘 습득, 사물의 기능 등에 대해 정의 내리기, 분류하기 등이다. 디스타 3 영역은 디스타 수학 프로그램으로 1에서 10까지 수 세기, 더하기, 빼기, 둘씩 세기, 부호 알기 등이다. 또 디스타 노래 프로그램과 디스타 그림 프로그램이 있다. 디스타 노래 프로그램은 리듬 및 가락을 통해 언어개념을 숙지하며 특히 복수 전치사, 시제, 접속사에 해당하는 언어 개념들을 정확하게 사용하는 방법을 익힌다. 디스타 그림 프로그램은 어떤 사물이나 사람들 모양의 일부분을 빠뜨린 채 제시하고 빠뜨린 부분을 완성하도록 하며 완성한 후에 그 대상물의 정확한 명칭을 말하게 하는 방법이다.

교사는 고도의 기술을 갖춘 전문가여야 한다. 교사는 용의주도하고 치밀한 임상적 처방가의 자질을 갖추어야 하며 무엇보다 디스타 프로그램의 학습내용 및 학습자료에 대해 숙지하고 있어야 한다. 특히 디스타 프로그램의 계열적 학습 단계에 따라 조직적으로 질문하고 반응하는 행동주의적 교수절차기법을 잘 활용하여 적절한 보상이나 피드백을 줄 수 있어야 한다.

(3) **프로그램의 실례**

디스타 프로그램의 분량은 한 학기를 가르칠 수 있도록 구성되어 있으며 읽기, 언어, 셈하기의 프로그램은 매일 2시간 정도 소요된다. 노래와 그림을 통한 언어

개념 프로그램은 하루 30~45분 정도 소요된다. 디스타 읽기 프로그램의 한 예로서 Biending-spelling by Sounds는 단어의 소리를 듣고 그 단어의 소리를 재생하는 활동이다. 그 예를 들어보면 다음과 같다.

- 목　　표: Him 속에 있는 m과 그 소리를 변별하는 힘을 기른다.
- 지도절차: 교사는 "자 이 그림책 속을 보아요." 하면서 책 속의 m자를 가리키며 "이것은 M이지요?", "m"이라고 다 같이 말해 봅시다. "참 잘 했어요." 책 속의 아이스크림의 그림을 가리키며 "이것이 m이에요?" 하면 아이들이 "아니에요."라고 하면 칭찬을 해 준다. 교사는 잠시 있다가 "그럼, 이건 무엇이지요?", "여기에도 m이 있어요?" 하면서 아이스크림의 글씨를 지적한다, 아이들이 m이 있다고 하면 칭찬을 하고 "다 같이 m이라고 말해 봅시다." 하고 말한다. 또 책 속에서 m자를 모두 찾아보게 하고 m을 찾으면 칭찬을 한다. 다시 n과 비교하게 하면서 비슷한 철자를 외적 강화를 통해 다시 배우게 한다.

2) 인지론적 접근 : 카미와 드브리스(Kamii & DeVries) 프로그램

(1) 이론적 배경

이 분야의 첫 연구는 피아제의 인지발달 단계의 실험에서 사용하였던 분류, 계열, 시·공간 개념 등과 같은 인지개념을 유아에게 가르침으로써 유아들의 사고수준을 촉진시킬 수 있다고 생각하여 카미와 와이카트(Kamii & Weikart)는 1967년 미시간 주의 입실런티(Ypsilant) 공립학교에서 피아제식 유아교육 프로그램을 개발하였다.

그러나 카미는 1977년 논문 발표를 통해 1960년대 자신이 개발한 피아제식 유아교육 프로그램은 피아제 실험에서 채택한 인지 개념을 유아에게 가르쳐서, 전조작적 수준의 아동을 구체적 조작 수준으로 끌어올리려 한 것으로, 이는 피아제 이론을 잘못 적용한 것임을 시인하였다. 그 후 피아제 이론을 기초로 전체적인 인지구조를 발달시켜 문제해결력을 길러 줄 수 있는 방향으로 유아교육 프로그램을 재정립한 것이 카미와 드브리스의 유아교육 프로그램이다. 피아제 인지이론은 지식이 유아의 바깥에 객관적으로 존재한다는 객관주의적 지식관이 아니라 유아는 환경과의 상호작용을 통해 스스로 지식을 구성해 가는 주체자라고 보는 구성주의적 관점이다. 피아제의 인지이론에 기초하여 카미와 드브리스가 제시하는 구성주의적 학습발달관은 다음과 같다(이영석, 1990).

첫째, 지식의 구성은 외부 강화에 의한 것이 아니라 인간 내부적 균형을 통한 조작적 활동이다.

둘째, 아동뿐만 아니라 아동 상호 간의 적극적인 상호작용으로 인한 활발한 조작활동을 통해 학습이 일어난다.

셋째, 유아는 유아 자신의 논리적 구조를 다양한 상황에서 응용하여 지식체계를 형성한다.

넷째, 교사는 유아에게 구체적 사물을 통한 아동 자신의 직접적 경험이나 유아의 인지갈등을 통해 가르칠 수 있다.

다섯째, 유아를 위한 학습은 단순한 언어적 경험이 아닌 구체적 경험을 통한 이해가 바탕이 되어야 한다.

(2) 교육목표 및 내용

새로운 피아제식 유아교육인 카미와 드브리스 프로그램은 인지내용만을 다루는 초기 피아제식 유아교육에서 벗어나 인지적 · 도덕적 · 사회 정서적 · 신체적 영역에서의 균형 있는 발달을 통한 전인격적 인간 성장을 궁극적 교육목표로 제시하였다. 이러한 목적을 달성하기 위하여 인지적 목표 영역과 사회 · 정서적 목표 영역이 제시되었다. 인지적 발달을 위한 선행요소로서 학습자의 내적 동기유발이 중요하다. 사회 정서적 발달과 인지적 발달은 분리되어 있는 것이 아니라 상호 관련 속에 성장 · 발달해 간다. 인지적 목표와 사회 정서적 목표는 다음과 같이 제시하였다.

- 흥미 있는 문제나 아이디어 등에 대해 의문점을 발견한다.

- 사물들이나 대상들 간의 관계를 알고 그들 사이의 유사점, 차이점을 인식한다.
- 성인-아동 간 자연스러운 유대관계를 형성한다.
- 탈자아중심적 관계를 위해 자신의 관점과 타인의 관점을 조절할 수 있다.
- 호기심을 가지고 사물이나 사상을 접하며 독립적 추진력, 표현력을 가진다.

이 프로그램의 교육내용은 적목놀이, 모래놀이, 물놀이, 역할놀이, 이야기 나누기, 동식물 기르기, 노래 부르기, 몸 움직이기, 그리기, 운동장 놀이, 그림 맞추기 등 상당히 전통적인 아동발달 프로그램이 적용되는 것처럼 보인다. 그러나 중요한 차이점은 아동 활동의 수행과정이 전통적인 것과 다르다는 것이다. 같은 활동이라도 단순한 경험과 흥미가 아니라 모든 활동들은 물리적 지식, 사회적 지식, 논리·수학적 지식, 공간 및 시간적 지식, 표상체계에 따라 분류된다. 예컨대, 적목놀이 활동의 경우 논리·수학적 지식의 분류, 계열, 수 활동과 연계되고, 물리적 지식, 공간적 개념, 상징화 등과 연계되어 형식적인 교사의 수업 상황보다는 일상생활의 여러 장면에서 학습자의 자기주도적 학습이 일어날 수 있도록 한다. 아동발달 프로그램 내용 이외에 피아제의 발달 과제가 암시하는 여러 활동은 물리적 지식 활동, 그룹 게임, 사회도덕적 토의 활동이 있다.

교육방법의 가장 일반적 원리는 유아 스스로 주변 환경과 직접적인 상호작용에 의해 자신의 경험을 재구성해 갈 수 있도록 하는 것이다. 교사는 유아의 아이디어를 실험하고 검증할 수 있는 학습 기회를 제공하여 유아의 인지구조를 확장할 수 있도록 자극하여야 한다. 그러기 위해서 가장 중요한 교육방법은 유아를 인지적 갈등 상태에 놓이게 하는 것이다. 인지적 갈등 상태에 있게 되면 유아는 자신의 갈등을 해소하기 위한 내재적 욕구를 갖게 된다. 그래서 유아는 자신의 갈등을 해결하기 위해 다양한 활동을 스스로 자발적으로 전개하게 된다.

교사는 유아들이 스스로 자신들의 과세에 대해 사고할 수 있는 교육계획안을 작성하여야 한다. 학습자가 활동의 주도권을 가질 수 있도록 교사는 다음과 같은 절차를 가진다.

첫째, 우선 유아들의 흥미를 유발할 수 있는 학습자료나 교구를 제시하고 아동들의 행동을 관찰한다.

둘째, 교사는 아동이 사물에 대한 다양한 활동을 모색할 수 있도록 무엇이든지 자유롭게 할 수 있는 환경을 제공한다.

셋째, 유아들이 교구나 학습자료를 통하여 다양한 학습활동을 궁리하게 하면서 그들의 활동 결과에 대한 원인을 생각해 보게 한다.

이러한 과정에서 교사는 아동 활동이 내포하고 있는 지식의 형태, 즉 물리적 지식인가, 사회적 지식인가, 또는 논리·수학적 지식인가에 따라 적절하게 반응하는 태도로 유아를 지도해야 한다. 또 유아의 사고수준과 흥미도 각기 다르므로 교사는 언제나 자신의 수업계획을 수정할 준비가 되어 있어야 한다.

(3) 프로그램의 실례

프로그램의 실제로서 '롤러(roller)'에 관한 본시 학습과정을 고찰한다(이영석, 1990).

수업목표는 바퀴 원리가 되는 롤러의 이용방법을 실제 경험을 통해 알아보는 것이다. 우선 도입 단계에서는 롤러를 가지고 마음대로 놀아 보게 한다. 전개 단계에서 이루어지는 활동의 예는 다음과 같다.

- 롤러를 담아 온 상자를 밀어 보게 한다.
- 롤러가 없는 상자를 민다는 것에 어려움을 느끼게 하고 롤러를 이용하여 상자를 미는 활동을 교사가 시범하여 보여준다.
- 교사는 롤러를 바닥 주변에 흩어 놓고 상자를 롤러 위에 얹어 놓고 미는 활동을 하여 보게 한다.
- 이번에는 널빤지를 상자 위에 올려놓고 밀어 보게 하여, 널빤지의 한쪽 끝이 바닥에 닿으면 멀리 밀려가지 않음을 관찰하게 하여, 널빤지와 롤러 간에 관계를 갖게 하고 롤러 배열방법을 연습하여 보게 한다.
- 롤러의 배열과 널빤지 이동의 관계를 알아보기 위해 반타원으로 된 롤러 배열 위에 상자나 널빤지를 올려놓고 밀어 보게 한다. 널빤지가 탈선하면 그 원인을 탐색하여 보는 기회를 갖도록 도와준다.

- 유아가 배열된 롤러 위에 올라가 걷기 시작하면서, 교사에게 누가 빨리 가는가를 하여 보라고 제안한다. 그러나 이 유아는 교사와의 경주에 관심 없이 혼자서 열심히 롤러 위를 걷는 것에 몰입한다. 유아가 잘못하여 바닥에 넘어지자 롤러는 흩어진다. 그러자 다른 유아가 롤러 위에 널빤지를 올려놓기를 제안한다.
- 한 유아가 롤러 밀기에 너무 몰입되어 있어서 교사는 이 유아의 관심을 전환시키려고 하였다. 즉 두 개의 롤러를 부딪쳐 소리를 내어 보이자, 모든 유아가 박자에 맞추어 롤러를 두드려 댔다. 롤러 두들김이 오래 지속되자 교사는 굵은 롤러를 길게 융단 위에 늘어놓고 널빤지를 올려놓고 무릎을 꿇고 롤러를 타 본다. 곧 유아들은 교사의 행동을 모방하였으며, 이때 한 유아가 상자를 올려놓고 그 속에 들어가 교사에게 밀어 달라고 요구하였다.
- 교사는 굵은 롤러 한 개 위에 널빤지를 올려놓고 양손을 널빤지의 양끝에 대고 시소 놀이를 시작하여 본다. 교사의 행동을 보고 유아들도 같은 행동을 여러 번 반복하다가 드디어 시소 놀이에 성공하게 된다.
- 두 유아가 서로 엇갈리는 방향으로 롤러를 배열하여 널빤지를 올려놓고 걸어가다가 서로 부딪쳐 싸움이 일어났다. 두 유아는 곧 화해하고 다시 그 놀이를 즐긴다.
- 다른 유아는 널빤지 위에 의자를 올려놓고 자동차 놀이를 하려고 시도하였으나 널빤지가 좁아 의자를 올려놓는 데 실패하자 널빤지 대신 상자를 올려놓고 그 안에 롤러를 집어넣고 '캔디' 하고 부르면서 가게 놀이를 한다.

3) 인지학 · 인간학적 접근 : 발도르프(Waldorf) 유아교육 프로그램

(1) 이론적 배경

발도르프 학교의 탄생의 순간은 1919년 4월 23일 슈투트가르트의 발도르프 아스토리아 담배공장에서 슈타이너(Steiner, R.)의 강연이 있던 날이었다. 슈타이너는 초등학교와 상급학교를 포괄하고 사회계층에 상관없이 모든 사람에게 열려 있는

12년간의 통합학교에 대해 이야기하였고, 이 회사의 사장인 몰트는 자기 공장 노동자들의 자녀교육을 위해 슈타이너가 교육적으로 지도해 줄 것을 요청했다. 1919년 9월 7일 그 공장의 이름을 딴 '자유 발도르프 학교'가 문을 열었다. 발도르프 학교의 학문적 배경은 슈타이너의 인지적 인간학이다. 발도르프 학교 설립 이후인 1926년 슈투트가르트에서 유아를 위해 최초의 발도르프 유치원을 설립하였다. 슈타이너의 인지학(Anthrosophy)은 그리스 어로 Anthropos, 즉 '인간'이라는 의미와 Sophia, 즉 '지혜'를 합성한 말로 인간의 참된 본질을 의식하도록 이끌어 준다는 의미이다. 또 여러 학문 분야에 분할되었던 '인간'의 지식들을 인간에 대한 포괄적인 하나의 학문 형태인 인간학으로 통합하면서 인지학적 인간학의 개념을 제시하고 있다. 슈타이너의 인지적 인간학은 인간의 본성을 삼원적으로 설명하기도 하고 네 가지 구성체로 설명하기도 한다(정윤경, 1998; Wilkinson, 1993).

① 신체 · 영혼 · 정신의 통합체

슈타이너는 인간을 물질과 정신이라는 이원적 구조로 파악하지 않고 삼원적으로 파악하면서 인간을 신체 · 영혼 · 정신의 통합체로 본다. 우리는 신체를 통해서 바깥에 있는 많은 것을 지각한다. 신체는 볼 수 있지만 영혼을 볼 수는 없다. 그러나 우리에게는 좋고 나쁜 것, 기쁨과 고통과 같은 감정이 일어난다는 것을 알 수는 있다. 이것이 바로 영혼이다. 신체는 다른 사람의 눈에 보이지만 내 안에 있는 영혼은 누구의 눈에도 보이지 않는 완연한 내 자신의 세계이다. 또 정신을 통해서 나 바깥의 세계는 더욱 고차원적으로 내 안에 드러난다. 결국 인간은 신체를 통해 지각한 세계에 살고 있으며, 영혼을 통해 자기 자신의 세계를 구성할 수 있고, 정신을 통해 신체나 영혼의 세계보다 고차원적인 세계가 내 안에 드러난다. 따라서 인간은 정신의 작용에 의해 신체와 영혼의 연결이 가능하고 신체, 영혼, 정신이 하나의 통합된 전체로 작용할 때 참다운 인간의 의미가 가능하다.

② 인간의 네 가지 구성체

어머니 배 속으로부터 이 세상에 태어나는 것과 7세, 14세, 21세라는 네 번의 계기를 통해서 인간은 네 가지 구성체를 갖게 된다. 물질체, 에테르체, 아스트랄체, 자아라는 네 가지 구성체는, 모두 그것을 보호하는 각각의 막에 둘러싸여 있다. 이 네 가지 구성체는 모두 존재하지만 막을 통해 간접적으로 영양분을 공급받으면서 외부 세계에 태어나도 좋을 때까지 막 속에서 기다리고 있다.

우선 인간의 물질체는 눈에 보이는 몸, 신체로서 감추어진 신비의 물질적 근거가 된다. 인간의 물질체는 광물의 성질을 공유하고 있으며 인간이 죽게 되면 인간의 물질체는 광물과 똑같은 상태가 된다. 두 번째 구성체인 에테르체는 물질체의 모든 기관이 제대로 형태와 모습을 갖추고 있을 수 있는 흐름과 움직임을 제공한다. 살아 있는 모든 것은 에테르체를 가지기에 에테르체를 생명체라고 하며 물질체의 형태를 보존하는 작용을 하기 때문에 이를 형성력체라고 한다. 에테르체는 물질체의 붕괴를 막아 주는 근원적인 힘인데 여기에 그치지 않고, 더욱 적극적으로 작용하여 신체를 성장하게 하고 증가하게 하며 체액의 내적 움직임을 가능하게 한다. 인간을 구성하는 세 번째 구성체는 아스트랄체이다. 에테르체가 물질이 아니라 활동적인 힘의 형태라면 아스트랄체는 내적으로 움직이며 빛을 발하는 형태이다. 만일 사람에게 아스트랄체가 없다면, 그 인간의 신체는 살아 있으나 영혼의 활동도 없고 정신의 활동도 없는 식물인간이 된다. 아스트랄체는 식물인간의 상태를 벗어나게 하는 초감각적 힘이다. 인간의 네 번째 구성체는 자아이다. 자아는 인간만이 가지고 있는 것으로 '나'라는 의식을 가진다. 자아는 인간을 다른 존재와 구별해 주는 것으로 영혼 안에 살고 있고 정신을 둘러싸고 있다.

교사는 이 네 구성체를 발달의 과정에서 파악해야 하고 눈에 보이는 물질체 안에서 보이지 않는 에테르체, 아스트랄체, 자아가 미치는 영향력을 인식할 수 있어야 한다.

(2) 교육목표 및 내용

교육의 목적은 변화·성장하는 인간에게서만 그 해답을 찾을 수 있다고 생각한다. 즉 변화·성장하는 인간의 발달과정은 곧 우주 전체의 진화과정과 깊게 관련된다. 인간은 전체 우주가 담겨져 있는 소우주라고 할 수 있다. 인간이 태어나서

설 수 있고 걸을 수 있으며 말을 할 수 있게 되는 과정은 물질로서의 신체 성장만으로는 도저히 설명할 수 없는 신비 그 자체라는 것이다. 변화・성장하는 인간에 대한 이해는 결국 육체, 영혼, 정신의 통합적인 발달을 뜻한다. 그래서 발도르프 유치원의 교육목적도 머리・마음・손을 통한 전인적 인간교육을 추구하고 있다고 할 수 있다.

근본적인 교육의 목적은 인지학적 인간학을 통한 인간 본질에 관한 정확한 이해와 인간 내면의 영혼을 통한 진정한 인간을 받아들이는 것이다.

슈타이너 교육의 특징은 '교육 예술'(ErziehungKunst)이라는 말을 쓸 수 있을 만큼 그 본성상 예술적인 것이며 '예술'을 교육의 중심에 놓고 있다. 즉, 예술이 이 학교 교육의 생명이다.

슈타이너가 교육을 예술이라고 하는 이유는 예술이 가지고 있는 중요한 특징으로서 부분에서도 전체를 느낄 수 있다는 통합성 때문이다.

유아는 신체만이 아닌 영혼과 정신도 가진 통합적 존재라는 인간관의 바탕 위에서 단계적으로 형성되고 발달해 가는 존재이다. 이렇게 유아의 의지・감정・사고가 통합적으로 발달해 가고, 전인교육이 가능하기 위해 교육은 무엇보다 예술이 되어야 한다는 것이다.

예컨대, 유치원과 1학년에서 라이어(악기)를 가르치는 음악교육의 경우이다. 일반적으로 유치원에서 문자나 숫자를 주입하고 공부만 시키는 것은 바람직하지 않기 때문에 유아들에게 정서교육을 해야 한다는 식의 논리와는 다른 차원이다. 그림도 '잘 그리게 하는 것'이 목적이 아니다. 공작도 수예도 마찬가지다. 발도르프 학교는 '예술가'로 키우기 위해서 전문교육을 한다는 계산이 들어 있는 것은 아니다. 인간이 보다 건전하게 자랄 수 있는 토양은, 색채가 있고 빛이 있으며 소리와 음률과 리듬, 맛과 향기가 있어야 한다는 것이다. 발도르프 학교에서는 이런 것들이 모든 수업에 물결같이 스며들어 있다. 예술에 젖어들면서 문자나 숫자가 탄생하고 동식물의 생장도 느낄 수 있으며, 인간 행위의 의미를 이해해 간다. 어느 사이엔가 사고활동이 예술 속에서 결정체를 이루듯 형성되어 간다. 그래서 발도르프 교육에서 예술은 결정적인 의미를 지닌다. 예술이 목적이기 때문에 필요한 것이 아니라 모든 것이 예술에서부터 싹이 나는 토양과 같은 것이기 때문이다.

발도르프 유아교육의 내용은 사회문화의 맥락에 따라, 개개인 교사의 창의력에 의해 이루어지는 것이지 정해진 규칙에 따라 고정된 것은 아니다. 블록식 수업, 8년 담임제, 상상력 계발을 위한 동화 모임 등 모든 것을 예술적 방법으로 가르친다.

인지학에 기초한 발도르프 유치원의 교사들은 영혼·정신적 특성을 지닌 아이들로부터 매일 새로운 것을 발견하며, 한 사람 한 사람을 인격체로 존중한다. 교사들은 인지학을 통해 인간이라는 존재가 끊임없이 변화하고 성장해 간다는 사실에 익숙해지면서 그러한 눈으로 아이들의 성장하는 모습을 바라볼 수 있어야 한다. 발도르프 교사들은 아이들을 우주적 존재로 파악하고 교육을 통해 아이들이 우주를 느끼고 각성해 갈 수 있도록 한다. 예컨대, 기질에 대한 지식은 아동 개개인을 위해 교사가 지녀야 할 필수적 지식이다. 아동들의 개개인의 기질이 어떻게 아이들 외적인 모습에 나타나는지를 관찰하는 것이 아동 하나하나에 대한 구체적이고 민감한 이해를 가능하게 하는 것이다. 아동 하나하나를 민감하게 이해하기 위해 노력하는 것은 교사의 임무이다. 유아 하나하나의 변화와 성장을 민감하게 관찰하고 느낄 수 있는 교사야말로, 가르치고 배우는 과정을 생명력 있는 과정으로 만들 수 있는 교사이다.

슈타이너는 가르치고 배우는 일을 예술로 보았다. 수업이 예술이 되기 위한 관건은 바로 교사라고 말한다. 교사 자신이 풍부한 예술성을 가지고 자기 자신을 예술가로서 자각했을 때만이 교육과 수업은 예술이 될 수 있다고 하였다. 유·아동기 교사는 특히 열정이 필요하다. 어떻게 하면 열정을 가질 수 있는가에 대해 슈타이너는 첫째, 인간·아동 본성에 대한 인식, 둘째, 세계 본질에 대한 인식을 해야 한다고 한다. 교사가 이러한 인식을 할 수 있기 위해서는 인지학적 방법을 통해 인간과 세계에 대한 관계 형성을 하여야 한다. 발도르프 수업은 교과의 지식에서 출발하는 것이 아닌, 교사 자신의 마음으로 체화된 지식에서 출발하여야 한다. 그렇게 하였을 때 아동은 죽은 지식이 아닌 살아 있는 지식, 마음으로 느낄 수 있는 지식을 받아들일 수 있고, 비로소 아동들의 창조적 힘도 깨어날 수 있다. 그러기 위해 발도르프 교사들에게는 자기계발이 강조되고 있고 발도르프 교사교육 프로그램은 현재도 지속적으로 개발되고 있다.

(3) 프로그램의 실례

발도르프 유치원은 틀에 박힌 형식적인 프로그램의 운영에 동의하지 않는다. 자유선택놀이, 정리정돈, 손 씻기, 바깥놀이, 동화모임 등의 프로그램이 있으나 특히 유아의 몸의 움직임과 리듬이 조화를 이루어 몸 전체의 움직임 속으로 리듬이 스며들어 가게 하는 동작예술을 그 특징으로 제시할 수 있다. 즉 발도르프 유아교육의 특징 중 하나는 오이리트미(eurythmie)이다. 오이리트미는 슈타이너가 만든 동작예술로서 리듬과 반복의 특징을 잘 보여주는 것이다. 오이리트미는 신체적인 것에 의존하는 체조 같은 것에 비해 신체동작을 통해 말과 음악의 법칙성을 영적인 체험으로 표현하려고 한다. 오이(eu)는 '좋은, 진실한, 아름다운'이라는 뜻이며 리트미(rythmy)는 '리듬(형성된 구조화된 리듬)'이라는 뜻으로 오이리트미의 의미는 '아름다운 리듬', '조화로운 움직임'이다(김수영 외, 2003).

발도로프 학교에서 오이리트미는 유치원이나 저학년의 경우 간단한 리듬에 따라 움직이거나 막대를 이용한 간단한 것부터 시작하다가 점차 복잡한 리듬의 오이리트미로 진전된다. 오이리트미는 연령이 증가하면서 시나 음악이나 드라마 내용을 표현하기도 한다.

오이리트미는 말의 톤에 따라 움직이는 '말 오이리트미(speech eurythmi)'와 음악의 톤에 따라 움직이는 '톤 오이리트미(tone eurythmi)'가 있다(정윤경, 1998). 슈타이너는 이러한 두 흐름을 '볼 수 있는 말'과 '볼 수 있는 노래'라고 표현하였다. 그래서 발도르프 유치원에서는 단순한 신체표현과는 다른 이 오이리트미 시간을 중요시한다. 오이리트미는 유아에게 공간적응, 집중력을 키워 주고, 움직임에 있어서의 우아함이나 발달의 기회를 제공하며 내적인 균형감각과 타인과 함께하는 공동체적 완전함을 경험하게 한다. 수업시간은 주 15분에서 20분 정도이며 그 이전에 마음의 준비를 할 수 있는 시간을 가진다.

4) 교구중심적 접근 : 몬테소리(Montessori) 프로그램

(1) 이론적 배경

마리아 몬테소리(Montessori, M.)는 이탈리아 최초의 여의사로서 세강과 이따르(Seguin & Itard)의 영향을 받아 정박아 교육에 관심을 가졌다. 몬테소리는 3~7세 아동을 대상으로 한 어린이 집(Casa dei Bambini)을 열고 지체아를 대상으로 개발한 독특한 '몬테소리 교구'와 '몬테소리 방법'을 정상아에게 적용하면서, 점차 정상아 교육에 대한 관심을 가지게 되었다. 몬테소리는 아동에 대한 오랫동안의 관찰을 통해 아동의 지능은 고정되어 있지 않고 풍부한 감각적 경험을 가지고 있고 적절한 환경만 제공된다면 얼마든지 자기 스스로 발달해 나갈 수 있는 존재로 보았다.

몬테소리가 제시하는 중요한 교육적 용어로 집중현상, 정상화, 민감기, 흡수정신, 자유, 준비된 환경 등이 있다. 몬테소리 교육 프로그램의 거시적 목표는 정상화(normalization)이다. 유아의 성장과정 중에는 육체적 에너지와 정신적 에너지의 두 가지 에너지의 흐름이 있는데 이 두 가지 에너지의 흐름은 분리되어 단독적으로 활동할 수 없고 상호작용하면서 균형을 유지하여야 한다. 작업을 통한 '정신집중'이야말로 두 에너지의 흐름을 분리시키는 것을 막을 수 있는 오직 한 가지 방법이다. 정상화는 유아가 소유한 육체적·정신적 에너지가 상호작용을 하면서 내면적인 안정을 갖춘 조화된 상태를 이루는 것이다. 즉, 유아가 자신의 내면적 욕구에 따라 교구를 선택하고, 자유 작업의 반복을 통하여 자신 속으로 집중하는 몰입의 경지에 이르는 것을 말한다. 준비된 환경(prepared environment)의 가장 핵심적 요소는 그녀가 개발한 교구였다. 아동들은 교구와의 상호작용을 통해 기본적 개념을 습득하고 인내심, 주의집중력, 독립심 등을 배운다. 이 교구는 난이도와 순서에 맞게 체계적으로 만들어져 있다. 친숙한 교구에서 약간 생소한 교구로, 구체성이 높은 교구에서 추상적인 교구로 진행할 수 있도록 그 순서가 정해져 있다. 교구 사용과정에서 실수를 하였더라도 자기 수정의 원리에 의해 즉각 수정이 가능하도록 되어 있어 자동교육(auto education)이라고도 한다. 몬테소리 교육의 이념적 기초는 앞의 제2장에서 자세히 진술되어 있다.

(2) **교육목표 및 내용**

몬테소리 유아교육의 목적은 유아의 천부적 본성인 내적 생명력을 바탕으로 자발적으로 자신을 완성시켜 나갈 수 있도록 돕는 것이다.

정상화된 유아는 작업을 사랑하고 자발적으로 깊은 집중력을 갖고 몰입함으로써 끊임없이 창의적으로 자신의 일을 수행하며 자신의 인지능력을 구성해 나간다. 정상화된 유아는 자기 학습능력을 가지고 정신적인 조절이 가능하여 안정되어 있고, 작업이 끝난 후 정신적인 만족감, 성취감, 행복감이 얼굴 표정과 행동으로 나타난다. 그래서 유아의 정상화를 돕는 것은 교육의 구체적 목표이자 동시에 인격의 완성과 이상사회 건설을 위한 출발점이다.

몬테소리 프로그램의 명세적인 학습목표는 각 교구에 따라 구체적으로 제시되고 있는데 각 영역 구분은 학자에 따라 다양하게 나누고 있으나 일반적으로 ① 일상생활연습, ② 감각교육, ③ 수교육, ④ 언어교육, ⑤ 문화교육의 5영역으로 교육내용을 분류하고 있다.

일상생활연습은 생물학적으로 운동을 통한 뇌의 감각과 근육의 발달을 통해 독립심, 자립심을 육성하고 문화인류학적으로는 문화유산에 개인을 동화시켜 자기 자신을 조정해 나아가며 운동을 조정하기 위해 필요한 의지력, 이해력, 집중력과 질서감의 발달을 통해 올바른 인격을 형성할 수 있게 하기 위한 것을 목적으로 한다.

감각교육은 천부적으로 감각적인 능력이 준비되어 있는 유아들이, 주변 환경의 구조와 감각인식의 상호 관련에 대한 분별력을 얻으려고 노력하는 과정에서 동질성에 대한 인식, 대조성에 대한 인식, 서로 닮은 사물들의 분류에 대한 인식 등을 획득하게 된다고 한다.

수교육은 유아들의 수학적 정신이 매우 이른 시기에 발달된다는 전제하에서 수교육을 통해 유아들의 사고력이 구체적 개념에서 추상적 개념으로 옮겨 갈 수 있도록 수학교구를 고안하여 활용할 수 있도록 하였다. 수교육은 일상생활교구나 감각교구와 밀접하게 관련되어 있어 기본적인 지적 기술의 획득에 도움을 받는다. 궁극적으로 수교육은 수와 양의 학습과 동시에 수학적 정신을 통한 추상력, 이해력, 판단력 등의 정신성을 기르는 데 그 목적이 있다고 하겠다.

언어는 사회생활의 기초가 되며 인간을 다른 동물과 구분 짓는 '지성의 표현'이며, 출생에서부터 전 생애를 통하여 인간에게 영향을 주는 창조적 활동이라고 보았다. 언어교육은 유아들의 모국어를 정확하게 이해하고 표현할 수 있는 기본 능력을 기르고 나아가 모국어에 대한 존중심, 문화의 전승과 창조, 논리적 사고의 확립 등을 그 목적으로 하고 있다.

문화교육은 문화를 용이하게 획득할 수 있는 시기에 사회나 민족의 다양한 영역의 문화를 학습함으로써, 한 인간이 받아들여야 할 모든 양식, 습관, 예술, 삶의 형태 등을 이해할 수 있는 자세와 태도 · 능력을 기르는 것이다.

몬테소리 교사는 유아를 독립된 인격체로 존중하고 신뢰하며 유아들 스스로 교구를 선택할 수 있는 기회를 부여하여 유아들이 자발적인 작업으로 집중현상을 통해 정상화 상태에 도달할 수 있도록 도와주는 지도자라고 할 수 있다. 그래서 몬테소리 교육에서 교사는 준비된 환경의 일부라고도 한다.

몬테소리 환경에서 지도자로서의 교사는 유아를 다음과 같이 세 가지 방법으로 도와줄 수 있다.

첫째, 유아의 작업과정과 발달을 관찰하는 관찰자(observer)로서 도움을 준다. 관찰자로서의 교사는 교구에 대한 정확한 지식을 가지고 있어야 하고 작업 시 유아의 작업능력이 못 미치는 부분이 무엇인지, 어떤 특별한 제시가 필요한지, 작업에 어느 정도 집중할 수 있는지 등을 관찰하여 도움을 줄 수 있다.

둘째, 작업공간에서 유아를 보호하는 보호자(caretaker)로서 도움을 준다. 보호자로서의 교사는 우선 유아가 환경 속에서 질서를 유지할 수 있도록 모든 교구와 자료가 빠진 부분이나 부족한 부분이 없도록 완벽하게 준비해 주며 다른 유아가 작업을 끝내고 교구를 제자리에 갖다 놓을 때까지 기다릴 줄 아는 것도 배울 수 있도록 한다.

셋째, 유아와 교구 간의 상호작용이 촉진되도록 도와주는 촉진자(facilitator)로서의 역할을 한다. 촉진자로서의 교사는 교구활동을 시범 보인다. 유아가 활동을 파악하지 못할 때 재시범을 보일 수 있다. 촉진자로서의 교사는 유아의 흡수정신과 민감기를 파악하여 유아의 지적 구조가 바르게 성장할 수 있도록 도와준다.

(3) 프로그램의 실례

몬테소리 프로그램은 교구를 중심으로 이루어지므로 다섯 가지의 교구의 종류를 대략적으로 살펴보고 구체적인 교육과정의 예를 제시한다.

일상생활연습에서 운동조절 영역에는 선 따라 걷기, 정숙의 연습 등이 있고, 자기 자신의 배려 영역에는 옷 입고 벗기, 구두 닦기 등이 있으며, 환경에 대한 배려 영역에서는 식탁준비, 스펀지 짜기 등이 있고, 사회적 영역에는 문 열고 닫기 실례의 표시 등이 있다.

감각교육의 5영역은 감각교구를 중심으로 분류되는데 시각 영역은 꼭지 원기둥, 분홍 탑, 갈색 계단 등이 있고, 촉각 영역은 촉각판, 중량판, 비밀주머니 등이 있다. 청각 영역은 잡음통, 음감벨, 미각 영역은 미각 병, 후각 영역은 후각 병 등이 있다.

수교육의 내용을 보면 수 영역에는 수 막대, 수 기억놀이 등이 있고 십진법 영역에는 비즈, 카드, 점놀이 등이 있다. 연속 수 영역에는 세강판, 100의 사슬 등이 있고, 암산 영역에는 덧셈의 뱀 놀이, 뺄셈의 암산판, 색비즈의 곱셈 등이 있다. 그 외 색비즈의 주판, 분수, 기하학 등이 있다.

언어교육에서 듣고 말하기 영역은 주변의 물건 이름, 사진 홀더, 말놀이 등이 있고 듣기 영역에는 성서 이야기, 침묵놀이, 귓속말 전달하기 등이 있다. 말하기 영역에는 작은 토픽, 끝말 이어가기, 상상해서 말하기 등이 있다. 쓰기 영역에는 간접 준비, 직접 준비, 쓰기의 실제, 쓰기의 완성 등이 있고, 읽기 영역에는 작은 바구니, 봉투 퍼즐, 분류한 그림 맞추기 등이 있으며 그 외 품사의 역할, 문장의 분석, 단어 공부 등이 있다.

문화교육 내용을 몬테소리 교구를 중심으로 살펴보면 지리 영역에는 지구본, 세계지도, 지도 서랍, 상상의 섬 등이 있고, 역사 영역에는 창조의 역사, 생명의

표, 생명의 역사, 생물 영역 등이 있다.

구체적인 교육과정의 한 예로 감각교육을 위한 교구인 '꼭지 원기둥'의 학습과정을 보면 다음과 같다. 꼭지 원기둥 학습의 직접적인 학습목표는 크기 식별력의 계발이며 간접적인 학습목표는 관찰력, 기억력, 집중력의 계발, 1 : 1 대응 개념 및 쓰기를 위한 준비이다. 4쌍의 원기둥 그룹은 제각기 차원이 다른 점차성을 가지고 있어 블록 A(같은 직경 높이 점감), 블록 B(높이 같고 직경 점감), 블록 C(직경, 높이 같이 점감), 블록 D(높이 점증, 직경 점감)로 준비한다. 제일 먼저 교사는 블록 B를 제공한다. 다음에 C, D, A 순으로 제공한다. 오른손의 엄지, 검지, 중지로 원기둥의 꼭지 잡는 법에 대해 시범을 보인다. B, C 블록의 원기둥을 모두 차례로 꺼내 놓고 꺼낸 원기둥을 제자리에 하나하나 넣어 본다. "어떤 것부터 제일 먼저 넣을까?", "크고 힘센 것부터 넣을까? 가늘고 약한 것부터 넣을까?", "힘이 없으니 빨리 집에 들어가야겠지?" 넘어지기 쉬운 약한 것부터 넣기 시작한다. B, C 두 블록씩 모두 섞어 작업을 한 후에는 B, C, D 세 블록씩 섞어 놓고 활동을 한다. 마지막에는 B, C, D, A 네 블록 모두 섞어 놓고 활동을 한다. 또 눈가리개를 하고 속으로 구멍의 깊이와 높이를 식별한 후 넣어 보기를 한다. 직경과 높이가 같은 원기둥을 찾아서 짝짓기를 하기도 한다. 오류를 자동으로 발견할 수 있게 한다. "어느 것이 더 높지?", "이것이 더 굵다", "저것이 더 가늘구나", "이것이 더 짧지" 등의 개념을 이해하는 과정을 거친다.

2. 레지오 에밀리아식 프로젝트 접근법

1) 개념

프로젝트 수업의 의미는 '한 명 또는 그 이상의 아동이 특정 주제에 대하여 심층적으로 연구하는 것'으로 정의(Katz & Chard, 1992: 2)할 수 있다.

프로젝트 접근법은 전통적이고 체계적인 교수법에 비해 적극적이고 능동적인 아동관의 바탕 위에서 아동의 전인적 성장을 목적으로 아동의 흥미와 삶 그리고 그들의 내발적 동기를 존중함으로써 교사는 안내자, 상호조정적 협력자로서의 역할을 강조하고 있다.

프로젝트 접근법의 목적과 효과를 요약하면 다음과 같다. 아동은 주변 세계가 연구할 만한 흥미로운 것임을 깨닫게 한다. 그리고 아동의 관심과 흥미로 인해 아동의 자발적 참여와 능동적 활동을 가능하게 하고 학습활동에 몰입하게 하며 교사와 학생들이 서로 협의, 협동, 토론을 통하여 모든 학습과제를 해결하면서 하나의 공동사회를 경험하고, 소속감과 협동심을 기른다. 아동들은 학교생활을 통해 자유와 책임, 감정과 사회성을 기르게 되며 교사 자신도 다양한 프로젝트의 탐구과정을 통해서 새롭게 도전받는다(Katz & Chard, 1992).

이러한 프로젝트 접근법의 특성들은 그대로 레지오 에밀리아 접근법의 특성에도 적용된다. 레지오 에밀리아(Reggio Emilia) 접근법이란 30여 년간 이어온 이탈리아 레지오 에밀리아 시립 유아원에서의 교육철학, 아동관, 교수-학습관, 물리적 환경, 교사 역할, 부모와 지역사회와의 행정체계 등을 총칭하는 명칭이라고 할 수 있다(오문자, 2000). 그러나 그러한 체제를 바탕으로 하여 레지오 에밀리아 유치원에서 아동들을 위해 시행하여 온 교육과정은 바로 프로젝트 접근법이다. 바꾸어 말하면 그러한 행정시스템들은 유아들의 바람직한 성장·발달이라는 유아교육의 궁극적 목적을 위해 프로젝트를 실천하기 위한 하나의 수단이라고 할 수 있다. 혹자는 프로젝트와 레지오 에밀리아를 별개의 유아교육 프로그램의 유형으로 분리하기도 하나 레지오 에밀리아 접근법의 다양한 이론과 실제를 수행하면 그 속에 프로젝트 접근법이 실천되고 있다는 것을 알게 된다.

결국 레지오 에밀리아 접근법은 반영적 사고를 통한 아동의 지식 구축 과정을 강조함으로써 프로젝트 접근법이 그동안 문제점으로 지적받아 온 '활동은 있으나 학습이 없다'라는 우려를 보완해 줄 수 있는 기존 프로젝트의 보다 발전된 모습이라고 할 수 있다.

유승희 외(2011)는 다음과 같이 레지오 에밀리아식 프로젝트 접근법을 정의하고 있다.

프로젝트 접근법이란 적극적 능동적 탐구의 주체자인 아동이 교사, 또래 및 환경과의 상호 조정적 협력을 통하여 흥미 있는 주제를 중심으로 심층적으로 탐구해 가는 자기주도적 학습활동이라고 할 수 있다.

종합하면 프로젝트 접근법은 듀이－킬패트릭－캐츠와 차드－레지오 에밀리아 접근법으로 이어지고 있다. 특히 레지오는 발현적 교육과정, 상징화의 주기, 다매체적 접근, 기록화, 아뜰리에 등의 새로운 이론과 개념들을 활용함으로써 그동안 기존의 프로젝트 접근법이 가졌던 문제점을 보완하여 새로운 레지오 에밀리아식 프로젝트 접근법으로 재구성되어 많은 나라에서 자기 나라 실정에 맞추어 적용하고 있다. 특히 미국에서는 10년 전부터 초등학교에서도 적용하고 있다(Fyfe, 2001: 1-2). 이 책에서는 레지오 에밀리아식 프로젝트 접근법 또는 레지오식 프로젝트, 레지오 프로젝트, 레지오 접근법 등으로 혼용하여 쓰고자 한다.

2) 프로젝트 접근법의 역사적 배경과 구성주의

프로젝트 수업이 체계적으로 연구되어 학교 교실 현장에 적용된 것은 1886년 듀이에 의하여 설립된 실험학교에서부터 비롯된다. 그는 '교육은 교사에 의하여 주도되는 것이 아니라 아동들의 경험을 통하여 이루어지는 것'으로 보았기 때문에 수업에서 학생들의 능동적 참여와 적극적 활동을 강조하는 프로젝트 형식의 수업을 취하게 되었고 듀이에 이어서 프로젝트에 의한 학습활동을 논문으로 체계화한 킬패트릭(Kilpatrick)은 프로젝트란 학생들이 전심을 다하는 유목적 활동으로 정의하였다.

1980년대에 와서 프로젝트에 의한 학습활동은 캐츠와 차드에 의해 프로젝트 접근법이라는 이름으로 발표되어 크게 각광을 받게 되었다. 캐츠와 차드(1992: 8)도 프로젝트 접근법이 유치원과 초등학교에서는 새로운 것이 아니라 이미 듀이와 킬패트릭에서부터 시작하여 최근에는 뱅크 스트리트(Bank Street) 접근법에서까지도 실시되고 있다고 강조하였다. 캐츠와 차드(1992: 9-10)의 프로젝트가 다시 강조되는 이유는 지난 20년간의 많은 연구 결과 프로젝트 학습법이 아동의 인지적 · 사회적 발달을 향상시키는 데 공헌했고, 학문적 발달을 저해한다는 아무런 증거도 찾을 수 없으며, 또 연령이 많아지면서 교육과정에 지식 체계적 요인들이 증가하게 되어 유치원과 초등학교에서는 프로젝트법이 가장 적절하기 때문이라고 하였다.

최근에 이탈리아 '레지오 에밀리아'시에서 교육철학자이자 실천가인 말라구찌(Malaguzzi)에 의해 연구되고 실천되어 온 레지오 에밀리아 유아교육 프로그램은 듀이(Dewey), 피아제(Piaget), 비고츠키(Vygotsky), 가드너(Gardner) 등의 영향을 받았으나 특히 비고츠키의 사회적 구성주의가 그 이론적 배경임을 말라구찌 자신이 강조하고 있다.

레지오 유아교육 프로그램의 이론적 배경이 되는 구성주의는 객관주의에 대비되는 개념으로 인식론을 이해하는 것에서부터 출발한다. 구성주의는 지식이란 이미 존재하고 있는 객관적 실체라기보다 오히려 어떤 상황 안에서 개인의 경험이나 행동과 밀접한 관계가 있다고 본다. 구성주의자들은 인간이 경험하는 실제의 세계가 있다 하더라도 그 세계는 독립적으로 성립하는 것이 아니라 각 개인이 부여한 의미에 의해 성립한다고 본다.

인지적 구성주의는 피아제의 인지적 발달이론에 근거하여 지식 구성의 주요인을 개개인의 내면적 인지작용으로 보고 있다. 반면에 사회적 구성주의는 인지를 하나의 심오한 사회적 현상으로 보며 비고츠키는 지식은 사회적 참여를 통해 구성된다는 원칙을 가장 핵심적으로 나타낼 수 있는 근접발달영역(zone of proximal development)이라는 개념을 제시한다. 이 지역은 학습과 인지발달이 일어나는 역동적인 민감성 지역이다. 또, 비고츠키는 이 지역 내에서 효과적인 교수-학습을 묘사하기 위해 건축 시에 필요한 비계(scaffolding)의 개념을 도입했다. 비계설정이란 아동 자신의 현재 수준보다 약간 높으면서 어느 정도 타인의 지원을 받으면 해결할 수 있는 정도의 문제를 아동에게 제시하여, 또래와의 토론을 통해 공동으로 해결할 상황을 설정하고, 그 과정을 다양한 교수매체, 활동, 질문, 경험의 기회를 제공하여 학습이 일어나도록 교사가 지원해 주는 일을 말한다.

레지오 에밀리아식 프로젝트 접근법과 구성주의를 관련지어 보면 다음과 같다.

첫째, 레지오의 아동관은 호기심과 탐구심과 풍부한 잠재 가능성을 가진 유능한 존재로서의 아동이다. 구성주의에서 학습자는 환경과의 상호작용을 통해 적극적이고 능동적으로 지식을 구성해 가는 지식 구성의 주체자로 본다.

둘째, 레지오의 학습과정은 ZPD 영역에서 아동의 인지적 갈등을 유발하여 아동 자신의 가설을 통한 반영적 사고를 격려하여 지식의 재구성을 지원해 준다. 구성주의 학습기재에서 인지적 갈등, 아동의 가설, 반영적 사고와 조절, 평형과 불평형의 개념이 강조된다.

셋째, 레지오는 관계성, 발현적, 상호 조정적 협력과정을 중시한다. 이는 사회적 구성주의가 '사회적 맥락'을 그 이론적 배경으로 하고 있는 것과 상통한다.

3) 레지오 프로젝트 접근법의 학습원리

레지오 에밀리아 접근법에서는 학습은 아동의 주도적 과정에 의하여 이루어지며, 교사와 동료와의 상호작용과 지원에 의하여 지식이 구성된다고 본다. 레지오 교육에서 아동 학습의 구체적 과정에 대하여 살펴보면 다음과 같다(유승희 외, 2011).

첫째, 레지오 교육에서는 아동은 사물에 대한 강한 호기심과 탐구심을 가지고, 자기주도적으로 학습할 수 있는 풍부한 잠재 가능성을 지닌 능동적이며 강한 이미지로서의 아동관을 가지고 있다. 간디니(Gandini, 1993)는 "모든 어린이는 사회적 상호작용에 개입하고, 관계를 맺고, 자신들의 학습을 구축하고, 그들 주변에 있는 모든 환경에 협상하는 데 흥미와 잠재력과 호기심이 있으며, 또한 준비가 되어 있다."고 하면서 "어린이는 그들의 잠재력 계발을 지지해 주는 질 높은 교육과 보호를 받을 권리가 있으며 어린이는 사회가 제공할 수 있는 최상의 것을 받을 권리가 있다."(이연섭, 1998: 38)고 한다.

둘째, 레지오에서 구성원은 상호 관계성을 중요시한다. 우선, 교사의 역할은 아동의 학습을 지원해 주는 파트너이다. 레지오 교사들은 아동의 흥미와 관심이 어떻게 작용하여 학습이 발현될 것인지를 미리 예상해 보고 이를 준비하고 때로는 의도하는 쪽으로 유도하기도 한다. 아동들의 학습의 방향과 방법을 이해하기 위하여 교사는 아동들을 면밀히 관찰하고 경청한다. 교사는 아동들과 더불어 대화와 토론을 하며 질문과 대답 그리고 적절한 지원(scaffolding)을 해 준다. 교사는 아동들의 학습 파트너로서 학생들에게 최상의 학습환경을 제공해 주고, 지식이 새롭게 구축될 수 있도록 팀티칭을 하며 대화, 관찰, 기록, 해석, 지원 등의 역할을 수행한다.

또한, 학부모는 적극적 지원자로서의 위치에 있다. 가정은 학교와 더불어 아동들이 살아가는 중요한 삶의 장이다. 또한 부모들은 사회의 각 부문에서 활동하면서 아동이 관심이 있는 주제에 대해 도와줄 수 있는 전문가들이기도 하다. 따라서 부모들이 학교교육에 참여할 몫은 대단히 중요하며, 적극적인 지원과 봉사가 요구된다. 부모들은 자녀들의 학습활동에서부터 복지에 이르기까지 직・간접적인 지원을 해 주어야 하는데, 보조교사, 초청인사, 토론대상자, 참관자, 청중 등 다양한 역할에 적극적으로 참여해야 한다.

학습자를 중심으로 동료 아동, 교사, 학부모, 지역사회 인사와의 관계는 밀접한 관계 속에서 상호작용을 한다. 레지오에서의 학습은 아동의 ZPD 내에서 교사와 동료의 지원을 받아 지식이 구축되는 사회적 구성주의의 원리가 적용되므로 아동과 또래 아동, 아동과 교사 사이에는 민감한 상호 이해와 관계 수립이 필요하다. 특히, 레지오에서는 소집단 안에서의 상호작용을 통한 학습을 중시하는데, 소집단 내에서 자기의 의견 개진, 타인의 말 경청, 토론과 대화, 질문에 대한 응답과 재질의가 이루어지며, 이 속에서 구성원들 간의 협상과 타협 그리고 의사소통이 역동적으로 이루어진다.

셋째, 레지오 수업의 개방적인 원리는 상호 의존적인 협력과 협동을 강조한다. 레지오에서는 아동과 교사, 또래 아동끼리 그리고 교사집단 내에서 상호 의존적이기 때문에 구성원들 간의 협력과 협동이 활발하다. 아동의 학습은 교사의 지원 외에도 공동 문제해결을 위하여 자기보다 약간 앞선 동료의 도움을 받아 새로운 지식을 이해하게 되는데, 이때에도 긴밀한 협력이 필요하다.

레지오 교실의 두 명의 교사 간의 관계는 공동 협력자이다. 두 교사는 기록하고, 대화하고, 협의하여 아동을 이해하고 프로젝트를 진행한다. 리날디(Rinaldi)에 의하면 모든 교사들과 스태프들 사이에 유지되는 강력한 집단적 관계성은 교사와 어린이들 작업 모두에 대해 협동적으로 논의하고, 해석하기 위해서 위에서 설명한 정보들에 근거하고 있다. 이런 교섭들이 계속적인 현직 교육과 풍부한 이론을 제공한다. 이 협력체제는 페다고지스타로 불리는 교육 조정자 팀에 의해 더욱더 확장되는데, 이들은 교사들과 부모들, 지역 주민들, 시 행정가들 모두와의 관계성을 유지하고 발전시킨다.

넷째, 최적의 학습환경을 지원한다. 이 부분은 다음 아뜰리에 부분에서 보다 구체적으로 제시하고자 한다.

4) 아뜰리에

레지오 에밀리아의 학습환경으로 대표적인 특징이 아뜰리에가 있다는 것이다(유승희 외, 2011). 이 아뜰리에는 교실을 대신한다기보다 교실 공간을 보완하는 의미에서 학습활동이 이루어지는 스튜디오 공간이다. 아뜰리에의 용도는 연구하고 실험하며 다양한 자료들을 조작하는 장소이다.

이곳에서는 어린이들의 사고와 탐구활동, 표상활동을 돕기 위하여 아뜰리에스타를 둔다.

아뜰리에스타는 시각언어 미술을 전공한 사람으로 교사와 협조하여 일을 하는데, 아동의 학습과 창조적 과정을 관찰하고 지원해 주는 역할에 초점을 둔다. 아뜰리에와 교실 모두 아이들의 학습활동 장소가 되며, 관찰과 기록의 대상 장소가 된다. 레지오에서는 수년 동안 아뜰리에가 발전되어 왔으며, 각 교실에도 미니 아뜰리에가 설치되어 있다(Ceppi & Zini, 1999: 39).

학교에 오는 모든 사람을 환영한다는 것은 물론 만남과 의사소통, 관계성을 조장하도록 물리적 공간이 구성되어 있다. 구조물과 여러 사물의 배열이 곧 학습과정에서 선택과 문제해결 및 발견을 조장한다.

아뜰리에는 다양한 학습자료, 잡동사니, 교구 등이 기록 결과를 해석한 게시 자료와 함께 구비되어 있어 교사와 유아들은 이곳에서 연구, 탐색, 연주, 만들기, 그리기 등 다양한 활동을 한다. 학생들의 호기심을 일으키도록 스크린에 기이한 형상을 천연색 그림자로 연출하여 환등기로 비추는 장치도 있고, 폐품을 재활용하는 잡동사니들과 유아들의 다양한 표상활동을 돕는 자료들이 투명한 그릇에 차곡차곡 담겨져 있다. 곡식의 씨앗, 열매, 단추, 색깔 모래, 흙, 돌 등 자연물에서부터 철사, 철근 도막, 톱니바퀴, 나사못, 색종이 등의 인공 자료까지 크기와 종류, 색깔에 따라 체계적으로 정돈되어 있다. 화석, 꽃, 식물을 비롯하여 각종 연장과 도구, 소형 가마에 이르기까지 구비되어 있다. 예를 들어, 복도는 하얀 상자로 만든 메시지 박스들이 격자무늬로 걸려 있다. 각 박스 위에 쓰인 어린이들과 교사의 이름은 고무 스탬프로 찍은 것이다. 이런 박스들은 조그만 선물을 두거나 메시지들을 전달하는 데 이용된다. 의사소통이란 모든 수준에서 선호되고, 가치 있게 여겨지며, 결코 사소하게 생각되지 않는다. 의사소통에 참여하기 위해 메시지를 준비하면서 어린이는 인간관계를 깊이 있게 하고, 이는 초등학교 교육과정에서 형식적으로 제시받기 전에 읽기, 쓰기에 흥미를 갖게 되고, 그것의 가치를 아는 데 도움이 된다(이연섭, 1998: 39-40). 그리고 작업테이블, 라이트테이블, 점토, 접착제, 확대경 등 표상, 탐색, 조사, 실험, 만들기 활동에 필요한 각종 도구와 재료들이 만물상처럼 구비되어 있다. 이러한 공간과 시설을 갖추는 이유는 아동들이 재료매체와 더불어 생각을 표현하고, 매체를 활용하는 것이 교육과정과 연결되어 가설을 검증하고 지식을 구축하는 학습과정의 필수적인 요소로 보기 때문이다.

5) 발현적 교육과정과 상징화의 주기

발현적 교육과정은 그 초점이 교육과정에 있는 것이 아니라 아동에게 있다는 것이다(유승희, 2011). 발현적 교육과정은 일반적인 학습활동의 목표는 설정하되, 교육과정을 미리 계획하거나 구체적인 교수안을 확정하지는 않는다. 교사들은 유아들의 활동 속에서 관찰을 한 후 그 관찰내용을 기록, 해석, 토의한 다음 학습주제와 내용 그리고 방법을 협의하고 유아들과의 대화를 통하여 선택해 나간다. 교사들이 미리 계획하거나 예상하지 않았던 주제에 대하여 유아들이 관심을 보일 때 교사들은 그 주제가 유아들의 발달수준에 크게 어긋나지 않는다면 협의를 통하여 발현적인 학습주제로 적극 채택한다. 만일 유아들에게 꼭 가르쳐야 할 내용이 있다면 교사의 일방적인 제시가 아니라 유아들이 흥미와 관심을 끌 수 있도록 환경을 제공하여 자연스럽게 유도하는 발현적 교육과정을 운영한다.

레지오에서는 이와 같은 발현적 교육과정이 적용되는데 교사는 아동들의 지식과 경험을 토대로 앞으로 일어날 학습활동을 예견하고, 아동들의 흥미와 관심에 맞는 융통성 있는 목표를 세운다. 수업의 전 과정에서 교사와 유아 간의 계속적인 협상과 조정을 통하여 교육과정이 발현된다.

미국의 힐탑 아동센터에서 진행한 '배 띄우기'(setting sailing) 프로젝트에서 발현적 교육과정의 실례를 보면 다음과 같다. 여기에 근무하는 교사들은 기본적으로 교육과정이란 "아동들이 학교에서 생활하는 동안 일어나는 모든 것"이라고 보았다(Setting sailng, VTR 자료, 2002). 아동들의 일상적 생활 속에서 호기심과 문제에 대한 의문이 생겨나고 주제를 탐구하려는 동기가 유발되기를 기대한다. 이것이 학습주제의 발현인데, 이러한 발현적 교육과정을 통하여 아동들에게 주제가 발현될 것을 염두에 두면서 힐탑 아동센터에서는 물리적 공간을 계획하였다. 아동들의 사고의 한계를 가져오게 하는 교실의 벽을 허물고 싶었지만 벽을 제거하지 못하고, 대신에 두 개의 교실을 잘 연결하고 공간을 배치하여 스튜디오라는 공간을 만들었다.

'배 띄우기' 프로젝트는 다음과 같이 시작하였다. 집에서 〈타이타닉〉 이야기를 듣고 부모들로부터 노래를 배운 아이들이 배운 노래를 부르며 교실에 들어왔다. 그때 사라 선생님은 어린이들과 함께 기타를 치며 이 노래를 함께 부르면서 모르는 아이들에게 가르쳐 주었다. 그러고 나서 아이들에게 주제 발현을 위한 학습환경을 만들어 주었다. 블록을 가지고 타이타닉 배를 만들어 보게 한 후, 그것을 가지고 놀이를 하게 하였다. 그랬더니, 어떤 아이들은 블록을 가지고 배를 만들어 보고 여러 가지 놀이를 하였다. 배가 물에 가라앉고 사람이 바다에 뛰어내리고, 물에 빠진 승객을 구하는 일종의 가상놀이(simulation)를 하였다.

이때 교사는 이 활동들을 모두 기록하였고 이를 바탕으로 아동의 주제의 발현을 도와주었다. 아이들이 블록으로 타이타닉 배를 만드는 모습을 사진으로 찍고, 배의 침몰에 대하여 이야기하는 것을 모두 노트에 적었고, 가상놀이(배의 침몰과 구조)하는 것도 무비 카메라로 찍고, 기록을 하였다.

레지오 에밀리아식 프로젝트의 가장 대표적 수업방식으로 상징화의 주기(cycles of symbolization)를 들 수 있다.

상징화의 주기는 표상활동(representation)을 주기적으로 반복하면서 표상을 해석하여 학습에 반영하고 그 결과 나온 생각을 재표상(re-representation)하여 이해의 깊이를 더해 가는 것이다.

표상이란 '눈앞에 보이지 않는 사물에 대한 아이들의 생각을 눈에 보이는 상징으로 표현하는 것'을 말한다. 표상활동을 하는 이유는 어린이들이 자신의 생각을 상징적 매개수단을 통하여 표현함으로써 의미를 획득하고, 구성원들 간에 의사소통을 할 수 있기 때문이다. 이러한 표상활동의 목적은 회화적 · 심미적 가치에 있지 않고 아동들이 생각을 표현하고 교사가 아동들의 생각을 이해하는 학습의 도구로 활용하는 데 가치가 있다.

아동들은 그림, 기호, 몸짓, 점토 등으로 다양한 매체를 가지고 자신의 생각을 표상한다.

한 가지 주제나 개념을 이해하기 위해 탐구과정에서 사용할 수 있는 매체는 다양하다. 아동들은 각기 다른 학습양식과 흥미를 가지고 있으므로 아동들에게 다양한 매체를 지원하는 일은 중요하다. 왜냐하면 매체는 각 매체가 갖는 서로 다른 인지 조직적 특성이 통합되고 축적되어서 결국 주제에 대한 학습이 나선형적으로 심화되어 간다.

매체의 차원에 따른 아동의 표상방식을 예를 들어 보면 언어적 표상은 아동이 자신의 생각을 자유롭게 분출할 수 있기 때문에 사고력과 창의력이 증진될 수 있고 그리기 표상은 아동이 자신이 말한 것을 그림으로 그려 보고 글씨로 설명을 하게 함으로써 자신의 생각을 논리적으로 정리하고 가설을 세우기에 유용한 방법이다. 만들기 표상활동은 2차적 매체를 통하여 계획한 이론적 가설을 검증하는 일을 표상으로 수행할 수 있다. 그 외 교육목표에 따라 기호, 쓰기, 시뮬레이션, 몸짓 등 다양한 매체를 활용할 수 있다(유승희 외, 2011).

6) 레지오 에밀리아식 프로젝트의 적용의 실제

레지오 프로젝트를 유치원에 적용한 조혜령 교사(대구○○초등학교 병설 유치원)의 '팽이'프로젝트의 과정을 요약하여 제시하고자 한다.

(1) 프로젝트 준비 단계

① 주제 선정의 이유

처음 프로젝트를 실행하기에 앞서 여러 가지 주제를 가지고 고민을 하였다. 주제선정은 프로젝트의 성공과 실패를 좌우할 만한 중요한 문제이기에 여러 가지 기준을 놓고 적합한 주제를 찾기 위해 노력하였다. 이 과정에서 나름대로의 주제 선정 기준을 세웠는데 팽이가 가장 적합한 주제로 생각되었다. 주제 선정의 기준과 본 주제선정의 이유는 다음과 같다.

첫째, 유아들의 흥미에 부합하여야 한다. 유아들은 움직이는 것, 돌아가는 것에 호기심이 많다. 우리 반 아이들도 아침마다 블록으로 팽이를 만들어 돌리곤 하며 가끔씩 친구와 만화에 나오는 팽이에 대한 대화를 나누기도 한다.

둘째, 전조작기 유아의 발달 단계를 고려하여 직접 체험하고 실험해 볼 수 있는 주제를 선정해야 한다. 팽이는 유아들이 생활 속에서 손쉽게 접할 수 있고 직접 만져볼 수 있는 생활 속의 매체이면서 조형, 신체, 언어 등 다양한 표상활동이 가능한 주제이다.

셋째, 2학급의 특성상 완전히 분리된 교육과정을 운영할 수 없으므로 생활주제에 녹아들 수 있는 주제를 선정해야 한다. 팽이는 생활주제 '우리나라', '세계 여러 나라', '도구와 기계', '환경과 생활' 등 2학기의 다양한 주제에서 공통적으로 다루어 볼 수 있다.

넷째, 심층적으로 탐구할 만한 교육적 가치를 지닌 주제를 선정해야 한다. 팽이를 통하여 색과 모양의 변화, 돌아가는 물체의 무게중심, 잘 돌아가기 위한 마찰력 등 다양한 과학적 지식을 습득할 수 있다. 뿐만 아니라 돌아가는 말에 대한 의성어, 의태어를 알아보거나 팽이를 직접 만들고 신체표현을 해봄으로써 언어 능력과 창의적 표현 능력을 신장시킬 수 있다.

② 예비 브레인스토밍–유목화–표제 붙이기–예비주제망 작성

팽이와 관련한 브레인스토밍에서 유아들에게서 분출될 수 있는 낱말들을 교사들이 유아의 입장이 되어 예비로 제시해 보았다

- 설날, 흙, 얼음판, 코끼리코, 훌라후프, 모양, 목도리, 탑블레이드, 구슬, 철판, 빙글빙글, 뱅글뱅글, 오래 돌리기, 선풍기, 색깔, 장갑, 끈팽이, 딱지, 아스팔트, 빙글이 안경, 팽이싸움, 풍차, 바퀴, CD, 바람개비, 접시, 외투, 블록팽이, 종이팽이, 썰매, 연, 놀이기구, 색팽이 등이며 이를 유목화한 후 예비주제망을 작성하였다.

우선 프로젝트를 수행하기 위해서 교사가 사전에 예비주제망을 작성해 봄으로써 교육계획의 주체자로서 교사는 아동의 생각이나 학습내용을 예상할 수 있고 그 주제에 대한 교사 자신의 지식과 경험을 넓힐 수 있으며 아동들의 프로젝트 활동의 전반적인 활동을 효과적으로 지원할 수 있을 것이다.

③ 자원 목록표

자원은 1차적 자원과 2차적 자원으로 구분해 볼 수 있는데, 1차적 자원이란 주

제와 관련하여 어린이들이 직접 경험해 볼 수 있는 실제 사물, 주제와 관련된 일을 하거나 취미활동을 하는 사람, 현장견학 장소 등이 포함된다. 2차적 자원이란 간접 경험이 가능한 주제에 관한 책, 팸플릿이나 사진, 비디오나 녹음테이프 등을 아뜰리에 영역에 같이 놓을 수 있다.

자원의 종류		자원의 내용
1차적 자원	전문가	• 부모 및 조부모 • 민속 박물관에서 일하는 사람 • 팽이 만화의 작가
	실제 사물	• 다양한 종류의 팽이(전통팽이, 메탈베이블레이드 팽이 등) • 팽이판, 팽이채, 줄 등 부속품
	견학현장	• 민속 박물관
	학습자료	• 만들기를 위한 다양한 재료 • 팽이를 그리고 꾸미는 데 필요한 재료
2차적 자원	문헌	• 조선의 민속놀이 • 팽이팽이 돌아라 • 팽팽팽 팽이이야기 • 탑블레이드와 재활용품 36 • 우리 놀이 문화의 원형을 찾아서 92 • 황금 팽이 • 팽글팽글 팽이이야기 • 팽이꽃
	인터넷사이트	• 어린이 민속박물관 http://www.kidsnfm.go.kr/folk/play/play13.htm • 차니파파의 베이연구소 http://blog.naver.com/72wskwon • 놀이연구회 놂 http://www.nol2i.com/m_sub11.htm • 우리놀이문화의 원형을 찾아서.... http://www.koreangame.net/kcrc/show/indi.asp?id=92
	사진, 화보	• 다양한 종류의 전통 팽이 사진 • 재활용품을 이용하여 만든 팽이의 사진 • 만화 팽이의 사진이나 화보

(2) 프로젝트의 시작 단계

① 주제의 발현

이 단계에서 교사와 아동의 상호작용이 시작된다. 준비단계에서 교사들이 예비로 계획했던 프로젝트의 과정들이 아동과 함께 시작되는 단계이다. 우선 아동이 중심이 되어 주제를 발현해야 한다. 주제가 아동들로부터 발현되게 하기 위해 스투루브(Strube, 유승희 외 역, 2004: 47-51)가 제시한 몇 가지 방안을 보면 지적인 호기심을 자극할 수 있도록 교실환경을 꾸미는 방법, 의도적으로 그 주제에 대해 교사가 계속 언급하는 방법, '왜 그럴까?' 하고 계속 의문을 가질 수 있는 질문과 발문을 하는 방법, 다양한 학습자원들을 탐색하면서 상호작용을 통해 새로운 주제에 대해 호기심을 가지게 하는 방법을 제시하고 있다.

본 팽이 프로젝트에서는 관심을 가져야 하고, 정해진 주제에 어린이들의 주의와 흥미를 모으기 위해 간단한 자기 경험적 이야기나 그와 관련된 구체적인 소품을 준비하면서 주제를 발현하였다.

* 팽이 프로젝트를 하기 위해 수업 전 교사의 책상 위에 상자를 올려놓는다. 상자 안에는 교사가 미리 준비한 전통 팽이의 줄과 막대, 팽이가 들어 있다.

교사 : 어제 누가 선생님 책상 위에 상자를 올려놓고 갔던데?
지선 : 누가요? 그거 뭐예요?
교사 : 선생님도 몰라. 너희들은 혹시 누구의 것인 줄 아니?
미영 : 제 것 아니에요. 저도 아니에요. 저도 아닌데요.
교사 : 응? 그럼 누구의 것이지?
예진 : 안에 한 번 열어보세요.
교사 : (상자를 열어 줄을 꺼내며) 이런 기다란 줄이 들어 있는데?
미진 : 신발 끈 아니에요?
교사 : 신발 끈인가? 여기에 다른 것도 들어 있네! (막대를 꺼낸다.)
지선 : 막대기 같은데?
선애 : 낚시하는 거 같은데….

아림 : 아~ 뭔지 알겠다! 옛날 팽이 돌릴 때 그것 같은데?

교사 : 정말 낚싯대 같기도 하고…, 응? 여기 구석에 뭐가 하나 더 있었네?

성희 : 꺼내 보세요. 뭐예요?

교사 : 팽이를 꺼낸다.

유아들 : (환호하며^^) 팽이다!!!! 어 진짜 팽이다!!!

교사 : 정말 팽이네!

유아 : 한 번 돌려보세요!

교사 : 팽이를 돌려보고 싶은가 보구나! 그런데 선생님은 이런 팽이는 본 적이 없어서 돌리는 방법을 잘 모르는데 누가 나와서 한 번 돌려볼래?

유아 : 제가 해볼래요. 전에 어디 가서 해 본 적 있어요.

교사 : 그래 그럼 ★★이가 한 번 돌려볼래?

유아 : (★★이가 팽이를 칠 준비를 하는 동안 다른 유아들이 혼잣말로 이야기한다.) 겨울에 치는 거예요. 맞아요. 겨울에 얼음 위에서 치는 거예요. 옛날 물건이에요.

교사 : 너희들이 팽이에 대해서 정말 잘 알고 있네!

유아 : 팽이를 돌리는 데 성공하지만 채로 치니 멈춰버린다.

교사 : 혼자서는 잘 도는데 채로 치니까 멈춰버리는구나!
★★이 말고 다른 친구들도 이런 팽이 쳐 본 친구 있니?

유아 : 그런 팽이는 잘 못 돌리만 다른 팽이는 잘 돌려요.

교사 : ○○는 전통 팽이 말고 다른 팽이를 돌려본 경험이 있나 보구나! 어떤 팽이를 알고 있니?

성희 : '메탈블레이드 팽이'요. TV에 팽이 나오는 건데요 팽이가 진화해서 공중에 올라갔다 내리 찍어요.

기리 : 맞아요. 근데 '메탈메이블레이드 투'도 있어요.

교사 : '투'도 있어요?

유아 : 네네네!

교사 : 만화에 나오는 팽이 말고 또 다른 팽이는 무엇이 있니?

유아 : 금별반에서는 자석 블록으로 팽이 돌려요.

유아 : 문구점에 팽이판이 있는데 저희는요, 거기서 형아들이랑 시합해요.

교사 : 팽이 시합도 하는구나! ○○는 집에도 팽이가 있나 보구나.

유아 : 우리 집에도 팽이 있어요! 나도 많아요. 세 개 있어요.

유아 : 팽이가 제일 많은 사람은 누군지 궁금해요!

3교사 : △△이가 누가 제일 팽이를 많이 가지고 있는지 궁금한 모양이구나!
또 궁금한 것이 있니?

유아 : 한 번 돌려보고 싶어요.

유아 : 왜 실제로는 안 떠요? 만화에는 위로 뜨잖아요.

교사 : 정말? 왜 그럴까? 선생님도 잘 모르겠구나! 친구들이 팽이에 대해서 궁금한 것이 많은 것 같은데 그럼 오늘 이야기 나누기는 무엇으로 하면 좋을까?

유아 : 팽이요!

교사 : 그럼 우리 프로젝트 공부를 팽이에 대해서 친구들과 함께 살펴보도록 할까요?

유아 : 네! 좋아요~~~.

② 브레인스토밍-유목화-표제 붙이기

이 영역에서는 레지오 이전의 프로젝트에서 활용했던 방안인 브레인스토밍(brain storming), 유목화, 표제 붙이기, 주제망 그리기의 방안을 활용하면 아동의 내적 욕구나 필요, 흥미 등을 간파하는 데 도움을 받을 수 있을 것이다. 교사는 주로 소집단 중심으로 아동들로 하여금 자신이 경험한 것을 서로 토의하게 함으로써 서로 간의 경험을 공유하게 하고, 프로젝트 주제에 대한 아동들의 ZPD 영역도 교사는 파악할 수 있게 된다. 팽이라는 주제와 관련되어 아이들 머릿속에 떠오르는 모든 말들을 뇌에 폭풍을 일으켜 밖으로 표출하는 브레인스토밍을 한 후 이를 유목화하고 표제를 붙이고 주제망을 작성한다.

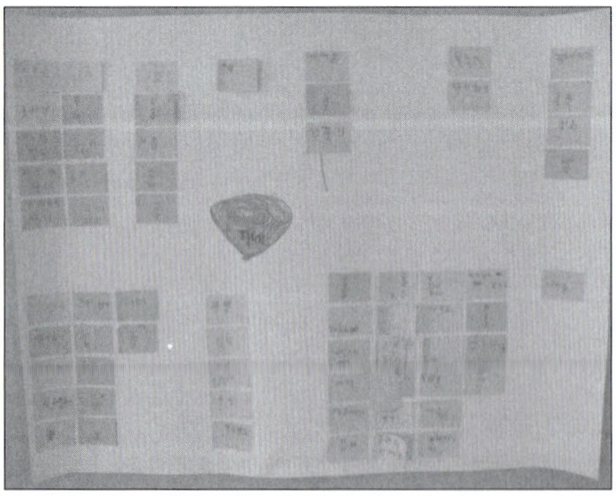 

• 교사일지 : 교사의 예비 브레인스토밍에서와 달리 유아들의 브레인스토밍은

메탈메이블레이드라는 만화에 나오는 팽이의 이름과 만화 속 공격 용어 등이 내용의 주를 이루었다. 교사가 모르는 내용이다 보니 유목화하는 부분에서도 어려움이 있을 뿐만 아니라 내가 앞으로 전개해 나가고자 하는 부분과 상당한 괴리가 있는 것 같아 걱정스럽다. 유아들의 흥미와 관심을 반영하자면 만화 속 팽이를 전혀 무시해서는 안 될 것 같은데 그렇다고 하나의 중주제로 넣기에는 교사의 관련 지식이 너무 부족하다. 주제망을 전개할 때 한번 고민해 보아야겠다.

③ 주제망 작성

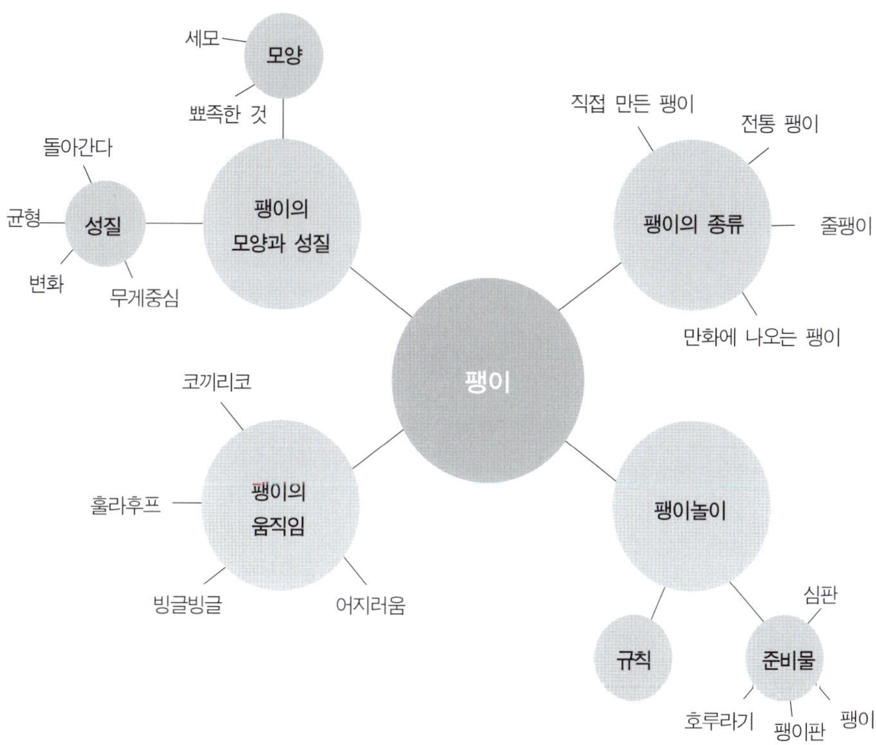

④ 학습활동 계획표의 예

주제망을 중심으로 학습활동 계획표를 작성하였다. 팽이의 모양과 성질, 팽이의 움직임, 팽이의 종류, 팽이놀이의 4개의 중 주제가 구성되었으나 다음에는 두 가지의 중주제에 대한 학습활동 계획표를 소개한다.

<table>
<tr><th>영역
중주제</th><th>학습활동 내용</th><th>학습활동 방법</th><th>준비물 및 유의점</th></tr>
<tr><td rowspan="2">팽이
프로젝트를
시작해요</td><td>• 주제 생각하기
- 주제의 발현
- B.S.-유목화-표제 붙이기
- 주제망 작성</td><td>• 언어적 스캐폴딩
• 조별 토의 및 협의
• 조별 발표 및 반 전체 협의</td><td>• 포스트잇
• 전지, 색지
• 창의성, 상상력 발휘</td></tr>
<tr><td>• 학습활동 계획하기
- 주제망에 근거해서 무엇을 배울 것인가?</td><td>• 유아들의 수준을 고려하여 교사가 계획(단, 유아의 질문목록을 참고하여 유아의 흥미와 관심이 반영되도록 함)</td><td></td></tr>
<tr><td>팽이
프로젝트를
시작해요</td><td>• 자원목록
- 팽이에 대한 궁금한 점</td><td>• 조별로 유아들에게 두 가지 종류의 팽이를 제공
• 팽이를 관찰 후 궁금한 것을 쪽지에 적기
• 질문목록표 만들어 게시하고 추가할 수 있도록 자료 제공</td><td>• 다양한 종류의 팽이
• 포스트잇</td></tr>
<tr><td rowspan="3">돌아가는
팽이의
성질과 색깔</td><td>• 팽이와 닮은 모양
- 원뿔 모양의 특징
- 다양한 입체도형</td><td>• 팽이를 다양한 각도에서 관찰하고 원뿔 모양의 특성을 알아보기
• 다양한 입체도형의 명칭과 특성에 대해 알아보기</td><td>• 다양한 모양의 팽이
• 연필
• 종이</td></tr>
<tr><td>• 도는 것과 돌지 않는 것
- 돌아가는 것과 돌아가지 않는 것을 찾아보고 공통점 찾기</td><td>• 여러 가지 물건을 놓고 돌아가는지 예측해 보고 직접 돌려 봄
• 돌아가는 물건의 공통점을 찾아봄</td><td>• 여러 가지 물건
• 연필
• 종이</td></tr>
<tr><td colspan="2">[주기 1] 돌아가는 팽이에 대해 이야기 나누기
[주기 2] 팽이색의 변화 예측하기
[주기 3] 우리가 생각한 것과 같은 색과 모양일까?
[주기 4] 정말 팽이색이 물감을 섞은 색과 같을까?
[주기 5] 두 팽이의 색이 같아지게 하는 방법은 없을까?
[주기 6] 감산 혼합과 회전 혼합
[주기 7] 정말 물감을 섞으면 점점 색깔이 진해질까?
[주기 8] 색 상환표를 만들어 보기
[주기 9] 왜 모양이 변할까?
[주기10] 돌아가는 팽이에 대한 3차 표상</td><td>• 자신의 경험담
• 초기 가설
• 인지적 갈등
• 문제해결과정
• 반영적 사고
• 실험을 통한 반영적 사고의 심화
• 인지적 성장</td></tr>
</table>

(3) 프로젝트 수업의 전개 단계

프로젝트의 전개 단계에서는 다양한 모든 학습모형들이 활용될 수 있다. 레지오 프로젝트의 전개 단계에서 해야 할 가장 핵심적인 방안이 표상활동이라고 할 수 있을 것이다. 표상활동은 상징화의 주기, 순환적 전개과정, 다매체적 접근 등 다양한 용어로도 불린다. 이러한 과정 속에서 교사는 아동들의 이론, 가설, 아이디어를 찾아내고 아동들은 표상, 재표상, 고찰, 재고찰 및 재방문하면서 주제에 대한 이해 및 반성적 사고력을 심화시켜 나갈 수 있게 한다. 프로젝트 수업활동의 또 하나의 특성 중 하나가 현장학습이다. 레지오 프로젝트의 상징화의 주기 내에서도 현장학습 활동이 일어날 수 있다.

다음은 팽이 프로젝트에서 중주제 2를 상징화의 주기로 전개하였다.

목표 : 돌아가는 팽이의 성질과 색깔을 이해한다.

주기 1 : 팽이와 닮은 모양에 대해 이야기한다

언어라는 매체를 통해 물건을 보는 각도에 따라 다르게 보인다는 것과 팽이와 비슷한 모양의 물건을 찾아보며 이야기한다.

〈집에서 원뿔 모양 찾아오기〉
- 집에서 원뿔 모양으로 생긴 물건을 찾아보자.

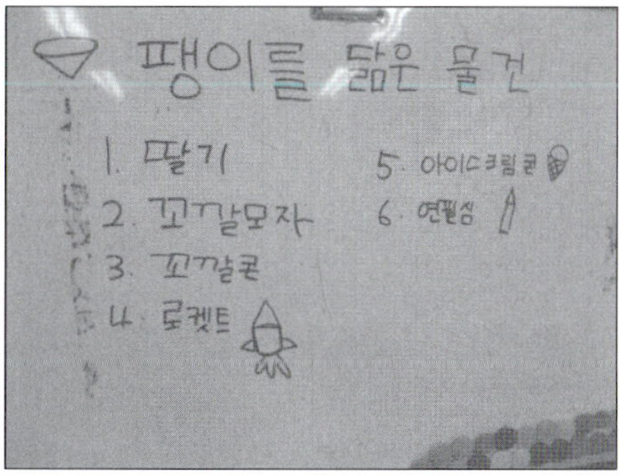

〈팽이와 닮은 물건을 이야기하기〉
- 위에서 보면 동그랗고 아래에서 보면 뾰족하고 옆에서 보면 세모난 물건에는 어떤 것이 있을까?

- 교사반성 : 입체도형을 유치원에서 다룬다는 것이 다소 어려울 수 있는데 팽이와 같이 유아들과 밀접한 주제에서부터 출발하니 쉽고 재미있게 입체 도형에

대해 이해할 수 있었다. 이 활동이 끝난 후에 아이들은 교실에 있는 입체도형 모형을 다양한 각도에서 살펴보고 이름을 묻기도 하는 등 도형에 대해 관심을 가지기 시작했으며 입체도형을 돌려보기, 굴려보기 등의 놀이를 통해 자연스럽게 각 도형의 특성에 대해 이해하게 되었다.

주기 2 : 도는 물건과 돌지 않는 물건을 찾아보며 이야기하기

교사 : 우리가 여러 가지 돌아가는 물건을 찾아보았는데 돌아가는 물건은 어떤 특징이 있나요?

미리 : 둥근 모양이에요. 동그라미나 공 모양으로 된 물건이 잘 돌아가요.

교사 : 그렇군요. 끝이 납작한 물건은 왜 잘 돌아가지 않을까요?

미영 : 납작한 건 자꾸 땅에 닿기 때문예요.

교사 : 그렇다면 끝이 납작한 이 나사못은 왜 잘 돌아갈까요?

예희 : 납작하지만 뾰족해서 그래요. 뾰족하면 잘 돌아가요.

정연 : 그러면 노란색 저건(긴 삼각뿔 모양) 왜 뾰족한데 잘 안 돌아가요?

교사 : 정말, 왜 그럴까?

주선 : 아~ 그건 너무 길어서 그런 거예요.

교사 : 길면 왜 잘 안 돌아가지요?

유아 : 길면 균형을 잡기가 힘들어서 잘 안 돌아가요.

교사 : 그렇다면 어떤 모양의 물건이 가장 잘 돌아갈까요?

유아 : 둥근 모양이요, 그리고 뾰족하거나 납작한 것 중에 얇고 긴 것이요.

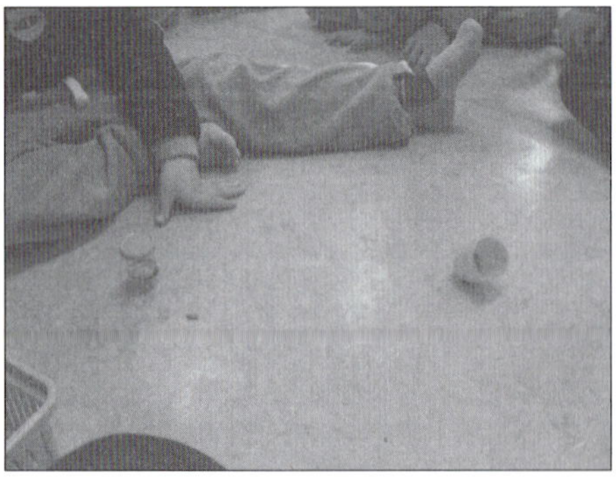

뾰족한 모양과 둥근 모양 중
어떤 모양이 더 잘 돌아갈까?

잘 돌아가는 모양의 특징 찾기

주기 3 : 몸짓으로 돌아가는 팽이가 되어 보기

교사 : 우리 몸으로 팽이를 표현하는 방법에는 어떤 것이 있을까? 누가 나와서 한번 해볼 수 있겠니?

미영 : 이렇게 하면 돼요. (두 발을 모으고 서서 팔을 벌리고 돈다.)

교사 : 재민이가 팽이를 아주 잘 표현하였구나. 재민이 다리가 팽이의 꼭지 부분이 되고 팔이 몸통 부분이 되었구나. 또 다른 방법으로 팽이를 표현해 볼 사람은 없니?
〈유아들은 계속해서 똑바로 서서 팔모양만 바꾸는 자세를 취하며 팽이를 만들어 보인다.〉

교사 : 다리 말고 우리 몸의 다른 부분을 팽이의 중심으로 해서 표현하는 방법은 없을까?

성희 : 아! 이렇게 할 수 있어요! (배를 바닥에 대고 몸 전체로 돈다.)

교사 : 상우는 배가 중심이 되어서 팽이를 표현하였구나! 또 다르게 표현해 보자.
〈유아들은 엉덩이, 무릎 등 다양한 신체 부분을 활용하여 팽이를 표현한다.〉

팽이처럼 움직여 보기

주기 4 : 돌아가는 팽이는 어떻게 달라지나?

돌아가는 팽이는 어떤 모습일지 이야기하며 종이로 팽이를 만들고 직접 만든 팽이를 돌려보았다.

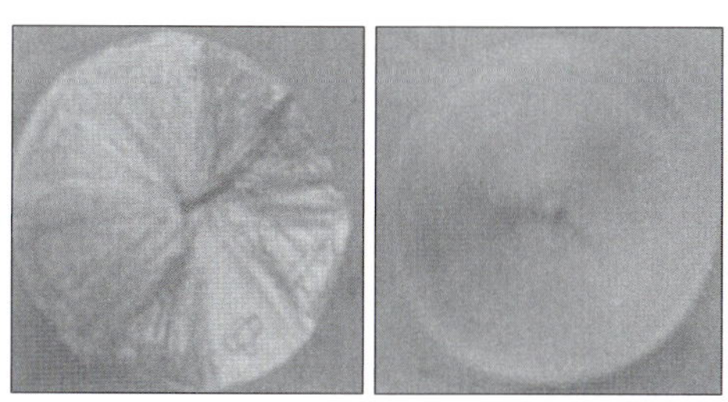

흰색을 안 칠했는데 왜 흰색이 나오지?
연하게 색칠해서 그런가?
보라색은 옆으로 뾰족한데 중간으로 동그랗게 보이게 돼.

지원이 거는 다이아몬드 무늬가 있었는데
없어졌다!!
어? 진짜!! 그리고 그림이 번지는 것 같아.
모양이 없어졌다 멈출 때는 다시 나온다.

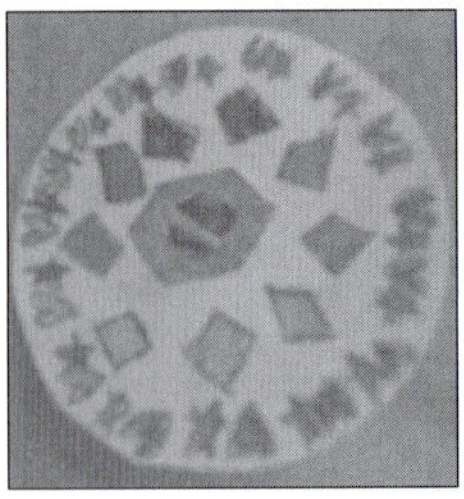
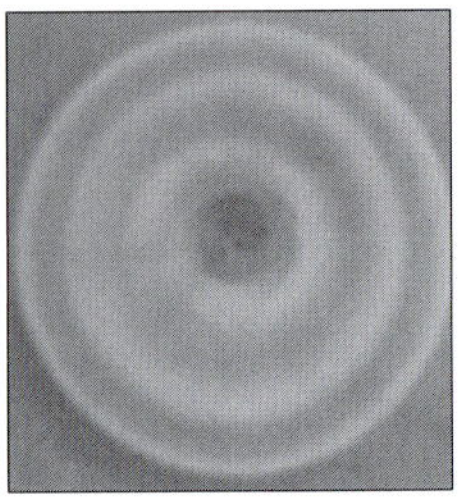

- 교사반성 : 유아들은 있었던 색깔이 없어진다는 사실과 여러 가지 무늬가 색으로만 표현된다는 사실을 발견하였다. 팽이가 돌아가는 모습을 보면서 유아들은 기존에 없던 색이 생겨나고 새로운 색이 나타나는 것을 보면서 팽이를 돌리는 내내 우와 하는 감탄사가 연발되었다. 흔히 생각해 왔던 색팽이었지만 자세히 들여다보며 아이들뿐만 아니라 교사인 나도 다양한 색의 조화가 매우 신기하고 새롭게 느껴졌다. 특히 이러한 팽이 색의 변화에 대해 이야기 나누며 상우가 "우리 눈은 뱅글뱅글 돌 수가 없는데 팽이가 뱅글뱅글 도니 원래 색깔을 못 보는 거예요."라며 나름의 논리를 펼치는 모습이 순수하게 느껴졌다.

주기 5 : 돌아가는 팽이가 보는 세상 그리기

돌아가는 팽이가 보는 세상을 표현해 보기로 하였다.
팽이처럼 돌면서 찍은 사진을 보며 이야기를 나누었다.

교사 : 이 사진들 좀 볼래요?
유아 : 왜 그렇게 흔들렸어요? 엉망진창 같아요.
교사 : 선생님이 팽이처럼 빙글빙글 돌면서 찍은 사진이에요.
여러분들도 지난 시간에 팽이처럼 돌아보았지요?
유아 : 네. 너무 어지러웠어요. 세상이 다 흔들리는 것 같았어요.
교사 : 오늘은 이 사진처럼 흔들린 세상을 그려 보려고 해요.
어떤 방법으로 그릴 수 있을까요?
유아 : 난 저렇게 못 그리는데…. 너무 어려워요. 무슨 모양인지 잘 모르겠어요.
교사 : 이런 그림을 쉽게 그리는 방법은 없을까요?
이 파스텔을 이용해서 그리는 방법을 생각해 볼까요?
유아 : 아 저 파스텔 알아요. 미술학원에서 써봤어요.

휴지로 문지르면 번져서 색칠이 되는 거예요.

유아2 : 아! 그럼 파스텔로 그리고 문지르면 되겠어요.

교사 : 정말 좋은 방법이에요. 그럼 사인펜으로 하는 방법도 있을까요?

유아 : 사인펜으로 하고 휴지로 문지르는 거….

유아3 : 사인펜은 그렇게 해봤자 안 되거든.

유아4 : 사인펜은 물을 뿌리면 번져요. 전에전에 우리 비그림 그릴 때처럼….

팽이처럼 돌면서 세상 보기

위와 같은 상호작용을 통해 유아들은 연필로 그리고 잘 안 지워지는 지우개로 문지르기, 크레파스로 그리고 휴지로 문지르기 등 다양한 기법을 발견하였다. 이런 활동을 통해 돌아가는 팽이의 성질을 이해하면서 동시에 미술교육의 다양한 표현법을 학습할 수 있는 통합적 교육이 가능하였다.

주기 6 : 돌아가는 팽이의 색깔에 대한 가설

주기 4에서 팽이를 돌려보면서 있던 색이 없어지고 없던 색이 나타나고 또 여러 가지 문양이 없어지면서 없던 색깔이 나타나는 것을 발견하고 돌아가는 팽이에 대한 호기심이 증폭되었다. 유아들은 색의 비밀을 풀기 위해 두 가지 색으로 팽이를 만들고 그 팽이를 돌렸을 때의 모습을 예측해 보기로 하였다. 유아들의 다양한 가설이 제시되었다.

영주 : 빨강, 파랑으로 색칠한 팽이를 돌려보면 모두 보라색이 보여!

성희 : 그건 색깔이 서로 섞이기 때문이야!

인주 : 물감을 섞어봤는데 빨강색과 파랑색을 섞으면 보라색이었어!

명수 : 그러면 팽이도 물감처럼 색들이 서로 섞여서 그런 것 아닐까?

영주 : 우리 물감을 한번 섞어 보자.

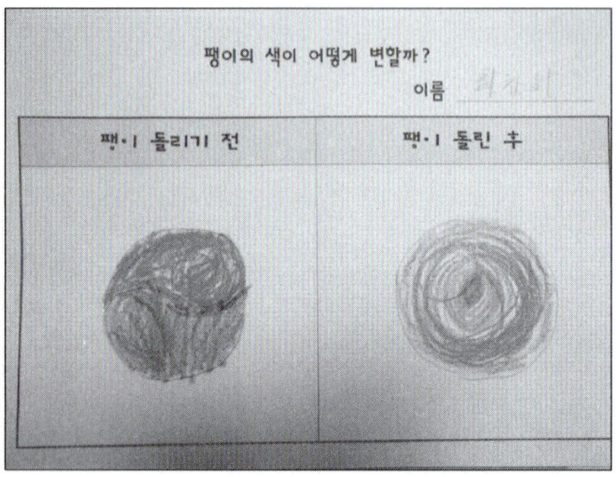

파랑색은 안쪽으로 들어가고 빨강색은 그 바깥쪽에 있고 맨 끝에는 빨강과 파랑이 합쳐져서 보라색이 될 것 같다.

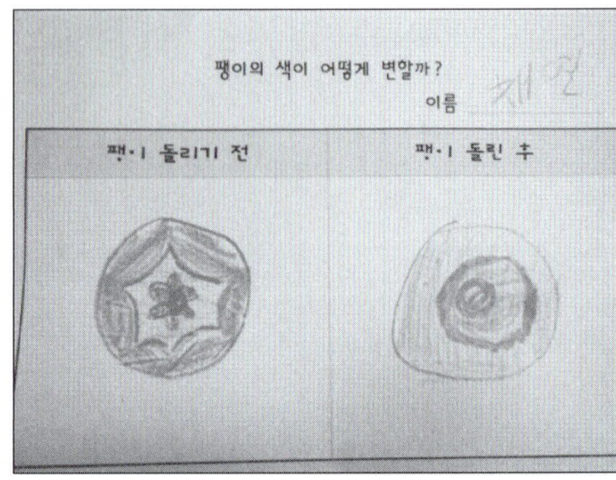

꽃은 빨간 동그라미 모양이 되고 빨강색 테두리로 그냥 빨간 선으로 보일 것 같아.

- 교사반성 : 이 과정에서 유아들은 빨강과 파랑으로 만든 유아들의 팽이가 모두 연보라색으로 보인다는 사실을 발견했다. 유아들은 예전에 물감을 섞어봤던 경험을 떠올리며 물감처럼 색이 섞인 것이라는 가설을 세웠다. 확신에 차서 가설을 세우고 내일을 기다리는 유아들의 모습을 보고 교사도 내일이 기다려졌다.

주기 7 : 물감으로 돌아가는 팽이색 실험하기 - 검증

팽이에서 나온 색이 물감을 섞었을 때의 색과 같은지 확인해 보기 위하여 모둠별 실험을 계획하였다(모둠 1. 빨강 + 파랑 / 모둠 2. 빨강 + 노랑 / 모둠 3, 4. 파랑 + 노랑 등 색깔을 정했다). 각각의 색을 반반씩 칠한 팽이와 두 색을 섞은 물감을 칠한 팽이를 각각 만들고 두 팽이의 색을 비교해 정말 같은 색이 나오는지 알아보기로 하였다. 다음은 유아들의 상호작용이다.

성희 : 정말 보라색이 나왔어 근데 이건 연보라색이고 이건 진한 보라색이야!!

영지 : 우리 팀도 똑같아!! 주황색도 하나는 진하고 하나는 연해!!

예리 : 초록색도 마찬가지야!!

진아 : 맞아!! 완전히 똑같지는 않아!!

- 교사반성 : 물감을 반반씩 칠한 팽이와 섞어서 칠한 팽이의 명도가 너무나도 확연히 차이가 났다. 나도 전혀 예상하지 못한 일이라 완전히 당황하여 인터넷을 찾아보니 물감을 직접 섞는 것은 감산혼합이라 명도가 낮게 표현되고 색팽이를 회전시키는 것은 회전 혼합이라 명도가 두 색의 중간 값으로 표현된다고 한다. 이와 같은 지식을 유아들에게 알리고 상징화 주기를 마무리해야 할지 아니면 다양한 농도의 물감 섞기를 통해 같은 명도의 색을 찾아내는 것까지 전개해야 할지 고민이 되었다.

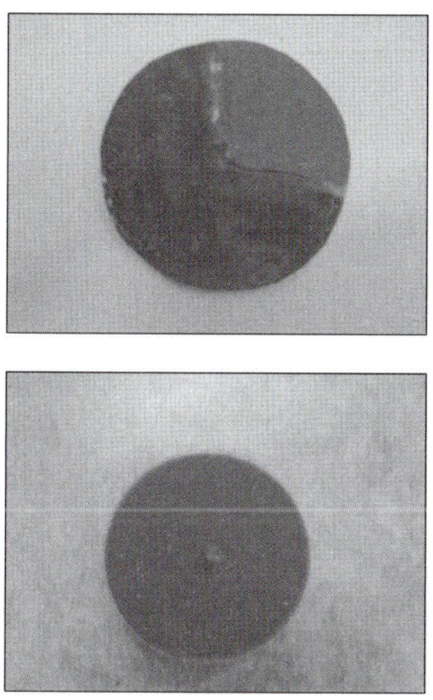

빨강 1 : 파랑 3

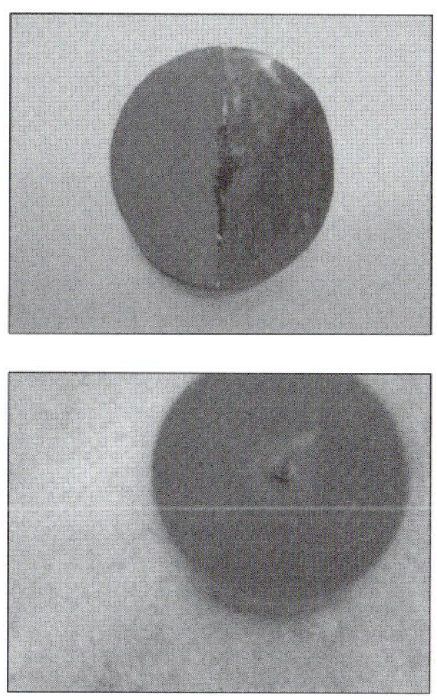

빨강 2 : 파랑 2

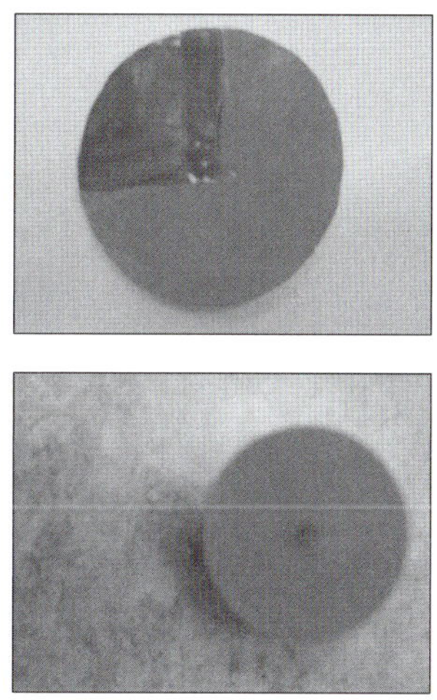

빨강 3 : 파랑 1

주기 8 : 물감의 양을 달리하여 팽이 만들어 실험해 보기

두 팽이의 색을 같게 하기 위해 유아들은 "두 색의 물감을 반반으로 칠하지 말고 한 색은 많이 칠하고 다른 한 색은 적게 칠해야 한다."고 주장했다. 위의 가설을 검증하기 위하여 물감의 양을 서로 달리하여 팽이를 만들어 보기로 하였다.

- 교사반성 : 유아들에게 감산혼합과 회전혼합에 대해 설명해 주는 것이 간단하

겠지만 유아들이 물감 색의 비율을 달리 하면 분명 같은 색이 나올 거라는 확신에 차 있었기 때문에 일단 유아들의 가설에 따라 두 물감 색의 비율을 달리 하여 팽이를 만들어서 돌려보기로 했다. 결과는 당연히 실패! 유아들은 더 이상의 타당한 가설을 세우지 못했다. 이쯤에서 감산혼합과 회전혼합을 알기 위한 다양한 학습자료를 유아들과 함께 찾아야겠다.

주기 9 : 인터넷으로 감산혼합과 회전혼합 조사 탐색

멈춰 선 팽이와 돌아가는 팽이가 서로 색깔이 달리 나타나는 데 대한 관심을 통해 색깔에 대한 유아들의 지적 욕구를 더욱 심화 확대하기 위해 감산혼합과 회전혼합에 대해 조사 탐색하였다.

감산혼합은 혼합할수록 명도가 낮아지며 중간혼합은 멀리서 보면 혼색이 되어 보이는 효과이다. 중간혼합에는 회전혼합과 병치혼합이 있는데 회전혼합은 회전하였을 때 나타나는 효과이며 병치혼합은 멀리서 보면 혼색이 되어 보이는 효과이다.

- 교사반성 : 내용이 어려운 만큼 유아들에게 알기 쉬운 단어를 사용하면서 조사한 것을 설명하는 형식을 취하였다. 유아들도 자신들이 여러 번 실험했고 벽에 부딪혔기 때문에 어려운 내용인데도 매우 진지하게 듣는 모습을 볼 수 있었다. 설명을 듣고 관련된 질문도 하는 것을 보고 놀랍고 뿌듯했다. 이 상징화 주기를 통해 교사도 함께 연구하고 공부하는 계기가 되었다.

주기 10 : 색깔 섞기 실험하기

감산혼합에 대해 이야기할 때 물감을 서로 섞을 때는 색이 점점 진해지고 모든 색을 다 섞으면 검정색이 된다고 했더니 한 유아가 "그럼 진짜로 되는지 해봐야 되겠네요?" 하고 제안했고 다른 유아들도 함께 해보자고 하였다. 그래서 여러 가지 색깔 물감을 직접 섞어보기로 했다. 팽이를 통해 색에 대한 관심이 더욱 증폭되면서 색에 대한 지적 욕구가 심화 확대되어 갔다.

- 교사반성 : 물감을 섞으면서 여기저기서 탄성이 쏟아져 나왔다. 어떤 색이든 흰색을 섞으면 파스텔톤의 색깔이 된다는 것과 진한 고동색, 갈색 또는 검정색으로 보인다는 것을 알게 되었다. 물감을 씻는 붓통을 보고도 더러운 물이 되었다며 실험한 내용을 다시 한 번 확인하였다.

주기 11 : 내 팽이색에 맞는 색상환표 만들기

회전혼합을 설명하기 위해여 『감산혼합과 빌려온 색채의 이해』라는 책에 나온 색상환표에 아이들이 관심을 가졌다. 우리들이 보았던 팽이와 가장 비슷한 색을 색상환표에서 찾기도 하고 크레파스를 꺼내 와서 색상환표의 색 이름과 비교하기도 하였다. 이러한 유아들의 관심에 따라 색상환표를 만들어 보며 내가 만들 팽이를 생각하였다.

- 교사반성 : 색상환표를 만들기 위해서 인터넷을 검색하던 중 화살표 모양이 돌아가는 색상환표 만들기를 찾게 되었다. 이 방법으로 만들면 아이들이 자연스럽게 대비되는 색에도 관심을 가질 수 있을 것 같아 이 방법으로 만들었는데 결과는 성공이었다. 아이들이 '화살표는 왜 있어요? 왜 화살표가 양쪽으로 있어요?' 하고 물었고 화살표가 가리키는 양쪽이 가장 대비되는 색이라는 사실을 알려 주었다. 이후에도 아이들은 이 색 상환표를 가지고 자신들이 만든 팽이의 색과 비교해 보는 등의 놀이를 했다. 20색상환을 교실 환경으로 비치하여 더 많은 색에 대해서 느껴보도록 해야겠다.

주기 12 : 돌아가는 팽이 색깔에 맞는 입체 팽이 만들기

각자 팽이가 돌아갈 때 나올 색깔을 예측하고 거기에 맞는 팽이는 어떻게 만들까? 그동안 주기 1에서 주기 11까지의 축적된 지식과 선행경험의 바탕 위에서 디자인을 하고 색칠을 하여 돌아가는 팽이에서 나올 수 있는 색깔을 그린다. 예컨대 돌아가는 팽이의 색을 보라색으로 하기 위해서는 빨강+파랑을 비율적으로 색칠하고 다양한 자료를 활용하여 입체적으로 만들었다. 자료는 가정통신문을 통해 여러 가지 재활용품을 수집하였고 여러 가지 재료들의 활용방법에 대해서 이야기를 나누었다.

- 미리 만들기 재료 : CD, 칼라점토, 병뚜껑, 면봉, 이쑤시개, 핫도그 막대, 수수깡, 종이컵, 색종이, 단추, 우드락 등
- 꾸미기 재료 : 금은 색종이, 홀로그램 색종이, 동물무늬 색종이, 뽕뽕이, 스팽글, 스티커

- 교사반성 : 평소에 사용하지 않던 재료로 만들고 꾸미기를 하니 유아들이 매우 즐거워했다. 특히 홀로그램 색종이나 무제한 제공한 스티커에 아이들은 극도의 흥분 상태가 되었다. 자신들이 만든 팽이를 친구에게 소개하는 시간을 가지는 것으로 평가를 대신 했는데 돌이켜 생각해 보니 처음 디자인한 것과 결과물의 유사성이나 차이점에 대해서 평가하는 시간을 갖지 않은 것이 아쉬웠다. 교사 대 유아의 비율이 높은 상황에서 교사의 도움이 많이 필요한 활동을 진행하다 보니 만드는 활동에만 너무 급급해서 중요한 평가의 시간을 놓친 것은 아닐까 반성이 되기도 한다. 그러나 중요한 것은 우리 친구들 모두가 즐거웠고 몰입할 수 있었다는 것이다.

(4) 프로젝트 활동의 마무리 단계

마무리 단계에서는 지금까지 수업과정 속에서 산출된 다양한 결과물들을 중심으로 전시회, 발표회 등을 수행하거나 보고서를 만들기도 한다. 때로는 교실의 벽이나 전시장에 진열하거나 천장에 모빌을 만들어 달기도 한다.

레지오 에밀리아에서는 이 단계에서 "어린이들의 수많은 언어"라는 제목의 전시회를 개최한다. 이 전시회를 통해 레지오 프로젝트는 다른 유아, 교사, 지역사회 등과 대화를 하고 공감대를 이루어 낸다. 이 전시회를 통해서 유아들은 그동안의 프로젝트 과정에 대해 느낌이나 관찰, 사고를 재방문하고 자기 생각을 수정하기도 하고 타인의 것과 비교하여 지식을 재구성하기도 한다. 특히 학부모들은 자녀들의 사고과정이 변화하는 모습을 느낄 수 있고 지역사회와의 새로운 연계방안을 모색할 수도 있다. 교사들은 유아들의 변화에 대해 자극받고 또 다른 도전감을

가지게 된다.

팽이 프로젝트의 마무리 단계에서 전시회를 여는 모습은 다음 그림과 같다.

교사 : 애들아 우리 이제 팽이 프로젝트 끝날 때가 되어 가는데 집으로 가져가기 전에 다른 사람들에게도 좀 보여주고 싶은데…. 좋은 아이디어 있나요?

유아 : 샛별반(종일반)에 가서 금별반 친구 보여주면 돼요.

유아 : 나는 샛별반 안 가는데….

유아 : 샛별반 안 가는 친구는 엄마한테 보여주면 되잖아요.

교사 : 그래 친구들이 직접 활동한 것을 가지고 가서 보여주는 방법도 있겠구나! 그런데 그렇게 하면 모두에게 보여주기는 어려울 것 같아.

유아 : 그러면 밖에 벽에다가 다 붙여 놓는 거는 어때요? 그러면 친구들이 지나가면서 보잖아요.

교사 : 그래. 여러 사람에게 멋진 작품을 보여주기 위해서 벽에 전시하는 것을 무엇이라고 하지?

유아 : 박물관? 전시회요.

교사 : 그래, 그럼 우리들의 작품을 모아서 전시회를 해보도록 하자.

- 교사반성 : 전시회 준비가 끝난 후 유아들에게 기분이 어떤지 물었더니 한결같이 "재미있는 것 같아요."라고 대답했다. 유아들의 보람된 표정, 설렘 가득한 표정을 보니 나도 힘들었지만 재미있었던 것 같다는 생각이 들었다. 오늘 본 아이들의 표정은 프로젝트 활동의 의미와 필요성으로 오래도록 기억에 남을 것 같다.

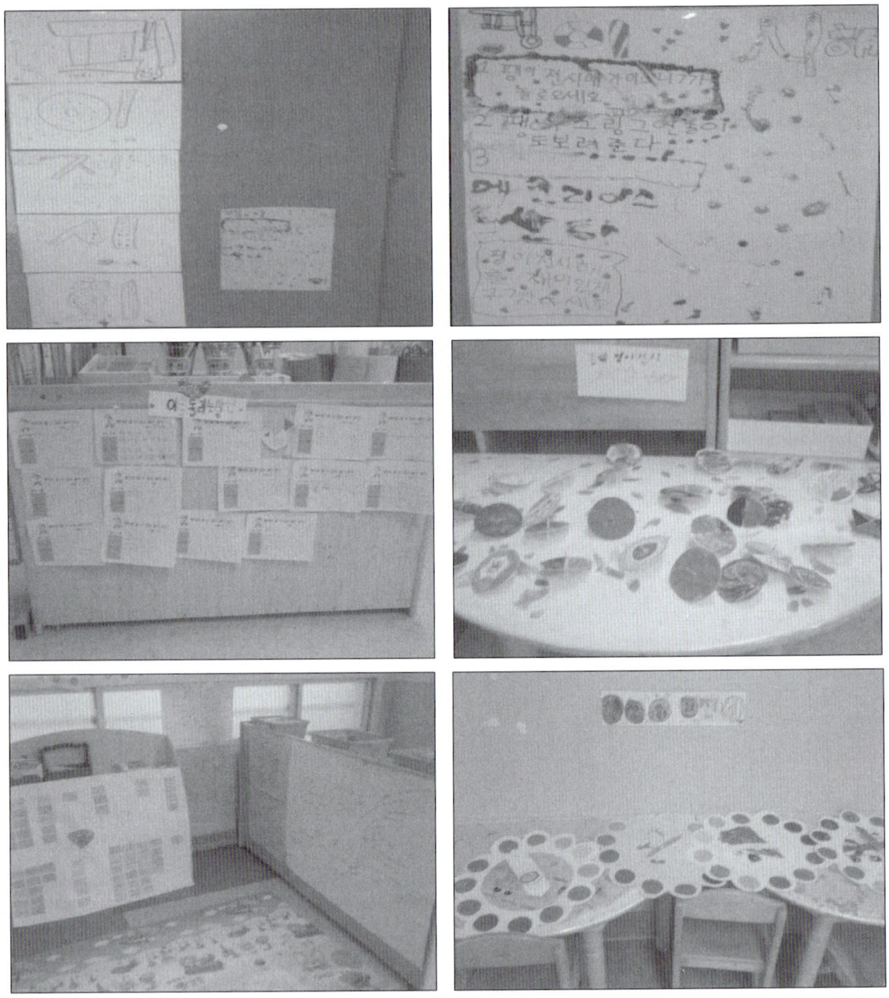

팽이 전시회를 열자

CHAPTER

08 부모교육

부모는 유아가 한 인간으로 성장해 가는 데 있어서 지속적으로 영향을 주는 가장 중요한 환경 요인이 된다. 따라서 빠르게 변화하는 현대사회에서 유아를 위한 부모교육은 유아교육의 중요한 요소가 된다.

그러므로 이 장에서는 부모교육의 개념과 필요성, 부모역할과 양육태도, 부모교육의 이론, 부모교육과 부모참여의 실제 등을 다룬다.

1. 부모교육의 개념 및 필요성

유아가 한 인간으로 성장해 감에 있어 많은 사람이 그 교육에 관여하지만 그중 특히 부모는 가장 우선적인 교사이다. 부모는 자녀의 인생에 대한 총체적인 책임을 가진 교사의 위치에 있다고 볼 수 있으므로 자녀에게 영향을 주는 환경에 대해서 잘 알아야 할 뿐만 아니라 부모의 역할에 대한 훈련도 필요하다. 특히 현대사회는 부모-자녀의 관계가 다양하게 변화되고 있으며 이들 여러 요인은 부모들로 하여금 부모가 되는 교육을 받을 것을 요구하게 되었다. 부모가 성인기에 안주하는 사이에 자녀는 변화하며, 부모는 부모 자신이 알고 있는 것을 전달하고 자신이 받은 교육 방식을 강요하기에는 한계를 갖게 되었다.

유아교육은 다른 연령층의 교육과는 달리 유아교육기관과 가정이 연계하면서 일관성을 유지하여야만 그 성과를 거둘 수 있다. 그래서 유아교육에서 빼놓을 수 없는 가장 중요한 요인 중의 하나가 유아를 둘러싸고 있는 가정과의 연계를 통한 부모교육이라고 할 수 있다.

그런데 최근 들어 유아에게 가장 중요한 영향을 미치는 가정이 크게 변모하고 있다. 과거 수십 년 동안 유아들은 전통적인 가정에서 성장하였지만 오늘날의 유아들은 다양한 가족 구조 속에서 살아가고 있다. 여성들이 직업을 가지는 경우가 급격히 증가되어 아버지가 일을 하고 어머니는 집에서 가사와 양육을 수행하는 전통적인 가족 모델이 변화하고 있으며, 이혼의 증가로 편부모 가족이나 재혼 가족에서 성장하는 유아도 증가하고 있다. 이러한 가족 구조의 변화는 다시 가족 기능의 변화까지도 초래하고 있다. 이렇게 달라진 상황에서 유아교육기관은 가정을 지원하기 위해 어떠한 역할을 수행하여야 하는지 고려해 볼 필요가 있다.

또한 예비부모교육이 가정에서는 물론 기초적 교육에 포함되어 있지 않아 부모에 대한 충분하지 못한 지침들이 혼란과 갈등을 야기시킨다. 이렇게 충분한 교육을 받지 못한 부모들은 도움을 원하고 있고 최근에 이르러 사회의 변화와 함께 가정의 구성이 다양해짐에 따라 다른 양육이 현실적인 문제로 대두되어 부모교육의 필요성을 갖게 된다.

부모교육 연구가 시작되면서, 부모교육이란 부모의 지식과 이해에 도움을 주는 다양한 교육 경험을 갖도록 하는 것으로 인식하게 되었다. 부모교육은 부모의 역할을 수행하는 데 있어서 효과적인 변화를 위한 모든 종류의 교육적 기술이나 기능이 필요하므로 이에 따라 부모교육은 부모를 대상으로 교육목적과 내용을 설정하고 부모에게 구체적인 지도와 기술을 제공해 주는 교육으로 되었다.

부모교육에 관계되는 여러 문헌을 살펴보면, 부모교육이란 가정과 유아교육기관과의 환경, 그리고 그 속에서 이루어지는 교육 간의 상호작용 및 연결을 의미하며, 흔히 부모교육(parent education), 부모훈련(parent training), 부모참여(parent participating), 부모개입(parent involvement), 부모 역할하기(parenting) 등의 용어가 혼용되고 있다. 또한 이러한 부모교육을 위한 프로그램 역시 부모교육 프로그램, 부모훈련 프로그램, 부모참여 프로그램, 부모개입 프로그램 등으로 다양하게 표현되고 있다.

한편, 최근에 이르러 가정이나 기관의 프로그램에 부모를 직접·간접으로 개입하게 하여 자녀의 발달과 교육에 도움을 주고자 하는 의도에서 부모참여(participating)라는 보다 넓은 의미의 용어가 사용된다.

부모참여란 조기교육 프로그램의 계획과 실천, 평가, 수정 등 모든 주요 부분에 부모가 참여하는 것으로서 특히 부모의 결정권한이 강조되는 것이고 부모교육은 부모참여를 위한 전략으로서 부모역할 기능을 발달시키는 것이다.

이러한 부모교육 및 부모참여의 필요성에 대한 주장은 유아의 측면, 부모의 측면, 그리고 사회적 측면에서 이론적 배경을 찾을 수 있다(이원영, 1991).

1) 유아의 측면

유아의 인지적·사회적·정서적 발달은 부모의 양육태도 및 양육방법에 크게 영향을 받는다. 뿐만 아니라 부모의 양육태도와 방법은 유아의 신체발달을 조장하거나 저해하기도 한다.

2) 부모의 측면

미성숙된 한 인간으로서 부모교육이 필요하고, 대가족제도의 붕괴로 인하여 젊은 세대들에게 자녀양육에 따른 도움과 조언이 필요하다. 또한 도시화, 정보화, 그리고 산업화로 인하여 개인 또는 가정 단위의 사회이동뿐만 아니라 국내에서의 도시 간 이동은 물론 국제적인 이동도 증가하고 있으므로 정신적으로 후원하고, 또한 자신감을 갖고 자녀양육을 하도록 도와줄 부모교육 프로그램이 필요하다. 그리고 성 역할 개념의 변화에 따라 그에 적응하고 대처하기 위한 부모교육도 필요하다.

3) 사회적 측면

인적자원의 효율적 개발이라는 측면에서 부모교육이 필요하다. 인적자원의 지적·인성적 기반은 유아기에 많은 부분이 결정되기 때문에 정부와 사회의 입장에서 이에 대한 대책을 강구해야 한다. 경제기회균등 정책 면에서 보면 유아교육 및 부모교육은 사회복지의 장기적 계획의 일환이며, 정부·사회적 측면에서 보면 부모교육은 다음 세대 교육의 질적 수준을 높일 뿐만 아니라 장래 인적자원의 질을 높이는 중요한 교육적 수단이 된다. 그러므로 사회균등 정책 면에서 부모교육이 필요하고 교육의 경제성을 높이기 위해서도 부모교육이 필요하다. 아울러 유아의 연령이 어릴수록 성형력(plasticity)이 크기 때문에 고등교육에 투자할 때의 교육 효과보다는 유아교육에 투자할 때의 효과가 더 크므로 질적 수준이 높은 인적자원을 확보하기 위해서도 부모교육이 필수적이다.

2. 부모의 역할 및 양육태도

부모역할의 궁극적 목표는 자녀가 하나의 개체로서 독립하고 책임감을 가지고 자율적으로 살아갈 수 있는 유능한 성인이 되도록 안내하는 것이다. 이를 위해 영유아기의 부모역할을 살펴보기로 한다.

1) 부모역할

(1) 영아기의 부모역할

영아는 부모에게 모든 것을 요구하고 전적으로 부모의 도움이 필요하며, 부모는 보호자로서 이러한 욕구에 만족할 수 있을 정도로 도와주어야 한다. 부모와 영아의 관계는 영아의 기질에 따라 부모의 반응과 상호작용의 형태가 달라지기도 하지만 부모 자신의 아동기 경험, 부부관계, 건강, 직업의 안정성, 영아의 특성 등에 따라 서로 영향을 받는다.

에릭슨은 영아기에 기본적 신뢰감과 불신감이 형성된다고 하였다. 기본적 신뢰감이란 부모가 영아의 기본적 욕구를 일관성 있고 민감하게 충족시켜 줄 때 부모에 대해 갖는 믿음을 말하며 이 믿음은 출생에서 1세까지 형성된다고 한다. 그러므로 부모가 일관성 없이 영아를 돌본다면 영아는 세상에 대한 두려움과 불신감을 형성하게 된다. 부모에 대한 신뢰감은 의사소통과정에서 형성되고 의사소통에 대한 반응 결과에 따라 영아가 신뢰감을 갖는다든지 불신감을 갖게 되므로 이것은 부모의 책임으로 볼 수 있다. 어머니가 영아의 기본적 요구를 무시하고 영아를 훈련하고 가르치려고 한다면 영아의 자발적인 상호성의 발달을 저해하게 된다. 부모는 영아에게 흥미 있고, 자극을 주는 환경을 제공하여 영아 스스로 주도적인 활동을 하도록 도와주어야 한다.

영아는 부모로부터 독립하고자 하며 자율감 대 수치심을 경험하는 시기를 맞게 된다. 따라서 영아가 걷기 시작하면 영아 스스로 자율성을 시험하고 학습능력을 증진시킬 수 있도록 환경을 준비하여야 한다. 이 시기는 1세에서 3세경에 해당하며, 부모가 자녀의 능력에 맞게 영아의 요구를 인정하여 주면 영아는 자신의 행동을 통제할 수 있는 능력을 발달시키고 자신감도 갖게 된다. 그러나 영아가 할 수 있는 것까지도 부모가 먼저 해 주는 경우 영아는 수치심과 회의감을 가지게 된다.

영아기에 해당하는 부모교육은 출산 전후의 모자보건, 영아기 발달의 중요성, 그리고 영아에게 필요한 자극에 대해 교육함으로써 부모로서의 역할에 부족함이 없도록 한다. 이러한 교육은 부모, 유아교육기관, 지역사회가 협력할 때 효과적이다(이원영, 1991).

(2) 유아기의 부모역할

이 시기의 부모의 역할은 양육자로서 애정과 관심을 가지고 보호하고 더 나은 발달을 할 수 있도록 지도하는 것이다. 안전한 환경을 제공하여야 하고 간섭하기보다는 사랑과 애정을 가지고 도와주며 유아의 강한 욕구를 충족시켜 주는 것이다.

이 시기에는 유아의 일관성 없는 행동으로 부모가 훈육에 어려움을 느낄 수도 있다. 양육하는 데 중요한 것은 자율성과 주도성을 잃지 않게 하면서도 유아 자신이 자기의 행동에 책임을 지고 한계를 정하도록 지도하는 것이다. 유아들로 하여금 건강한 자아개념을 형성하도록 도와주어야 하고 아동에 대한 온정, 수용, 존중, 관심을 표현할 뿐만 아니라 일관성 있는 사랑과 기대를 나타내고 일정한 한계 속에서도 자유를 허용하면서 부모 자신도 긍정적인 자아개념을 가질 필요가 있다.

자녀가 유아기에 있을 때 부모는 자신이 부모로서의 역할에 회의를 느낄 수도 있다. 따라서 부모역할에 따른 그 스트레스를 최소화하기 위하여 부모는 자신의 요구와 자녀의 요구 사이에 균형을 이루도록 하여야 한다.

유아의 발달단계에 대한 인식과 발달단계에 맞는 지도 그리고 부모들의 심리적·사회적 발달단계도 함께 고려하여 부모교육을 계획하여야 한다.

(3) 부모역할 요인

부모의 역할 및 행동에 여러 가지 요인이 작용한다. 우리는 부모가 자녀와의 상호작용하는 방식에 영향을 주는 요인들을 살펴볼 필요가 있다. 전통적으로 자녀의 행동방식에 영향을 주는 요인들로서 첫째, 사회계층에 따른 가치관의 차이는 자녀 양육방식에도 차이를 가져오는데 그 가치관의 차이는 문화적 요인으로 작용한다. 둘째, 자녀들은 주로 어머니와 많은 시간을 보내므로 어머니와의 관계는 더욱 중요하며, 유아기나 유아 초기의 인간관계는 어머니와의 관계에 집중되기 때문에 어머니의 성격이 한 요인이 된다. 두 번째 요인에 대해서는 인간의 조기 양육환경의 중요성을 강조한 프로이드도 자녀의 행동발달이나 성격발달은 자녀가 부모를 무의식적으로 동일시하는 동안 형성된다고 보아 부모의 성격이 자녀의 발달에 중요한 영향을 준다고 하였다. 셋째, 자녀들은 부모의 행동을 모델로 하여 배우는 경향이 있으므로 부모의 행동이 또한 한 요인으로 작용한다. 왜냐하면 개개인이 어떻게 양육되었는가에 따라 부모가 되었을 때에 자녀를 대하는 방식에 차이를 주기 때문이다.

갈린스키(Galinsky, 1987)는 부모로서의 역할 수행을 여섯 단계로 설명하였는데 각 단계는 다음과 같다.

① **1단계 : 이미지 형성 단계**(Image making stage)

임신기간 동안 태어날 자녀를 중심으로 부모 자신의 이미지를 형성하고 수정해 가는 과정이다. 이 단계에는 임신의 수용, 부모가 될 준비, 출산의 준비 등이 포함된다.

② **2단계 : 양육 단계**(Nurturing stage)

출생 후 약 2년까지로 이 단계 동안 형성된 상(image)과 자신의 실제 경험을 비교하며 출산, 애착의 감정 조정, 자녀의 개인차 등을 중심으로 정체감을 지속하게 된다.

③ **3단계 : 권위형성 단계**(Authority stage)

자녀에게 한계를 설정하고 강화하기도 하며 자율과 책임의 양면성 사이에서 부모로서의 권위를 형성하게 되는 시기로 2세부터 4~5세까지이다.

④ **4단계 : 설명 단계**(Interpretive stage)

여러 가지 현실을 설명하고 연결해 주는 역할을 하는 시기로 5세에서 초등학교까지를 말한다. 이 단계에는 분리와 결속, 걱정과 기대를 중심으로 새로운 단계에 대비하여 변화를 겪는다.

⑤ **5단계 : 상호 의존 단계** (Interdependent stage)

성인이 되어 가면서 행동과 감정이 급격히 변하는 자녀에게서 느껴지는 놀라움 또는 충격을 중심으로 새로운 관계를 형성하는 시기, 즉 정체감을 형성하는 시기이다. 이 시기에는 자녀의 정체감을 수용하여 성장한 자녀와 새로운 결속을 형성함으로써 다음 세대를 살아갈 자녀를 독립된 인격체로 인정한다.

⑥ **6단계 : 떠나보내는 단계** (Departure stage)

자녀의 청년기에 해당하며 통제를 완화하고 떠나보내야 하는 것을 준비하고 수용하며 적응해야 한다. 또한 자신의 부모역할에 대한 평가가 필요한 단계이다.

2) 부모의 양육태도

부모들의 사회경제적 지위, 가정환경, 가족구조 등은 부모와 자녀관계, 부모의 태도, 요구, 기대 등에 영향을 주고 있기 때문에 부모가 자녀를 양육하는 방식과 태도는 다양하다. 구체적으로 부모의 행동을 결정하는 요인을 살펴보면 문화적인 영향, 성격 유형, 양육에 대한 부모의 태도, 역할 모델링 등을 들 수 있다.

이런 요인들 중에 부모의 성격과 밀접한 관계가 있는 것은 자녀양육 전반에 대한 태도이다. 이러한 태도와 신념은 부모 자신의 사회화 과정과 과거 경험의 결과로 얻어지는 것으로 부모가 자녀와 상호작용하는 행동방식의 기초가 된다.

바움린드(Baumrind, 1966)는 자녀양육에 대한 부모의 태도를 다음의 세 가지로 제시하고 있다.

- 독재적 태도 : 독재적 태도를 지닌 부모는 자녀의 행동을 통제하는 데 체벌이나 강압적인 방법을 사용하기도 한다. 자녀에게 지켜야 할 규칙과 행동규범을 거의 설명하지 않으며 자녀의 행동을 미리 설정해 놓고 절대적인 행동기

준에 의해 평가하는 경향이 있다.

- 허용적 태도: 허용적 태도를 지닌 부모들은 자녀를 독립적인 개체로 보고 자율성을 고무한다. 자녀에게 자신의 의견을 제시할 기회를 주기 위하여 자녀와 상의한 후 행동에 대한 제한이나 방법을 결정한다.
- 권위적 태도: 독재적 태도와 허용적 태도의 장점을 잘 조합한 태도이다. 이런 부모들은 어느 정도 제한된 범위 내에서 자녀가 자율성을 갖도록 고무한다. 통제를 할 경우 이성적인 설득과 명백한 권위 혹은 심리적 강화 등을 통하여 자녀의 행동통제를 시도한다. 이런 부모는 의사소통을 권장하고 부모가 행하는 방식에 대하여 이유를 설명하여 주며, 자녀가 순종하지 않을 경우 그 이유를 자녀에게 들어 보는 경향이 있다.

또한 애정－거부, 자율－통제라고 하는 부모양육태도의 두 축을 이론적 근거로 삼아 연구한 학자들의 연구를 종합하여 부모양육태도를 정리하면 다음과 같다(이원영, 1991).

- 애정적－자율적 태도: 이러한 태도를 지닌 부모는 자녀에게 자율적, 허용적, 민주적, 수용적 태도를 보인다. 그러므로 이러한 태도를 지닌 부모의 자녀는 능동적이고 외향적이며 독립적이고 사회 적응을 자신 있게 하며, 사교적이고 창의적이며 자신이나 타인에게 적대감이 없다.
- 애정적－통제적 태도: 이러한 태도를 지닌 부모는 애정을 주면서도 자녀의 행동에 제약을 많이 하며, 의존성 조장, 과보호, 소유적인 태도를 보이는 경향이 있다. 애정－자율적인 부모의 자녀보다 애정－통제적인 부모의 자녀는 더 의존적이고 사교성, 창의성이 낮은 편이다.
- 거부적－자율적 태도: 이러한 태도를 지닌 부모들은 자녀들을 수용하지 못하고 허용하지 못하는 동시에 자녀를 마음대로 행동하도록 하는 경향이 있다. 이러한 부모는 자녀에 대해 거리감, 무관심, 태만, 냉담적인 태도를 보인다. 그러므로 자녀는 불안정한 정서와 위축된 행동을 보이고 공격적이고 자신의

행동 조절을 못하게 된다.

- 거부적-통제적 태도: 자녀를 따뜻하게 받아들이지 않을 뿐 아니라 행동을 체벌 또는 심리적 통제로 규제하는 태도이다. 이러한 유형의 양육태도를 지닌 부모는 권위적·독재적 요구, 반복적·거부적 태도를 보인다. 정신질환을 보이는 아동의 부모에게서 이러한 태도가 보인다. 이런 부모 밑에서 성장한 자녀는 자아에 대한 분노가 발생하며 내면화된 갈등과 고통을 소유하고 있으며 경우에 따라서는 자학적, 퇴행적이 되기도 한다.

3. 부모교육이론

효과적인 부모-자녀 관계를 도와주기 위한 이론들이 있다. 이러한 이론들의 기본 전제는 자녀의 문제행동의 원인을 부모만의 문제라기보다는 부모와 자녀 양자의 문제를 다루고 해결하는 기술이 부족한 것으로 보고, 부모역할을 효율적으로 수행하기 위해서는 교육을 통해 학습해야 한다고 보는 것이다.

이에 관한 부모교육이론은 드라이커스(Dreikurs)의 이론, 기노트(Ginott)의 이론, 고든(Gordon)의 이론, 번(Berne)의 이론, 행동주의 이론 등으로 다음에서 살펴보고자 한다.

1) 민주적 부모교육이론

드라이커스는 아들러(Adler)의 심리학 이론을 보다 구체적이고 실용적으로 발전시켰다. 아들러와 드라이커스는 가족 내에서 일어나는 사회화 과정을 중요시하였다. 민주적인 가족 분위기를 강조하여 상호 존중감, 민주적인 의사결정 등을 통해 사회적으로 책임감 있는 자녀를 만들 것을 강조하였다. 부모들이 민주적 양육태도를 갖기 위해서는 자녀를 이해하고 격려하며 동기를 유발해 주는 방법을 배워야 하고 자녀의 자발적인 습관 형성, 책임감 등을 길러 줄 수 있어야 하며 성인과 유아의 관계가 동등한 관계로 형성되어야 한다고 하였다.

아들러는 개인의 생활태도는 4~5세경에 형성된다고 보았다. 가정이 부모와 자녀의 애정적인 관계를 가질 수 있는 출발점이므로 가족은 자녀의 행동양식을 형성하는 사회적 모델이 된다. 한편 자녀들은 자신을 발견하기 위하여 심리적 목표를 설정하는 데 있어서 먼저 직접적인 목표는 어떤 상황이 일어날 때마다 그 즉시 설정하는 목표이며, 다음 중간 목표로는 심리적·신체적 편안함, 다른 사람을 기쁘게 하기, 다른 사람을 조정하기, 다른 사람보다 우세하기, 삶의 의미 찾기 등을 추구하는 것이고, 마지막으로 장기적 목표는 모든 상황에서 주의집중을 받아 중심이 될 수 있도록 목표를 설정하고 조정하려는 노력을 하며 항상 좋은 사람이 되려고 노력하는 것이다. 자녀를 효율적으로 지도하기 위해서는 직접적 목표 또는 행동전략을 잘 파악하여야 하며 자녀의 그릇된 행동 목표를 수정할 수 있는 방법을 적용하여야 한다. 대부분 자녀들에게 문제가 되는 직접적 목표는 주의집중, 관심 끌기, 반항하기, 앙갚음, 무능함 보이기 등 잘못된 심리적 목표로 나타난다(이은화, 김영옥, 1999).

직접적 목표의 결과 그릇된 심리적 목표는 학업 부진, 게으름, 야뇨증, 거짓말, 훔치기 등의 행동으로 나타나는데 훈육방법으로서 부모는 자녀에게 스스로 책임 있는 결정을 하도록 자연적 귀결방법과 논리적 귀결방법의 행동 통제방법을 제시하도록 한다. 자연적 귀결방법은 자연스런 상황에서 자녀 자신의 행동으로 인해 자신이 보상받는다고 느낄 수 있는 방법을 말하며, 논리적 귀결방법은 상황에 따른 결과가 자녀 자신의 행동이 부모에 의한 행동에 따라 정해지는 방법이다. 이때 행동 결과에 대한 판단준거는 미리 정해 놓은 규칙에 근거한다.

2) 인본주의 부모교육이론

기노트(Ginott)는 엑슬린(Axline)의 놀이치료와 슬라브슨(Slavson)의 인본주의 심리학을 부모교육에 적용하여 부모와 자녀 간의 의사소통을 증진시키는 방법을 제시하였다. 인본주의 부모교육이론의 기본 전제는 자녀를 있는 그대로 받아들이고 아동중심적 사고를 가지고 느끼고 생각하며 대화할 것을 제시하고 문제를 객관적으로 처리하고 방관, 방임하지 않을 것을 강조한다. 기노트의 부모교육의 원리를 다음에서 살펴본다(이은화, 김영옥, 1999).

부모는 자녀를 존중하는 마음과 대화하는 기술이 필요하며 자녀의 자존심을 존중하여야 할 뿐만 아니라 충고나 지시를 할 때, 먼저 부모 자신이 그 말을 충분히 이해하고 난 다음에 말로 전달해야 한다. 또한 자녀를 지도할 때 자녀의 노력이나 행동 자체를 평가의 대상으로 해야 하며 인성에 대해 표현하는 것은 피하여야 한다. 부모가 자녀와의 갈등을 해결하고 긴장을 해소하기 위해서는 자녀들이 부모를 화나게 할 수 있고 부모도 화낼 수 있다는 것을 인정해야 하며, 죄의식이나 수치심을 갖지 말고 분노의 감정을 표현하며 자신의 느낌대로 감정을 표현하여야 한다. 부모들이 자녀와의 갈등 상황에서 패배감을 느끼게 되면 자녀에게 위협, 뇌물 주기, 빈정대는 말, 훈계, 억압 등으로 자녀를 복종시키려 한다. 부모가 자녀를 위협하면 오히려 잘못된 행동을 반복시키는 결과를 초래한다. 또한 부모가 어떤 사건을 알면서 떠보는 행위도 적절하지 않다. 자녀가 정직하게 성장하기를 바라는 부모는 자녀가 자신의 긍정적·부정적 감정을 솔직하게 표현할 수 있도록 자녀를 수용해야 한다.

부모는 자녀를 훈육할 때 간결하고 분명한 언어로 표현하고 수용할 수 있는 행동과 수용할 수 없는 행동을 분명히 말해 주어야 한다. 효과적인 자녀 훈육의 단계는 다음과 같다(이재연, 김경희, 1994).

- 1단계: 자녀가 원하는 바를 인정하고 인정한 것을 간단한 말로 다시 반복해서 말해 준다.
- 2단계: 잘못된 행동에 대해서는 분명하게 통제하는 말을 해 준다.
- 3단계: 자녀가 원하는 바를 최소한 일부분이라도 성취할 수 있도록 다른 대안적인 방법을 제시한다.
- 4단계: 자녀의 행동을 부모가 통제할 때 일어나는 분노의 감정을 표현할 수 있도록 허용하고 표현하도록 도와주어야 한다.

3) 부모효율성훈련이론

고든(Gordon, 1975)의 부모효율성훈련(Parent Effectiveness Training : PET)이론은 인본주의 심리학에 이론의 근거를 두고 있다. 고든은 부모를 효율적으로 훈련시키기 위해 부모효율성훈련을 체계적으로 정리했을 뿐만 아니라 부모교육을 실제 행하였다. 부모-자녀의 관계는 애정과 존경에 바탕을 둔 따뜻하고 절친한 관계여야 하며 관계의 내용은 생산적이고 협동적이며, 책임감 있는 시민을 길러내는 것이 부모의 역할이다(유안진, 김연진, 1997).

고든의 이론은 효율적인 의사소통과 상호작용을 위한 기술에 관심을 둔다. 그러기 위하여 문제를 부모가 가지고 있는지 혹은 자녀가 가지고 있는지 파악할 필요가 있다. 또 자녀를 돕는 기술은 조용히 들어 주기, 인식반응 보이기, 계속 말하도록 격려하기, 적극적으로 들어 주기, 부모의 입장 알리기 등으로 비권위적, 민주적 방법에 해당한다.

자녀가 특별한 문제에 부딪혔을 때 부모는 상담자의 역할을 한다. 적극적인 경청 방법을 이용하여 자녀의 느낌, 문제를 파악하고 자녀가 스스로 문제를 해결할 수 있도록 기회를 준다. 자녀가 문제를 해결하는 책임을 갖도록 하고 해결방안을 제시함으로써 자녀의 인지발달을 촉진하도록 한다.

PET 프로그램은 문제의 소유자가 누구인지에 따라 각각 다른 기술을 적용하며 효과적인 의사소통을 위하여 세 가지 기술을 사용할 것을 제시한다. 즉 상담기술, 직면기술, 문제해결기술 등인데 이 모든 기술의 기초는 수용하는 언어를 사용하는 것이다.

아동이 문제를 가지고 있으면 적극적 경청을 하고 부모가 문제가 있으면 나-전달법(I-message)을 사용한다. 갈등을 해소하기 위해서는 무승부법을 사용한다. 즉 비권위적인 민주적인 방법을 사용한다.

적극적인 경청태도란 말하는 사람의 이야기를 비판 없이 그대로 수용하고 그 사람의 감정을 이해하려고 노력하고 적극적으로 의사소통에 참여하는 것을 말한다. 문제가 부모에게 있을 경우에는 나-전달법을 사용한다. 그래서 부모는 자신의 생각과 감정을 효과적으로 자녀에게 전달하는 나-전달법의 기술을 습득해야 한다.

4) 상호교류분석이론

상호교류분석이론(Transactional Analysis Theory : TA이론)은 심리요법치료가인 번(Berne)에 의해 개발되었다.

TA이론은 자기 성장과 가족관계의 의사소통에 도움을 주는 접근방법을 사용한다. 교류는 의사소통에서 한 사람의 자극에 대해 다른 사람이 반응하는 것을 의미한다. 모든 인간은 자극을 받고자 하는 욕구를 갖는데 나이가 어릴수록 신체적인 친밀감을 가지고 싶어 하고 나이가 들면서 사회적 상호작용을 통해 인정을 받고자 하는 욕구를 가진다.

번은 개인의 성격 구조에 대해서 세 종류, 즉 개인의 인성구조를 아동자아(child ego state), 성인자아(adult ego state), 부모자아(parent ego state)로 구성되어 있다고 보고, 유아나 성인의 행동을 관찰함으로써 세 가지 형태 중에서 어떤 자아가 작용하는지 알 수 있다고 보았다. TA이론에서 부모교육의 목적은 개인이 자신의 자아상태를 자율적으로 선택할 수 있는 능력을 함양하는 것이다.

그리고 쓰다듬기(stroking)란 개념을 사용하여 다른 사람과의 관계 및 생활자세를 설명하고 있다. 쓰다듬기란 상대방의 존재를 인정할 때 사용하는 모든 행동을 말하며, 신체적 접촉이나 언어적·비언어적 표현도 모두 포함된다. 부모로부터 '쓰다듬기'를 긍정적으로 받은 자녀는 자신을 중요하고 가치 있는 사람으로 보는 반면 그렇지 못한 경우는 열등감, 부적절감을 소유한 자녀로 자라게 된다고 본다. 쓰다듬기는 다음의 네 가지 형태로 설명하고 있는데, 이상적인 형태는 '나는 옳다-너도 옳다'의 형태이다(유안진, 김연진, 1997).

- 나는 옳다-너도 옳다(I'm OK-You're OK) : 정신위생상 건강한 상태로 자신과 다른 사람과의 관계를 편안하고 만족하게 느낀다. 이런 사람은 늘 승리하는 위치에 있어 계속 활동하고 성장하려고 하는 동기를 소유하고 있다. 이러한

생활자세는 욕구 좌절을 경험함으로써 형성될 수 있다.

- 나는 옳지 않다-너는 옳다(I'm not OK-You're OK) : 자신이 타인에 비해 열등하거나 부적절하다고 느낀다. 이런 자세를 가진 사람은 다른 사람이 인정해 줄 때만 자아감이 생기므로 가치를 두지 못하는 입장을 갖는다. 부모는 자녀를 지지하는 입장을 사용한다.
- 나는 옳다-너는 옳지 않다(I'm OK-You're not OK) : 다른 사람을 가치 없는 사람으로 보는 입장이다. 본인 자신도 불안정하며 다른 사람을 믿지 못하면서 근본적으로 다른 사람 위에 군림하려고 한다. 그러나 방법을 몰라 공격적이 된다. 분노를 쉽게 느끼고 다른 사람을 무시하고 경멸하는 태도를 보인다. 정신병적 범죄자에게 많이 나타나는 증상으로 본다.
- 나는 옳지 않다-너도 옳지 않다(I'm not OK-You're not OK) : 인간관계에 부정적이며 아무도 믿지 못한다. 이러한 사람은 자신을 늘 실패할 것이라 여기며 인생을 가치 없고 냉혹한 것으로 본다. 부모는 자녀를 엄격히 지도하고 감독해야 한다. 그 이유는 다른 사람을 파괴하거나 반사회적인 행동도 불사하기 때문이다.

5) 행동수정이론

행동수정이론은 파블로브, 왓슨, 스키너 등에 의해 발전된 조건형성이론과 다른 사람의 행동을 관찰하고 모방함으로써 행동이 학습된다고 생각하는 반두라의 사회학습이론에 근거한 것으로 이 이론은 부모의 역할은 좋은 모델을 보여주는 것이라고 보고, 관찰과 측정 가능한 행동들을 선별한 후 행동을 수정하거나 강화해 준다.

이 원리를 적용하여 자녀의 행동을 관리할 때 고려해야 할 점은 행동주의 원칙이 관찰 및 측정 가능한 행동에만 적용된다는 것이다. 자녀의 행동을 정확히 관찰하고 측정하지 못하면 행동의 변화에 대한 목표를 올바르게 설립할 수 없게 되며 부모는 잘못된 행동 정보를 사용하여 좋은 결과를 얻을 수 없게 된다. 따라서 부모는 객관적으로 과학적인 관찰을 하고 목표 행동을 설정하며 또한 객관적으로

기록하고 그 방법의 원리를 적용해야 한다.

자녀의 행동을 지도하기 위해 첫째, 지도해야 할 행동을 세분화하고 둘째, 구체적인 세목의 행동을 직접 관찰을 통해서 행동의 빈도를 측정한다. 셋째, 지도해야 할 구체적 행동이 정해지면 그 행동의 빈도와 강도를 측정하고 어떤 지도원리를 적용할 것인지를 정한다. 넷째, 지도원리가 정해지면 지도계획을 세워서 일관성 있게 지도하고 지도원리를 적용하는 과정에서도 그 행동의 측정은 계속되어야 한다. 이러한 원리를 적용시킬 수 있는 방법은 다음과 같다(이은화 외, 1994).

- 정적 강화: 어떤 바람직한 행동을 한 후에 주어진 자극으로 인하여 이후에도 그 행동을 더욱 증가시키게 만드는 것을 의미한다.
- 부적 강화: 어떤 행동을 한 결과가 과거로부터의 혐오된 상황을 피할 수 있도록 영향을 주었기 때문에 그 행동을 유지시키고 증가시키는 것을 의미한다.
- 소멸: 이제까지 어떤 행동을 지속하도록 강화시켜 준 자극을 제거함으로써 그 행동을 감소시키는 경우로서 이것은 소멸이라고 한다.
- 벌: 아동의 행동을 감소시키는 자극인데 이것은 일반적으로 '벌'이라고 한다.

6) 효율적 부모역할 수행을 위한 체계적 훈련

STEP(Systematic Training for Effective Parenting)은 미국 플로리다 주의 의사소통 및 동기유발 훈련 연구소의 딩크메이어(Dinkmeyer)와 맥케이(Mckay)가 체계화한 종합적이고 단계적인 부모교육 프로그램이다. 이 프로그램은 드라이커스의 행동목표 파악, 논리적 귀결의 사용, 인식반응을 주어 격려하기 등의 이론적 개념을 도입한 것이고 고든의 적극적인 경청과 나-전달법의 방법도 적절하게 혼합한 것이다(유안진, 김연진, 2005).

부모-자녀 관계에 대한 견해는 부모는 자녀양육을 책임 있게 하면서 만족감을 느끼게 하고 자녀들을 사랑과 책임감으로 성장시키는 데 초점을 둔다. 따라서 부모-자녀 관계에 대한 기본 시각은 민주적 가정 분위기를 바탕으로 하고 있고 부모-자녀의 관계는 몇 가지 요소에 의해 크게 영향을 받는다고 본다. 이들 요소는 상호 존중하기, 격려와 용기 주기, 즐거운 시간 보내기, 사랑 표시하기와 같은 네 가지이다.

내용은 하나의 주제에 따라 전략으로 다루어지며 부모에게 요구되는 양육원리와 기술을 습득하게 하는 부모 능력 향상을 위한 내용과 자녀의 긍정적 행동 목표가 핵심이 된 자녀의 행동발달을 위한 내용이 9주에 걸쳐 한 주에 한 장씩 읽어 나가는 형식으로 구성되어 있다. 그 내용은 자녀 행동의 이해, 자녀-부모의 이해, 자신감과 자기존중감 길러 주기, 의사소통-듣는 기법, 의사소통-대안 찾기와 나-전달법, 책임감 훈련 방법, 자연적 논리적 귀결의 활용, 가족모임, 자신감 앙양과 잠재력 발휘 등으로 구성된다.

4. 부모교육 및 부모참여의 실제

부모교육의 중요성이 유아교육에서 차지하는 비중이 크다는 사실이 강조되면서 유아교육기관에서의 부모교육 및 부모참여를 위한 다양한 형태의 프로그램들이 개발되었다. 유아교육기관에서 실시할 수 있는 프로그램과 가정에 기초한 프로그램을 유아들의 연령이나 환경에 따라 다양하게 실시할 수 있다. 소극적인 부모참여의 형태로서 부모회, 참관, 가정통신, 면담, 가정방문 등이 있고, 약간 진보된 형태로서 직접적이고 적극적인 교수활동을 하는 등의 부모참여가 있다. 그리고 부모가 보조교사나 자원봉사자로 봉사하는 형태가 있으며, 유아교육기관 운영 전반에 관한 여러 문제들을 결정하는 과정에 참여할 수도 있다. 일반적으로 유아교육기관에서 실시하고 있는 부모교육 및 부모참여를 보면 다음과 같다.

1) 부모참여

(1) 자원제공자로서의 참여

부모는 유아교육기관의 프로그램에 기여할 수 있는 자원이 될 수 있을 뿐만 아니라 많은 자원을 가지고 있다. 유아교육기관에서는 프로그램을 진행하면서 가정과 유아교육기관의 연계를 지속적으로 가지면서 적절한 때 부모를 초대하여 유아들의 학습을 도울 수 있다. 예를 들면, 소방관인 유아의 삼촌, 치과의사인 어머니, 목공소를 운영하시는 아버지를 유치원으로 초대하여 적절하게 유아들의 활동에 동참시켜 이들의 설명을 들을 수 있고, 제과점을 운영하시는 부모나 우체국에 근무하시는 부모를 통해 견학을 갈 수도 있다. 이와 같이 가족의 구성원 혹은 가정에서 키우는 애완동물까지 모든 가족 구성원은 유아교육 프로그램의 자원제공자로 참여할 수 있다.

그리고 가족 구성원은 정규적으로 유아교육기관을 방문하여 역할놀이에 필요한 의상의 손실된 부분의 손질이나 세탁을 할 수 있고 교구장이나 설비 등을 수선하는 일을 함으로써 유아교육기관에 자원으로 참여할 수 있다.

(2) 자원봉사자로서의 참여

우리나라 유아교육기관은 교사-유아의 비율이 높은 편이어서 부모를 자원봉사자로 활용하여 교육 현장에서의 성인과 유아 간의 상호작용을 촉진시키는 것은 바람직하다고 생각된다. 그러나 부모가 자원봉사자로 활동할 때 미리 교육을 받아야 한다. 유아교육기관에서는 자원봉사자에게 유아교육기관의 철학, 목표, 정책, 자원봉사를 할 수 있는 적절한 활동 등을 설명하고 교육하는 것이 중요하다.

부모가 자원봉사자로 참여할 때의 적절한 활동에는 현장견학 시 유아들을 돌보는 역할, 바깥놀이에서 유아들을 돌보는 역할, 소집단에게 책 읽어 주기, 교재 만들기, 작품 혹은 포트폴리오 정리하기 등이 있다.

(3) 의사 결정자로서 참여

부모는 유아교육기관의 프로그램 등의 자문 위원과 정책 결성자로 참여할 수 있다. 부모와 협력하는 유아교육기관들은 일반적으로 부모운영위원회를 모든 정책 결정에 참여하도록 한다. 부모들은 유아교육기관이 어떻게 운영되고 있는지 자세히 알게 됨으로써 자녀들에 관해 더 많이 알게 되고, 유아교육기관 운영자 역시 부모들의 관점을 이해하고 수용하게 됨으로써 자신들의 견해가 넓어지는 이점이 있다. 이렇게 부모가 유아교육기관의 정책 결정자로 참여하게 되면 교육기관, 부모, 유아 모두에게 도움이 될 것이다.

2) 유아교육기관 부모참여 및 부모교육 유형

(1) 학부모 오리엔테이션

학부모 오리엔테이션은 신입원아 학부모에게 유아교육기관의 기본 철학 및 교육 전반에 관하여 운영방침을 소개하고 유아교육기관과 가정을 연계함으로써 교육의 효과를 극대화하기 위한 것이다. 신학년도 개원일로부터 약 1주일 전에 실시하는 것이 좋다. 학부모 오리엔테이션 전에 반 편성을 하여 담임은 각 반의 유아들에 대한 사전지식을 어느 정도 가지고 학부모를 만나는 것이 효과적이다. 그리고 당일에는 기관 안내 소책자, 신학년도 연중 행사계획표, 3월 교육계획안, 교육 프로그램의 이해를 돕기 위한 자료 등을 준비하여 학부모로 하여금 기관을 이해하는 데 도움을 주도록 한다.

(2) 강연회

강연회는 부모들이 자녀교육을 위해 필요로 하는 지식이나 정보를 얻을 수 있게 한다. 이때 강사는 강연 주제에 맞는 각계 전문가를 초빙하는 것이 바람직하다. 해당 기관의 학부모가 아니더라도 주변의 유아가 있는 부모들을 참여시키는 것도 바람직하다. 해당기관은 참여부모들이 동반하는 자녀들을 돌볼 수 있는 공간을 마련하고 강연회에 필요한 자료들을 마련한다.

강연회는 연간 부모교육 계획안에 따라 체계적으로 실시하여야 하고 강연회 주제로 적합한 예로는 유아교육의 중요성, 미래사회의 자녀교육, 유아의 발달 특성, 동화책의 중요성, 창의성 발달, 유아생활지도, 부모-자녀 대화기법, 유아 성교육, 유아 문자지도, 유아기 정서발달과 스트레스, 유아미술교육, 놀잇감의 중요성, 건강과 안전, 초등학교 입학 전에 부모가 알아야 할 일 등이 있다.

(3) 보조교사

유아교육의 질적 문제를 생각할 때 교사 대 유아의 비율이 낮은 것은 중요한 조건이 된다. 따라서 교사 대 유아의 비율을 감소시키고, 교사의 업무 과다의 문제를 해결하며, 부모의 자아계발을 돕기 위해 부모를 보조교사로 참여시킬 수 있다. 부모들이 가진 잠재능력의 계발과 활용의 기회를 주며 평생교육으로 연결하여 전문적인 직업으로 확장할 수 있는 계기가 될 수도 있다. 이때 보조교사의 역할은 간식 준비와 간식시간의 소그룹지도, 놀이시간의 지도, 소집단 학습의 보조 및 부분적인 프로그램의 참여, 환경정리와 교재 제작 보조, 특별행사의 보조 등이 있다.

(4) 참여수업

학부모 참여수업은 학부모가 유아의 교육활동에 직접 참여해 봄으로써 학부모로 하여금 유아 및 유아교육기관 교육에 대해 올바르게 이해할 수 있도록 한다. 1년에 1~2회 실시하는 것이 보통인데 유아교육기관 실정에 따라 융통성 있게 전·후반기로 나누어 아버지 혹은 어머니 참여수업을 실시한다. 참여수업 1주일 정도 전에 가정통신문을 보내서 참여 여부를 확인하고 참여수업계획을 상세히 작성한다. 참여수업에 알맞은 환경 구성도 한다.

(5) 워크숍

부모들이 워크숍에 직접 참여하여 교구 제작은 물론 워크숍 활동을 해 봄으로써 유아교육기관과 학부모 간에 긴밀한 유대관계를 유지할 수 있다. 유아교육기관에서 학부모 워크숍 주제로 활용하기 적합한 예로는 그림책 만들기, 외국 동화 번역하기, 폐품을 이용한 교재·교구 만들기, 율동, 손유희 배우기, 가정에서 할 수 있는 수학과 과학활동 등이 있다.

(6) 독서회

독서회는 부모들이 필히 읽어야 할 책들을 소개하고 읽은 것 중에서 다른 이들에게 소개하고 권장하는 모임이다. 이 모임에서는 한 권의 책에 대하여 4~5명이 한 조가 되어 독후감을 발표하고 토의하게 한다. 이 모임은 유아교육기관 내에 부모실이나 현관의 공간을 이용해서 도서를 대여하는 프로그램을 병행하여 실시할 수도 있다.

(7) 일일 교사

부모들 중에서 유아교육과 관련된 분야에서 활동을 한 경험이 있는 부모와 전문적인 기술이 있는 부모는 교사와 사전에 상의를 한 후 일일 교사로 참여할 수 있다.

(8) 개인면담

교사와 부모가 유아의 가정과 유아교육기관에서의 생활 및 문제행동에 대해 의견을 교환하고 유아의 문제에 대한 지도방법과 해결책을 모색한다. 교사는 미리 준비한 관찰기록부를 참고하여 유아에 대한 정보를 교환하고 의논함으로써 부모로 하여금 교사의 전문성과 면담에 대한 신뢰감을 줄 수 있다. 그리고 면담한 결과를 기록하고 보관하여 다음 면담 시에 반복되지 않도록 하며 면담의 진행에 참고한다. 개인면담은 보통 한 학기에 1~2회 정도 실시하는데 유아교육기관의 사정에 따라 다르게 실시하기도 한다. 그 방법은 다음과 같다.

- 약속에 의한 방법: 교사가 미리 계획을 세워서 부모에게 통지한다. "O월 O일 O시 OO를 위하여 상담하고 싶다"는 사항을 편지나 전화로 연락하여 면담 날짜, 시간, 장소, 문제를 미리 약속 받는다. 면담할 문제를 사전에 준비함으로써 문제의 초점을 맞출 수 있다.
- 우발적인 방법: 유아를 지도하는 교사와 부모 사이에는 수시로 일어나는 문제를 중심으로 면담할 경우가 많다. 교사는 부모의 안면과 신분에 대한 사전지식이 있어야 한다. 부모회가 끝난 후나 집단면담 후 또는 아동의 작품 전시 후에 면담할 수 있다.
- 전화를 이용하는 방법: 부모나 교사가 만날 시간이 맞지 않은 경우 상담하는 방

법이다. 반드시 본인과 통화하여야 한다. 아동의 단점이나 문제행동보다는 부모의 칭찬과 격려가 필요한 문제를 다룬다.

- 가정방문을 통한 방법: 아동에게 문제가 있을 때 수시로 가정방문을 한다. 예를 들어, 결석을 하였을 때, 유아교육기관에 오기 싫어할 때, 부모를 떨어지기 싫어할 때 실시한다. 가정방문 날짜와 시간을 미리 정해 부모의 의견을 고려하고 방문시간은 20~30분을 넘기지 않는다. 면담 시 전문용어는 가급적 피하고 자녀교육 이외의 내용은 삼간다(Essa, 1992).

이상과 같은 개인면담 시에 교사는 전문가다운 태도와 권위를 갖추어 면담에 임하여야 하며, 면담한 기록은 외부에 알려지지 않도록 주의하여야 한다.

(9) 집단면담

보통 10명 정도의 부모들과 교사가 함께 만날 수 있으며 학기 초나 학기 말 혹은 연말에 실시한다. 학기 말에 하는 경우 아동의 1학기 동안의 생활이 학기 초의 생활과 비교하여 어떻게 달라졌는지를 의견 교환한다. 집단면담은 학부모들의 관심과 교사가 면담하고자 하는 내용이 유사한 경우에 할 수 있다. 특히 유사한 문제행동을 보이는 아동들의 부모를 대상으로 할 수도 있다. 교사는 면담자료를 미리 파악하여 준비한다. 또한 좌석 배치는 참석 부모 전원이 얼굴을 서로 볼 수 있도록 원으로 배치한다.

(10) 참관

부모들은 자녀들이 유아교육기관에서 무엇을 배우고 어떻게 생활하는지에 관심이 많다. 이러한 요구에 부응할 수 있도록 참관수업을 단체로 실시하거나 혹은 참관실이 구비된 경우에 개별적으로 요일을 정하여 참관에 필요한 참관기록부를 준비하여 실시할 수 있다. 참관은 월 1회 정도 갖는 것이 좋다. 예를 들면 3월, 4월, 6월, 7월에 하고 5월에는 어린이날과 어버이날 행사가 있으므로 생략할 수 있다. 방학하는 날이나 개학일 혹은 생일잔치를 하는 날을 참관일로 계획할 수 있다. 아버지의 수업참관은 각 가정의 사정에 따라 계획하며 1년에 1~2회가 적당하다.

(11) **게시판**

부모용 게시판과 유아용 게시판이 있다. 부모용 게시판은 부모들이 잘 볼 수 있도록 유치원 현관 입구에 설치한다. 게시물은 그 달에 진행될 교육 프로그램의 내용 중 중요한 행사들을 한눈에 잘 알 수 있도록 게시한다. 유아용 게시판은 그 주나 그 달의 교육내용을 담고 있는 환경적인 준비를 위해 활용된다. 유아들의 작품이나 공동 작품들을 게시해도 좋다.

(12) **가정통신**

가정통신은 주로 유치원에 특별한 행사가 있거나 또는 유치원에서 문제를 가졌던 아동이 점차 발전을 보일 경우나 유치원에서 부모에게 알려야 할 내용이 있을 경우에 시행된다. 이 밖에 부모가 직장에 있어 만나 볼 수 없을 경우와 부모의 협력이 필요할 경우에도 보낼 수 있다.

(13) **안내책자**

안내책자는 유아교육기관의 전반적인 정보를 주기 위해 만든 것으로 유아교육기관의 교육철학, 역사, 입학 규정, 수업시간과 등·하교시간의 안내, 급·간식 식단, 각 학급의 일일계획안, 교사진에 관한 내용 등을 포함한다.

(14) **통신망**

통신망은 컴퓨터통신을 의미한다. 컴퓨터에 홈페이지를 개설하여 유아교육에 관한 다양한 정보를 교환하거나 부모와 유아교육기관 간에 여러 가지 행사, 공지사항, 궁금한 일 등을 교류할 수 있다.

이상의 부모교육 유형은 유아교육기관의 운영에 따라 한두 프로그램을 조합하여 운영할 수 있다. 예를 들면, 부모회의 유형 중 강연회를 한 후 동일한 주제를 가지고 단막극을 할 수 있다. 또는 단막극을 한 후 심포지엄을 하거나 공개 토론회를 운영할 수 있다.

CHAPTER 09

유아교육기관 운영관리

유아교육기관의 효율적인 운영관리를 위해 필요한 조건들은 인적(man), 물적(material), 재정적(money), 그리고 운영 방법적(management) 요소들을 들 수 있겠다. 이러한 요소들을 바탕으로 유아교육기관의 운영이란 교육의 목적과 목표를 달성하도록 인사, 시설, 재정, 교육과정, 학급, 영양, 안전관리, 기록 및 문서관리, 학부모, 그리고 지역사회와의 관계를 총체적으로 관리하고 평가하는 일련의 과정이라고 말할 수 있다.

이 장에서는 유아교육기관의 보다 합리적이며 효율적인 운영관리를 위해 시설설비관리, 지역사회와의 협력 관계, 사무관리, 인사관리를 중심으로 간략히 살펴보기로 한다.

1. 유아교육기관 운영관리의 원리 및 영역

1) 유아교육기관 운영관리의 원리

효율적인 유아교육기관의 운영을 위하여는 시대적 변화와 유아와 부모 또한 지역사회의 요구에 민감하게 대처해야 한다. 그러나 유아교육기관의 운영관리는 보다 합리적이고 효율적인 원리에 바탕을 두어야 한다. 유아교육기관을 운영하는 데 있어서 고려해야 할 일반적인 기본 원리는 다음과 같다(이영자 외, 1997; 임재택, 2001).

(1) 타당성의 원리

유아교육기관에서 바람직한 교육계획을 세우고 교육목적을 달성하기 위해 타당한 활동이 되어야 한다. 즉, 모든 운영관리 활동이 그 설립목적에 비추어 올바르고 적합해야 함을 의미한다.

(2) 민주성의 원리

유아교육기관에서 정책 수립이나 시행에 있어서 구성원의 의사를 적극적으로 반영하는 절차는 중요하다. 비민주화는 운영관리의 창의적 발전을 저해하고 교사들에게 무력감, 고립감, 소외감, 단조로움을 주어 교사들의 인간성 상실이라는 심각한 결과를 가져오게 된다. 따라서 기관장은 전체 구성원의 의사를 반영하는 민주적인 자세가 필요하다.

(3) 효율성의 원리

유아교육의 효과는 장기적으로 얻어지는 것이므로 효율성을 위해 다른 원리를 희생시켜서는 안 된다는 점을 인식하는 것이 중요하다. 따라서 기관에서 이루어지는 모든 교육활동은 최소한의 노력과 경비로 최대한의 경제 성과를 얻어야 한다는 강박감을 떨치는 노력이 필요하다.

(4) 적응성의 원리

과학의 진보나 새로운 변화에 대해서 신축성 있게 대응해 나감으로써 조화적 관계와 능률적 성과를 확보해 나간다. 즉, 시대적 · 사회적 환경의 변화에 신축적으로 적응해 나가는 능력을 갖추는 것이 필요하다.

(5) 안정성의 원리

유아교육기관의 운영자는 변화를 수용하고 현실에 적응하는 한편, 전통성이나 고유의 철학 및 가치관 등을 견지하여 장기 계획에 따라 기관을 운영하는 것이 필요하며, 교육활동에 있어서 지속성과 일관성을 가지고 운영한다.

(6) 균형성의 원리

능률성과 민주성의 원리, 적응성과 안정성의 원리 사이의 균형과 또한 운영과 관리의 균형을 유지하는 것이 필요하다.

2) 유아교육기관 운영관리의 영역

유아교육기관 운영관리의 영역은 유아교육기관을 둘러싸고 있는 제반 측면을 가능한 한 모두 포함할 수 있어야 한다. 이것은 운영관리의 실제적인 의미에 있어 총체적인 접근과 측면이 고려되어야 하는 것과 맥을 같이하는 것이다. 데커와 데커(Decker & Decker, 1992)는 유아교육기관에서 공통적으로 적용될 수 있는 일곱 가지의 운영관리 영역을 제시하고 있다(방인옥 외, 2008).

(1) 행정상의 정책

유아교육기관 운영위원회의 조직과 위원의 선정이나 임명에 관한 사항, 원장과 감독관의 임명과 그들의 임무, 명령계통과 같은 행정적 운영체계 및 각종 행정조직의 구성원과 그 역할 등에 관련된 사항 등을 제시하고 있다.

(2) 교직원 인사정책

교직원의 모집, 선발 및 임명에 관한 사항, 교직원의 자격, 교직원의 업무 분담, 근무 평정, 재직기간 및 퇴직에 관한 사항, 급여 계획과 특별상여금, 결근과 이직에 대한 대책, 교직원의 개인적 활동과 전문적 활동에 관한 사항 등을 제시하고 있다.

(3) 원아관리정책

유아교육기관의 원아모집과 관리에 관련된 정책으로 원아모집, 입학과 출석관리, 원아의 보호, 교육 등에 관한 각종 서비스 활동, 아동의 발달상황에 대한 평가와 보고, 아동복지에 관한 서비스 활동, 야외학습과 행사 등 특별활동에 관한 사항 등을 제시하고 있다.

(4) 재정관리정책

운영자금의 출처, 예산, 지출 항목, 물품, 구입과 서비스를 위한 지침과 세부 절차, 결산과 회계감사에 관한 사항 등을 제시하고 있다.

(5) 평가, 기록에 관한 정책

기록 보존에 관한 정책으로 사무기록과 교직원 인사기록, 서류보관 및 관리, 기록에 관한 업무, 보고 서류, 통신, 문서발송 및 접수, 설비 취급에 관한 사항 등을 제시하고 있다.

(6) 학부모 관리정책

부모 소집 방법 역할, 원아의 입원이나 퇴원, 발달상황 기록, 프로그램 참여, 부모교육, 건의사항과 불만 등에 관한 사항을 협의하기 위한 원장 및 교사와의 접촉에 관련된 절차 등을 제시하고 있다.

(7) 대외정책

학부모나 지역사회 인사의 참여 유형, 유아교육기관의 시설 활동과 지역사회기관의 활용, 유아교육 관련 단체나 협회와의 관계 및 지역사회와 의사소통을 위한 대중매체의 활용 방안 등에 관한 내용 등을 제시하고 있다.

2. 유아교육기관 운영관리

위에서 제시한 데커와 데커(Decker & Decker, 1992)의 일곱 가지 영역과 달리 임재택(1995)은 원아 및 교직원 관리, 유아교육과정 운영, 시설 · 설비 및 교재 · 교구 관리, 재정관리, 사무관리, 부모와의 협력, 지역사회와의 교류 등으로 나누었다. 이러한 분류들을 바탕으로 여기서는 크게 시설 · 설비, 교육과정, 영양 · 건강 · 안전 관리, 재정 · 사무 · 인사관리, 지역사회와의 연계 등으로 다시 분류하여 제시한다.

1) 유아교육기관의 시설 및 설비관리

유아교육기관에서의 물리적 조건으로 교지, 운동장, 건물, 실외 놀이시설, 실내외의 각종 설비, 교재 · 교구 등으로 구분할 수 있다. 즉 유아교육기관에서의 시설 설비란 유아교육의 기능을 수행하기 위한 모든 물리적 요소의 총체라고 할 수 있다.

(1) 시설 설비의 중요성

유아기가 발달상의 시기에서 중요하다는 것은 아무리 강조해도 지나치지 않다. 유아기는 발달의 결정적인 시기로서 발달에 영향을 미치는 환경적인 요소는 중요하게 다루어져야 한다. 교사나 또래집단과 같은 인적 환경처럼 건물, 원지, 실외 놀이 시설, 내 · 외부의 각종 설비, 교재 · 교구 등의 물리적 환경 역시 유아발달에 중요한 영향을 미친다. 시설 설비가 중요한 이유는 다음과 같다(방인옥 외, 2008)

첫째, 유아교육기관의 환경은 성장과 발달의 속도가 빠르고 감수성이 예민한 유아들을 대상으로 교육하는 곳이기 때문에 중요하다.

둘째, 유아교육의 효과를 높이기 위해 적절한 환경을 마련해 주어야 한다.

셋째, 인간의 행동은 유전과 환경의 상호작용적 요인에 의해 변화되기 때문에 중요하다.

따라서 학교시설이 갖추어야 할 바람직한 특성으로 임재택(2000)은 ① 교육과정 운영에 적합한 것, ② 안전과 건강에 대한 고려가 있을 것, ③ 상호 기능적으로 조정이 될 것, ④ 효율성과 이용도가 높을 것, ⑤ 심미적인 것을 고려할 것, ⑥ 융통성과 미래성을 고려할 것, ⑦ 경제적일 것 등을 제시하고 있다.

(2) 시설 설비 계획 시 고려사항

유아교육기관은 다른 학교와의 시설과 설비와는 달리 독특한 특성을 가지고 있기 때문에 그 시설과 설비를 계획하는 데 특별히 고려해야 할 점을 염두에 두어야 한다(강문희 2006).

첫째, 유아교육시설은 아동중심적이어야 한다. 주된 사용자는 유아들이기 때문에 그들의 발달 수준, 흥미, 욕구 등을 고려해야 한다.

둘째, 유아들과 교직원의 안전을 최대한으로 중요시해야 한다.

① 건물에 사용되는 기자재는 내화성이 있어야 한다.
② 신속하고 안전하게 대피할 수 있도록 여러 개의 비상구가 필요하다.
③ 벽이나 건물의 적당한 위치에 소화기를 설치해야 한다.
④ 출구는 화재가 번지는 것을 막을 수 있는 내화성 문이어야 하고 앞뒤로 열릴 수 있어야 한다.

셋째, 시설이나 설비를 계획할 때 융통성을 중요시해야 한다. 보통 교실을 확장하여 사용할 수 있도록 교실 간의 격벽을 이동식으로 하면 이용하기가 좋다. 난방 및 환기는 독립된 건물을 각기 개별적으로 조절할 수 있도록 장치되어야 하고, 모든 비품은 이동이 편리하게 되어야 한다. 따라서 유아교육시설은 가구나 비품은 물론 어떤 영역과 공간을 교육활동의 성격이나 필요에 따라 늘리거나 좁히거나 완전히 치우거나 심지어는 실외 공간에 옮겨 사용할 수 있도록 설계되는 것이 좋다.

넷째, 유아교육기관의 시설이나 설비를 계획할 때 비용을 고려해야 한다. 정부의 재정적 지원이 거의 없기 때문에 개인이나 단체에서 설립하는 경우 최소의 경비로 최대의 교육 효과를 낼 수 있는 좋은 시설을 갖추기 위해서는 상당한 연구와 검토가 있어야 한다.

다섯째, 교육시설은 보기가 아름답고 명랑한 학습환경을 조성하는 것이어야 한다. 유아교육기관의 시설이나 환경이 시각적으로 아름답게 구성되어지면 유아에게 주는 교육적인 효과는 매우 크다고 할 수 있다.

2) 유아교육기관과 지역사회와의 협력

(1) 유아교육기관과 지역사회의 연계

바람직한 유아교육기관의 역할을 담당하기 위해서는 단순히 유아들의 교육과 보육을 담당하는 역할뿐 아니라 지역사회 중심으로서의 그 역할이 요구되어지고 있다. 효율적인 유아교육기관의 운영을 위해서는 지역사회와의 인적·물적 상호 협력이 절실히 필요하다.

① 지역사회의 특성에 부응하기

유아교육기관은 지역사회의 특성 및 요구를 충분히 고려하여 운영하는 것이 필요하다. 지역사회의 가족 현황, 취업모 현황 및 출·퇴근 시간, 영유아들의 수, 사회·경제적 수준, 주변의 유아교육기관 분포 현황 등을 충분히 파악하고 부모들의 요구에 부응해야 한다.

② 지역기관과의 유기적 연계

보건소, 경찰서, 우체국 등과 같은 각종 공공시설, 그리고 각종 사회단체나 언론사 등과 같은 지역 주요 기관들과의 유기적 연계를 맺는 일은 매우 중요하다. 지역사회의 각 기관들은 다양한 유아교육 지원으로 활용될 수 있다.

③ 지역사회에 교육의 장 제공하기

지역주민을 위한 평생교육, 사회교육의 장이 되도록 한다. 유아교육기관에서 주민들을 대상으로 실시하는 부모교육을 위시하여 주민들의 자기계발을 위한 교육 내용을 제공한다.

④ **초등학교와의 연계**

취학 전 유아들이 초등학교에 보다 쉽게 적응하기 위해 취학대상 초등학교를 정기적으로 방문하여 물적 · 인적 자원들과 접촉의 기회를 넓히는 것이 좋다. 초등학교에서는 입학 전 유아들에 대한 다양한 정보들을 유아교육기관을 통해 전달받을 수 있으며, 이를 통해 각 유아에 대해 보다 질 높은 교육이 실시될 수 있으므로 두 기관 간의 체계적이고 유기적인 연계가 필요할 것이다.

(2) 유아에게 영향을 주는 지역사회의 특성

유아를 둘러싸고 있는 지역사회와의 상호관계는 유아들의 발달에 지극히 영향을 미친다고 할 수 있다. 따라서 교사는 지역의 특성을 파악하고 협력 및 사회적 통합을 도모하는 방안을 모색하는 것이 필요하다.

홍순강(1987)은 다음과 같이 지역사회의 특성을 제시했다.

① 사회의 경제적 수준에 따라 유아에게 미치는 영향에 차이가 있다. 부모의 교육수준, 부모의 직업적 지위, 가족의 부양자가 누구인지, 또한 연령은 어떠한지 등이다.

② 지역사회의 지형적인 특성에 따라 유아에게 미치는 영향이 다르다 – 산촌, 농촌, 어촌, 도시 등 –.

③ 지리적 위치 및 다른 지역과의 관계는 어떠한가? – 방향적 위치(동, 서, 남, 북)

④ 지역사회 주민과의 상호작용의 정도는 어떠한가?

⑤ 지역사회에서 어떠한 다양한 문화적 행사를 개최하고 있는가?

⑥ 지역사회의 정치적 지도자의 본성이나 영향력은 어떠한가?

3) 사무관리

(1) 유아교육기관의 사무관리

유아교육기관에서의 사무관리는 그 기관의 사무가 효율적으로 수행되도록 사무업무 자체와 이에 부수되는 제반 보조활동을 계획하고, 조직하고, 통제하는 행정활동을 말한다. 김정규(1997)는 유아교육기관의 사무관리 영역을 교육적 업무와 일반적 사무활동으로 나누어 제시했다. 유아들에 관한 교육적 업무기록은 생활기록부, 유아의 신체발달 상황과 건강상태 파악을 위한 신체 검사표, 유아의 행동관찰기록부, 교육일지, 교육계획안(연간교육계획안, 월간교육계획, 일일교육계획), 출석부 등의 기록과 정리·보관 등이 포함된다. 일반적 사무활동이란 각종 행사계획, 비품 및 소모품 대장, 교직원 인사서류, 각종 회계 관련 장부 등의 기록과 보관을 의미한다.

(2) 문서의 종류 및 내용

일반적으로 유치원에서 갖추어야 할 기본적인 문서들은 다음 표 9-1 과 같이 제시할 수 있다.

표 9-1 유치원 비치용 문서 일람

번호	분야	대장·문서기록
1	법령, 공문서	유치원 관계법령집, 영달문서, 광고문서
2	원칙	유치원 내부 규정철
3	교육활동계획	• 교육계획철(연간, 주간, 일일교육계획 및 기록) • 행사계획철(소풍, 운동회, 아버지 참여일, 어머니 참여일, 현장견학 등의 계획 및 실행 결과 기록)
4	지도기록	가정연락부, 증명서교부대장, 졸업증서대장
5	원아출석	출석부, 출석상황 일람철, 장기결석자 조사철
6	직원명부	• 직원명부, 직원 이력서철, 학급담임 일람표 • 증명서 교부대장 • 직원조직 일람철, 임용철, 구직원 이력서철 • 인사관계철
7	유치원 일지	• 유치원 일지, 학급일지, 직원회의록 • 유치원 참관자 명부, 유치원 자원봉사자 명부

8	조사통계	교육통계철, 출석통계철, 표준화검사철, 유치원 연혁사(사진, 도면 포함)
9	경영관리	• 사무분담 기록부, 시설·설비 점검부, 관련단체 연락부 • 문서발송철, 문서접수철, 전화 팩스 송/수신대장 • 우편료 사용부, 연수 참가, 원장회의 기록부 • 장학지도 기록부
10	경리	• 재산대장, 예산서철, 결산서철, 경리부, 영수증철 • 물품구입 대장, 계약서철, 비품대장, 소모품 대장 • 교재·교구 목록철, 물품인수부, 봉급대장
11	부모회	• 회의록철, 규약철, 사무처리부, 간부일람표, 경리부

위에서 제시된 여러 문서들 중 최근 교육부에서 강조하는 유치원생활기록부에 대하여 알아본다. 유아교육법 제14조(유치원생활기록)에는 원장은 유아의 생활지도 및 초등학교 교육과의 연계지도에 활용할 수 있도록 유아의 발달 등을 종합적으로 관찰하고 평가하여 교육부 장관이 정하는 기준에 따라 생활기록부를 작성·관리하여야 한다라고 명시하고 있다(개정 2008.2.29, 2010.3.24, 2013.3.23).

유치원생활기록부 작성 및 관리지침

[시행 2014.9.29.] [교육부고시 제2014-50호, 2014.9.29., 일부개정]

제1장 총칙

제1조(목적) 이 지침은 『유아교육법』 제14조에 따라 유치원생활기록부를 작성 및 관리하기 위한 기준을 정함을 목적으로 한다.

제2조 〈삭제〉

제3조(입력·서식 등) ① 유치원생활기록부는 『공공기록물관리에 관한 법률 시행령』 제2조제7호에 따른 전자기록생산시스템을 통해 전자적으로 생산·관리하여야 한다. 다만, 전자기록생산시스템을 통한 생산·관리가 불가능한 경우에는 유치원생활기록부를 비전자기록물로 생산·관리할 수 있다.

② 유치원생활기록부의 서식은 별지 제1호와 같다.

③ 유치원생활기록부는 한글로 입력하고, 입력란이 부족할 때에는 유치원의 필요에 따라 추가할 수 있다.

④ 유치원생활기록부 작성에 필요한 보조기록부는 각 유치원의 실정에 맞게 작성·사용함을 원칙으로 하되, 필요할 경우 시·도 교육청별로 일정한 서식을 작성·사용하게 할 수 있다.

제4조(정정) ① 매 학년이 종료된 이후에는 당해 학년도 이전의 유치원생활기록부 입력자료에 대한 정

정은 원칙적으로 금지한다.

② 제1항의 규정에도 불구하고, 정정이 불가피한 경우에는 반드시 정정내용에 관한 증빙자료를 첨부하여 유치원생활기록부 정정대장의 결재 절차에 따라 정정 처리해야 한다.

③ 제2항에 따른 증빙자료는 전자기록생산시스템에 등록하여 관리하여야 하고, 유치원생활기록부 정정대장에 증빙자료의 문서번호를 등록하여 함께 보관하여야 한다.

④ 유치원생활기록부 정정대장의 서식은 별지 제2호와 같다.

제5조(보관 · 활용) ① 유치원생활기록부는 준영구 보존해야 한다.

② 유치원장은 유아의 보호자 또는 유아가 입학한 초등학교장 및 특수학교장이 유아의 생활지도에 필요하여 요청하면 보호자가 동의할 경우 유치원생활기록부를 출력하여 송부하여야 한다.

③ 유아가 전학할 경우 유치원장은 보호자의 요청에 따라 유치원생활기록부 출력물과 전산자료를 전학하는 유치원에 송부하고, 퇴학할 경우에는 유치원생활기록부를 퇴학일을 입력하여 전자기록생산시스템에 등록한다.

제2장 기재요령

제6조(인적사항) 유치원생활기록부의 인적사항은 다음 각호와 같이 입력한다.

1. '성명'은 한글로 입력한다. 다만 부득이한 경우 해당국 언어로 입력할 수 있다.
2. '성별'은 남, 여로 입력한다.
3. '생년월일'은 주민등록등본상의 생년월일을 입력한다.
4. '주소'는 입학당시의 주소와 변경된 주소를 차례로 입력하고, 졸업 당시의 주소를 최종적으로 입력한다.
5. '가족상황'란에는 부모(보호자)의 성명, 생년월일을 입력한다.
6. '특기사항'란에는 유아 이해에 도움이 될 수 있는 내용이 있는 경우 보호자의 동의를 받아 입력한다.

제7조(학적사항) ① 입학의 경우 연월일, 원명, 연령을 입력한다.

② 재입학 · 편입학 · 전학 · 휴학 · 퇴학 · 수료 · 졸업의 경우 줄을 추가하고 제1항에 따른 입학의 경우와 동일한 방법으로 입력한다.

③ '특기사항'란에는 특기할 만한 사유를 입력한다.

④ '졸업후의 상황'란에는 진학한 학교 등 유아의 진로상황을 입력한다.

제8조(출결상황) ① 출결상황은 각 항목에 따라 아라비아 숫자로 입력한다.

② '수업일수'는『유아교육법시행령』제12조의 규정에 의하여 원장이 정한 총 출석해야 할 일수를 입력한다.

③ '출석일수'는 출석한 일수를 입력한다.

④ '결석일수'는 결석한 일수를 입력한다.

⑤ '특기사항'란에는 일주일 이상 장기 결석한 경우 사유 등을 간략하게 입력한다.

제9조(신체발달상황)『학교건강검사규칙』제4조에 따라 신체검사 결과를 다음 각 호와 같이 입력한다.

1. '검사일'은 아라비아 숫자로 입력한다.
2. '특기사항'란에는 유아의 신체가 학습활동에 영향을 미치는 내용이 있는 경우 보호자의 동의를 받아 입력한다.

제10조(유아발달상황) ① 유치원 교육과정에 제시된 신체운동 · 건강, 의사소통, 사회관계, 예술경험, 자

연탐구 5개 영역의 발달상황에 대한 관찰 결과를 구체적인 문장으로 입력하며, 문장의 끝맺음은 '~함', '~임' 등으로 통일하여 입력한다.

② 기술내용은 유치원 교육과정에 제시된 세부 내용을 준거로 입력하고, '종합발달상황'란에는 유아의 발달상황에 대한 종합적 평가를 간략하게 입력한다.

③ (삭제)

제11조(기타) ① '수료·졸업대장번호'란에는 만 3세~만 6세아가 수료·졸업할 경우 아라비아 숫자로 수료·졸업학년도 및 수료·졸업대장번호를 입력한다.

② (삭제)

③ '사진'란에는 상반신 칼라 사진을 입력한다.

④ '반'란에는 반명을 입력한다.

⑤ '담임 성명'란에는 담임 성명을 입력한다.

제12조(재검토기한) 「훈령·예규 등의 발령 및 관리에 관한 규정」(대통령훈령 제248호)에 따라 이 고시 발령 후의 법령이나 현실여건의 변화 등을 검토하여 이 고시의 개정 등의 조치를 하여야 하는 기한은 2017년 09월 22일까지로 한다.

부 칙〈제540호, 1996.12.2〉

① (시행일) 이 훈령은 1997년 3월 1일부터 시행한다.

② (경과조치) 이 훈령 적용시기는 1997학년도 신입원아부터 적용한다.

부 칙

〈제2009-18호, 2009.6.5〉

제1조(시행일) 이 고시는 공포한 날부터 시행한다.

제2조(적용대상) 이 고시의 적용대상은 2009학년도 신입유아부터 적용한다.

〈제2009-37호, 2009.9.23〉 (학교 환경위생 및 식품위생 점검기준 등에 관한 고시)

제1조(시행일) 이 고시는 공포한 날부터 시행한다.

제2조(적용대상) 이 고시의 적용대상은 2009학년도 신입유아부터 적용한다.

〈제2013-7호, 2013.1.23〉

제1조(시행일) 이 고시는 공포한 날부터 시행한다.

제2조(적용대상) 이 고시는 2012학년도 신입유아부터 적용한다. 다만, 제10조 제1항 및 별지 제1호의 유아발달상황은 2012학년도는 5세 누리과정 대상자에게만 적용한다.

〈제2013-4호, 2013.10.1〉

이 고시는 공포한 날부터 시행한다.

〈제2014-50호, 2014.9.29〉

이 고시는 공포한 날부터 시행한다.

4) 인사관리

유치원에서의 인사관리는 효율적인 교육목표 달성을 위하여 인적자원의 발굴, 확보, 배치를 적절하게 하는 데 그 의미가 있다. 이것은 그들의 자질 향상 및 근무환경 개선 등을 통하는 일련의 활동이기도 하다.

유치원에 근무하는 사람들은 크게 교원과 직원으로 나눌 수 있다. 교원이란 원장과 원감 및 교사를 의미하며, 직원이란 사무 및 관리업무를 담당하는 사무원, 운전기사, 영양사, 조리사(취사부), 관리인, 세탁부, 의사(또는 촉탁의사), 간호사 등이 있다.

(1) 유치원의 교직원 구성 및 관리

- 유치원 교원(교사)의 자격은 법으로 규정되어 있다.
  - 유치원에는 교원으로 원장 · 원감 및 교사를 두되, 대통령령으로 정하는 일정 규모 이하의 유치원에는 원감을 두지 아니할 수 있다(유아교육법 개정 2010. 3.24).
- 유치원에 근무하는 교직원에는 교원과 직원이 있다.

교 원	• 원장, 원감, 정교사 및 준교사 등 • 영유아들의 보호와 교육을 직접 담당하는 교사를 통틀어 칭하는 것이다.
직 원	• 사무원, 운전기사, 영양사, 조리사(취사부), 관리인, 세탁부, 의사(또는 촉탁의사), 간호사 등 • 사무 및 관리업무를 담당하는 직원을 말한다.

- 교사 외 유치원에 근무하는 직원은 다음과 같다.

사무원	• 유아교육기관의 전반적인 행정사무를 담당하는 직원. 각종 공문서의 처리, 교직원과 원아들에 대한 각종 기록의 관리, 원아들의 납입금 수납을 포함한 인의 재정 및 기디 행징입무를 딤딩한나.
운전기사	• 차량의 운전기사는 면허증을 소지해야 하며, 원아들의 수송 시 모든 안전상의 책임을 져야 한다.
관리인	• 비품이나 교구의 운반, 실내외 공간의 관리 및 청소 등을 담당한다.

취사부(조리사)	• 조리사는 원아들의 간식과 식사를 직접 만들어 제공하는 역할을 수행하며, 주방, 식기, 식료품 등의 위생적 보관과 청결을 유지해야 한다.
영양사	• 영양사의 역할은 영유아들의 건강증진을 위해 적당한 영양을 공급하는데, 이를 위해 식단계획을 수립하고, 식품재료를 구입하고, 취사부들의 취사활동 등을 지도한다.

① 유치원 교사자격 기준(승급, 검정, 인정)

－「유아교육법」(법률 제11769호, 2013.11.23) 제22조 제2항 관련

● 유치원 준교사 자격 취득

유치원 준교사	1) 유치원 준교사 자격 검정에 합격한 자

－현재는 시험 검정에 의한 (유치원 준교사) 자격의 부여는 실행되고 있지 않다.

● 유치원 2급 정교사 자격 취득(승급, 검정, 인정)

유치원 2급 정교사	1) 대학에 설치하는 유아교육과 졸업자
	2) 대학(전문대학 및 이와 동등 이상의 각종 학교와 「평생교육법」 제31조 제3항에 따른 전문대학학력인정 평생교육시설을 포함) 졸업자로서 재학 중 소정의 보육과 교직학점을 취득한 자 - 산업대학 포함
	3) 교육대학원 또는 교육부 장관이 지정하는 대학원의 교육과에서 유치원 교육과정을 전공하고 석사학위를 받은 자
	4) 유치원 준교사자격증을 가진 자로서 2년 이상의 교육경력을 가지고 소정의 재교육을 받은 자

－ 대학(4년제, 2년제)에서 유아교육을 전공하면 교육부 장관이 수여하는 유치원 2급 정교사자격증을 취득할 수 있다.

－ 4년제 대학교에서 아동학이나 아동복지학 등을 전공한 자 중에서 교직과목 이수자는 유치원 교사 자격증을 취득할 수 있다.

● 유치원 1급 정교사 자격 취득(승급, 검정, 인정)

유치원 1급 정교사	1) 유치원 정교사(2급) 자격증을 가진 자로서, 3년 이상의 교육경력을 가지고 소정의 재교육을 받은 자
	2) 유치원 정교사(2급) 자격증을 가지고, 교육대학원 또는 교육부 장관이 지정하는 대학원의 교육과에서 유치원 교육과정을 전공하여 석사학위를 받은 자로서 1년 이상의 교육 경력이 있는 자

- 유치원 2급 정교사 자격을 가지고, 3년 이상의 유치원 교육경력을 가진 교사는 교육청에서 시행하는 자격연수(정교사 1급)를 받을 수 있다.
- 교육청 연수과정(자격연수)을 이수하면 유치원 1급 정교사 자격을 취득한다.
- 유치원 2급 정교사 자격을 가지고, 1년 이상의 유치원 교육경력을 가진 교사가 대학원(유아교육전공)에서 석사학위를 받으면 유치원 1급 정교사 자격을 취득한다.

② 유치원 교사의 승급과 경력관리

● 유치원 교사의 승급

- 유치원 정교사 자격증 소지자가 유치원에 근무하며 경력을 쌓으면, 교육청에서 주관하는 '자격연수'를 통해 교사자격이 승급되고, 호봉도 1호봉 오른다.
- 유치원 근무 경력에 따라 급여의 기준이 되는 호봉은 매년 1호봉씩 자동으로 승급된다.
- 단, 유치원과 보육시설 외의 교육경력은 유치원(교육부)에서 인정되지 않는다.

● 유치원 교사의 경력관리(교육경력의 범위)

- 교원자격검정령에 의한 '교육경력'이라 함은 다음에 해당하는 경력을 말한다.
  1. 유치원 또는 유아교육진흥법에 의한 새마을유아원의 교원으로서 전임으로 근무한 경력
  2. 유치원 교원의 자격이 있는 자로서 영유아보육법에 의한 보육시설의 시설장 또는 보육교사로서 전임으로 근무한 경력

3. 원장 · 원감, 초 · 중등교육법의 규정에 의한 교장 · 교감, 교육장 · 장학관 · 장학사 · 교육연구관 · 교육연구사의 경력연수는 교육경력으로 볼 수 있다.

보육시설에 근무하던 교사가 유치원으로 이직할 경우(유치원교사자격증 소지자)
• 보육시설에서의 경력을 인정받으려면 경력을 확인할 수 있는 객관적인 증빙자료/서류를 준비하여 교육청에 제출하여야 한다. • 증빙자료/서류의 종류 : 보육시설 경력증명서, 발령장, 인가증, 원천징수영수증 등 • 보육시설의 경력증명서 발급 시 근무기간을 공적으로 확인할 수 있는 증명자료는 '고용보험, 의료보험, 산재보험, 국민연금 납부영수증 등'이 있다.

유치원 원감 자격 취득(승급, 검정, 인정)

–「유아교육법」(법률 제8676호, 2007.12.14) 제22조 제1항 관련

유치원 원감	1) 유치원 정교사(1급) 자격증을 가지고, 3년 이상의 교육경력과 소정의 재교육을 받은 자
	2) 유치원 정교사(2급) 자격증을 가지고, 6년 이상의 교육경력과 소정의 재교육을 받은 자

– 1급 정교사 자격증을 가지고 3년 이상의 유치원 교육경력을 가진 교사는 교육청에서 시행하는 자격연수(유치원 원감)를 받을 수 있다.
교육청 연수과정(원감 자격연수)을 이수하면 유치원 원감 자격을 취득한다.

유치원 원장 자격 취득(승급, 검정, 인정)

–「유아교육법」(법률 제8676호, 2007.12.14) 제22조 제1항 관련

유치원 원장	1) 유치원의 원감자격증을 가지고, 3년 이상의 교육경력과 소정의 재교육을 받은 자
	2) 학식 · 덕망이 높은 자로서 대통령령이 정하는 기준에 해당한다고 교육부 장관의 인정을 받은 자

– 유치원 원감 자격증을 가지고 3년 이상의 유치원 교육경력을 가진 원감은 교육청에서 시행하는 자격연수(유치원 원장)를 받을 수 있다.
– 교육청 연수과정(원장 자격연수)을 이수하면 유치원 원장 자격을 취득한다.
– 유치원 1, 2급 교사자격증 소지자가 3년 이상의 교육경력과 만 32세 이상

62세 미만의 나이가 되면 '원장 자격검정' 인정에 의하여 원장자격연수 후 원장 자격을 취득할 수 있다.

– 원장자격인가 추천 검정 제도 : 학식, 덕망이 높은 자로서 교육청의 '교원자격검정위원회'의 추천을 받은 후, 원장 자격연수를 받아 원장 자격을 취득할 수 있다.

(2) 유치원 교사의 연수

유치원 교사의 연수란 교직을 수행하는 과정 중에서 이루어지는 모든 교육이나 훈련을 뜻한다. 이는 "교원연수", "교원현직연수", "교원재교육" 등으로 혼용되어 사용되어 오고 있다.

● 유치원 교사연수의 종류

– 유아교육 관계자연수는 자격연수, 일반연수, 직무연수, 특별연수, 기타 연수로 나눌 수 있다.

자격연수	• 상급자격이나 새로운 자격을 취득하기 위한 연수과정이다. • 유치원 2급 정교사는 1급 정교사로, 1급 정교사는 원감으로, 원감은 원장이 될 때 받는다. • 연수 기간은 30일 이상(180시간 이상)이며 교육대상, 교육내용 · 방법은 교육부령으로 정한다.
일반연수	• 유아교육의 이론 및 방법에 관한 일반적 교양을 높이는 연수이다. • 연수 기간은 10일 이상(60시간 이상)이고, 교육내용과 방법은 일반연수를 위탁받은 연수원의 원장이 정한다.
직무연수	• 유치원 신규임용자, 교육장학사들과 같은 교육공무원이 직무 수행과 직장 적응에 필요한 능력과 자질을 배양하는 연수로서 교육시간, 교육내용은 연수원의 원장이 정한다.
특별연수	• 교육공무원을 국내의 교육기관 또는 연구기관에서 일정 기간 동안 연수하는 것이다.
기타연수	• 유아교육단체 또는 현장 교사 중심으로 자율적으로 조직된 연구회가 실시하는 연수이다. • 민간단체에 의한 연수가 이에 속한다.

CHAPTER

10

유아교사

'교육의 질은 교사의 질을 넘을 수 없다.'라는 말이 있다. 이것은 교육의 성패는 무엇보다도 교사의 질 또는 수준에 달려 있다는 것을 의미한다. 교사 이외의 교육에 관련된 다른 변인이 빠르게 변화해도 교사가 변화하지 않는다면 변화가 교육에 미치는 효과는 극히 미비할 것이다. 그러므로 교육에 있어서 교사 역할의 비중은 매우 크다고 할 수 있다. 특히 유아교사는 환경의 영향을 많이 받는 유아를 대상으로 교육을 하게 되므로 유아교사의 역할과 임무는 매우 중요하다.

그러므로 이 장에서는 유아교사에 대한 체계적인 이해를 돕기 위해 유아교사의 개념, 역할과 자질, 자격 기준, 교사교육 등에 대해 자세히 소개하고자 한다.

1. 유아교사의 개념

1) 교직의 의미

현대 산업사회는 고도로 분화된 사회로서 그에 따라 매우 다양한 직업이 나타났으며 우리나라에서도 현재 총 12,000여 개의 직업이 기록되어 있으며, 앞으로도 사회 변화에 따라 새로운 직업이 계속 출현할 것이다. 모든 직업은 직업마다의 특성을 가지고 있으며, 직업적 특성에 적합하도록 직업에 속한 사람들을 다양한 방식으로 사회화하게 되고, 결과적으로 특정의 직업적 특성을 갖는 개인을 기른다. 그렇다면 교직(敎職)은 다른 직업분야와 어떻게 다르며, 어떠한 특성을 갖는지 알아보자.

직업으로서의 교직에 대한 관점을 조사하면 교직이라는 직업을 어떻게 파악하고 있는지를 이해할 수 있다. 일반적으로 교직관은 성직관, 노동직관, 전문직관으로 구분한다(김경이 외, 2001).

교직에 관한 성직관은 전통적 교직관으로 교직을 성직자와 같이 소명의식을 가진 직분으로 보는 관점이다. 교직을 성직으로 볼 때, 교직에 속한 개인에게 속된 사회성은 부정하게 된다. 교사에게 있어서 윤리적 덕목이 가장 우선시되는 덕목으로 사회경제적 지위가 낮더라도 이것을 감수해야 한다고 하는 관점을 갖는다. 교사의 물질적 보상, 근무 형태, 인사문제에 대한 요구 등은 세속적인 관심으로 간주하며 교사에게 사랑과 희생을 요구하고 봉사와 정신적 활동을 강조한다. 일부에서는 성직으로서의 교직관은 현대사회에 적합하지 않다는 비판을 하고 있다. 즉, 성직이란 명분으로 교사의 권리가 침해되고 교사의 희생만을 요구할 수 있다는 것이다. 그러나 오늘날 우리 사회가 갖고 있는 교직에 대한 기대에서 성직자적 접근이 완전히 배제되었다고 볼 수 없다. 현대의 다양화된 사회, 가치관 혼란의 사회환경 속에서 교사의 인격적 자질에 대한 성직자로서의 소명의식은 오히려 다시 강조되고 있다.

두 번째 교직관은 교직은 정신적 노동을 수행하지만 계약에 의해 고용된 상태임을 강조하면서 교사직 또한 하나의 노동직으로 간주하는 노동직관이다. 노동의 대가로 계약된 급여를 받고, 따라서 보수와 근무조건의 개선을 위해 단체활동을 하는 것을 당연한 것으로 간주한다.

세 번째 교직관은 전문직관으로 교직을 지적·정신적 활동을 위주로 하는 직업으로 보며, 애타적 사회봉사활동으로 규정한다. 이러한 전문직관은 요즘 가장 광범위하게 받아들여지고 있는 관점이다. 교직을 수행하기 위해서는 전문적 기술과 지식을 습득하여야 하며 이러한 것을 증명하기 위해 자격증 제도를 실시할 수 있다.

각각의 교직관은 교사의 역할 범위를 확장 또는 제한하여 교직에 대한 일반적인 요구를 나타낸다. 오늘날 비교적 광범위하게 받아들여지고 있는 교직관은 전문직관이다. 1966년 UNESCO도 '교원의 지위에 대한 권고문'에서 다음과 같이 교직을 전문직이라고 선언하였다(대한교육연합회, 1971).

> 교직은 전문직으로 인정된다. 교직은 엄격하고 계속적인 연구를 통하여 획득되고 유지되는 전문적 지식과 기능을 교원에게 요구하는 공공봉사의 일종이다. 그리고 교사는 학생의 교육과 복지에 대하여 개인적 및 연대적 책임을 요구한다.

우리나라의 한국표준직업분류(통계청, 2007)에서도 교직을 법학관계자, 의료관계자 등과 함께 전문직으로 분류하고 있다. 이것은 교직이 다른 전문직과 마찬가지로 장기간에 걸친 특별한 교육을 받지 않고서는 아무나 종사할 수 없는 직업임을 나타낸 것이다. 전문직은 일반적으로 다음과 같은 특성을 지니고 있다(염지숙, 이명순, 조형숙 외, 2011).

① 전문화된 지식과 기술을 요구하며, 이러한 전문적 지식과 기술을 이용한 지적 활동을 수반한다.

② 장기간의 교육과 훈련을 필요로 하며 관련 분야의 전문자격증이 요구된다.

③ 업무수행 시 자율성과 책임성이 요구된다.

④ 업무와 행동을 지배하는 윤리강령을 갖는다.

⑤ 전문직에 상응하는 사회적 지위와 경제적 대우가 요구된다.

⑥ 소속인들로 구성된 조직체를 갖는다.

⑦ 법적인 보장을 받는다.

⑧ 전 생애를 통한 직업이다.

⑨ 개인의 이익을 추구하기보다 공공에 헌신하고 봉사하는 정신 자세가 요구된다.

이러한 전문직에 대한 관점에서 볼 때, 교직은 과연 전문직일까? 대체적으로 교직은 위와 같은 특성을 가지므로 전문직이라고 평가할 수 있다. 반면, 교직은 다른 전문직과는 또 다른 특성을 갖는다(곽영우 외, 1997). 그 특성들을 살펴보면 다음과 같다.

첫째, 교직은 인간을 대상으로 하는 직업이다. 직업에는 자연 또는 사물을 대상으로 하는 것이 있다. 어떤 직업이든지 그 대상에 대한 충분한 이해를 갖고 있어야만 직업적 역할을 수행할 수 있다. 교직은 인간을 대상으로 하는 직업이므로 교육의 대상, 그리고 그의 가족 등을 포함한 인간에 대한 철저한 이해를 바탕으로 한 직업이다.

둘째, 교직은 인간의 전인적 측면을 대상으로 하는 직업이다. 교직 이외에도 인간을 대상으로 하는 직업은 많지만 교직을 제외한 다른 어떤 직업도 인간을 총체적, 전인적으로 다루지는 못한다. 교사들은 단순한 지식 전달뿐만 아니라 학습자의 전인적인 성장도 중요시한다.

셋째, 교직은 미성숙자를 대상으로 하는 직업이다. 교사는 아직 성장의 가능성이 많은 인간을 대상으로 하는 직업이다.

이와 같이 전문직으로서의 교직은 타 전문직종과 여러 가지 면에서 구분된다. 교직을 전문직으로 보는 관점이 우세하므로 이에 따라 어린 유아들을 교육대상으로 하는 유아교사의 전문성을 이해해야 한다.

2) 유아교사의 전문성

어떤 직업이 대학을 졸업하면 누구나 할 수 있는 것이라면 굳이 그것을 전문직이라고 하지 않는다. 전문성을 갖는 직종은 다른 분야의 사람들은 수행할 수 없는 특별한 직무와 기능을 한다.

앞 절에서 살펴본 바와 같이 교직은 전문직으로서 몇 가지 공통적인 특성을 갖는다. 이러한 특성은 각급 학교의 교사에 대해 동일하게 적용될 수 있다. 그러나 유아교사의 전문성은 전반적인 사회적 인식에서 다르게 평가되었다. 유아교육을 담당하는 교사는 유아의 학습과 발달에 매우 중요한 영향을 미치며 교육의 질을 결정하므로 유아의 발달, 교육, 교수-학습방법 등에 관련된 전문적인 지식과 자질을 갖추어야 함에도 불구하고 유아교사의 전문성에 대해서는 의문을 제시하는 사람들이 있다. 이와 같이 유아교사의 전문성에 대해 계속 논란이 되어 왔는데, 1980년대부터는 이 주제가 본격적으로 논의되기 시작했다.

페니(Feeny, 1983)는 유아교사는 다음과 같은 특징을 갖고 있기 때문에 전문성을 갖는다고 주장하였다.

① 유아교사는 유아에게 광범위한 지식을 전달하고 자신에 대해 긍정적으로 느끼도록 교육한다.

② 다른 학교교육과는 다른 특별한 지식, 곧 유아의 발달과 학습에 대한 지식이 필요하다.

③ 유아교육에 관련된 전문적인 이론을 교육 현장에 적용한다.

④ 유아에게 적합한 프로그램을 선택하고 운영하기 위해 필요한 지식과 기술을 지속적으로 보완해야 한다.

한편, 박은혜(2003)는 전문직의 조건으로 다음의 여섯 가지 조건을 제시하면서 유아교사의 전문성에 대해 언급하고 있다. 첫째, 전문직은 전문화된 지식과 이를 소화할 수 있는 지적 능력을 요구한다. 둘째, 전문직은 그 직업 종사자에게 자격증을 요구한다. 셋째, 전문직은 종사자들의 자율성을 요구한다. 넷째, 전문직은 그에 상응하는 사회적 지위와 경제적 보상을 요구한다. 다섯째, 전문직은 고유의 윤리강령을 가지고 있다. 여섯째, 전문직은 자신들의 권익을 보호할 수 있는 단체를 구성한다.

박은혜(2003)와 더불어 앞에서 제시한 전문직 특성에 비추어 보아 유아교사가 과연 전문직인지에 대해 검토할 수 있다. 우선, 유아교사는 유아교육이라는 독특하고도 기본적인 사회봉사를 하고 있으므로 전문직이라 할 수 있다. 그러나 교육활동의 수행에 있어서 충분한 지적 능력과 기술을 갖추고 있느냐에 대해서는 상당한 의문의 여지가 있다.

피터스(Peters, 1988)도 전문직은 최소한 자격 기준이나 자격증, 등록 기준, 면허증 등 분명한 자격 기준이 제시되어 있어서 다른 일반 직종과 구분되어야 한다고 했다. 교사가 되기 위해서는 교사자격을 받아야 하고 교원자격제도는 다른 전문직에 비해 일찍 정립되어 있다는 점에서 교사직은 전문직임을 확신할 수 있다(서울대학교 교육연구소, 1998). 그러나 유아교사의 자격증 제도는 논란의 여지가 많다. 일반적으로 자격증을 취득하기 위한 과정이 어렵고 오래 걸릴수록 전문성에 대한 평가가 높다. 이에 반해, 유치원 교사 자격증을 취득하기 위한 기간이 2~3년 이상이므로 전문성을 갖기에는 훈련기간이 짧은 편이다. 더욱이 보육교사는 1년 정도의 과정으로 자격을 얻을 수 있다. 그리고 유아교사의 자격이 무시험검정에 의해 취득할 수 있다는 것은 전문성을 저해하는 또 하나의 요인이 될 수 있다. 이러한 제도는 유아교사직에 대한 전반적인 사회적 인식이 낮은 실정의 원인이면서, 동시에 결과이기도 하다. 유아교사에 대한 사회적 지위를 낮게 인식하는 것은 직무에 따른 경제적 보수가 상대적으로 낮은 결과를 초래하기도 한다.

그리고 전문직은 나름대로의 윤리강령을 갖고 있는데, 우리나라의 경우 사도강령은 있으나 유아교사만을 위한 윤리강령은 아직 없다. 반면, 다른 전문직과 마찬가지로 유아교사들은 여러 전문단체에 가입하여 연구뿐만 아니라 자신의 권익을 위해 활동하고 있다. 이에 반해 유아교육이 사교육에 의존해 있는 실정이어서 원장, 학부모의 강한 요구가 교사의 자율성, 교권을 침해하는 경우가 종종 있다.

이와 같이 유아교사에 대한 전문성에 대해서는 평가가 일관적이지 않다. 특히, 유아교사는 다른 각급 학교의 교사보다 전문성 측면에서 상대적으로 낮은 평가를 받고 있는 경향이 있다. 유아교사가 전문직으로서의 위치를 확고히 한다는 것은 유아교사들이 직무 수행에서 긍지와 자부심을 가질 수 있음을 의미한다. 유아교사의 전문성을 더욱 확고히 하기 위해서는 유아교육제도 전반에 대한 과감한 개혁이 이루어져야 한다.

2. 유아교사의 역할과 자질

1) 유아교사의 역할

역할이란 집단 내에서 개인의 행위 및 특성을 규정할 때 사용하는 개념이다. 즉, 역할이란 사회에서 특정한 지위에 있는 사람들이 의식적으로 수행하고 다른 사람들의 기대를 포함하는 행동양식이라 할 수 있다. 유아교사의 역할을 어떻게 규정하느냐는 교육 현장에서의 교사의 지위를 내포한 유아교사가 수행해야 할 역할행동, 그들에게 기대하는 행동 등을 의미한다. 유아교사의 역할은 사회, 문화, 제도에 따라 다르게 규정되어 왔다. 오늘날에도 다양한 사회, 집단이 유아교사에 대해 다른 기대를 하고 있기 때문에 그의 역할을 규정하기가 어렵다. 그러나 유아교사의 역할에 대한 내용은 시대에서 요청하는 교사의 이미지를 제시함으로써 이에 따라 교사의 자질을 평가하는 기준을 제공할 수 있으며 교사양성 프로그램의 교육내용에도 구체적인 지침이 될 수 있다.

유아교사가 어떤 역할을 하느냐에 대한 관점은 시대와 사회에 따라 변화해 왔다. 초기의 유아교육기관은 산업사회의 발전으로 인한 여성인력이 필요함에 따라 자녀양육을 도와주는 역할을 하였다. 그에 따라 교사의 역할은 어머니를 대신하여 아이들을 보호해 주는 것으로 인식되었다. 그러나 인생 초기의 경험이 중요하다는 교육학, 심리학의 연구 결과와 주장으로 유아를 단순히 보호해 주는 차원을 넘어 교육적 경험의 필요성이 대두되었다. 이에 따라 교사의 역할도 유아의 발달을 지원하고 잠재력을 신장시켜 주는 교육적 역할을 강조하게 되었다. 그 후 다시 여성의 의식구조와 가족구조의 변화, 그리고 여성의 사회참여율이 증가함에 따라 어린 자녀양육의 책임을 부모뿐만 아니라 사회가 공동으로 분담하게 됨으로써 유아교육에서 교육의 기능과 보호 또는 양육기능의 통합이 강조되었고, 교사의 역할도 교육적 역할뿐만 아니라 부모를 대신하는 양육자의 역할도 중요한 부분이라고 인식하게 되었다(이기숙 외, 2002).

학자들도 유아교사의 역할에 대해서 다른 견해를 보이고 있다. 우선, 캐츠(Katz, 1970)는 유아교사의 역할을 모친모형(maternal model), 치료모형(therapeutic model), 교수모형(instructional model)으로 구분하였다. 모친모형은 유아들을 안전하고 편안하며 행복하게 하는 데 강조를 두며, 치료모형은 유아들이 감정을 표현하고 긴장을 해소하며 내적 갈등을 해결하는 데 중점을 둔다. 교수모형은 지식과 정보를 전달하고 기술을 발달시키도록 하는 데 중점을 둔다.

사로초(Saracho, 1988)는 유아교사의 역할을 교육과정 설계자(curriculum designer), 교수조직자(organizer of instruction), 진단자(diagnostician), 상담자 및 조언자(counselor/advisor)의 네 가지 역할로 구분하여 제시하였다. 그리고 스키케단츠 등(Schickedanz, York, Stewart, & White, 1990)은 교사의 역할을 네 가지로 구분하였다. 첫째, 지식전달자로서 교사는 유아들이 지식을 구성할 수 있도록 언어적·비언어적인 도움을 주어야 한다. 둘째, 계획자·조직자·평가자로서, 교사는 교육 전반에 대해 계획하고, 조직하고, 평가를 한다. 셋째, 훈육자로서 교사는 유아가 자아존중감을 갖고 유아들끼리 협력할 수 있도록 하여, 문제행동에 대해 예방하고 기대되는 행동에 대한 모델이 되어야 한다. 넷째, 의사결정자로서 교사는 항상 유아들을 관찰하고, 그에 따라 프로그램을 수정할 수 있고, 설정된 프로그램에 따라 언제, 어디서, 어떻게 상호작용할 것인지를 결정해야 한다.

한편, 이은화(1985)는 유아교사의 역할을 환경 제공자, 관찰자, 프로그램 학습계획자, 연구자, 부모교육 담당자, 평가자, 유아의 요구에 반응하는 역할 등 일곱 가지로 제시하며 교사의 역할을 비교적 상세하게 분류하였다.

한국유아교육학회에서는 유아교사가 전문가로서 수행해야 할 역할을 다음과 같이 제시하고 있다(양옥승 외, 2003).

① 유아교사는 유아를 보살피고, 가르치는 역할을 함으로써 유아가 전인적으로 성

장 · 발달하도록 돕는다.

② 유아교사는 교육계획안을 작성하고 실행하여야 한다.

③ 유아교사는 유아가 자유롭고 편안한 분위기에서 능동적으로 활동하며 배울 수 있는 환경을 조성하여야 한다.

④ 유아교사의 역할은 바람직한 상호작용을 통해 유아가 일상생활 속에서 감정과 사고를 정교화하고 확장할 수 있게 하는 것이다.

⑤ 유아의 흥미, 요구, 관심을 존중하는 자유선택활동 과정에서 유아가 자기조절 능력을 기르고 창의적으로 문제를 해결할 수 있도록 도와주어야 한다.

⑥ 유아교사는 유아의 발달 수준과 사회문화적 배경에 적절하게 교육과정을 조직하고 운영하여야 한다.

⑦ 유아교사는 유아의 행동을 관찰하고 평가하여 교육계획과 과정에 반영해야 한다.

⑧ 유아교사는 다양한 채널을 통해 가족 및 지역사회와 의사소통할 수 있어야 한다.

⑨ 유아교사는 유아교육기관 운영에 관한 의사결정을 할 수 있어야 한다.

이상과 같이 여러 학자들은 교사의 역할을 독립된 역할로 구분하거나 특정 역할을 강조하기보다는 교사 역할을 특성별로 체계화시켰다. 유아교사의 역할을 양육자, 교수자, 안내자, 의사결정자로 구분하여 각 역할을 살펴보고자 한다.

(1) 양육자의 역할

유아는 이른 시기에 처음으로 가정을 떠나 유아교육기관에서 집단생활을 하게 되므로 교사는 유아를 신체적 · 정신적인 위험에서 안전하게 보호하고 정상적인 발달을 지원해 주는 양육자의 역할을 수행해야 한다. 이러한 양육자의 역할은 캐츠의 모친모형에 해당하는 역할로서 유아교육의 대상연령이 하향화되고 종일제반 운영 등으로 유아가 유아교육기관에 머무는 시간이 늘어남으로써 더욱 중요하게 부각되고 있다.

어린 유아일수록 자신의 기본적인 욕구를 적절히 표현할 수 있는 능력이 부족하고 유아교육기관의 집단생활에 불안감을 가질 수 있으므로 교사의 양육적인 역할이 더욱 요구된다. 그러므로 교사는 유아의 행동을 유심히 관찰하여 유아의 상태를 종합적으로 세심하게 배려해야 한다. 양육자로서 교사는 유아에게 애정과 위로를 줄 수 있어야 한다. 부모의 대리자로서의 역할, 불안을 제거해 주는 역할, 안정된 생활환경을 제공해 주는 역할을 수행해야 한다. 만일 교사가 유아끼리의 경쟁심을 유발시킨다든가, 유아에게 과도한 수준의 과제를 요구한다든가, 일관성 없는 훈육을 한다면 오히려 유아들은 긴장 또는 불안을 조성할 수 있으므로 해로운 영향을 미칠 수 있다. 그러므로 유아를 보호하고 양육하는 교사의 역할을 바르게 수행하는 일이 무엇보다 중요하다. 교사는 양육자의 역할을 잘 수행하기 위해 가정과 같은 편안한 물리적 환경을 제공하고, 유아의 있는 그대로를 수용해 주는 태도를 갖고 애정적이며 따뜻한 분위기 속에서 상호작용하여야 한다.

(2) 교수자의 역할

유아교사의 교수자의 역할은 교육 프로그램의 설계자, 진단자, 교수조직자로서의 역할을 일컫는다. 즉, 교수의 가장 중요한 측면인 학습활동의 계획 및 조직, 평가에 이르는 일련의 과정을 계획하고 수행하는 것이다. 교사는 유아의 발달 수준, 유아교육기관의 철학 및 특성, 부모와 지역사회의 요구, 국가 수준의 교육과정 등을 기초로 하여 교육계획을 수립한다. 이러한 계획은 연간 계획, 월간 계획, 일일 계획 등으로 구성되는데 이러한 계획이 체계적 또는 현실적으로 계획되지 않는다면 유아의 발달에 적합한 효과적인 교육을 기대할 수 없다. 이러한 치밀한 계획에 따라 유아와의 수업, 활동을 전개하는 것도 교수자의 역할이다. 효과적인 교수-학습방법을 통해 계획된 프로그램을 진행해야 한다. 교육계획에 따라 활동을 수행하고 나서 교사는 활동에 대한 유아의 반응을 다양한 방법을 통해 관찰하고 평가함으로써 그의 결과를 다음 교육계획에 반영해야 한다. 이러한 과정의 수행을 통해 교사는 유아의 학습을 촉진할 수 있다.

(3) 안내자의 역할

교사의 안내자의 역할을 상호작용자의 역할이라고도 할 수 있다. 유아교육에서는 교사와 유아의 개별화된 상호작용을 중시한다. 교사는 유아와 끊임없이 상호작용을 하는데, 이것은 특정 수업의 실제보다 더욱 중요할 수 있다. 교사는 이러한 상호작용을 통해 신뢰감을 가질 수 있는 교실 분위기를 만들어 주어야 하며 학습을 돕는 풍부한 환경을 제공하기도 한다. 유아는 교사와의 상호작용을 통하여 사회의 가치와 규범, 생활양식을 습득하기도 하며 좋아하는 교사의 행동이나 말씨, 태도 및 가치 등을 모방하는 경향이 있다.

이러한 과정을 통해 교사는 유아에게 안내자의 역할을 하게 된다. 그러므로 교사는 긍정적인 가치관을 갖도록 하고 유아에게 바람직한 모델을 제공할 수 있는 상호작용자로서의 역할을 수행해야 할 것이다. 이렇듯 교사는 끊임없이 유아와 상호작용하며 가르치는 일과 함께 정서적인 지지와 보호하는 역할을 하면서 유아의 안내자로서 봉사해야 한다. 더불어 교사는 유아교육기관에서 유아뿐만 아니라 유아의 부모와도 상호작용하게 되는데 이러한 과정에서 상담자 및 조언자, 또는 부모교육자로서의 과제를 수행하며 부모들의 안내자 역할을 할 수 있다.

(4) 의사결정자의 역할

교사가 자신의 직무를 수행함에 있어서 결정을 내리고 책임져야 할 상황은 끊임없이 일어난다. 교육계획을 수립하는 과정에서, 교수-학습을 진행하는 과정에서, 수시로 일어나는 크고 작은 일상적 상황에서 교사는 의사결정을 해야 한다. 예를 들면, '어떤 이야기를 들려줄까? 어떤 노래를 어떻게 부를까? 소집단으로 진행할까, 대집단으로 진행할까? 의자에 앉힐까, 바닥에 앉힐까? 방해하는 유아가 있을 때 어떻게 대응할까? 처벌을 할 것인가?' 등과 같이 한 활동 안에서도 교사는 수많은 의사결정을 해야 한다.

의사결정자란 유아, 자료, 활동, 목표 등 다양한 일에 대해 의사결정을 하는 역할이다. 의사결정자의 역할은 이미 앞에서 설명한 각 역할에 어느 정도 포함된 요소이기도 하다. 그러나 여러 가지 상황에서 교사가 내리는 의사결정의 적합성 여부는 교육 전반에 미치는 영향이 너무 크고 중요하기 때문에 근래에 들어 분리하여 다루고 있다. 교사는 전문가로서 자율권을 갖고 있기 때문에 여러 가지 의사결정을 해야 하고, 이러한 역할은 타인이 대신해 줄 수 없는 교사의 권한에 속하는 중요한 것이라고 할 수 있다. 적절한 의사결정을 하기 위해서 유아교사는 투철한 사명의식을 갖고 연구와 현직교육을 통해 끊임없이 자기 자신을 갱신하려는 노력을 해야 한다.

2) 유아교사의 자질

교사는 학습자의 행동 변화를 위해 노력하는 교육의 주체이며, 특히 유아교사는 성인의 영향을 크게 받는 어린 유아를 대상으로 교육하기 때문에 다른 학교기관의 교사보다 유아교사의 능력과 자질이 더욱 중요하다. 유아는 유아교육기관에서 만나는 성인인 교사를 매우 잘 따르며, 그들의 행동을 비판 없이 받아들이고 모방하려는 경향이 있기 때문에 교사의 개인적인 인성이 전문적인 능력과 함께 교육의 성과를 좌우하는 중요한 요인이 된다. 그렇기 때문에 유아교사는 일반 교사들에게 요구되는 자질 이외에도 유아교사에게 특별하게 요구되는 자질을 갖추어야 한다. 유아교육의 질적 향상을 위해서는 우선 우수한 자질을 갖춘 사람들을 선발하는 것이며, 이러한 사람들에게 효과적으로 계획된 교사양성 프로그램을 제공하여, 질적으로 우수한 유아교사를 배출해야 할 것이다.

교사의 자질은 속한 사회의 교육관 및 교사의 역할에 대한 기대에 따라서 다르기 때문에 한 마디로 규정하기가 매우 어렵다. 많은 학자들은 유아교사가 어떤 자질을 가지고 있어야 하는가에 대해서 지속적으로 관심을 보이며 각자의 주장을 펼쳤다. 리퍼 등(Leeper, Skipper, & Witherspoon, 1979)은 유아교사가 갖추어야 할 열 가지 자질로서 온화한 성격, 개방적 성격, 직무 수행 능력, 창의성, 유머, 단정한 외모, 말씨, 음성, 자신감, 의사소통 능력의 조건을 나열하였다.

람세이와 베일리스(Ramsey & Bayless, 1980)는 우수한 유아교사의 특성을 제시하며 유아교사의 자질에 대해 언급하였다.

① 교사로서 자격을 갖춘 자로서 전문적인 경험과 능력을 소유한 사람
② 이해심과 온화함, 인내심을 가지고 타인을 돌볼 수 있는 사람
③ 유아의 상이한 문화, 풍습, 언어적 습관을 이해심과 친근감으로 수용할 수 있는 사람
④ 유아의 흥미, 요구, 능력 수준에 따라 교육내용을 선택하고 적용할 수 있는 사람
⑤ 유아의 발달에 적합한 학습 자료의 계획 및 착안을 추진하는 적극성을 가진 사람
⑥ 유아를 융통성과 일관성을 가지고 진정한 마음으로 대할 수 있는 사람
⑦ 부모 및 동료 직원과 상호 협력하여 의욕적으로 생활할 수 있는 사람
⑧ 인생에 대해 긍정적인 태도를 갖고 있으며 재치와 유머 감각을 지니면서 외모가 단정한 사람
⑨ 자신의 발전과 성장을 위해 끊임없이 노력하는 자세를 가진 사람
⑩ 책임감이 강하고 교사 역할을 실천할 수 있는 사람
⑪ 각 유아의 특성을 잘 파악하고 그에 맞게 상호작용할 수 있는 사람

이렇듯 유아교사가 갖추어야 할 자질은 개인적·인성적 특성뿐만 아니라 전문적인 지식, 기술, 가치관에 이르기까지 매우 포괄적이다. 여기에서 유아교사가 갖추어야 할 자질을 개인적 자질과 전문적 자질로 나누어 살펴보자.

(1) 개인적 자질

교사의 자질 중 개인적 자질은 주로 교사가 발달적으로 가지고 있는 특성을 의미한다. 교사직은 인간을 대상으로 한 직업이며, 특히 유아교사는 교사의 영향력에 그대로 노출된 어린 유아를 대상으로 하기 때문에 개인적 자질이 다른 각급 학교의 교사보다도 더 중요하다고 할 수 있다. 개인적 자질에 대한 주장도 학자마다 차이가 있다.

박은혜(2013)는 유아교사가 갖추어야 할 개인적 자질을 ① 열정, ② 지구력, ③ 위

험을 기꺼이 감수하고자 하는 모험심, ④ 실용성, ⑤ 인내심, ⑥ 융통성, ⑦ 유아와 그 가족에 대한 존중, ⑧ 창의성, ⑨ 진정성, ⑩ 배움에 대한 사랑, ⑪ 에너지, ⑫ 유머감각 등으로 제시하고 있다.

강문희와 그의 동료들(2002)은 유아교사는 다음과 같은 개인적 자질을 갖추어야 한다고 하였다.

① 신체적 · 정신적으로 건강한 사람이어야 한다.
② 온정적 성품을 지닌 사람이어야 한다.
③ 유아를 이해하고 수용하며 존중하는 사람이어야 한다.
④ 매사에 열정적인 태도로 임하는 사람이어야 한다.
⑤ 도덕적 · 사회적으로 건전한 품성을 지녀야 한다.
⑥ 헌신적인 자세를 가지고 있어야 한다.
⑦ 겸허한 자세를 가지고 있어야 한다.
⑧ 인내하는 자세를 가지고 있어야 한다.
⑨ 봉사하는 자세를 가지고 있어야 한다.
⑩ 생각하는 자세를 가지고 있어야 한다.

(2) 전문적 자질

전문적 자질이란 유아교사로서 갖추어야 할 전문적 지식과 기능을 의미하며 이것은 일반적으로 교사의 양성교육을 통해 습득되고 현직교육을 통해 계속적으로 발전한다. 이은화와 동료들(1995), 이기숙과 동료들(2002)은 유아교사의 전문적 자질을 전문적 지식, 교수기술, 교육관으로 제시하고 있다.

① 전문적 지식

유아교사는 먼저, 유아의 성장 · 발달에 관한 지식을 가지고 있어야 하며 그에 기초하여 유아교육에 대한 전문적 지식을 가지고 있어야 한다. 즉, 유아교육과정에 대한 지식, 교수방법 및 평가에 대한 정확한 지식을 가지고 있어야 한다. 더불어 유아교육에 영향을 미치는 사회문화에 관련된 일반 교양지식도 갖추어야 한다.

② **교수기술**

유아교사는 교육과정을 실천하는 과정에서 요구되는 제반 교수기술을 갖추고 있어야 한다. 우선, 프로그램을 실천하고 평가할 수 있는 기술이 있어야 하며 교구·교재를 제작하고 활용할 수 있는 기술도 갖추어야 한다. 이러한 과정에서 창의적 사고, 융통성이 있어야 한다. 유아뿐만 아니라 부모 및 전문가들과의 상호 협조체제를 유지하여 그들을 참여시킬 수 있는 능력도 갖추어야 한다.

③ **교육관**

유아교사는 자신의 전문성을 계속해서 함양하기 위해 끊임없는 노력을 해야 하며 교육에 대한 소명감을 가지고 교사로서의 직업윤리를 가져야 한다.

위에서 제시한 개인적 자질과 전문적 자질을 고려할 때, 유아교사에게 한 직업인으로서뿐만 아니라 한 인간으로서의 완전할 정도의 자질을 요구하고 있다. 그러나 이러한 자질을 모두 갖춘 완전한 인간은 아마 존재하지 않을 것이다. 다만, 유아교사들은 위에서 요구하는 자질을 수용하며, 그러한 자질을 갖추도록 계속적인 자기반성과 노력을 해야 하는 것을 시사하는 것이며, 그러한 노력의 과정 자체가 의미 있는 것이다.

3. 유아교사의 자격

우리나라는 유아교사에 대한 엄격한 법적 자격 기준을 제시하고 있어 이 기준에 의해서만 유아교사의 자격을 얻을 수 있다. 현재 우리나라의 유아교사는 크게 유치원 교사와 보육교사로 나눌 수 있으며, 이들은 각각 다른 법에서 자격 기준을 규정하고 있다. 그러므로 유아교사의 법적인 자격 기준을 유치원 교사와 보육교사로 나누어 살펴보자.

1) 유치원 교사의 자격 기준

교사를 포함한 전체 유치원 교원의 자격 기준은 2000년 3월 1일부터 시행되고 있는 초·중등교육법 제21조와 별표 1, 2에 제시되어 있다. 제시된 기준을 적용하던 중, 2004년 1월 29일에 유아교육법이 제정·공포됨에 따라 2005년부터는 이 법에 제시되어 있는 자격 기준이 적용되었다. 유아교육법에서는 교원자격의 검정에 관한 사항을 심의하기 위하여 교육부 장관 소속하에 유치원교원자격검정위원회를 두는 것을 규정하고 있다. 여기에서 유아교육법에 제시된 유치원 교원의 법적 자격 조건을 알아보고 초·중등교육법의 항목과 어떻게 다른지 살펴보자. 유아교육법에 제시된 유치원 교원의 법적 자격을 제9장에서 제시하였다.

유치원에서 교육을 담당하는 교원은 원장, 원감, 1급 정교사, 2급 정교사, 준교사로 구분된다. 각 자격 기준에 해당하는 자는 교육부 장관이 검정, 수여하는 자격증을 발급 받는다. 2급 정교사 자격은 4년제 대학, 전문대학에서 소정의 보육과 교직 학점을 취득한 자가 자격을 얻게 된다. 교육대학원에서 유치원 교육과정을 전공한 사람에게도 자격이 부여된다. 2급 정교사 자격증 취득 조건에 대한 세부사항은 유아교사교육 부분에 제시하였다.

초·중등교육법에는 유치원 준교사, 2급 정교사, 1급 정교사 자격 기준에 '초등학교 교사 자격증(준교사, 2급, 1급 정교사)을 가진 자로서 필요한 보수교육을 받은 자'라는 항목이 있었으나 유아교육법에서는 이 항목을 삭제하였다. 즉, 초등학교 교사자격증을 소지한 사람이 유치원 교사자격을 가질 수 있었던 법적 근거를 삭제한 것이다.

이것은 유아교육의 고유한 전문성을 인정하지 않고, 오히려 유아교육을 초등학교 교육의 하위 개념으로 잘못 인식한 것이라는 지적을 반영한 결과라고 볼 수 있으며, 유아교육의 질적 향상에 기여하게 된 법적 기준이다. 그 이외의 교원 법적 기준에 관한 항목은 초·중등교육법에서 제시되었던 항목과 동일하게 규정하고 있다.

2) 보육교사의 자격 기준

보육교사란 어린이집의 교직원이다. 어린이집은 주로 출생 후부터 취학 전 영유아를 보육하는 시설을 말한다. 어린이집의 원장과 보육교사의 역할은 유치원의 원장, 교사의 역할과 거의 유사하다.

보육교직원의 법적 자격 기준은 영유아보육법에 명시되어 있다. 영유아보육법은 2004년 1월에 거의 전면적인 개정이 이루어져 보육교사 국가자격증 제도의 법률적 근거를 마련하였고 그 후 여러 차례 개정되었다. 영유아보육법 제21조와 제22조에서 보육교사의 국가자격증에 대한 내용을 다음과 같이 규정하고 있다.

제 21 조(어린이집의 원장 또는 보육교사의 자격) ① 어린이집의 원장은 대통령령으로 정하는 자격을 가진 자로서 보건복지부장관이 검정·수여하는 자격증을 받은 자이어야 한다.

② 보육교사는 다음 각 호의 어느 하나에 해당하는 자로서 보건복지부장관이 검정·수여하는 자격증을 받은 자이어야 한다.

1. 「고등교육법」 제2조에 따른 학교에서 보건복지부령으로 정하는 보육 관련 교과목과 학점을 이수하고 전문학사학위 이상을 취득한 사람

1의 2. 법령에 따라 「고등교육법」 제2조에 따른 학교를 졸업한 사람과 같은 수준 이상의 학력이 있다고 인정된 사람으로서 보건복지부령으로 정하는 보육 관련 교과목과 학점을 이수하고 전문학사학위 이상을 취득한 사람

2. 고등학교 또는 이와 같은 수준 이상의 학교를 졸업한 자로서 보건복지부령으로 정하는 교육훈련시설에서 소정의 교육과정을 이수한 자

③ 제2항에 따른 보육교사의 등급은 1·2·3급으로 하고, 등급별 자격기준은 대통령령으로 정한다.

제 22 조(어린이집의 원장 또는 보육교사 자격증의 교부 등) ① 보건복지부장장관은 제21조 제1항 및 제2항에 따라 어린이집의 원장 또는 보육교사의 자격을 검정하고 자격증을 교부하여야 한다.

② 보건복지부장관은 제1항에 따른 어린이집의 원장 또는 보육교사의 자격증을 교부받거나 재교부(이하 "보육교사자격증 교부 등"이라 한다)를 받으려는 사람에게 보건복지부령으로 정하는 바에 따라 수수료를 받을 수 있다.

③ 보건복지부장관은 보육자격증 교부 등에 관한 업무를 공공 또는 민간 기관·단체에 위탁하여 실시할 수 있다.

④ 보건복지부장관은 제3항에 따라 보육자격증 교부 등에 관한 업무를 위탁한 때에는 그에 소요되는 비용의 전부 또는 일부를 보조할 수 있다.

⑤ 제3항에 따라 보육자격증 교부 등에 관한 업무를 위탁받은 공공 또는 민간 기관·단체는 제2항에 따라 납부받은 수수료를 보건복지부장관의 승인을 받아 보육자격증 교부 등에 필요한 경비에 직접 충당할 수 있다.

⑥ 보육자격증 교부 등에 필요한 사항은 보건복지부령으로 정한다.

보육교사 자격 제도가 자격인정제이었는데 영유아보육법이 개정되면서 국가자격증제도를 도입하여 보육교사 등급을 1 · 2 · 3급으로 구분하고 있다. 그리고 영유아보육법에서는 보육교사 자격 기준을 '보육 관련 교과목 및 학점을 이수하고 졸업한 자'로 제시하면서 학과 중심의 취득 기준이 아니라 취득 교과목으로 자격을 부여하도록 하였다. 이것은 자격인정제도 내에서 유아교육 또는 아동복지 관련 학과로 인정되는 기준이 불합리하다는 의견들을 반영한 결과라고 할 수 있으며, 보육교사의 전문성 제고에 기여하는 것으로 평가할 수 있다. 보육 관련 교과목 이수를 위한 기준으로 필수과목과 영역별 선택과목, 그리고 최저 이수학점을 제시하고 있다.

4. 유아교사교육

유아교사를 위한 교사교육은 크게 양성교육과 현직교육으로 구분할 수 있다. 양성교육은 유아교사로서의 자격 취득을 위한 교사 후보자 교육으로서 직전교육(pre-service education)이라고도 한다. 현직교육은 일정한 자격을 가지고 현직에 종사하는 교사를 대상으로 재교육하는 것으로서 연수교육 또는 직중교육이라고도 한다. 이 외에도 교사교육으로 새로이 입문(introduction)교육을 포함시키기도 한다. 입문교육이란 학생의 위치에서 교사의 위치로 급격한 역할 변화를 경험하게 되는 초임 교사를 유능한 경력을 가진 교사가 되도록 돕는 교육이다. 이 입문교육에 대한 필요성이 자주 언급되고 있다(박은혜 외, 2002).

유아교사를 위한 교육으로 양성교육과 현직교육에 대해서 살펴보자.

1) 양성교육

양성교육은 교사가 되고자 하는 자를 대상으로 교사가 되기 전에 교사로서 갖추어야 할 능력을 갖추도록 하기 위해 제공하는 교육이다. 그러므로 예비교사들은 양성교육을 통해 교사가 되기 위한 기초적 지식을 배운다. 교사가 되기 위해서 무엇을 어느 정도로 배워야 하는가는 교사가 어떤 역할을 수행하여야 하며, 그 역할을 수행하기 위해서 어떤 능력을 갖추어야 하는가에 따라 다르다. 우리나라의 유아교사 양성교육은 유치원 교사와 보육교사에 따라 다르다.

유치원 교사는 전문대학(2년제와 3년제)을 비롯한 대학을 통해 양성한다. 4년제 대학에서는 유아교육학과와 아동 관련 학과에서 유치원 교사를 양성하고 있다. 교사양성기관 설립유형별 교사양성 인원수는 표 10-1 과 같다. 표 10-1 에서 볼 수 있듯이 4년제 대학에 승인된 유치원 교사양성 수는 5,935명으로 이 중 상당수인 2,700명이 한국방송통신대학에서 양성한다. 4년제 대학교에서는 주로 유아교육학과에서 유치원 교사를 양성하고 있으나 그 이외에도 아동학과, 아동복지학과, 아동가족학과, 영유아보육학과 등의 학과에서도 유치원 교사를 입학 정원의 10% 한도 내에서 양성하고 있다. 한편, 유치원 교사는 전문대학에서도 양성하고 있다.

표 10-1 유치원 교사양성기관 및 인원 현황

구분	설립별	기관수	학년도별 정원			
			13학년도	12학년도	11학년도	10학년도
대학교	국립	13	354	268	270	275
	공립	1	20	20	20	20
	방송통신대	1	2,700	2,700	2,700	2,700
	사립	65	2,771	1,977	2,120	2,154
	사립산업대	1	90	120	120	120
	소계	81	5,935	5,085	5,230	5,269
전문대학	국립	2	100	110	110	110
	사립	98	8,030	7,996	8,193	8,234
	소계	100	8,130	8,106	8,303	8,344
총계	국립	16	3,154	3,078	3,080	3,085
	공립	1	20	20	20	20
	사립	164	10,891	10,093	10,433	10,508
	합계	181	14,065	13,191	13,533	13,613

*출처: 교육부(2013). 2013학년도 교원양성기관 현황.

우리나라 전문대학에서는 2년 또는 3년 교육과정에 따라 주로 유아교육과에서 유치원 교사를 양성하는데 자료에서와 같이 전문대학에 승인된 유치원 교사양성 수는 8,130명이다.

이와 같이 유치원 교사는 4년제 대학교와 전문대학에서 양성하고 있으며 4년제 대학교에서 전체 양성인원의 42.2%(방송통신대학교를 제외하면 23.0%)를 양성하고 전문대학에서 57.8%의 교사를 배출하게 된다. 예전에는 방송통신대학을 제외한 4년제 대학과 전문대학을 통한 교사 배출 인원 비율이 1 : 9 정도의 비율로 유치원 교사의 상당수를 전문대학에서 양성하였다. 근래에 들어 4년제 대학에 유아교육과의 설치를 인가해 주면서 꾸준히 4년제 대학의 교사양성 수가 증가하여 비율이 낮아지기는 했지만 아직도 유치원 교사는 상대적으로 전문대학에서 많이 배출하고 있다. 전문직으로서 교직을 준비하는 학생들에게 실시하는 교육은 교사의 질적 수준을 높일 수 있는 결정적 요인이라는 점에서, 유아교육의 질적 발전을 위한 개선점으로 상당수의 교사를 양성하는 전문대학 유아교육과의 수학연한을 2년에서 3년으로 연장할 것을 계속 주장하였다. 이러한 주장에 따라 전문대학의 양성과정을 3년제로 전환할 수 있도록 하였으며 대부분의 전문대학에서 2002년부터 3년제를 실시하게 되었다.

위와 같은 대학에서 졸업과 동시에 유치원 2급 정교사 자격증을 무시험검정으로 수여하고 있는데, 이를 위해서는 일단 각 대학마다의 졸업 요건을 갖추어야 한다. 그 이외에 유치원 2급 정교사 자격증을 취득하기 위해 교원검정시행규칙에서 교직과정과 전공 기본이수 영역을 규정하고 있는데 이 조건을 만족하여야 한다. 교원자격검정시행규칙에서 제시하고 있는 교직과정과 전공과정의 이수과목과 학점은 표 10-2 와 표 10-3 과 같다.

유치원 교사 양성을 목적으로 하는 대학의 학과에서는 이상의 규정을 고려하여 교사양성을 위한 교육과정을 편성해야 한다. 결과적으로 유치원 교사 양성교육의 교육과정은 교양과목, 교직과목, 전공과목으로 구분된다.

표 10-2 교직과정의 이수과목과 학점

영 역	과 목	최저이수기준	
		과 목	학 점
교직이론	교육학개론 교육철학 및 교육사 교육과정 교육평가 교육방법 및 교육공학 교육심리 교육사회 교육행정 및 교육경영 생활지도 및 상담 그 밖의 교직이론에 관한 과목	6과목	12학점
교과소양	특수교육학개론 교직실무 학교폭력의 예방과 대책	3과목	6학점
교육실습	학교현장실습 교육봉사활동	2과목	4학점
계		11과목	22학점

표 10-3 전공과정의 이수과목과 학점

영 역	과 목	최저이수기준	
		과 목	학 점
기본 이수과목	유아교육론, 유아교육과정, 영유아발달과 교육, 유아언어교육, 유아사회교육, 유아과학교육, 유아수학교육, 유아미술교육, 유아음악교육, 유아교사론, 유아동작교육, 유아놀이지도, 유아교육기관운영관리, 아동복지, 유아건강교육, 유아관찰 및 실습	7	21
교과교육	• 교과교육론, 교과교재 연구 및 지도법, 논리 및 논술에 관한 과목 • 기타 교과교육에 관한 과목	3	8
기타	기타 전공과목		21
계			50

보육교사 2급 자격을 취득하기 위해서는 표 10-4 에 제시한 것과 같이 현행 영유아보육법 시행규칙 제12조 제1항 관련 [별표 4]에서 규정된 영역별 과목 이수에 따라 학점을 이수하여야 하며 보육시설이나 종일제 유치원에서 4주 동안의 보육

실습을 필수로 이수하여야 한다. 그러므로 보육교사를 양성하는 대학의 학과에서도 위의 조건을 만족하는 교육과정을 운영하여야 한다.

표 10-4 보육관련 교과목 및 학점

영 역	과 목	최저이수기준	
		과 목	학 점
보육필수	아동복지론, 보육학개론, 보육과정, 영아발달, 유아발달, 보육교사론	6과목	18학점
발달 및 지도	인간행동과 사회환경, 아동관찰 및 행동연구, 아동생활지도, 아동상담론, 특수아동이해, 장애아지도	1과목	3학점
영유아교육	놀이지도, 언어지도, 아동문학, 아동미술, 영유아프로그램 개발과 평가, 영유아교수방법론, 아동음악, 아동동작, 아동수학지도, 아동과학지도	6과목	18학점
건강 · 영양 및 안전	아동건강교육, 아동간호학, 아동안전관리, 아동영양학, 정신건강론	2과목	6학점
가족 및 지역사회 협력	부모교육론, 가족복지론, 가족관계론, 지역사회복지론, 어린이집 운영관리	1과목	3학점
보육실습	보육실습	1과목	3학점
계		17과목	51학점

이 외에도 보건복지부령이 정하는 교육훈련시설에서 소정의 교육과정을 수료하고 보육교사 3급을 취득할 수 있다.

이상에서 유치원 교사와 보육교사를 양성하는 기관과 취득해야 하는 교과목에 대해 살펴보았다. 이를 요약해 보면, 우리나라의 유아교사는 대부분 전문대학과 4년제 대학 그리고 1년 과정의 교육훈련시설 등에서 양성하고 있으며 교육기간과 교육과정에서 큰 차이가 있다. 최소 4년제 대학의 교육과정을 이수한 초 · 중등교사와 달리 유아교사는 교사교육의 기간이 짧아 예비교사의 교사교육이 교육기술을 가르치는 데 급급하게 되는 경향이 있어 유아교사의 전문성을 키우는 데 제한이 되고 있다(정미라, 1993). 그리고 유치원 교사와 보육교사의 자격을 부여하는 기관이 각각 교육부와 보건복지부로서 이원화된 체제로 관리하고 있다. 이러한 이원화된 유아교사 양성체제는 양성기관 또는 교사교육의 질적 관리에서의 어려움을 유발하고 있으며 초・중등 교원의 양성과정과 차이가 있어 결과적으로 유아교사에 대한 사회적 인식이나 신분과 처우도 상대적으로 낮은 경향이 있다.

그리고 유치원 교사나 보육교사는 무시험검정에 의해 과목이수에 따라 자격증을 부여받게 되는데, 이러한 자격제도의 문제점을 보완하고 유아교사의 질적 수준을 높이기 위해 자격제도의 질적 수준을 강화하는 방안과 시험검정제를 도입하는 방안이 논의되기도 한다(이은화 외, 1995).

2) 현직교육

유아교사의 전문성은 직전교육인 교사양성교육을 통해 그 기초가 형성되지만 교사가 된 이후에도 계속적인 현직교육을 통한 자기 반성으로 더욱 발전되어 간다. 직전교육이 교사가 되기 위해 필요한 기초적인 내용을 체계적으로 교육받는 것이라면, 현직교육은 교사가 되어 현직에 종사하면서 교사들의 자질 향상을 위해 계획적인 교육이나 훈련에 참여하거나 연구 및 연수활동을 하는 것이다. 현직교육은 재교육, 연수교육, 보수교육 등과 같은 용어와 혼용되고 있다. 최근에는 직전교육인 교사양성교육과 현직교육을 분리된 별개의 과정으로 보지 않고 연속적 과정으로 보는 경향이 있으며, 이러한 경향은 교직을 전문직으로 보는 관점이 우세하면서 더욱 현저하게 나타나고 있다.

특히, 교사에게 있어서 현직교육이 더욱 필요한 이유는 다음과 같다(염지숙, 이명순, 조형숙, 김현주, 2008). 첫째, 급변하는 현대사회로 인해 직전교육에서 획득한 지식이 계속해서 활용될 수 없기 때문이다. 둘째, 교직은 전문직이므로 전문성을 유지하고 계발하기 위해서는 계속적인 현직교육이 필요하다. 셋째, 사회적・문화적 변동에 따라 새로이 요구되는 지식과 기능 및 태도를 습득하기 위해 필요하다. 넷째, 교육과정의 질 관리, 교사로서의 자질 향상과 유아교육에 대한 철학과 신념을 재정립하기 위해 필요하다. 이러한 필요성에 따라 진행되는 현직교육의 목적을 박은혜(2003)는 다음과 같이 제시하였다. 첫째, 교사들이 담당하는 모든 직무에서의 지식과 교육능력을 유지 · 확대 · 발전시킨다. 둘째, 장차 다가올 사회에서의 새로운 경제적 · 사회적 · 문화적 도전을 이해할 수 있고 제때에 대응할 수 있도록 한다. 셋째, 상위 자격을 취득하고 교사들의 특수한 재능과 성향을 개발한다. 넷째, 전체적으로 전문성을 신장시키고 혁신성과 창의성을 강화하도록 해 준다.

유아교사의 현직교육은 교육의 주체 또는 목적에 따라 크게 두 가지 형태로 구분할 수 있다. 즉, 개인이나 유아교육 단체가 주도하는 현직교육과 정부에서 주도하는 현직교육이다.

개인이나 유아교육단체가 주도하는 현직교육은 유아교사들이 자율적 선택에 의해 참여하는 교사로서의 자질 향상과 학력을 높이기 위한 교육이다. 교사들끼리 토의 모임을 갖는 형태, 전문단체에서 제공하는 강연회, 연수에 참여하기, 혹은 상급 학교 과정인 대학원에 진학하는 형태 등이 이에 속한다. 우리나라는 교사들이 이러한 현직교육을 받아야 하는 의무가 없으며, 따라서 현직교육에 따르는 보상체계도 없다. 그러나 우리나라의 유아교사들은 교사 개인 또는 유아교육기관 내에서 자율적으로 새로운 교육관련 내용, 교수-학습방법 등에 대한 강의나 수업참관, 토론회 등의 기회를 가지고 있으며, 방학기간을 이용하여 각종 강연회나 연수 등에 활발히 참여하며 교육을 받고 있다. 그러나 대부분의 교사들은 교사 개인이 비용을 감당하며 현직교육에 참여하고 있으며 유아교육기관에서 지원하는 정도가 매우 낮은 실정이다.

정부가 주도하는 현직교육은 크게 일반연수, 자격연수, 직무연수로 구분된다. 일반연수는 교육이론 및 방법에 관한 일반적인 교양을 높이기 위한 연수로서, 기간은 10일 이상이고 이수시간은 60시간 이상으로 규정되어 있다. 연수대상자는 소속교육장 또는 소속기관의 장이 정하도록 되어 있다. 자격연수는 상급 자격을 취득하기 위한 연수로서 2급 정교사 과정, 1급 정교사 과정, 원감 과정 및 원장 과정으로 구분되며 그 대상 및 내용은 교육부령으로 정하도록 되어 있다. 1, 2급 정교사 자격연수는 각 시 · 도 교원연수원에서 실시하고 있으며 원감 자격연수는 서울교육대학교와 서울시, 부산시 교원연수원에서 실시하고 있다. 원장 자격연수는 서울대학교 사범대학 부설 교육행정 연수원과 한국교원대 종합교원연수원에서 실시하고 있다. 자격연수의 이수시간은 30일 이상, 180시간 이상을 기본으로 하고 있으며 연수이수 후에 소정의 평가과정을 거친다. 직무연수는 직무수행과 직장 적응에 필요한 능력과 자질을 배양하기 위한 연수로서 각 시・도 교육청 및 교육연수원 단위로 필요한 경우에 실시하는데 신규임용예정 교사 연수, 원장, 원감 및 주임 직무연수 등이 이에 해당한다. 보육교사는 이와 달리, 보육교사의 상급자격의 취득을 위해 받는 연수로서 2급 승급교육과 1급 승급교육이 있고 일반직무교육으로 보육교사를 위한 연수와 원장을 위한 연수 등이 실시되고 있다.

유아교사를 위한 현직교육은 현 유아교육의 이원화 체제를 포함한 현 상황 등의 이유로 여러 가지 문제점을 안고 있다. 유아교육의 이원화에 따라 상급자격을 위한 현직교육의 기회가 균등하게 주어지지 못하고 있는 문제점을 지적할 수 있으며 교사의 현직교육의 참여로 인한 교육 현장에서의 수업결손 문제도 제도적으로 해결되어야 한다. 또한 교사의 현직교육을 지원하는 예산이 부족하며 현직교육에 참여하는 교사에게 보상이나 혜택도 없다. 보상과 혜택이 없는 현직교육은 계속 보장될 수 없으며 평생교육체제의 일환으로 현직교육이 이루어져야 할 것이다. 이와 같이 현직교육의 문제점을 해결하고 이를 적극적으로 지지하는 정책적 지원이 요구된다.

CHAPTER 11

유아교육의 최근 동향 및 미래 방향

저탄소 녹색성장이라는 국가적 차원의 정책하에 교육계에서는 녹색교육이 화두가 되고 있으며, 현 정부는 미래의 인적자원인 유아들을 생애의 출발점에서부터 전인적인 성장·발달이 이루어지도록 유아와 학부모를 지원하는 유아교육 및 보육정책을 펼치고 있다. 또한 오늘날의 세계는 이미 다원주의 사회로 접어들어 다양한 인종과 문화를 고려한 다문화 교육에 대한 요구가 갈수록 커지고 있다. 그리고 녹색교육을 실천하기 위한 방안으로 자연친화 유아교육, 숲유치원 교육 등이 21세기의 지속가능발전을 위한 유아교육의 모델로 대두되고 있다.

따라서 이 장에서는 유아교육의 최근 동향을 돌봄 프로그램, 다문화 교육, 자연친화 유아교육, 숲유치원 교육 등에서 찾아보기로 하고, 더 나아가 유아교육의 미래 방향을 유아교육의 공교육화, 유아교육선진화 추진계획 등을 중심으로 고찰해 보고자 한다.

1. 유아교육의 최근 동향

유아교육의 최근 동향을 유아와 학부모 그리고 사회적 요구를 인식하고 수용하여 교육에 반영하고 있는 돌봄 프로그램, 다문화 교육, 자연친화교육, 숲유치원 교육에 대한 네 가지 내용을 중심으로 나누어 살펴보았다.

1) 돌봄 프로그램

이미 21세기 초반에 진입한 세계는 하루가 다르게 급속하게 변화하고 있는데, 특히 우리나라의 경우 여성의 사회진출로 인한 취업모 증가와 출산율이 세계 최저 수준을 기록하는 등 사회적인 문제로 대두되고 있다. 또한 복지 추구를 위하여 우리나라 국민의 삶의 질을 결정하는 우선순위가 바뀌고 있고, 이러한 사회적 현상은 가족구조의 변화와 맞벌이 부부의 증가를 가져오고 있다. 아울러 이와 같은 사회적 변화로 인해 가정에 있어서 자녀들의 육아와 교육이 커다란 부담으로 다가오게 되었다.

우리나라 정부는 미래의 인적자원인 유아들을 생애의 출발점에서부터 지원 및 개발한다는 측면에서 유아교육 정책을 펼치고 있다. 특히 영유아교육의 방향을 수요자인 유아와 학부모 요구에 맞추어 가까운 곳에서, 질 좋은 보호 및 교육을 저렴한 비용으로 원하는 시간까지 제공하려고 노력하고 있다. 최근 우리나라에서는 여러 나라의 교육상황을 고려하고 연구하여 우리 실정에 적합한 다각적인 유아교육정책을 추진하고 있다. 어린이집에서는 부모가 모두 취업 중인 영유아를 입소 우선순위 1순위로 지정하고 있으며, 보육시설 운영시간(07:30~19:30)에 있어서도 시간연장보육(19:30~24:00), 야간보육(19:30~익일 07:30), 24시간 보육 등 다양한 형태로 운영되고 있다. 유치원의 경우 반일반(평일 3~4시간 운영), 시간연장제반(반일반의 연장으로 5시간 이상 7시간 미만 운영), 종일반(8시간 이상 운영), 야간 돌봄 전담유치원(평일에는 22:00까지 운영을 원칙으로 하되, 지역실정·수요자의 요구 등을 감안하여 운영시간 조정 가능)의 형태로 운영되고 있다. 이는 부모들에게 양육에 대한 부담을 덜어줄 뿐만 아니라 안전한 환경에서 영유아를 보육하고 교육하는 장을 제공하는 기능이 있다.

① 야간 돌봄 전담 유치원

맞벌이 부부의 육아부담을 덜어주기 위해 밤 10시까지 또는 종일반 종료 후 2~3시간 연장 운영하는 유치원이다. 학부모가 야간 돌봄 서비스 이용을 희망할 경우 19시 이전에는 각 유치원에서 종일제를 이용한 후, '야간 돌봄 전담 유치원'으로 이동시켜 저녁 늦게까지(저녁 9시~10시) 돌봄 서비스를 제공 받을 수 있다. 이용 대상은 공·사립유치원에 재원 중인 유아뿐만 아니라 어린이집 유아도 이용할 수 있으며, 맞벌이 가정 유아 또는 한부모 가정의 경우 한부모가 일하는 가정 유아(만 3~5세)로 이용이 제한된다.

야간 돌봄 전담 유치원의 기본방향은 다음과 같다.

- 늦은 시간까지 일해야 하는 맞벌이 부부의 육아부담을 완화한다.
- 2010년 3월부터 시행되고 있으며, 농어촌지역을 제외한 도시지역 중심으로 전국에서 150개원이 시범 운영하고 있다.
- 이용수요가 많은 인근 공·사립유치원을 연계하여 돌봄 서비스를 제공할 수 있는 여건이 갖추어진 곳을 우선 선정 운영한다.
- 야간 돌봄 전담 유치원에서 3,000여 명의 유아가 돌봄 서비스를 받게 됨으로써 맞벌이 부모는 안심하고 직장생활을 할 수 있게 한다.
- 학부모가 야간 돌봄 서비스 이용을 희망할 경우 19시 이전에는 각 유치원에서 종일제를 이용한 후 야간 돌봄 전담 유치원으로 이동시켜 늦게까지(저녁 9~10시) 돌봄 서비스를 제공 받을 수 있다.
- 이용대상은 공·사립유치원에 재원 중인 유아뿐만 아니라 어린이집 유아도 이용할 수 있다.
- 야간 돌봄 전담 유치원에는 운영비, 보조 인건비 등을 지원하며 그 이외의 저녁 급식 및 간식비는 수익자 부담으로 한다.

② 엄마품 온종일 돌봄 유치원

서민들이 자녀 걱정 없이 일할 수 있도록 원하는 사람 누구나 쉽게 접근할 수 있는 안전하고 질 높은 맞춤형 돌봄 시스템을 구축하고, 이른 아침부터 저녁 늦은 시간까지 일해야 하는 저소득층 및 맞벌이 가정 유아를 위한 아침, 저녁 온종일 돌봄 서비스가 확대되고 있다.

엄마품 온종일 돌봄 유치원의 기본 방향은 다음과 같다.

- 운영체제 : [엄마품 온종일 돌봄 교실] → 아침돌봄(신규) + 기본유치원과정, 종일제 [기존 + 저녁돌봄(신규)]
- 맞벌이, 저소득층 가정자녀의 온종일 돌봄 · 교육서비스 제공을 위해 유치원은 종일 돌봄 교실(오전 6:30~오후 10시까지 운영)을 설치 확대한다.
- 2011년 3월부터 시행되고 있으며, 대상은 종일반 맞벌이 가정 및 취업 중인 한부모 가정의 유아이다.
- 엄마품 온종일 돌봄 교실(유치원)사업은 기존 2010년 운영 야간 돌봄 전담 유치원에 아침돌봄을 확대한 운영방식(시설 미이용 유아 제외)으로 실시된다.

표 11-1 엄마품 온종일 돌봄 교실 시간대별 구분(예시)

구분	아침 돌봄	기본과정 및 종일제 운영	저녁 돌봄
시간	06:30 ~ 09:00	09:00 ~ 17:00	17:00 ~ 22:00

표 11-2 엄마품 온종일 돌봄 교실 운영 절차

아침돌봄교실		정규교육과정 및 오후돌봄교실(종일제)	저녁돌봄교실	
등원 ⇨	아침돌봄 교실 참여 (조식 제공) ⇨	정규교육과정 참여 및 중식 오후돌봄교실 참여 ⇨	저녁돌봄 교실 참여 (석식 제공) ⇨	귀가
↓	↓	↓	↓	↓
06:30 ~ ⇨	06:30 ~ 09:00 ⇨	09:00 ~ 17:00 ⇨	17:00 ~ 22:00 ⇨	22:00

표 11-3 돌봄(Care) 프로그램으로 구성

과 정		영 역	비 고
유아	돌봄 프로그램 (Care)	기본 돌봄형	휴식, 수면, 씻기 등 기본생활습관 지도
		교육과정 연계활동 지원	같이 놀아 주기, 동화 들려 주기, 자유선택활동

*출처: 교육과학기술부(http://www.mest.go.kr/).

2) 다문화 교육

오늘날 세계는 문명사회적 전환기를 맞이하여 급속한 변화를 맞이하고 있다. 세계화, 정보화가 가속화되고 국가 간의 인적·물적 교류가 증대됨으로써 모든 한국인에게 세계의 모든 사람들과 더불어 공존할 수 있는 새로운 가치관과 태도, 사고방식과 행동양식을 요구하고 있다(최충옥, 2009). 통계청(2007) 자료에 따르면 총 혼인건수 대비 외국인과의 혼인건수는 11.1%에 달하는 38,491건이다. 외국인과의 결혼이 증가함에 따라 다문화 가정의 자녀들도 함께 점점 늘어가는 추세이며, 보건복지부(2005)에 의하면 국제결혼가정의 자녀연령분포는 3세 이하 비중이 27%,

4~5세가 16.4%로 나타났다. 다원주의 사회로 접어든 현시점에서 다양한 인종과 문화를 고려한 다문화 교육에 대한 요구는 필연적인 요소가 되었다.

다문화란 종족이나 계층 간뿐만 아니라 지식 및 정보, 생활양식 및 가치관 등에서 다양함과 독특함이 공존하는 시대적 배경을 의미한다고 할 수 있다. 다문화 교육은 학자들이 강조하는 부분 혹은 시대적 상황에 따라 반편견 교육, 다민족 교육, 국제이해교육, 세계이해교육 등으로 불리고 있다(교육부, 1999). 따라서 다문화 교육이란 다양한 문화 및 역사, 생태가 존재하고 있는 사회에 속한 구성원들이 자신의 정체성을 확립하면서 타인에 대한 이해와 존중에 필요한 지식·기술·태도 등을 습득함으로써 서로 공존할 수 있는 역량을 증진할 수 있도록 지원하기 위한 교육활동이라고 정의할 수 있다(유홍옥 외, 2009).

유아기는 이미 자신의 생김새, 성, 인종 등 사람과 사람 사이의 차이점에 대해서 인식할 수 있는 시기이다. 즉, 자신의 인종, 민족에 대한 일치감을 기초로 하여 다른 집단에 대한 감정이입과 관심을 갖게 되며 더 나아가 인간의 존엄성과 정의와 같은 이상적인 균형감을 발달시킨다. 따라서 이러한 인식을 기초로 한다면 유아기는 다문화 교육을 실시하는 데 가장 적절한 시기라고 할 수 있다(장영희, 1997).

2007년 UN 국제인종차별철폐위원회(CERD)는 우리나라의 단일 민족주의가 인종차별로 이어질 가능성이 있음을 지적하며, 한국 영토 내에 사는 서로 다른 민족, 국가, 그룹들 간의 이해와 관용, 우의 증진에 장애가 될 수 있는 내용에 대한 법적·제도적 개정을 권고한 바 있다. 우리 사회의 이러한 폐쇄적 분위기로 인해 다문화 가정의 자녀들 또한 경제적인 어려움과 사회적인 차별 및 편견에 의한 스트레스를 받고 있으며(박미경, 엄정애, 2007), 결혼이민자들은 생활상의 적응이나 자녀 교육 등에 어려움을 호소하는 경우가 많아지고 있다. 따라서 이들을 이해하고 함께 더불어 생활할 수 있는 사회적 분위기와 문화 형성은 우리 사회가 국제 사회의 일원으로서 해결해야 할 중요한 문제라고 할 수 있다.

유아들은 발달에 따라 각종 개념 및 태도를 스스로 형성할 뿐 아니라 주위 환경을 통하여 지식과 기능·태도를 습득하기도 한다. 특히 우리 유아들이 처음으로 집단생활을 하는 유아교육기관에서 어떤 교사와 어떤 환경에서 어떤 상호작용을 주로 하였느냐에 따라 추후의 삶에 결정적 영향을 미치기도 한다. 따라서 유아교육기관에서부터 유아가 속한 단일 문화뿐 아니라 세계의 다양한 문화를 편견 없이 수용할 수 있는 분위기 조성 및 프로그램 운영이 필요하다. 이를 위해서 교사는 먼저 자기 인식을 증진시키기 위한 노력과 동시에 다문화주의에 입각한 교육관 및 교육과정에 대한 관심이 필요하며 유아교육기관은 다문화 교육을 실시해야 하는 최초의 기관으로서의 역할을 해야 하겠다.

우리나라는 외국인 노동자들의 빠른 유입으로 인하여 외국인들이 우리 경제에 기여하는 비중이 높아지고 있으며, 현재 결혼하는 부부 8쌍 중 1쌍이 외국인과 결혼하고, 농촌 총각 10명 중 4명이 외국인 아내를 맞이하는 등, 소위 다문화 시대를 맞이하였다. 그들 중 대부분은 한국사회의 문화와 언어 적응에 어려움을 겪고 있으며 그들에 대한 사회적 인식도 긍정적이지 않다. 이러한 문제를 그대로 두었을 때는 한 가정의 문제로 끝나는 것이 아니라 사회 및 국가 문제로 파급될 수 있다. 따라서 다문화 가정 자녀 및 일반 가정 자녀들을 위한 교육 및 지원이 국가 및 지역사회의 주요 과제가 되고 있다(유홍옥 외, 2009).

3) 자연친화 유아교육

유아기는 주변 환경과의 자발적이고 능동적인 상호작용을 통해 전인적인 성장과 발달이 이루어지는 시기이며, 발달 특성상 그들 세계에 대해 호기심이 많고, 탐험하기를 즐긴다. 이러한 유아기의 특성을 고려해 볼 때 유아기는 자연관을 형성해야 하는 적기로 자연에 대하여 경험하는 기회와 장소가 제공되어야 한다. 자연을 체험하고 다양한 생물을 접하게 되면서 유아의 호기심과 탐구심은 더욱 증가될 것이고, 시각적으로 풍부한 자연환경을 많이 접한 유아들은 훨씬 더 풍부한 시각적 감수성의 발달과 탐구력의 발달이 이루어질 수 있을 뿐만 아니라 나아가서는 감각적인 자극 및 또래와의 상호작용의 기회를 증진할 기회를 제공한다. 자연은 유아에게 가장 좋은 교육적 경험을 제공하는 교육의 원천이며, 자연세계 자체가 직접 체험하고 조작할 수 있는 자료의 보고이기 때문에 교육장소로 매우 적합하다고 볼 수 있다(이명환, 2007).

유아에게 체험교육이 폭넓게 이루어질 수 있는 자연이라는 공간은 이제 우리에게 쉽게 다가올 수 있는 교육의 장소가 되고 있다. 더욱이 유아교육 현장에서 '움직임 교육'의 중요성이 인식되면서 신체발달에 도움을 주는 자연에서의 체험교육에 대한 수요가 증가되고 있다.

루소는 그의 저서 『에밀』에서 자연에서의 체험을 통한 교육을 강조하였고, 페스탈로치도 『은자의 황혼』이라는 저서에서 "나무와 새와 곤충이 이야기할 때는 교사는 입을 다물지어다."라고 말하면서 자연으로 아이들을 내보내어 자연에 의해 배우게 하는, 자연이 교사가 되는 교육이 가장 훌륭한 교육임을 깨달아야 함을 강조하였다. 현재 우리의 교육이 생물이나 사물 혹은 사건을 분석·평가하는 것이 목적이라면, 자연에서의 체험 위주의 교육활동은 모든 사물에 대한 외형적인 것을 직관교육을 통하여 오감으로 경험해 보는 것이다. 이와 같은 활동을 통해 미생물들까지도 자신의 맡은 바 역할을 적극적으로 해 가며 공생하고 있다는 삶의 진리를 알게 된다. 이렇게 자연의 이치를 아는 유아들이 이 세상에는 의미 없는 동식물 심지어 무생물까지도 없다는 사실을 이해하게 되며, 생물다양성의 필요성과 환경윤리의 중요성 등을 자연체험 활동을 통해 알게 된다(신원섭, 1998).

이러한 자연에서의 교육의 가장 큰 장점은 관찰, 조사, 활동을 통한 직접적인 체험학습이 가능하며, 자연을 온갖 지식을 탐구할 수 있는 아주 좋은 장소로 활용할 수 있다는 것이다. 특히 도시 환경에서 자연과 접할 기회가 적은 유아들에게 도시 근처에 있는 숲이나 공원은 매우 훌륭한 학습장이 될 수 있다.

아울러 유아들은 근본적으로 감각과 운동적 조작을 통해 세상을 배운다. 따라서 유아의 감각을 자극하고 운동적 조작이 가장 적절한 곳은 바로 자연환경이라고 할 수 있다. 즉, 자연환경의 대표격인 숲에서의 체험 교육을 통해 유아는 인간과 자연과의 조화스러운 관계를 자연스럽게 배우게 되며, 유아의 신체와 정신이 조화롭게 성장·발달되어 갈 수 있다. 즉, 자연에서 놀이를 중심으로 체험활동을 하면서 유아는 모든 활동영역을 통합적으로 구성하며, 이러한 환경 속에서 전인적인 발달이 이루어지기에 '자연이 교육의 원천'이라고 할 수 있다(이명환, 2008).

자연에서의 체험을 통한 유아의 전인적인 발달을 돕는 유아교육이 필요하기에, 유아들의 전인적인 발달을 위해 자연체험교육은 필요하다.

(1) 자연친화 유아교육의 교육적 가치

우리 사회가 산업화와 도시화되기 전만 해도 대부분의 사람들이 땅에 터전을 두고 숲이나 자연과 긴밀한 관계를 유지하고 생활하였다. 그러나 오늘날 사람들은 땅을 터전으로 삼고 살아가기보다는 직장이나 교육목적으로 또는 다른 경제적 이유로 도시에서 자주 삶의 터전을 옮겨가며 살아가고 있다. 이러한 도시에서의 삶은 자연과의 교감이 이루어지기가 쉽지 않아 장소에 대한 생태적 지식을 습득하지 못하게 된다. 또한 이러한 숲과 자연을 떠난 삶은 장소에 대한 소속감이나 이를 보전하려는 책임감이 결여된 삶을 살아가게 된다(Orr, 1992). 그리고 삶을 영위하기에 필요한 지적활동은 교실에서 강의나 토론을 통해 일어날 수도 있으나, 자연으로부터 격리된 채 교실, 실험실, 도서관, 컴퓨터실에서 이론적으로 숲과 자연의 세계를 이해하려고 함으로써 자연현상이 지니는 아름답고 신비한 모습을 관찰할 수 있는 기회를 잃게 된다. 반면 자연 속에서 직접 관찰, 조사, 실험을 하면서 움직임을 통하여 배우면 구체적이고 실제적인 학습활동을 할 수 있다(탁광일, 2006).

자연에서의 활동은 생태계의 원리를 쉽게 이해할 수 있을 뿐 아니라, 유아들로 하여금 자연 생태계 보전에 대한 책임감도 증진시켜 준다.

오르(Orr, 1992)는 유아를 위한 자연친화교육의 방법으로 풍요로운 자연에 대한 경이감을 느끼고, 자연에서의 경험을 만들고, 유아와 삶의 공간, 즉 자연과의 좋은 대화를 할 수 있도록 해야 한다고 하였다. 그가 말하는 좋은 대화란, 자연에 관한 지식을 얻어 활용하는 데 급급해하는 독백적 대화를 지양하고 자연을 지속적으로 방문하여 자연과의 공감을 형성하고 자연의 습성을 제대로 이해하고, 공존하려는 태도를 갖는 것을 말한다. 오르(1992)가 제시하는 방법도 자연과의 공감적 교류가 자연에 대한 지식 추구에 앞서야 함을 강조하고 있음을 알 수 있다.

이와 같이 어린 시절에 획득한 자연에 대한 태도와 지식이 이후의 사고에 많은 영향을 주기에, 유아기의 직접적인 자연체험이 자연에 대한 인식과 태도를 형성하게 되는 중요한 역할을 담당하게 된다. 이런 관점에서 자연친화 유아교육은 단지 자연을 지식으로 탐구하고, 학습하는 교육이 아니라 유아발달의 모든 측면에서 전인적 성장을 도모하는 인간교육이며 가치관 교육이라 할 수 있다.

(2) 유아교육과정과 표준보육과정에 나타난 자연친화 유아교육의 내용

우리나라 유치원 교육과정을 살펴보면 1차에서 개정 교육과정에 이르기까지 자연친화 유아교육의 내용과 관련된 사항에서 조금씩의 차이와 변화 과정이 있었음을 알 수 있다. 1차 유치원 교육과정에서는 자연을 사랑하고 보호하는 자세에 그쳤으며, 2차 유치원 교육과정에서는 1970년대부터 인지발달을 강조하면서 자연현상에 대한 관심 또한 인지발달을 위한 탐구학습의 한 부분으로 언급하였고, 3차 유치원 교육과정은 인간중심의 통합 교육과정을 지향하여 자연현상에 대한 개념도 인지발달과 정서발달 영역 안에서 기술하였으며, 4차 역시 학문중심의 교육과정을 중시하여 자연현상에 대한 기본 개념 형성에 주안점을 두었다(교육부, 1998). 5차와 6차 유치원 교육과정에 이르러 다른 점이 있다면, 첫째, 교육과정이 발달영역에서 생활 영역으로 바뀐 점이며, 둘째, 사회, 정서 영역을 언어, 탐구 영역보다 우위에 두었다는 점이며, 셋째, 자연현상에 대한 관심을 인지발달이론에 두지 않고 표현생활과 탐구생활 영역에 두었다는 점이며, 넷째, 자연친화적인 교육내용에 있어서도 자연에 대한 관심과 호기심 가지기에 그치지 않고 구체적인 탐색과 체험활동으로 예술활동과 창의적인 표현까지 강조하고 있다는 점이다.

현재 실시되고 있는 2007년 개정 유치원 교육과정은 21세기 지식 정보화 시대를 주도할 '사람과 자연을 존중하고 사랑하는 한국인 육성'을 기본 방향으로 정하면서 자연에서의 교육이 중점교육이 되어야 함을 더 강조하고 있다.

보건복지부 관할 어린이집 표준보육과정은 영유아가 어린이집에서 경험하는 국가 수준에서의 바람직한 태도와 가치, 지식, 기술을 의미하며, 어린이집에서 이들을 보호하고 교육하는 데 지침으로 사용하도록 영유아를 위해 제시된 교육과정이다. 표준보육과정의 영역별 내용은 영유아들의 기본생활, 신체운동, 사회관계, 의사소통, 자연탐구, 예술경험의 여섯 영역으로 구성되어 있다. 각 영역은 영유아가 건강하고 안전하며 바르게 생활하는 데 필요한 내용과 신체, 사회, 언어, 인지, 정서 등 전인적 발달을 위해서 영유아가 갖춰야 할 지식, 기술, 태도를 포함한다. 표준보육과정의 6개 영역별 내용 중 자연탐구 영역은 다음과 같다(이명환 외, 2007).

자연탐구 영역은 '탐구적 태도', '수학적 탐구', '과학적 탐구'의 세 가지 내용범주로 구성된다. '탐구적 태도'에서는 영유아가 주변의 사물과 자연현상에 대하여 관심을 가지고 보고 듣고 느끼고 궁금해하며, 끊임없이 알아가고자 하는 태도를 갖게 하고 이에 필요한 기초기술을 습득하도록 한다. 그리고 '수학적 탐구'에서는 영유아가 일상생활에서 수량과 공간을 인식하고 비교하며 규칙성을 인식하는 등 구체적인 경험과 조작활동으로 수학의 기초능력을 기르도록 한다. 더 나아가 '과학적 탐구'에서는 영유아가 주변의 사물, 생명체, 자연현상에 대하여 관심을 가지고 능동적이고 적극적으로 탐색하는 과정에서 과학적 기초지식을 습득하도록 한다.

4) 숲유치원

(1) 숲유치원의 필요성 및 운영 유형

저탄소 녹색성장이란 국가적인 차원의 정책하에 교육계에서는 녹색교육이 큰 화두로 대두되고 있다. 녹색교육을 실천하기 위한 여러 가지 방법이 현 교육계에서도 모색되고 있는데, 이는 유아기부터 자연친화적인 교육의 중요성과 환경오염으로 인한 생태유아교육의 관심이 증가되기에 이를 위한 실천방안으로 숲유치원 교육에 대한 필요성이 나날이 확대되어 가고 있다. 최근에 유아의 아토피성 피부질환 비율이 해마다 높아지고 있기에 유아들에게 녹색환경에서의 건강교육도 부각되고 있다. KBS 〈도시 그 희망의 조건〉(2006. 10. 22.)에서 방영된 내용에 의하면 노르웨이 오슬로 녹색 유치원은 개인소유의 농장을 정부가 사서 유치원 설립을 하며 '모든 것을 자연에서 가르치자'라는 이념을 실천하고 있으며, 엔보르게 박사

(노르웨이 오슬로 대학 교수)의 연구에 의하면 도시 주변의 회색공간은 아이들의 행동발달 장애를 일으킬 위험이 있는 것으로 판단된다고 보도하였다. 또한 이 보도에서는 현재 도시의 문명은 스트레스 증가와 함께 상당한 우울증을 유발시킨다고 하였다. 반면 녹색환경은 긍정적 또래관계를 형성하고, 동기부여를 주며, 각종 감염성 질환의 감소 효과를 가져올 수 있으며, 또한 탐구력과 창의력도 발달시켜 주기에 아이들에게 녹색환경이 절대적으로 필요하다고 강조하였다.

나날이 산업화와 시멘트화되어 가는 현대 사회 환경 속에서 유아들은 신체적·정신적으로 유아의 타고난 순수함을 유지·발달시켜 나가기가 사실상 어려운 형편이다. 즉, 오늘날의 유아들은 자동차의 이기와 TV의 영향 등으로 운동부족 현상과 그로 인한 정상적인 발달이 장애를 받고 있으며, 갈수록 자연에서 소외된 생활을 하고 있는데, 이런 유아들을 위해 북유럽의 여러 나라와 스위스, 독일 등에서는 숲유치원이 좋은 교육적 대안으로 대두되고 있다.

숲은 자연 중에서도 가장 생태환경이 다양하며 풍성하다. 인류의 삶의 터전이자 교육공간으로서의 숲은 많은 가치와 가능성을 가진다고 볼 수 있다. 특히 유아들에게 숲은 환경과 자연체험의 교육, 건강교육, 창의성교육, 동작교육, 사회성교육, 언어교육, 감각교육, 지적교육, 영성교육이 이루어지는 곳이다(이명환, 2003). 숲유치원은 '지붕도 벽도 없는 자연스런 하늘 아래서 유아를 위한 교육이 펼쳐지는 곳'으로서 인간과 자연과의 조화스런 관계를 유아시기부터 자연스럽게 알게 하며, 유아의 신체와 정신을 전인적으로 성장·발달시킨다(이명환, 2007).

숲의 교육적 효과에 대한 관심은 유아교육에도 큰 영향을 미치고 있는데 숲유치원이 바로 그 예이다. 숲유치원이라는 이름으로 시작된 최초의 숲유치원은 덴마크 숲유치원이다. 숲유치원은 숲에서 아이들이 마음껏 뛰어놀고 오감을 통해 자연만물과 교감하는 체험중심의 활동을 하면서 일정 시간 숲에서 생활하는 것을 말한다. 다시 말해서 숲이라는 공간 속에서 아이들이 생활하고 놀이하는 과정을 통해 전인발달을 이루고 자연을 체험하고 세상을 배우도록 하는 교육적 접근을 의미한다(김은숙, 2010).

우리나라에서의 숲유치원은 크게 세 가지 유형이 있다고 볼 수 있다. 첫 번째 유형은 인천대학교 숲유치원의 경우처럼 일정한 건물이나 시설설비가 마련되어 있지 않는 자연상태인 숲에서 매일매일의 일과를 유아교육을 전공한 교사에 의하여 운영하는 전형적인 숲유치원(독일의 숲유치원과 흡사함)과 두 번째 유형으로는 기존의 유치원이나 어린이집에서 사전에 숲해설가들과의 예약에 의해 유아들을 숲으로 데리고 가서 주로 숲해설가들의 숲해설에 의해 월 1~2회 정도 숲을 경험하고 체험하는 숲유치원, 그리고 세 번째로는 부모님들끼리 모여서 숲을 안내해 주는 숲해설가에게 그들 자녀의 숲체험교육을 의뢰하는 숲유치원으로 크게 나누어 볼 수 있다.

(2) 인천대학교 숲유치원

인천대학교 숲유치원의 실예로 전형적인 숲유치원의 하루 일과를 소개하고자 한다.

아이들은 오전 8시 30분부터 9시 사이에 각 원아의 집에서 숲입구로 부모와 함께 등원을 한다. 등원 시 학부모는 교사와 자기 아이에 관한 이야기를 자유롭게 나누며, 교사는 유아가 가정에서 하는 행동이나 언어 등에 대한 내용을 부모님을 통하여 듣게 된다. 몸이 안 좋은 유아나 주의해야 할 사항도 아침 등원 시에 자유롭게 이야기를 나누며 유아의 건강 및 기본적인 욕구 등에 대한 정보를 공유한다.

9시경이 되면 아이들은 모임장소에서 숲으로 이동을 한다. 숲으로 천천히 이동을 하면서 아이들은 주변에서 볼 수 있는 자연물이나 변화된 환경 그리고 곤충 등에 대하여 관심을 갖고 탐색을 한다. 아이들은 계절이 변화되면서 항상 있던 식물들이 조금씩 변화되는 모습에 놀라움의 소리를 지르기도 하고 작은 개구리나 귀뚜라미를 찾아 뛰어다니기도 한다. 숲으로 이동하는 동안 아이들은 교사의 시야에서 멀리 벗어나지 않아야 하며, 언제든지 교사의 소리를 들을 수 있는 거리에 있어야 한다. 그리고 길이 갈라지는 곳에서는 반드시 기다리고 교사보다 먼저 가거나 뒤에 처지지 않도록 사전에 교육을 시키고 규칙을 지키도록 한다. 숲으로 이동하는 거리는 보통 1km 정도이며 30분 정도 소요되는 거리이다. 그러나 아이들이 이동하는 시간은 각자 그날의 관심과 흥미에 따라 사물을 자세히 관찰하며 걷다 보니 보통 1시간 정도 소요되는 경우가 많다.

숲에 10시경 도착하면 아이들은 배낭을 일정한 장소에 놓아두고, 교사가 있는 곳으로 방수방석을 가지고 둥그렇게 모여 앉는다. 아이들이 다 모이면 날짜확인과 출석확인을 한다. 결석한 아이가 있을 경우 그 이유를 이야기해 주고 어제 있었던 일이나 궁금한 이야기 등을 돌아가면서 발표한다.

대집단 활동은 교사가 준비해 온 교재를 가지고 계획에 의한 활동을 하게 된다. 교육 소재는 주로 나무, 바람, 흙, 곤충, 하늘 등 자연을 주제로 하며 활동의 형태는 아이들에게 자연에서 지켜야 할 규칙이나 내용, 자연에 대한 지식 등을 중심으로 아이 스스로 구성해 가기 위해 이야기 나누기, 노래, 게임, 실험 등으로 이루어진다.

대집단 활동이 끝난 후 가정에서 준비해 온 간식을 20분 정도 먹는다. 간식을 먹기 전에 숲유치원에서 준비한 물통의 물이나 가정에서 준비해 온 물수건을 이용하여 손을 닦는다. 아이들은 보통 제철에 나오는 과일, 떡, 고구마, 피망, 오이 등의 달지 않고 건강에 좋은 식품을 간식으로 먹는다.

간식이 끝나면 유아 주도형 놀이가 11시경부터 시작된다. 아이들은 자신이 하고 싶은 놀이를 위해 숲에 무한히 널려 있는 자연물을 창의적인 놀잇감으로 사용하게 된다. 놀잇감은 주로 나뭇가지, 나뭇잎, 솔방울, 도토리, 밤쭉정이 등이다. 교사는 유아놀이가 확장될 수 있도록 끈이나 가위, 색종이 연필, 펜, 동화책 등을 교사 배낭에 늘 준비해서 넣고 다니다가 아이들의 자유놀이 시간이 되면 놀이장소에 그날의 활동에 필요할 수도 있는 교구, 공구 등을 사용하기 좋게 비치해 준다.

자유놀이는 보통 매일매일 새롭게 이루어지기도 하고, 전날의 놀이를 확장하여 이루어지기도 한다. 큰 아이들이 놀이하는 모습을 지켜보면서 놀이를 익히고 놀이를 익힌 작은 아이들은 다음날 그 놀이를 재현하기도 한다. 미리 계획하고 의도하지 않더라도 숲의 특성상 창의적인 놀이가 자연스럽게 이루어진다. 예를 들면, 아이들은 나뭇가지를 이용해 배와 기차를 만들기도 하고, 땅을 파면서 애벌레를 발견하기도 하고, 곤충을 관찰하기도 하고, 솔방울을 이용해 전화기를 만드는 등 창의성이 풍부한 다양한 놀이가 자연스럽게 이루어진다.

자유놀이가 끝나는 12시가 되면 아이들은 놀이하던 것들을 정리하고 배낭을 멘 후 교사가 있는 곳으로 모여 자유스럽게 앉아 동화를 들을 준비를 한다. 동화를 듣고 난 후 오늘 활동에서 가장 즐거웠던 일들을 이야기하며 하루를 평가한다. 평가가 끝나면 아이들은 아침에 모였던 장소로 이동하여 헤어지는 인사를 한 후 귀가한다. 숲유치원의 활동은 매일매일 규칙성을 가지고 진행이 되며, 그날의 숲에서의 활동장소는 아이들의 민주적 방식의 다수결 원칙에 따라 정해진다. 또한 숲에서 전개되는 주제에 따라 확장활동으로 숲 외의 장소에서도 현장학습이 진행된다.

2. 유아교육의 미래 방향

유아교육의 미래 방향을 공교육화와 선진화 두 가지 차원에서 살펴보았다.

1) 유아교육의 공교육화

유아교육은 인간의 기본적인 자질을 결정하는 가장 중요한 시기에 이루어지는 교육이다. 이 시기에 평생교육의 토대가 형성되므로 유아기의 평등한 교육기회 보장과 질 높은 교육의 제공이 중요하다고 할 수 있다. 선진국에서는 이러한 유아교육의 중요성을 인식하고 유아에 대한 무상교육 범위 확대, 유아교육의 초등학교와의 연계, 유아교육 담당 체제의 일원화, 맞벌이 부부를 위한 종일제 운영과 비용인하, 저소득층 유아에 대한 정책 등 국가 차원에서의 대책을 마련하고 있다.

(1) 유아교육 공교육화 정착의 중요성

유치원 교육의 공교육화 정착 및 확립의 필요성을 문미옥(2006)은 다음 네 가지 관점에서 주장하였다.

첫째, 현대 우리 사회에서 공교육은 유아의 권리이다.

현대 사회는 핵가족 사회이고 많은 부모가 맞벌이를 해야 하므로 예전과 같이 가정에서 유아들의 교육을 전적으로 책임질 수 없는 사회가 되었다. 유아교육의 지대한 중요성에 비해 현재 대부분의 유아교육 재원을 부모 개인이 부담하는 우리나라의 유아교육 지원 체제로는 모든 유아들이 받아야 할 기본 권리인 교육기회의 균등 혜택을 받을 수 없다. 모든 어린이들이 부모의 사회 경제적 배경과 관계없이 교육받을 권리를 보장하려면 유치원의 공교육화가 반드시 필요하다.

둘째, 우리나라의 저출산 문제를 해결할 수 있는 중요한 열쇠이다.

저출산의 중요 원인 중의 하나는 자녀를 낳아 제대로 교육시킬 수 있는 교육환경의 부재이다. 이러한 심각한 위기에 이른 책임은 유아기 교육의 중요성을 간과한 정부의 유아교육정책에 있다. 유아의 교육과 보육을 부모 개인의 책임으로만 간주하거나 민간에게만 의지한 교육행정을 한 결과 지금의 저출산 문제를 더욱 가중시켰다.

교육기회 균등화와 저출산이라는 국가적 위기를 해결하고 인적자원개발을 보다 적극적으로 하기 위해, 국가의 교육정책은 유치원 교육의 진정한 공교육화를 위한 학제 개편과 정책실천이 이루어져야 한다.

셋째, 유 · 초 · 중 · 고등 교육단계별 투자 중 국가적 투자의 경제적 효율성을 극대화할 수 있다.

21세기에 이르러 세계 교육 선진국은 교육을 통한 인적자원의 개발이 국가 경쟁력의 핵심이라는 점에 집중하고 있다. 특히 교육이 기회 비용 효과를 높이는 것이 국가 경제를 발전시키는 최선의 국가 정책이라고 보고 국가의 학제, 즉 교육단계별 교육 효과를 경제적으로 분석하였다. 쿠나, 헤크먼, 로크너(Cunha, Heckman, & Lochner) 그리고 매스터로프(Masterov)는 각 교육단계, 즉 연령별 교육 투자 비용을 동등하게 환산하여 전 인생을 통한 투자 대비 교육 시기별 회수 비용을 산출하였다. 그 결과, 유아교육 단계가 초등 및 중 · 고등학교보다 교육기회 비용 효과인 우수 노동력과 고임금 효과, 빈곤 및 범죄율 감소에 기초한 복지비용 감소 효과를 극대화한다고 보고하고 있다. 즉 다음 그림 11-1 에서와 같이 유아기 교육의 기회비용 효과가 가장 최대로 유아교육의 경제적 효율성이 가장 높았다고 보고하고 있다.

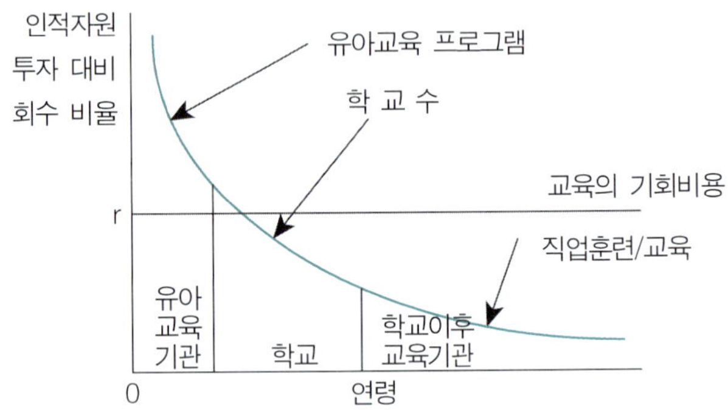

그림 11-1 각 연령별 동등 투자금 환산에 의한 인적자본 투자 대비 교육 시기별 회수 비율

출처 : Cunha, Heckman, Lochner, & Masterov(2005). Interpreting the evidence of life cycle skill formation. NBER Working paper No. 11331. Cambridge, MA: National Bureau of Economic Research를 인용한 신은수, 세계의 유아교육 동향 및 사회 경제적 측면에서 본 유아교육학제 개편, p.4 재인용.

넷째, 유치원은 이미 교육법상 공교육제도에 들어와 있다.

현재 우리나라 '교육기본법'과 '유아교육법'에 유치원은 만 3세부터 취학 전까지의 아동을(유아교육법 제2조) 대상으로 하는 공공성을 지닌 학교(교육기본법 제9조)이며, 취학 직전 1년의 유아교육은 무상으로 하되, 대통령령으로 정하는 바에 따라 순차적으로 실시한다(유아교육법 제24조)라고 규정되어 있다. 2004년 1월 8일에는 유아교육법이 초등학교법으로부터 독립하여 유치원이 학교로서의 정체성을 보다 확립한 상태이다. 다만 공교육의 실천 정도가 충분하지 못한 것이 문제인 것이다.

유치원은 법적으로 이미 학교이며 인생을 결정하는 주요 시기의 교육임에도 불구하고 공교육으로서의 국가 지원을 실질적으로 충분히 받지 못한 유치원 교육의 공교육화를 정착시키는 방향으로 내용적 개편이 이루어져야 할 것이다. 즉 지금까지 학교제도에 들어와 있는 현 유치원 교육에 실질적인 무상교육을 실천하고, 현재 유치원교육대상인 만 3~5세에 해당하는 모든 우리나라 유아들에게 학교로서의 유치원교육의 교육기회가 균등하게 제공될 수 있어야 한다.

(2) 한국 유아교육의 공교육화 장애 요인

우리나라는 1980년대 유아교육의 양적 팽창으로 보편화가 이루어졌음에도 불구하고 유치원이 공교육의 개념으로서가 아닌 부가적 교육기관으로 인식되어 왔고, 법률, 예산, 행정지원체제에서도 항상 별도로 취급되어 왔다. 세계 여러 나라들이 유아교육을 공교육체제 속에서 반드시 이루어져야 하는 교육단계로 인식하고 있으나, 우리나라에서는 조기교육, 재능교육, 특수교육화하는 역조현상을 보이고 있다.

현재 우리나라의 교육기본통계 자료에 따르면 학급당 원아수와 교사 1인당 원아수가 줄어든 반면 유치원의 기관수는 1990년대 이후 크게 변화하지 않아 유아교육기관인 유치원에 취원하는 원아수가 상대적으로 감소한 것을 의미한다. 이것은 유치원에 취원하지 않는 원아들은 다른 기관을 이용하거나 혹은 교육기관에 다니지 않는 것을 의미하며, 지역별 취원 원아수를 함께 살펴보면 도시의 원아들이 취원율이 높고 각 원당 학급수가 많았으나 농어촌 및 도서벽지에서는 원당 학급수가 적었다. 지역별 원아수의 차이가 있으나 각 지역별 원 수의 차이가 적어 도시의 원아들이 취원할 원 수가 부족한 것으로 생각된다. 교육과학기술부 2009년 통계자료에 따르면 유치원의 취원율은 꾸준히 성장하고 있으며 공립의 수업료가 저렴한 데 비해 그 수가 많이 부족하여 유아교육이 사교육에 의존하는 비율이 매우 높으며 이로 인해 각 가정의 교육비 부담으로 이어지고 있다.

표 11-4 지역별, 설립별 유치원 수 (단위: 개원)

구 분		국립	공립	사립	계
총계	대도시		618	1,824	2,442
	중소도시	1	1,307	1,546	2,854
	농어촌	2	2,142	5,04	2,648
	도서벽지		423	6	429
	소 계	3	4,490	3,880	8,373

*자료 : 한국교육개발원(2009), 교육통계.

표 11-5 유치원 취원율 현황(2006~2009년) (단위: 개원)

연도	취원 대상 원아		취원아 수		취원율	
	계	5세	계	5세	전체	5세
2006	1,609,782	590,020	545,812	297,491	33.9	50.4
2007	1,494,205	527,610	541,550	277,819	36.2	52.7
2008	1,413,487	489,413	537,822	254,145	38.1	51.9
2009	1,360,234	474,578	537,822	251,067	39.5	52.9

*자료: 한국교육개발원(200), 교육통계.

현재 유치원은 교육과학기술부, 보육시설은 보건복지부 담당으로 만 3~5세의 교육체제가 이원화됨에 따라 예산과 인력이 낭비되고 있으며 각 부처 간의 갈등 심화로 인해 유아교육에 대한 사회적 인식이 저하되어 유아교육을 기능교육으로 인식하는 경향이 있다.

한국 유아교육의 공교육화는 1980년대 이후 양적으로 증가하였으며, 2004년 유아교육법 제정을 통해 유아교육에 대한 법령이 제정되면서 큰 변화를 맞이하였다. 부분적 교육비 지원을 통해 유아에게 양질의 교육을 받을 수 있는 발판을 마련함으로써 한국 유아교육이 공교육의 초기 단계에 들어섰다고 볼 수 있다. 그러나 초·중등학교에 비해 유아교육의 공교육화 발전은 그 진행이 매우 더디게 이루어지고 있다. 2010년 우리나라에도 유아교육비 지원이 확대 진행되면서 무상교육을 통한 공교육이라는 새로운 변화를 준비하고 있다. 공교육화 정책에 대한 세부적인 진행 방향에서는 다소 조금씩 입장의 차이를 보이고 있으나, 유아교육의 공교육화가 필요하다는 것에 대해서는 한목소리를 내고 있다. 유아교육의 공교육화를 위해 정부의 폭넓은 행·재정적 지원 및 철저한 관리 감독과 교사들의 사회적 인식의 변화를 통해 현실적인 적정 수준의 처우를 개선하고 이원화된 체제를 법적 근거로 안정시켜 서로 돕는 관계를 유지하여 보육과 교육의 안정된 발전을 이루어야 할 것이다.

2) 유아교육 선진화 추진 계획

2009년 12월 정부는 "유아교육 선진화 추진 계획"을 수립하고 유아교육의 질적 수준을 선진국 수준으로 향상시키는 것을 목표로 설정하였다. 재정 투자 확대와 지원 인프라 강화는 물론 교육과정 · 교원정책 등 유아교육 전반에 걸친 선진화 작업을 추진하고 있으며, 그중 2011년에는 유아학비 부담 경감 · 선진유아교육제도 구축 · 미래지향적 교육과정 운영 등을 큰 축으로 유아교육 정책을 구현해 나갈 예정이며, 유아교육은 국민이 생애 최초로 접하는 교육이라는 점에서 매우 중요하다. 그리고 유아교육 정책의 성공 여부에 따라 정부정책을 신뢰하고 마음 놓고 자녀를 출산하여 양육할 수 있기에 아울러 출생률 감소문제에 따른 문제점을 해결할 수 있으리라 본다. 따라서 교사와 학부모, 유아교육기관, 지역사회 등이 협력하여 참다운 유아교육을 위하여 자율적인 변화의 움직임이 역동적으로 일어날 때 우리 유아교육은 한 단계 더 발전할 것이다.

이를 위한 내용은 다음 그림과 같다.

비 전	"아이가 행복한 미래형 학교"		
목 표	질 높은 유아교육 서비스 제공	생애 초기 출발점 평등 보장	선진 유아교육 기반 마련
전 략	① 피부로 느낄 수 있는 유아교육 서비스 개선 ② 사회적 공감대 형성을 통한 단계적 · 점진적 추진 ③ 지원(support)과 책무성(accountability)의 조화		
정책 분야	① 유아학비 부담 경감 ③ 미래지향적 교육과정 운영 ⑤ 유아교육 지원체계 강화	② 선진 유아교육 제도 구축 ④ 우수 교원 배치 · 활용	

출처: 교육과학기술부(2009. 11), 유아교육선진화 추진계획.

"유아교육 선진화 추진 계획"은 '아이가 행복한 미래형 학교'를 만들기 위한 청

사진으로서, 학부모들이 육아 부담을 덜 느끼고 마음 편히 자녀교육을 할 수 있는 환경을 만드는 한편 더 나아가 국가가 직면한 저출산 문제를 해결하고자 한다. 하지만 아직까지도 우리나라의 유치원 취학률이 40.6%에 머물러 있고 왜곡된 유아교육 정보 및 잘못된 부모의 판단으로 유아들이 지식 습득에 매몰되고 있다는 점에서 정부 · 학부모 · 유치원 간의 유아교육의 중요성에 대한 인식과 올바른 유아교육에 대한 정보가 공유되어야 할 것으로 보인다. 또한 유아교육의 기회가 고루 확대될 수 있는 기반이 더욱 확충되어야 할 것이다. 이러한 문제의식을 가지고 "유아교육 선진화 추진 계획"의 세부 과제들이 구체적으로 교육 현장에서 실현되어야 한다.

참고문헌

강문희(2001). 유아생활지도. 경기: 교문사.

강문희, 윤애희, 이경희, 정정옥(2002, 2006). 유치원/보육시설 운영관리. 서울: 학지사.

강현석, 주동범(2004). 현대교육과정과 교육평가. 서울: 학지사.

공석영 외(2001). 유아생활지도. 경기: 양서원.

곽노의(1989). 프뢰벨의 낭만주의 유아교육이론에 관한 연구. 서울: 학민사.

곽영우 외(1997). 예비교육을 위한 교사론. 경기: 교육과학사.

곽은복 외(2008). 유아교육개론. 서울: 창지사.

교육과학기술부 사이트(http://www.mest.go.kr/)

교육과학기술부(2007). 유치원 교육과정 해설.

교육과학기술부(2009). 유아교육 선진화 추진 계획.

교육과학기술부(2009). 유치원 교육과정 해설. 서울: 미래엔(대한교과서).

교육과학기술부(2012). 3~5세 연령별 누리과정. 교육과학기술부.

교육과학기술부, 보건복지부(2012). 누리과정 3~5세 연령별 누리과정 해설서.

교육과학기술부, 보건복지부(2012). 5세 누리과정 해설서.

교육과학기술부 유아교육지원과(2009). 유아교육 선진화를 위한 종합적인 발전 방안 마련. 교육과학기술부.

교육부(1998). 유치원 교육과정 해설. 서울: 대한교과서.

교육부(1999). 유아를 위한 세계 이해 교육활동 지도자료.

교육부(2000). 유치원 교육활동 지도자료 총론. 서울: 교육부.

김경배, 김억환(2004). 교육과 사상의 역사. 한성대학교 출판부.

김경이, 박은실, 오은경, 채선희, 한유경, 김미영(2001). 교직의 이해. 서울: 문음사.

김규성 편저(1986). 존 로크의 교육사상. 서울: 학문사.

김미량, 김수희(2013). 영유아 교수학습 방법론. 경기: 공동체.

김성원(2002). Rudolf Steiner의 유아교육론 연구. 대구가톨릭대학교 대학원 박사학위논문.

김수영 외(2003). 영유아 프로그램. 경기: 양서원.

김애자, 김희연, 박경희, 민행란, 서미옥, 서화니, 성소영, 이선영, 이진희, 윤은주, 정선아(2012). 부모의 눈맞춤, 자녀의 웃음(0~2세 자녀교육서). 대구광역시 교육청.

김은숙(2010). 한국 최초 숲유치원 교육에 관한 연구 : 인천대학교 숲유치원을 중심으로. 인천대학교 대학원 박사학위논문.

김유미(2002). 두뇌를 알고 가르치자. 서울: 학지사.

김유미(2006). 뇌 발달 접근에서 본 유아교육의 방향. 유아교육연구, 26(4), 31-49.

김정규, 이광자(1997). 유아교육실습. 서울: 동문사.

김정원, 김유정(2006). 방과후 프로그램의 실태와 부모와 교사의 요구에 관한 연구. 아동권리연구, 10(1), 49-72.

김진영, 최윤정, 백혜리(2009). 유아를 위한 교수학습 방법론. 경기: 양서원.

김춘경(2004). 아동상담: 이론과 실제. 서울: 학지사.

김춘경 외(2004). 유아교육개론. 경기: 양서원.

김충기, 장선철(2002). 유아생활지도. 서울: 동문사.

김홍규(1984). 신생활지도론. 서울: 형설출판사.

김희진(2001). 유아교육기관에서의 관찰. 서울: 창지사.

나성식(2005). John Dewey 교육론의 유아교육적 함의. 유아교육학논집 9(1), 103~128.

대한교육연합회(1979). 교육정책의 당면과제. 대한교육연합회.

마송희(2003). 유아교육기관에서의 다연령집단에 관한 연구. 한국영유아보육학회지, 4, 171-193.

문미옥(2006). 유아교육 공교육화 정착을 위한 학제개편 방향, 학제개편 제5차 토론회. 교육과학기술부.

박경희, 이진희(2011). 연령 간 교류를 위한 친사회성 증진 버디 프로그램을 통한 유아들의 경험과 변화과정. 유아교육연구, 31(3), 353-379.

박경희, 이진희(2014). 단일연령 학급 유아들의 연령 간 교류활동 방안에 대한 교사의 인식 및 요구조사: 버디 프로그램을 중심으로. 아동교육, 23(2), 127-147.

박미경, 엄정애(2007). 결혼이민자 가정 유아의 유아교육기관 생활경험에 대한 질적 연구. 아동학회지, 28(2), 115-136.

박성수(1986). 생활지도. 경기: 정민사.

박은혜(2003). 유아교사론. 서울: 창지사.

박은혜 외(2002). 유아교사교육의 최근 연구동향. 서울: 이화여자대학교 출판부.

박찬옥, 정남미, 김현주(2008). 놀이지도. 경기: 정민사.

방인옥 외(2008). 유아교육개론. 경기: 정민사.

방인옥, 박찬옥, 이기현, 김은희(2004). 유아교육과정. 경기: 정민사.

보건복지부(2006). 보육사업안내.

보건복지부(2011). 보육사업안내.

보건복지부(2012). 제2차 표준보육과정(보건복지부고시 제 2012-28호).

보건복지부(2013). 제3차 어린이집 표준보육과정(보건복지부 고시 제 2013-9호).

서울대 아동학 연구실(1994). 태양이와 바라미. 서울: 샘터사.

서울대 아동학 연구실(1999). 더벅머리 나무꾼과 달궁선녀. 서울: 샘터사.

서울대학교 교육연구소(1994). 교육학용어사전. 서울: 삼성출판사.

서울대학교 교육연구소 편(1994). 교육학 용어 사전. 서울: 하우.

송명자 외(2000). 아동의 도덕 판단. 울산: 울산대학교출판부.

신원섭(1998). 도시 사회에 있어서 숲의 의미와 가치. 산림, 285, 57-63.

신의진(2002). 유아기의 부적절한 양육이 두뇌 발달에 미치는 효과: 애착 장애아동의 두뇌 양전자 방출 단층촬영 및 자기공명영상 소견을 중심으로. 한국과학재단 연구보고서.

신현정 역(1985). 언어와 사고. 서울: 성화사.

심성경, 조순옥, 이정숙, 이춘자, 이선경, 이효숙(2008). 유아교육개론. 서울: 창지사.

안상원 역(1990). 듀이의 교육철학. 경기: 양서원.

안인희(1990). 루소의 교육론. 경기: 양서원.

양옥승(2004). 보살핌의 텍스트로서의 유아교육과정의 이해. 유아교육연구, 24(4), 247-262.

양옥승, 이원영, 이영자, 이기숙(2003). 21세기 바람직한 유아교육에 대한 한국유아교육학회의 입장. 경기: 정민사.

여성가족부(2006). 보육사업 안내. 여성가족부 보육정책국.

염지숙, 이명호, 조형숙, 김연주(2008). 유아교사론. 경기: 정민사.

오인탁 외(1998). 위대한 교육사상가들 II. 연세대학교철학연구회 편. 경기: 교육과학사.

오천석 역(1975). 한국신교육사상. 서울: 광명출판사.

우남희(2004). 뇌발달과 아동의 인지발달. 생활과학연구, 9, 158-168.

유승희 역(2000). 주제학습. 경기: 양서원.

유승희, 성용구(2011). 프로젝트 접근법. 경기: 양서원.

유아교육진흥법(1998.9.17). 법률 제5567호.

유안진(1984). 유아교육론. 서울: 창지사.

유안진, 김연진(1997). 부모교육. 서울: 동문사.

유안진, 김연진(2005). 부모교육의 이론과 실제. 서울: 동문사.

유홍옥, 강대옥, 김은정(2009). 유아를 위한 다문화 교육. 경기: 양서원.

윤기영, 조경희(1993). 유치원의 환경교육. 경기: 교문사.

이경민, 강정원(2011). 런치 버디 프로그램이 유아의 식습관 및 또래 유능성에 미치는 효과. 유아교육학논집, 15(6), 275-294.

이기숙(2004). 유아교육과정. 경기: 교문사.

이기숙(2008). 유아교육과정. 경기: 교문사.

이기숙(2013). 유아교육과정. 경기: 교문사.

이기숙, 김정원, 이현숙, 전선옥(2014). 영유아교육과정. 경기: 공동체.

이기숙, 장영희, 정미라, 엄정애(2009). 유아교육개론. 경기: 양서원.

이명환(2003). 독일 숲유치원에 관한 연구. 유아교육연구, 23(4), 23-48.

이명환(2007). 자연 친화적 유아교육의 모델 독일의 숲유치원. 서울: 교육아카데미.

이명환, 김은숙(2010). 녹색교육 숲유치원 - 독일 스위스 한국 -. 서울: 교육아카데미.

이봉선(1998). 어린이집 실외놀이터 질적 수준에 따른 유아의 놀이 행동 비교. 성신여자대학교 대학원 석사학위논문.

이숙재(2006). 유아를 위한 놀이의 이론과 실제. 서울: 창지사.

이숙종(1998). 코메니우스의 교육사상. 경기: 교육과학사.

이영미(2000). 2세와 3세 유아의 대상 자아 및 주체 자아의 이해. 서울대학교 대학원 박사학위논문.

이영석(1990). 유아교육학 개론. 서울: 형설출판사.

이영자, 권영례(1997). 유아교육기관의 운영관리. 서울: 창지사.

이원영(1991). 부모교육. 경기: 교문사.

이원영, 이정자, 주영희(1991). 유아교육원리. 서울: 대한교과서주식회사.

이은화(1985). 유아교육 교사의 역할과 자세. 유아교사연수교재. 새세대육영회.

이은화, 김영옥(1993). 유아사회교육. 경기: 양서원.

이은화, 김영옥(1999). 부모교육. 서울: 동문사.

이은화, 마송희, 장혜순, 오영희(1994). 부모교육. 서울: 유치원 설립자 유아교육 전공과목 이수자를 위한 연수자료. 교육부.

이은화, 배소연, 조부경(1995). 유아교사론. 경기: 양서원.

이장호(1995). 상담심리학. 서울: 박영사.

이재연, 김경희(1994). 부모교육. 경기: 양서원.

이정주(2014). 스마트폰 중독 이기는 아날로그 교육. 서울: 중앙위즈.

이태영, 이기영(1989). 유아사회교육의 이론과 실제. 경기: 양서원.

이화여자대학교 사범대학부속 이화유치원 엮음(2001). 사진으로 보는 이화유치원 Since 1914.

이화여자대학교 출판부.

임재택(1992). 현대유아교육과정. 경기: 양서원.

임재택(1993). 현대교육과정. 서울: 양서원.

임재택(1995, 2001). 유아교육기관 운영관리. 경기: 양서원.

임재택, 김은주, 하정연, 권미량, 조채영(2008). 생태유아교육프로그램. 경기: 공동체.

임채식, 강진영 역(1993). 존 로크의 미래를 위한 자녀교육. 경기: 양서원.

장선철(1995). 유아생활지도. 서울: 동문사.

장영희(1997).유아를 위한 다문화 교육의 개념 및 교수방법에 대한 이론적 고찰. 성신연구논문집, 35, 295-314.

정미라(1993). 서구사회에서의 아동관의 변화. 양옥승 편. 탁아연구 Ⅱ(194-224). 경기: 양서원.

정미라, 권정윤, 박수경(2011). 영유아 관련 뇌 기반 연구에 대한 고찰. 유아교육연구, 31(2), 207-231.

정미라 외(1999). 유아건강교육. 경기: 양서원.

정범모(1974). 교육과 교육학. 서울: 배영사.

정인숙(2002). Fröbel 교육사상에서 상징의 아동교육적 의미에 관한 연구. 대구가톨릭대학교 대학원 박사학위논문.

조성자(2007). 몬테소리의 과학적 교육학. 서울: 신정출판사.

조성자(2010). 몬테소리우주교육의 철학적 관점. 경기: 공동체.

조성자 외(2001). 몬테소리 교육철학의 이해와 실제. 서울: 창지사.

조혜령(2011). 팽이프로젝트, 수업발표자료. 대구교육대학교 교육대학원.

지성애, 김영옥, 홍혜경(2007). 유아놀이척도 타당화 연구. 유아교육학 논집, 11(1), 65~84.

지옥정, 김수영, 정정희, 고미애, 조혜진(2014). 유아교육개론. 서울: 창지사.

최충옥, 모경환, 김연권, 박성혁, 조난심, 오은순, 설규주, 차조일, 한용택, 우희숙, 서종남(2009). 다문화 교육의 이론과 실제. 경기: 양서원.

탁광일(2006). 숲으로 간 학교. 서울: 국민대학교 출판부.

통계청(1995). 사망요인 통계연보.

통계청(2007). 인구동태자료(혼인 · 이혼).

팽영일 역(1996). 유아교육사상의 이해. 서울: 창지사.

한국교육과정평가원(2007). 유치원 교육과정 개정 시안수정 · 보안 연구, 연구보고, CRC 2007-3.

한미라, 전예화, 신혜영, 서현아, 천희영, 최미현, 안부금(2002). 현대 유아교육의 이해. 경기: 양서원.

홍순강, 박도준(1987). 유치원 운영관리의 이론과 실제. 서울: 형설출판사

황해익(2009). 유아교육개론. 경기: 공동체.

환경처(1994). 유치원 환경교육 프로그램개발 연구. 서울: 한국어린이육영회.

Aronfreed, J.(1964). The origin of self-criticism. *Psychology Review, 71*, 193-218.

Axline, V.(1947). *Paly therapy*. New York: Ballantine.

Bandura, A.(1973). *A social learning analysis*. Englewood Cliffs, NJ: Prentice-Hall.

Bandura, A.(1977). *Social learning theory*. Englewood Cliffs, NJ: Prentice-Hall.

Barenboim, C.(1981). Development changes in the interpersonal cognitive system from middle childhood to adolescence. *Child Development, 48*, 1467-1474.

Baron, R. A. & Byrne, D.(1984). *Social psychology: Understanding human interaction.* Boston: Allyn & Bacon.

Baumrind, D.(1966). Effects of authoritative parental control on child behavior. *Child Development, 37,* 887-907.

Bell, N. J. & Carver, W.(1980). A reevaluation of gender label effects: Expectant mothers' responses to infants. *Child Development, 51*, 925-927.

Berk, L. & Winsler, A.(1995). 홍용희 역(1995). 어린이들의 학습에 비계설정 - 비고츠키와 유아교육. 서울: 창지사.

Berk, L. E.(1994). Why children talk to themselves. *Scientific American*, 78-83.

Berk, L. E.(2008). *Infants and children: Parental through middle childhood* (6th ed.). Boston: Allyn & Bacon.

Blackmore, S. J., & Frith, U.(2005). The learning brain: Lessons for education. *Developmental science, 8*(6), 459-471.

Bloom, B. S.(1964). *Stability and change in human characteristics*. New York: John Wiley and Sons.

Bredekamp, S.(1986). *Developmentally appropriate practice*. Washington D.C.: National Association for the Young Children.

Bredekamp, S.(1987). *Developmentally appropriate practices in the early childhood programs serving children from birth through age 8*(exp. ed) Washington, D.C.: NAEYC.

Breadkamp, S. & Copple, C.(Eds.)(1997). *Developmentally appropriate practice in early childhood programs*(Rev. ed.). Washington, D.C.: National Association for the Education of Young

Children.

Bredekamp, S. & Rosegrant, T.(1985). *Reaching potentials: Appropriate curriculum and assesment for young children*. Washington D.C.: NAEYC.

Brems, C.(1993). *A comprehensive guide to child psychotherapy*. Boston: Allyn & Bacon.

Brooks-Gunn, J. & Lewis, M.(1981). Infant social perception: Response to pictures of parents and strangers. *Developmental Psychology, 17*, 647-649.

Brown, P. & Eliot, R.(1965). Control of aggression in nursery school class. *Journal of Experimental Child Psychology, 2*, 103-107.

Buss, A. H.(1961). *The psychology of aggression*. New York: John Wiley.

Cadwell, L.(1997). 오문자 역. 레지오 에밀리아와의 만남, 귀향, 그리고 적용. 경기: 양서원.

Carter, R.(1999). 양영철, 이양희 역(2007). 뇌 맵핑 마인드. 서울: 말글빛냄.

Christie, J. & Johnson, P.(1983). The role of play in social-intellectual development. *Review of Educational Research,* 53, 93-115.

Coie, J. & Dodge, K. A.(1998). Aggression and antisocial behavior. In W. Damon & N. Eisenberg(Eds.), *Handbook of child psychology* (pp. 779-862). New York: John Wiley & Sons, Inc.

Coie, J., Dodge, K. A., Terry, R., & Wright, V.(1991). The role of aggression in peer relations: An analysis of aggression episodes in boy's play groups. *Child Development, 62*, 812-826.

Comenious, J. A.(1985). *Große Didaktik*. Wilhelms Flitner, Kett-Cotta.

Damon, W. & Hart, D.(1982). The development of self-understanding from infancy through adolescence. *Child Development, 53*, 841-864.

Davidson, E. S., Yasuna, A., & Tower, A.(1979). The effects of television cartoons on sex-role streotyping in young girls. *Child Development, 50*, 597-600.

Davitz, J.(1953). The effects of previous training on post-frustration behavior. *Journal of Abnormal and Social Psychology, 47*, 309-315.

Decker, C. A. & Colker, L. J.(1996). *The creative curriculum for early childhood.* Washington. D.C: Teaching Strategies Inc

Decker, C. A. & Decker, J. R.(1976, 1992). *Planning and administering early childhood programs*. Columbus : Charles E. Merrill Publishing Co.

Decker, C. A. & Decker, J. R.(1984). *Planning and daministering early childhood programs* (3th ed). Columbus: Charles, E. Merrill Publishing. co.

Dewey, J.(1916). 이홍우 역(2008). 민주주의와 교육. 서울: 교육 과학사.

Doherty-Derkowski, G.(1995). *Quality matters excellence in early childhood programs.* Don Mills, Ontario: Addison-Wesley Publishers Limited.

Dollard, J., Doob, L., Miller, N. E., Mowrer, O. H., & Sears, R. R.(1939). *Frustration and aggression*. New Heaven: Yale Univ. Press.

Drake, C. T. & McDougall, D.(1977). Effects of the absence of a father and other male models on the development of boys' sex roles. *Developmental Psychology, 13*, 557-538.

Edwards, C. P.(1984). The age group labels an categories of preschool children. *Child Development, 55*, 440-452.

Elisaon, C. F. & Jenkins, L. T.(2003). *A practical guide to early childhood curriculum.* Upper Saddle River, NJ: Person Education. Inc.

Erikson, E. H.(1959). Identity and life cycle. *Psychological Issues, 1*, New York: Internatonal Universities Press.

Essa, E.(1992). *Introduction to early childhood education.* Delmar Publisher Co.

Fagot, B. I.(1978). The influence of sex of child on parental reactions to toddler children. *Child Development, 49*, 30-36.

Feeney, F.(1983). *Teacher's thinking: A study of practical knowledge*. New York : Nicholas.

Flavell, J. H., Shipstead, S. G., & Croft, K.(1978). Young children's knowledge about visual perception: Hiding objects from others, *Child Development, 49*, 1208-1211.

Flerx, V. C., Fidler, D. S., & Rogers, R. W.(1976). Sex role sterotypes: Developmental aspects and early invention. *Child Development, 47*, 998-1007.

Fraser, S.(2000). *Authentic childhood-experiencing Reggio Emilia in the classroom*. Nelson.

Fröbel, F.(1973). *Die Menschenerzirung*. Bochum, Ferdinand Kamp.

Fröbel, F.(1982). *Spielgabe, Stuttgarten*. Klett-Cott.

Fromberg, D. P.(2002). *Play and meaning in early childhood education.* Allyn and Bacon.

Frost, J. L. & Klein, B. L.(1979). *Children's play and playgrounds*. Boston: Allyn & Bacon.

Frost, J. L.(1992). *Play and playscapes.* Albany, New York: Delmar Publishers Inc.

Furman, R. A. (Ed.). (1995). *Preschoolers: questions and answers: Psychoanalytic consultation with parents, teachers, and caregivers.* Madison, WI: International Press.

Fyfe, B.(1998). Questions for collaboration: Lessons for Reggio Emilia. *Canadian Children, 23.*

Fyfe, B.(2001). *Syllabus curriculum & child.* Reggio Colloboration, Websten Uriversity.

Galinsky, E.(1987). *The six stage of parenthood.* NY: Addison-Wesley Publishing Co., Inc.

Gandini, L. & Forman, G.(1993). 김희진 외 역. 레지오 에밀리아의 유아교육. 경기: 정민사.

Gardner, H. (1993). 문용린, 유경재 역(2006). 다중지능. 서울: 웅진지식하우스.

Gaston, E.(1968). *Music in therapy*. New York: MacMillan.

Glock, M. D. & Ahmann, J. S.(1981). *Evaluation student progress* (6th ed.). Boston: Allyn & Bacon.

Goldstein, L. S.(1997). 염지숙 역(2001). 사랑으로 가르치기: 유아교육에 대한 페미니스트 접근. 서울: 창지사.

Gondor, H.(1994). Use of fantasy communications in child psychotherapy. In Howarth, M. R.(1994), *Child psychotherapy, practice and theory*. New Jersey: Jason Aronson Inc.

Gordon, I.(1975). *PET*. NY : New American Library.

Green, R.(1974). *Sexual identy conflict in children and adults*. New York: Basic Books.

Griffing, P.(1983). Encouraging dramatic play in early childhood. *Young children, 38*(4), 13-22.

Hannaford, C.(1995). *Smart moves.* Virginia: Great Ocean Publisher.

Harter, S.(1983). Developmental perspectives on the self-system, In P. H. Mussen(Ed.), *Handbook of child psychology, Vol. 4: Socialization, personality, and social development.* New York: Wiley.

Hartup, W. W.(1974). Aggression in childhood: Developmental perspective. *American Psychologist, 29*, 336-341.

Hellmich A. & Teigeler M.(1999). *Montessori-Freinet-Waldorfpädagogik*. Beltz Weinheim und Basel.

Helm, J. H. & Kats, L.(2001). *Young investigators, the project approach in the early years*. Teachers College Press.

Henderick, C., & Smith, C. J.(1995). Transforming health curriculum. In S. Bredekamp & T. Rosegrant(Ed.), *Reaching potentials: Transforming early childhood and assessment.*(Vol. 2). NAEYC.

Hendrick, J.(1998). 이연섭 역. 레지오 접근법의 첫걸음. 경기: 정민사.

Henry W.(2000). Sachunterichtliches Lehren in der Montessori-Pädagogik, Münster-Hamburg-London.

Holtsitege, H.(1987). *Erzieher in der Montessori-Pädagogik*. Herder, Freiburg.

Hunt, J. Mcv.(1961). *Intelligence and experience*. New York: The Ronald Press.

Hyson, M. C.(1994). *The emotional development of young children: Building an emotion-centered curriculum.* New York: Teachers College Press.

Isaac, S.(1930). *Intellectual growth in young children*. London: Routledge & Kegan Paul.

Jenson, E. (1998). *Teaching with the brain in mind.* Virginia: ASCD.

Johnson, J. E., Christie, J. F., & Yawkey, T. D.(1999). *Play and early childhood development*. Glenview, IL: Scott, Foresman.

Kamii, C. & DeVries, R.(1977). Piaget for early education. In. M. C. Day & R. K. K. Parker(Eds). *The preschool in action: Exploring early childhood programs* (2nd ed.)(pp. 394~395). Boston: Allyn & Bacon.

Karoly, P.(1982). Self-management problems in children. In E. J. Mash & L. Terdal(Eds.), *Behavioral assessment of childhood disorders.* New York: Guilford Press.

Kats, L. G. & Chard, S. C.(1992). *Engaging Children's Minds: The Project Approach*. NY: Ablex.

Katz, L. G., & McClellan, D. E.(1997). 홍용희 역(2003). 어린이들의 사회적 능력 배양: 교사의 역할. 서울: 양서원.

Katz, L. G.(1970). Teaching in preschools: Roles and goles. *Children, 17*(2), 42-48.

Kleber, D.(1982). Bibliotherapie: Ein Beitrag zur Geschite and zur Begriffsbestimmung. *Zentralblatt fuer Bibliotheswesen, 98*(9), 390-399.

Kohlberg, L.(1969). Stage and sequence: The cognitive developmental approach to socialization, In D. A. Goslin(Ed.), *Handbook of socialization theory and research.* Chicago: Rand McNally.

Kramer, E.(1979). *Childhood and art therapy*. New York: Schocken.

Kuhl, P. K.(2011). Early language learning and literacy: Neuroscience implications for education. *Mind, Brain, and Education, 5*(3), 128-142.

Landgarten, H. B.(1981). *Clinical art therapy: A comprehensive guide*. New York: Brunner/Mazel.

Landreth, G. L.(1991). *Paly therapy: The art of the relationship*. Muncie, IN: Accelerated Development Inc.

Langolis, J. H. & Downs, A. C.(1980). Mothers, fathers, and peers as socialization agents of sex-types play behaviors in young children. *Child Development, 51*, 1237-1247.

Leeper, S. H., Skipper, D. S., & Witherspoon, R. L.(1979). *Good schools for young children (4th ed.).* N.P.Y.: McMillan Publishing Company.

Lewis, M. & Brooks-Gunn, J.(1979). *Social cognition and acqusition of self.* New York: Plenum.

Lewis, M.(1990). Social knowledge and social development. *Merrill Palmer Quarterly, 36*(1). 93-116.

Liberman, M.(1956). *Education as a profession.* Englewood Cliffs, NJ.: Prentice - Hall.

Lochi, T.(1991), Maria Montessori: Il progetto-scuola nella visione ecologica dell'uomo e del mondo costruttori di unmondo migliore.

MaCarthy, M. A., & Houston, J. P.(1980). *Fundamentals of early childhood education.* Winthrop Publisher.

Maclean, P. D.(1990). *The triune brain in evolution: role in paleocerebral functions.* NY: Plenum Press.

Malina, R. M. & Bouchard, C.(1991). *Growth, Maturation, and Physical Activity.* Champaign, IL: Human Kinetics.

Marantz, S. A. & Mansfield, A. F.(1977). Maternal employment and the development of sex-role stereotyping in five-to eleven-year-old girls. *Child Development, 48*, 668-673.

Marquet, P.(2001). The role of sleep in learning and memory. *Science, 294*(5544), 1048-1052.

Mayer, J. D., & Salovey, P.(1997). *What is the emotional intelligence?* In P. Salovey & D. J. Sluyter (Eds.), *Emotonal development and emotonal intelligence: Educational implications* (pp. 3-31). New York: Basic Books.

Mischel, H. N. & Mischel, W.(1983). The development of children's knowledge of self-control strateges. *Child Development, 54*, 603-619.

Mischel, W. & Ebbesen, E. B.(1970). Attention in delay of gratification. *Journal of Personality and Social Psychology, 16*, 329-337.

Mischel, W. & Patterson, C. J.(1976). Substantive and structural elements of effective plans for self-control. *Journal of Personality and Social Psychology, 34*, 942-950.

Morrison, G. S.(1984). *Early childhood education today (3rd ed.).* New York : Merrill.

Morrison, G. S.(1998). *Early childhood education today* (7th ed). New York: Macmillan.

NAEYC(1991). Guidelines for appropriate curriculum content and assessment in program serving children age 3 through 8. *Young Children, 46*(2), 21-67.

National Association for Education of Young Children(1986). Early childhood Teacher Education Guideline. Washington, D.C.: Author.

Noller, P.(1978). Sex differences in the socialization of affectionate expression. *Developmental Psychology, 14*, 317-319.

O'Connor, K.(1991). *The play therapy primer: An integration of theories and techniques.* New York: Wiley.

Orr, D. W.(1992). *Ecological Literacy: Education and the transition to a postmodern world.* Albany: State University of New York Press.

Parten, M. B.(1932). Social participation among preschool children. *Journal of Abnormal and social Psychology,* 27, 243~269

Patterson, C.(1982). Self-control and self-regulation in childhood, In T. Field & A. Huston-Stein(Eds.), *Review of human development.* New York: Wiley.

Perry, D. G. & Bussy, K.(1984). *Social development.* Engelwood Cliffs, NJ: Prentice-Hall.

Pestalozzi, J. H.(1991). *Kleine Schrifte zur Volkerziehung und Menschenbildung.* Heibrunn, Julius Klinkardt.

Pestalozzi, J. H.(1993). *Lienhard und Gertrud.* Klinkhardts pädagogische Quellentext, Bad Heibrunn.

Peters, D. L., & Klinzing(1990). The content of early childhood teacher education programs. In B. Spodek & O, Saracho (eds.), *Yearbook in early childhood education. Vol. 1* (pp. 67-81). New York : Teacher College Press.

Piaget, J.(1932). *The moral judgement of child.* London: Kegan, Paul, Trench, & Trubner.

Piaget, J.(1962). *Play, dreams, and imatation in childhood.* New York: Nortion.

Piaget, J. & Inhelder, B.(1969). *The psychology of the child.* New York: Basic Books.

Rambert, M. L.(1964). The use of drawings as a method of child psychoanalysis. In M. R. Haworth(Ed.), *Child psychotherapy.* New York: Basic Books.

Richardson, A. J., & Montgomery, P.(2005). The Oxford-Durham study: A randomized controlled trial of dietary supplementation with fatty acids in children with developmental co-cordination disorder. *Pediatrics, 115*(5), 1360-1366.

Riordan, R. J., & Wilson, L. S.(1989). Bibliotherapy: Does it work? *Journal of Counseling and Development, 67,* 506-509.

Rubin, J. A.(1987). *Child art therapy: Understanding and helping children through art.* New York: Van Nostrand Reinhold Co.

Rubin, K. H., Fein, G. C., & Vandeberg, B.(1983). Play. In P. H. Mussen(Ed.), *Handbook of child psychology* (4th ed.). New York : Wiley.

Saracho, O. N.(1988). A study of the roles early childhood teachers. *Early Child Development and Care, 38,* 43-56.

Schaefer, C. E.(1993). *Therapeutic power of play.* Northvale: Jason Aronson Inc.

Schickedanz., J. A., York, M. Z., Stewart, I. S., & White, D. A.(1990). *Strategies for teaching young children (3rd ed.).* New Jersey: Prentice-Hall, Inc.

Schwartz, S. L. & Robinson, N. F.(1982). *Designing curriculum for early childhood.* Boston: Allyn & Bacon Inc. 15.

Shaffer, D. R.(1994). *Social and personality development.* Brooks & Cole Publishing Company.

Shaffer, D. R.(2002). 송길연, 장유경, 이지연, 정윤정 역(2005). **발달심리학**. 서울: 시그마프레스.

Shore, R.(1997). 곽노의, 김유미 역(2001). **유아의 두뇌발달**. 서울: 양서원.

Siegal, A. E. & Kohn, L. G.(1959). Permissiveness, permission, and aggression: The effect of adult presence or absence on aggression in children's play. *Child Development, 30*, 131-141.

Singer, D. G. & Singer, J. L.(1979). The values of imagination. In B. Sutton-Smith(Ed.), *The ecological context of children's play* (pp. 282-310). Norwood, NJ: Ablex.

Singer, D. G. & Singer, J. L.(1998). Fantasy and Imagination. In D. P. Fromberg & D. M. Bergen(Eds.), *Play from birth to twelve and beyond: Contexts, perspectives, and meanings* (pp. 313-318). New York: Garland.

Slaby, R. G. & Crowley, C. G.(1977). Modification of operation and aggression through teacher attention to children's speech. *Journal of Experimental Child Psychology, 23*, 442-458.

Smilansky, S. & Shefatya, L.(1990). *Facilitating play: A medium for promoting cognitive, socio-emotional, and academic development in young childre*n. Gaithersburg, MD: Psychology and Educational Publications.

Smilansky, S.(1968). *The effects of sociodramatic play on disadvantaged preschool children.* New York: Wiley.

Spodek, B. & Saracho, O. N.(Eds.)(1998). *Multiple perspectives on play in early childhood education*. Albany: State University of New York Press.

Spodek, B.(1978). *Teaching in the early years (2nd ed.).* Englewood Cliff: Prentice-Hall.

Spodek, B.(1991). Early childhood curriculum and cultural definition of knowledge. In B. Spodek, & P. N. Saracho(Eds.). *Issues in early childhood curriculum.* New York: Teachers College Press.

Sutton-Smith, B. & Sutton-Smith, S.(1974). *How to play with your child (and when not to)*. New York: Hawthorn.

Sutton-Smith, B. & Heath, S.(1981). *Paradigms of pretense*. The Quarterly Newsletter of the Laboratory of Comparative Human cognition, San Diego: University of California.

Sutton-Smith, B. & Rosenberg, B. G.(1970). *The sibling.* New York: Holt, Rinshart, & Winston.

Sylva, K., Roy, C., & Painter, M.(1980). *Childwatching at playgroup & nursery school*. Ypsilanti, MI: High/Scope Press.

Tanner, J. M.(1990). *Foetus into man: Physical growth from conception to maturity.* Cambridge, MA: Harvard University Press.

Toner, I. J. & Smith, R. A.(1977). Age and overt verbalization in delay-maintenance behavior in children. *Journal of Experimental Child Psychology, 24*, 123-128.

Twardosz, S.(2012). Effects of experience on the brain: The role of Neuroscience in early development and education. *Early Education and Development, 23*(1), 96-119.

Vygotsky, L. S.(1934). *Thought and language*. Cambridge, MA: M. I. T. Press.

Walters, R. H. & Brown, M.(1963). Studies of reinforcement of aggression: III. Transfer of responses to an interpersonal situation. *Child Development, 34*, 563-571.

Wohlford, P., Santrock, J. W., Berger, S. E., & Liberman, D.(1971). Imfluence on sex-typed, aggressive, and dependent behavior in father-absent children. *Developmental Psychology, 2*, 124-134.

Wolf, P., & Brandt, R.(1998). What do we know from brain research? *Educational Leadership, 56*(3), 8-13.

찾아보기

인 명

내 용

저 자 소 개

김 춘 경

경북대학교 아동학부

박 경 희

계명문화대학교 유아교육과

신 인 숙

계명대학교 유아교육학과

이 명 환

인천대학교 유아교육학과

이 영 미

영진전문대학교 유아교육과

조 성 자

대구가톨릭대학교 아동학과

민 하 영

대구가톨릭대학교 아동학과

송 규 운

서울신학대학교 유아교육학과

유 승 희

대구교육대학교 유아교육전공

이 미 란

동양대학교 유아교육학과

임 영 심

경북대학교 아동학부

유아교육개론

1판 1쇄 인쇄 — 2016년 1월 25일
1판 1쇄 발행 — 2016년 1월 30일

저 자 - 김춘경 · 민하영 · 박경희 · 송규운 · 신인숙 · 유승희
이명환 · 이미란 · 이영미 · 임영심 · 조성자

발 행 인 - 강 철 원
발 행 처 - 양 성 원
주 소 - 경기도 고양시 일산서구 송산로 18(구산동)
전 화 - 031-912-3301(代)
팩 스 - 031-912-3304
이 메 일 - tnwpub@naver.com
출판등록 - 2015년 8월 31일 제 2015-000211 호

ISBN 979-11-87118-06-0

정가 19,000원